卷烟生产协同管控模式
设计与实施

李晓刚 杨振宏 徐贤浩 廖清亮 ◎主编

华中科技大学出版社
http://press.hust.edu.cn
中国·武汉

内 容 简 介

本书通过深入调研分析烟草行业生产管理的特点与关键问题,设计出面向卷烟生产协同管控的管理模式与运作模型,并建立卷烟生产系统全要素仿真模型,通过仿真与实际应用效果检验了所设计的管理模式与运作模型的有效性,最后修改完善相关管理模型,建立了面向行业的管理指南与评价体系标准。

本书适合广大卷烟工业或具有连续—离散混合生产模式的行业生产运作管理相关工作者和高校师生学习使用,也适合对生产运作计划与排产、生产系统建模、仿真系统研发及其实施领域感兴趣的读者阅读参考。

图书在版编目(CIP)数据

卷烟生产协同管控模式设计与实施/李晓刚等主编. —武汉:华中科技大学出版社,2024.3
ISBN 978-7-5772-0712-4

Ⅰ.①卷… Ⅱ.①李… Ⅲ.①卷烟-烟草工业-生产管理-研究 Ⅳ.①F416.89

中国国家版本馆 CIP 数据核字(2024)第 069417 号

卷烟生产协同管控模式设计与实施　　　　　　　　　　　　　　　李晓刚　杨振宏
Juanyan Shengchan Xietong Guankong Moshi Sheji yu Shishi　　　徐贤浩　廖清亮　主编

策划编辑:周晓方　宋 焱	
责任编辑:黄　军	
封面设计:廖亚萍	
责任校对:张汇娟	
责任监印:周治超	
出版发行:华中科技大学出版社(中国·武汉)	电话:(027)81321913
武汉市东湖新技术开发区华工科技园	邮编:430223
录　　排:华中科技大学出版社美编室	
印　　刷:武汉开心印印刷有限公司	
开　　本:787mm×1092mm　1/16	
印　　张:18.75	
字　　数:465 千字	
版　　次:2024 年 3 月第 1 版第 1 次印刷	
定　　价:99.00 元	

本书若有印装质量问题,请向出版社营销中心调换
全国免费服务热线:400-6679-118　竭诚为您服务
版权所有　侵权必究

作者简介 | Authors

李晓刚 福建中烟工业有限责任公司受聘高级工程师,福建省科技厅专家。长期从事自动控制、信息技术、精益管理、卓越绩效模式管理和项目管理工作,先后参与省部级重大技改项目 5 项,主持省部级科技项目 5 项,发表学术论文 7 篇,出版著作 2 部,获得国家发明专利授权 20 多件。

杨振宏 龙岩烟草工业有限责任公司软件工程师。长期从事信息技术的生产管理应用开发,主要负责 MES(制造执行系统)、APS(高级排产系统)的开发和运维,主持获奖的项目有科技项目 2 项、管理创新项目 4 项、软件著作 3 项。

徐贤浩 华中科技大学管理学院教授,博士生导师。长期从事运营管理、企业数字化转型战略、流程优化管理、物流与供应链管理、精益生产、项目决策管理等领域的教学与科研工作,主持多项国家级科研项目,在国内外重要学术期刊发表学术论文 200 余篇,出版教材和专著 5 部。

廖清亮 龙岩烟草工业有限责任公司生产管理负责人。长期从事生产策划、产能布局、生产流程优化管理、精益生产、卓越绩效模式管理等领域的管理工作,主持获奖的项目有科技项目 1 项、管理创新项目 6 项。

前 言

为积极响应和坚决贯彻《中国制造2025》的发展战略要求，加快建设现代化经济体系，本书立足烟草行业，研究生产制造过程中各要素的融合与高效配置问题，通过聚焦快速响应、高效协同、保障平稳、降耗增效等精益生产要求，面向要素信息共享化、生产作业模型化、资源调度最优化、过程管控透明化、评价改进一体化，探索生产过程的全要素管控模式。

本书的总体研究思路为：通过深入调研分析烟草行业生产管理的特点与关键问题，设计关键点的管理模式与运作模型以及生产系统全要素仿真模型；通过与系统实施相结合，导入相关模型；通过仿真与实际应用效果检验设计的管理模式与运作模型的有效性；修改完善相关管理模型，并建立面向行业的管理指南与评价体系标准。

总体来说，本书以"行业高质量发展战略"为指引，以生产过程要素调度精益高效为追求，基于卷烟加工产品的实现过程，明确全要素管控的定义、边界和范围，研究要素感知与信息共享规范，研究数字化生产作业模型的构建。同时，将传统生产要素与知识、技术、数据等新生产要素以生产作业模型为容器进行融合，探索卷烟加工过程中资源调度、过程管控、评价改进的方法及路径，旨在创造出一种快速响应、高效协同的新生产管控模式，驱动生产组织从传统模式向生产过程全要素管控模式转变，为行业树立一个样板，提供值得推广的经验。

编 者

2023年12月

目录 Contents

第一章　绪论 ··· 1
　第一节　《中国制造 2025》与烟草行业发展战略 ····················· 1
　第二节　卷烟工厂生产运作管理与控制建设基本现状 ············· 11
　第三节　碳中和与新技术环境下的卷烟生产企业建设基本思路 ····· 21

第二章　企业生产过程管理与控制概述 ·· 33
　第一节　现代生产管理的概念 ·· 33
　第二节　生产系统与生产过程组织 ···································· 40
　第三节　生产物料管理 ··· 50
　第四节　生产计划与控制 ·· 59
　第五节　产品品质管理 ··· 70
　第六节　生产设备管理 ··· 83

第三章　卷烟工厂生产过程全要素协同管控模式设计 ························· 95
　第一节　全要素生产率概述 ··· 95
　第二节　卷烟工厂的生产过程全要素 ································· 97
　第三节　全要素协同管控理论介绍及国内外研究进展 ············ 109
　第四节　卷烟工厂全要素协同生产管控框架设计 ················· 116
　第五节　卷烟工厂评价改进一体化的闭环管理机制构建 ········ 130
　第六节　全要素管控模式的实施步骤与标准 ······················· 140
　第七节　本章小结 ·· 149

第四章　卷烟工厂生产过程全要素生产率测评指南 ···························· 150
　第一节　生产过程全要素生产率测评内涵 ·························· 150
　第二节　卷烟工厂生产过程全要素生产率测评技术原理 ········ 151
　第三节　卷烟工厂生产过程全要素生产率测评技术实践——以龙岩卷烟厂为例 ····· 174
　第四节　本章小结 ·· 178

第五章　高级计划排程（APS） ··· 180
　第一节　APS 概述 ··· 180
　第二节　APS 的基本原理 ·· 192
　第三节　生产计划调度的核心——约束规则 ······················· 199

第四节　基于约束理论的高级生产计划 …………………………………… 206
　　第五节　APS 与相关系统的结合 …………………………………………… 213

第六章　卷烟工厂生产计划调度系统框架设计与实施指南 ………………………… 218
　　第一节　卷烟工厂生产计划调度管理情况分析 …………………………… 218
　　第二节　生产计划调度系统规划建设的总体目标与思路 ………………… 231
　　第三节　卷烟工厂生产计划调度框架模式设计 …………………………… 235
　　第四节　卷烟工厂生产计划调度系统实施参考指南 ……………………… 249
　　第五节　卷烟工厂生产计划调度模型与算法参考 ………………………… 271

结语 ……………………………………………………………………………………… 280

参考文献 ………………………………………………………………………………… 283

第一章 绪论

第一节 《中国制造 2025》与烟草行业发展战略

进入 21 世纪，新型工业化道路成为中国实现工业化和现代化客观而理性的选择。2012 年，党的十八大召开，大会提出了到 2020 年基本实现工业化的要求。2015 年 5 月，国务院印发《中国制造 2025》，部署全面推进实施制造强国战略。这是我国实施制造强国战略第一个十年的行动纲领，是中国版的"工业 4.0"规划，是国内外新形势下我国新型工业化发展的新起点。

实现制造强国的战略目标，必须坚持问题导向，统筹谋划，突出重点；必须凝聚全社会共识，加快制造业转型升级，全面提高发展质量和核心竞争力。

自新中国成立到现在，中国制造业的发展成就举世瞩目，中国已成为制造业第一大国、世界第二大经济体。我国制造业的发展历程大致可以分为四个阶段：第一个阶段是起步阶段，时间跨度为 20 世纪 80 年代；第二个阶段是成长阶段，时间跨度为 20 世纪 90 年代；第三个阶段是崛起阶段，时间跨度为 21 世纪头十年；第四个阶段是智能制造阶段，时间跨度为 2010 年至今。如图 1-1 所示。

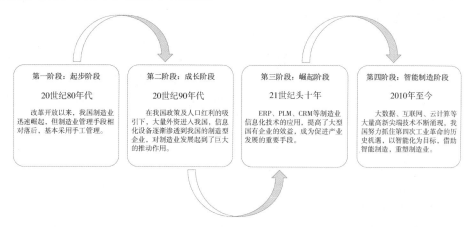

图 1-1　我国制造业发展四阶段

改革开放之初，我国制造业迅速崛起。我国具有地大物博、劳动力资源丰富、劳动力成本相对较低的发展优势，很多外资企业迅速占领中国市场，给中国带来大量的设备和资金。同时，我国各省份为了推动经济的发展，建设了众多工业园区，吸引外资、鼓励合资。随着改革开放的深入，国家政策不断放开，中小企业复苏，先驱企业家个人打拼，沿海地区涌现了大批民营企业，成为中国制造的雏形。但此时制造业管理手段相对落后，基本采用手工管理。

进入20世纪90年代，发达国家劳动力成本攀升，工业污染不断加剧，去工业化和产业转移逐步成为发达国家主流的做法。此时，我国又恰逢改革开放第二个十年，具有先天的低成本优势，民营企业崛起，外资企业加速进入我国，合资企业逐步壮大，这些企业承包了全球大量的代工订单。"Made in China"（中国制造）也由此闻名全球，尤其是沿海地区的制造业得到了飞速发展。部分软件和信息化设备开始逐步渗透到制造型企业，对制造业的管理手段革新和制造能力提升起到了巨大的推动作用。

21世纪头十年，中国制造业进入了新一轮的迅速发展期，船舶机床、汽车、工程机械、电子与通信等产业的产品创新尤为迅速，对钢铁等原材料的需求大幅增长，进而拉动了重型机械、模具等行业的发展。大型国有企业的效益显著提升，烟草、钢铁等行业开始迅速整合，ERP（企业资源管理系统）、PLM（产品生命周期管理系统）、CRM（客户关系管理系统）等制造业信息化技术的应用，开始成为促进产业发展的重要手段。

2010年以来，大数据、互联网、云计算等大量高新尖端技术不断涌现，全球主要国家纷纷推出符合自身国情的制造业发展计划，旨在抓住第四次工业革命的历史机遇，以智能化为目标，着重打造智能制造，重塑制造业。工业和信息化部的官方网站数据显示，2014年，我国工业增加值达到22.8万亿元，占GDP的比重达到35.85%；2013年，我国制造业产出占世界的比重达到20.8%，连续4年保持世界制造业第一大国地位，中国经济逐步由高速增长阶段转向高质量发展阶段。

但我国还处于工业化进程中，与全球先进水平相比，中国制造业还处在大而不强的阶段，在质量、效益、产业结构水平、资源利用率、行业信息化水平、劳动力成本、自主创新能力等方面存在明显差距，智能制造转型升级任务紧迫且艰巨。2020年前后，美国以各种理由频频打压中国华为、中兴等高科技公司，旨在遏制中国芯片技术、5G等领域的发展。这一严峻事实告诉我们，我们要积极抓住当前机会，勇敢面对挑战，创造中国装备、中国品牌，实现中国制造向中国创造转变、中国速度向中国质量转变、中国产品向中国品牌转变，实现中国制造由大变强的战略任务。

在当下新一轮的科技革命中，国际产业分工格局正在重塑。作为制造大国，中国正在全面部署新一轮的工业技术升级换代，建设智能制造强国，这是实现中华民族伟大复兴的坚实基础。从2014年12月"中国制造2025"这一观念被初次提出到2015年5月国务院正式印发《中国制造2025》的战略文件，这一战略部署正在逐步推进。

新形势下，为贯彻落实《中国制造2025》及"互联网+"战略，各烟草企业纷纷行动起来，在烟机产品智能化、生产过程智能化等方面开展积极探索。国家烟草专卖局作为国务院部委（工业和信息化部）管理的国家局，业务主要分工业和商业两部分，而智能制造主要涉及工业企业，从烟机设备的制造到烟叶的种植、烟叶的复烤、烟丝的加工、烟支的卷制等，这些流程均涉及智能制造的技术。比如智能制造系统架构中的仪器仪表、物资溯源、可编程控制器（PLC）、现场总线控制系统（FCS）、MES 系统、ERP 系统等，都在烟草行业里得到广泛应用。可以说，中国"智能制造"涵盖的内容在烟草行业都会涉及。

从 2015 年至今，烟草行业的硬件条件、技术储备、人才培养等在全国制造业中处于领先水平，在自动化、信息化系统运用方面也有很多成熟的实践项目和经验，特别是烟草行业全国一体化的整体架构、顺畅有效的指令和信息传递系统等，都构成了智能化工厂建设的坚实基础。烟草行业从整个卷烟供应链的角度积极打造"智慧工厂"，在实现人、机、产品之间无障碍交流的基础上，不断优化企业价值链，朝着"资源最优利用、产品依客户需求生产、效益最大化"的目标稳步迈进，近年来取得了如下成果。

第一，烟草行业专注智能制丝生产线的研究，建成了一批集低碳环保节能、食品安全标准、数字化可追溯、全程主动防御及欧盟安全标准于一身的烟丝智能生产线，这种智能生产线加工精细、流程简捷、工艺独特，实现了卷烟生产的系统化、柔性化和智能化。烟丝智能生产线具体体现在五个方面：一是基于智能多线加工技术的智能多线加工；二是基于多工序添加、国际物流标准识别系统、双系统加香加料设备的智能加香加料；三是基于激光选叶技术的智能激光选叶；四是智能多模式烘丝；五是基于全过程恒温恒湿控制的智能分贮醇化。

第二，烟草行业深入研究数据挖掘技术，鼓励企业利用大数据实现对生产过程的智能管控，打造"智慧工厂"，持续提升决策能力，推动管理水平从粗放走向精细。在卷烟生产过程中，构建了基于数据仓库技术的生产绩效测量分析平台，通过对设备综合效率、质量指数、库存周转次数、生产物耗指数四大指标进行多层级、多维度的分析，对涉及生产运营管理的海量数据进行梳理，从中分析出生产短板，并以此为依据实现对生产短板的快速、精确定位，促进企业实现优质基础上的低耗。

第三，烟草行业在流通领域积极采用物联网技术，初步实现了可知、可控，物流管理更精准、更高效、更科学，各级安全管控能力更强，大大提高了卷烟物流配送服务的质量水平。另外，通过建立关键节点可控、运作协同、质量可溯的行业电子商务服务网络，实现供应链管理的精益化，烟草行业物流系统运作效率大幅度提升，行业的经济成本和时间成本得以降低，资源得到最优配置，烟草企业经营效益亦得到提升。

烟草行业在智能制造领域已取得显著成效，包括生产自动化、管理信息化、物流自动化、决策智能化等。随着全球经济的迅猛发展和《中国制造 2025》战略文件的进一步落地，烟草行业的发展模式将会不断革新，智能制造升级将是烟草行业发展的必然选择。

在此背景下，卷烟行业可以从以下四个方面进行智能制造升级。

1.1.1　推进信息化与工业化深度融合

信息化与工业化深度融合是指信息化与工业化在更大的范围、更细的行业、更广的领域、更高的层次、更深的应用、更多的智能方面实现彼此交融。信息化是覆盖国民经济和社会发展全局的战略任务，信息技术不仅要在改造提升传统工业中发挥作用，而且要广泛应用在经济社会各领域，提高信息化整体水平。

信息化和工业化的融合必须富有中国特色，这既来自中国的现实需求，又来自世界发展的需要。信息化与工业化的融合，是进入 21 世纪初我们国家确立的一项重大战略。世界各个国家的信息化战略,都是根据自身经济和文化发展的阶段而提出的。例如,日本政府于 2001 年制定了《电子日本战略》,这一战略提出力争在 5 年之内使日本成为世界上最先进的 IT 国家。到了 2003 年,日本推出《电子日本战略二》,提出要发展 7 个领域——医疗、食品、生活、中小企业、知识、劳动就业和行政。欧盟于 2000 年制定了"电子欧洲"的计划,其目标是每一个居民家庭、企业和政府部门均进入数字时代,享用最先进的公共服务,建立以创业精神为支柱的"数字文化"的欧洲,建立消费信任,以增进社会的融合。印度于 1998 年就提出,到 2008 年全面实现信息化,其战略目标是"加速推动世界级信息基础设施的建设"。2008 年,印度软件和 IT 服务业出口已达 500 亿美元,上述目标已经实现,其网络能力年均增长 30%,所有的医院和学校均实现了 IT 应用和 IT 教育。分析表明,上述国家的信息化目标和中国均不一样。信息化和工业化深度融合,是中国信息化进程中最耀眼的中国特色战略。

一、信息化与工业化融合的基本原则

信息化与工业化融合的基本原则有以下几个方面。

第一,创新发展,塑造转型升级新动力。把增强创新发展能力作为信息化与工业化深度融合的战略基点和改造提升传统制造业的优先目标,以信息化促进研发设计创新、业务流程优化和商业模式创新,构建产业竞争新优势。

第二,绿色发展,构建"两型产业"体系。把节能减排作为信息化与工业化融合的重要切入点,加快信息技术与环境友好技术、资源综合利用技术和能源资源节约技术的融合发展,促进形成低消耗、可循环、低排放、可持续的产业结构和生产方式。

第三,智能发展,建立现代生产体系。把智能发展作为信息化与工业化融合长期努力的方向,推动云计算、物联网等新一代信息技术应用,促进工业产品、基础设施、关键装备、流程管理的智能化和制造资源与能力协同共享,推动产业链向高端跃升。

第四,协调发展,统筹推进深度融合。发挥企业主体作用,引导企业将信息化作为企业战略的重要组成部分,调动和发挥各方面积极性,形成推进合力。切实推动信息技术研发、产业发展和应用需求的良性互动,提升产业支撑和服务水平。注重以信息技术应用推动制造业与服务业的协调发展,促进向服务型制造转型。

二、信息化与工业化融合的重点领域和关键环节

促进信息化与工业化融合,要求抓住一些具有带动作用的重点领域和关键环节,找准着力点和支撑点,使信息化渗透到国民经济和社会发展的各个领域。

第一,信息技术与设计、制造技术的融合。以信息技术应用为重点,以智能化、数字化、虚拟化、网络化、敏捷制造为方向,对传统企业设计、生产流程进行再造,实现生产信息化。通过提高重大技术装备研制水平和成套设备集成能力,如数控技术和数控机床,机器人技术及机器人,先进发电、输电和大型工程施工成套设备,大型自动化成套设备等,满足工业装备更新换代的需要。

第二,信息技术与传统工业的融合。信息技术已经成为提升工业产业生产效率和附加值不可缺少的手段,包括钢铁、汽车、化工、纺织等,在产品升级、工业生产管理以及市

场销售的各个环节，越来越离不开信息技术的应用。如汽车工业，既是传统产业，也是新兴产业。

第三，信息技术与服务业的融合。信息技术与服务业融合，能提升传统服务业水平，催生新兴行业：一是借助信息技术条件下强大的信息处理能力，促进金融保险业、现代物流业、管理咨询业等现代服务业发展；二是依托信息技术，发展涵盖信息通信服务、信息技术服务和信息内容服务的信息服务业。

第四，大力发展电子商务，促进经济发展模式创新，特别是通过进一步发展第三方电子商务平台，不断创新电子商务模式和服务内容，加强电子商务信息、供应链、现代物流、交易、支付等管理平台和信用自律体系建设，为电子商务应用主体提供灵活、便捷、安全、高效的服务。

第五，提升传统服务业，发展面向中小企业的第三方公共服务平台，推广信息化应用服务，引导商贸、旅游、餐饮和社区服务等就业容量大的传统服务业创新发展模式，注入发展动力。

第六，信息化与企业生产、经营、管理的融合。利用信息化手段，可以提高企业的生产、经营、管理水平。在生产控制层面，以数控设备为基础，围绕创新研究和开发设计、工艺管理和加工制造、过程协同和质量控制、物料配送和产品管理等生产制造的关键环节推进信息化，以提高生产制造全过程工作效能；在资源配置层面，以成本分析为基础，围绕外部协作、内部计划、及时响应等关键环节推进信息化，以提高企业市场响应效率；在管理决策层面，以信息管理为基础，围绕产品市场与客户关系、人力资源与资本运作、发展战略与风险管理等关键环节推进信息化，推广应用业务流程重组（BPR）、企业资源管理（ERP）、管理信息系统（MIS）、计算机决策支持（DSS）、数据挖掘（DM）、商业智能（BI）、供应链管理（SCM）、客户关系管理（CRM）、知识管理（KM）等信息技术，实现管理信息化，提高管理、决策科学化水平。

第七，信息化与资源、能源供给体系的融合。信息技术在工业行业生产中的普及应用，有助于推进工业行业节能减排工作，推动实现单位GDP能耗水平大幅降低。通过对钢铁、有色金属、建材、煤炭、电力、石油、化工、建筑等重点行业的能源消耗、资源消耗和污染排放进行联网监测与分析，可提高资源、能源利用效率和环保综合效益，推动行业淘汰落后生产能力。

第八，信息化与人民生活的融合。在传统的工业化阶段，由于技术和资源的限制，绝大多数物质消费品是稀缺的，只能进行一次性的、不可再生的消费。而在信息化进程中，不断创新的信息技术，使得以信息资源为中心的生产活动能够在其被消费过程中再生信息资源，满足人们持续消费的需要，从而使生产与消费得以突破以往的不可持续性的限制。

第九，信息化与社会主义和谐社会构建的融合。构建和谐社会，重在"和谐"，为人民谋幸福是和谐之本，而幸福是与时俱进的。因此，建设信息社会是构建和谐社会的主要条件。人们通过学习获得知识，通过运用知识和智慧创造财富，将拓展自由的边界，真正实现以人为本，走向真正幸福。

三、烟草行业和智能制造

加快推动新一代信息技术与制造技术融合发展，必须把智能制造作为"两化"（信息化和工业化）深度融合的主攻方向。要着力发展智能装备和智能产品，推进生产过程智能化，培育新型生产方式，全面提升企业研发、生产、管理和服务的智能化水平。

第一，研究制定智能制造发展战略。编制智能制造发展规划，明确发展目标、重点任务和重大布局。加快制定智能制造技术标准，建立完善智能制造和"两化"融合管理标准体系。强化应用牵引，建立智能制造产业联盟，协同推动智能装备和产品研发、系统集成创新与产业化。促进工业互联网、云计算、大数据在企业研发设计、生产制造、经营管理、销售服务等全流程和全产业链的综合集成应用。加强智能制造工业控制系统网络安全保障能力建设，健全综合保障体系。

第二，加快发展智能制造装备和产品。组织研发具有深度感知、智慧决策、自动执行功能的高档数控机床、工业机器人、增材制造等智能制造装备以及智能化生产线，突破新型传感器、智能测量仪表、工业控制系统、伺服电机及驱动器和减速器等智能核心装置，推进工程化和产业化。加快机械、航空、船舶、汽车、轻工、纺织、食品、电子等行业生产设备的智能化改造，提高精准制造、敏捷制造能力。统筹布局和推动智能交通工具、智能工程机械、服务机器人、智能家电、智能照明电器、可穿戴设备等产品研发和产业化。

第三，推进制造过程智能化。在重点领域试点建设智能工厂/数字化车间，加快人机智能交互、工业机器人、智能物流管理、增材制造等技术和装备在生产过程中的应用，促进制造工艺的仿真优化、数字化控制、状态信息实时监测和自适应控制。加快产品全生命周期管理、客户关系管理、供应链管理系统的推广应用，促进集团管控、设计与制造、产供销一体、业务和财务衔接等关键环节集成，实现智能管控。加快民用爆炸物品、危险化学品、食品、印染、稀土、农药等重点行业智能检测监管体系建设，提高智能化水平。

在当前时代信息化背景下，烟草行业的信息化发展必然是行业发展的未来趋势。目前烟草行业基本实现了制造环节的信息化布局，未来还将规划实现全产业链的信息化覆盖。烟草行业的信息化是指烟草行业物流数据采集、信息网络建设、信息系统建设和信息资源的综合开发利用，重在使用智能分析等技术带动烟草行业管理和营销的现代化，实现"数字烟草"，提高烟草农、工、商业的经营效率。按应用领域不同，烟草行业信息化可划分为烟草农业、工业和商业信息化。

我国烟草行业的信息化起步于20世纪90年代。从那时起，国家烟草专卖局制定了信息化方针来推动烟草行业的信息化建设。在主管部门的政策激励和有效推动下，烟草行业的信息化建设不断发展。经过多年努力，烟草行业的基础信息化设施已经初具规模，未来烟草行业信息化的主要驱动力将来自烟草农业和烟草商业，其发展方向则是信息化与烟草产业的深度融合，提高信息化系统和信息资源的整合程度以提升烟草行业未来的信息化水平。基于烟草行业管理的特点，全流程和一体化的协同物流管理将成为烟草行业信息化建设的主要特点。从节约人力和经济成本的角度来看，烟草行业要充分利用云计算来降低信息化的成本，充分发挥物联网和云计算在烟草行业信息化中的作用。

1.1.2 加强质量品牌建设

品牌是一个企业、一个城市乃至一个国家竞争力的综合体现，代表着供给结构和需求结构的升级方向，也是实现高质量发展的应有之义。

一、品牌建设的重要意义

第一，质量品牌是新时代发展主题。2014年5月10日，习近平总书记在河南省考察工作时强调："要加快构建以企业为主体、市场为导向、产学研相结合的技术创新体系，加强创新人才队伍建设，搭建创新服务平台，推动科技和经济紧密结合，努力实现优势领域、共性技术、关键技术的重大突破，推动中国制造向中国创造转变、中国速度向中国质量转变、中国产品向中国品牌转变。"当前，我国经济已由高速增长阶段转向高质量发展阶段，习近平总书记的这一重要论断为加强品牌建设指明了方向。

第二，品牌建设助力产业结构升级。目前，我国产业结构还有待优化。向高质量发展阶段迈进，关键是瞄准供给侧结构性改革这条主线，以提高供给体系质量为主攻方向，加快产业结构调整步伐，提高产品供给质量。品牌是连接供给与需求的纽带，好品牌必然带来更好的市场效益。

第三，品牌建设促进实体经济振兴。质量和效益是实体经济的生命，实体经济需要企业增强创造价值和实现收益的能力。质量是品牌的生命，品牌是企业的生命。企业投入资源，通过设计开发、生产制造和营销服务全过程赋予产品价值，但市场有着残酷的"二八定律"——20%的名牌产品拿走了80%的利润，品牌的重要性自不待言。面对激烈的市场竞争，企业要想做大做强，必须潜心上品种、提品质、创品牌，推动中间产品向终端产品延伸、低端产品向中高端产品延伸，增强其核心竞争力。要提升质量控制技术，完善质量管理机制，夯实质量发展基础，优化质量发展环境，努力实现制造业质量大幅提升。必须鼓励企业追求卓越品质，形成具有自主知识产权的名牌产品，不断提升企业品牌价值和中国制造整体形象。

二、品牌建设的重要做法

第一，要推广先进质量管理技术和方法。建设重点产品标准符合性认定平台，推动重点产品技术、安全标准全面达到国际先进水平。开展质量标杆和领先企业示范活动，普及卓越绩效、六西格玛、精益生产、质量诊断、质量持续改进等先进生产管理模式和方法。支持企业提高质量在线监测、在线控制和产品全生命周期质量追溯能力。组织开展重点行业工艺优化行动，提升关键工艺过程控制水平。开展质量管理小组、现场改进等群众性质量管理活动示范推广。加强中小企业质量管理，开展质量安全培训、诊断和辅导活动。

第二，要完善质量监管体系。健全产品质量标准体系、政策规划体系和质量管理法律法规。加强关系民生和安全等重点领域的行业准入与市场退出管理。建立消费品生产经营企业产品事故强制报告制度，健全质量信用信息收集和发布制度，强化企业质量主体责任。将质量违法违规记录作为企业诚信评级的重要内容，建立质量黑名单制度，加大对质量违法和假冒品牌行为的打击和惩处力度。建立区域和行业质量安全预警制度，防范化解产品质量安全风险。严格实施产品"三包"、产品召回等制度。强化监管检查和责任追究，切实保护消费者权益。

第三，要夯实质量发展基础。制定和实施与国际先进水平接轨的制造业质量、安全、卫生、环保及节能标准。加强计量科技基础及前沿技术研究，建立一批制造业发展急需的高准确度、高稳定性计量基标准,提升与制造业相关的国家量传溯源能力。加强国家产业计量测试中心建设,构建国家计量科技创新体系。完善检验检测技术保障体系,建设一批高水平的工业产品质量控制和技术评价实验室、产品质量监督检验中心,鼓励建立专业检测技术联盟。完善认证认可管理模式,提高强制性产品认证的有效性,推动自愿性产品认证健康发展,提升管理体系认证水平,稳步推进国际互认。支持行业组织发布自律规范或公约,开展质量信誉承诺活动。

三、烟草商业企业品牌建设的重要做法

烟草商业企业在推进流通品牌建设的过程中,应该如何做?

第一,突出品牌赋能。将流通品牌建设作为烟草商业企业提升营销、实现高质量发展的载体,突出品牌赋能,由烟草商业企业进行品牌管理运营,向卷烟零售客户和卷烟消费者提供便于识别的质量承诺和身份认同体系。拓宽经营宽度和广度,打造具有烟草商业特色的卷烟营销体系、零售终端体系、综合服务体系、信息支撑体系、队伍成长体系、非烟合作体系,实施全程标准化建设与管理服务,形成流通品牌核心资产,实现从运营终端资源向运营流通品牌的转变。

第二,坚持平台运营。运用平台运营理念改造现有业务模式,把上下游客户纳入其中,把满足消费需求作为前提,将提升零售客户盈利水平作为根本,让零售客户、零售客户以外的消费者、工业企业以及其他供应商在平台上进行交互,为他们提供全新的、有价值的、有持续需求的产品和服务,使烟草商业企业立足流通品牌,成为平台的拥有者、技术的提供者、服务的满足者、价值的创造者,打造工作同向、利益共享、合作共赢的发展共同体。

第三,坚持市场取向。坚持以市场为根本导向,按照自愿参与树形象、自主经营增能力、自我发展再成长的正向激励措施,提升零售客户的经营能力和水平。针对消费个性化、多元化的特点,丰富和完善服务和供给模式,着力满足消费者合理需求,通过全面掌握销售和消费动向,充分了解市场、感知市场、服务市场、把握市场,提升商业企业软实力。

第四,注重数据驱动。整合数据资源,打通前台、中台、后台,消除"信息孤岛",以数据连接"工商零消"各方,精准画像,动态分析市场变化和经营过程,通过数据分析寻找新的价值增值点和创造力,为产业链上下游提供新的产品增值和服务增值。主动响应不断升级的市场需求,做到用数据说话、靠数据决策、以数据指导业务运行,推动经营方式变革。

第五,善于统筹兼顾。把握要义重点,加强统筹规划,做好顶层设计,正确处理重点突破和整体推进的关系、业务协同和技术支撑的关系、政策推动和各方联动的关系。基础性工作要全员参与、全面推进、整体提升,做真、做细、做实;创新性动作要试点先行、以点带面、重点突破,做新、做精、做深。切实丰富品牌建设内容,形成流通品牌建设整体合力。

第六,确保严格规范。严格遵循法律法规和行业规范性文件要求,加强统一规划和管理,坚持把严格规范贯穿于流通品牌建设全过程。注意工作方式,争取理解支持,密切关注舆情,及时防范和化解风险。

1.1.3 全面推行绿色制造

绿色、低碳、循环发展是生态文明建设的主要原则和方向。其中以绿色发展为首要和根本，低碳、循环发展则是绿色发展的重点和途径。广义的绿色发展涵盖了低碳、循环发展的全部内容，以人与自然和谐共生为价值取向，强调通过转变生产、消费方式，实现人类可持续发展。实体经济是财富之源，制造业为立国之本。中华民族的伟大复兴有赖于制造强国的建设，绿色制造则是强国建设的重要着力点，是我国绿色发展的重要组成部分。《中国制造2025》明确提出，全面推行绿色制造，实施绿色制造工程，并将其列入九大战略任务、五个重大工程之中。首先，以制造业绿色改造升级为重点，实施生产过程清洁化、能源利用低碳化、水资源利用高效化和基础制造工艺生态化，推广循环生产方式，培育增材制造产业，强化工业资源综合利用和产业绿色协同发展；其次，大力推动绿色制造关键技术的研发和产业化，重点突破节能关键技术装备，推进合同能源管理和环保服务，发展壮大节能环保产业；最后，全面推进绿色制造体系建设，以企业为主体，加快建立健全绿色标准，开发绿色产品，创建绿色工厂，建设绿色园区，强化绿色监管和示范引导，推动全面实现制造业高效清洁低碳循环和可持续发展，促进工业文明与生态文明的和谐共生。

作为绿色发展重要组成部分的绿色制造，其本质是具有环境意识的制造，或称考虑环境的制造。它是一种综合考虑人们的需求、环境影响、资源效率和企业效益的现代化制造模式，是具有良心、社会责任感、处事底线的可持续发展制造模式。

绿色制造的目标是：使产品在从设计、制造、使用到报废的全生命周期中，对自然环境的影响降到最小，对自然生态无害或危害极小，使资源利用率最小，能源消耗最低。绿色制造模式是一个闭环系统，也是一种低熵的产品生产制造和使用模式。必须在整体论和系统工程的视野下，综合考虑和解决产品的原料制备、加工制造、使用维修、产品报废、二次资源回收利用等环节中一系列关于环境的问题，通过提升产品质量和性能、延长产品寿命、降低产品制造的物质和能量消耗，同时加强各行业间、行业与社会间的生态链接，实现环境成本的最小化。

绿色制造评价体系的目标可概括为产品绿色化、过程生态化、产业循环化和行业智慧化四个重点方面。围绕这四个方面，可分别用绿色度、低碳度、循环度和智慧度对制造业是否达到绿色发展进行定量评价。第一，绿色度（GD）。绿色度用以衡量一种产品的绿色化程度，可由生产单位合格产品的天然资源理论消耗量与生产单位合格产品的实际材料使用量之间的比值来表示。第二，低碳度（LCD）。低碳度用以衡量产品制造过程的低碳化程度，可由单位合格产品制造当年国际二氧化碳排放的领先水平值与单位合格产品实际所排二氧化碳总量之间的比值来表示。第三，循环度（CD）。循环度用以衡量制造业的循环化程度，可由生产单位产品时对其他行业废弃物的循环利用情况来表示。第四，智慧度（SD）。智慧度用以衡量生产企业的智能化程度，可由某生产企业当年人均产值与同行业内最先进企业当年人均产值之间的比值来表示。

全面推行绿色制造，要努力做到如下几点。

第一，加大先进节能环保技术、工艺和装备的研发力度，加快制造业绿色改造升级。积极推行低碳化、循环化和集约化，提高制造业资源利用效率。强化产品全生命周期绿色管理，努力构建高效、清洁、低碳、循环的绿色制造体系。

第二，推进资源高效循环利用。支持企业强化技术创新和管理，增强绿色精益制造能力，大幅降低能耗、物耗和水耗水平。持续提高绿色低碳能源使用比率，开展工业园区和企业分布式绿色智能微电网建设，控制和削减化石能源消费量。全面推行循环生产方式，促进企业、园区、行业间链接共生、原料互供、资源共享。推进资源再生利用产业规范化、规模化发展，强化技术装备支撑，提高大宗工业固体废弃物、废旧金属、废弃电器电子产品等综合利用水平。

第三，积极构建绿色制造体系。支持企业开发绿色产品，推行生态设计，显著提升产品节能环保低碳水平，引导绿色生产和绿色消费。建设绿色工厂，实现厂房集约化、原料无害化、生产洁净化、废物资源化、能源低碳化。发展绿色园区，推进工业园区产业耦合，实现近零排放。打造绿色供应链，加快建立以资源节约、环境友好为导向的采购、生产、营销、回收及物流体系，落实生产者责任延伸制度。壮大绿色企业，支持企业实施绿色战略、绿色标准、绿色管理和绿色生产。强化绿色监管，健全节能环保法规、标准体系，加强节能环保监察，推行企业社会责任报告制度，开展绿色评价。

发展烟草绿色物流是经济全球化的产物，世界烟草产业的国际化趋势也越来越明显。从目前世界三大烟草公司的销售构成来看，跨国烟草公司销售量的一半以上发生在国际市场，而我国卷烟的95％以上的份额是国内销售。未来的中国烟草市场竞争更加激烈，中国烟草要想在国际市场上占有一席之地，发展绿色物流是其理性的选择，同时，这是中国烟草在激烈国际竞争环境下寻找新的利润增长点的必然产物，注重环保、发展绿色物流已经成为当今世界经济发展的必然要求。

1.1.4 深入推进制造业结构调整

推动传统产业向中高端迈进，必须逐步化解过剩产能，促进大企业与中小企业协调发展，进一步优化制造业发展布局。

第一，稳步化解产能过剩矛盾。加强和改善宏观调控，按照"消化一批、转移一批、整合一批、淘汰一批"的原则，分业分类施策，有效化解产能过剩矛盾。加强行业规范和准入管理，推动企业提升技术装备水平，优化存量产能。加强对产能严重过剩行业的动态监测分析，建立完善预警机制，引导企业主动退出过剩行业。切实发挥市场机制作用，综合运用法律、经济、技术及必要的行政手段，加快淘汰落后产能。

第二，促进大中小企业协调发展。强化企业市场主体地位，支持企业间战略合作和跨行业、跨区域兼并重组，提高规模化、集约化经营水平，培育一批核心竞争力强的企业集团。激发中小企业创业创新活力，发展一批主营业务突出、竞争力强、成长性好、专注于细分市场的专业化"小巨人"企业。发挥中外中小企业合作园区示范作用，利用双边、多边中小企业合作机制，支持中小企业走出去和引进来。引导大企业与中小企业通过专业分工、服务外包、订单生产等多种方式，建立协同创新、合作共赢的协作关系。推动建设一批高水平的中小企业。

第三，优化制造业发展布局。落实国家区域发展总体战略和主体功能区规划，综合考虑资源能源、环境容量、市场空间等因素，制定和实施重点行业布局规划，调整优化重大生产力布局。完善产业转移指导目录，建设国家产业转移信息服务平台，创建一批承接产业转移示范园区，引导产业合理有序转移，推动东中西部制造业协调发展。积极推动京津冀和长江经济带产业协同发展。按照新型工业化的要求，改造提升现有制造业集聚区，推动产业集聚向产业集群转型升级。建设一批特色和优势突出、产业链协同高效、核心竞争力强、公共服务体系健全的新型工业化示范基地。

日本烟草公司是国际烟草巨头。近年来，其销售收入总额中，国内烟草业务占47.65%，国际烟草业务占30.34%，食品业务占17.43%，药业占3.08%，其他业务占1.47%。从数据可以很明显看出，它已经成为一个很具代表性的多元化跨国集团，在以烟草业务为主业的同时，努力开拓在食品和药品行业的市场。从日本烟草公司的成功可以看出，一个企业在自己的核心竞争能力达到一定程度之后，如果可以充分利用自身的优势资源，优化资源的分配，科学合理地利用现有的资源，打进一个新的市场，是能够实现提高整体效益的目标的。由此可见，如果一个企业想要实现在多个行业发展的目的，自己一定要拥有很强大的核心竞争力，以此为基础深入其他领域。所以，烟草企业一定要打牢自己烟草主营业务的基础，增强自身核心竞争力，这样才能成功实施多元化的发展战略。

第二节 卷烟工厂生产运作管理与控制建设基本现状

所谓生产运作管理，是指为了实现企业经营目标，提高企业经济效益，对生产运作活动进行计划、组织和控制等一系列管理工作的总称。生产运作管理有狭义和广义之分，狭义的生产运作管理仅局限于生产运作系统的运行管理，实际上是以生产运作系统中的生产运作过程为中心对象。广义的生产运作管理不仅包括生产运作系统的运行管理，而且包括生产运作系统的定位与设计管理，可以认为是选择、设计、运行、控制和更新生产运作系统的管理活动的总和。广义的生产运作管理以生产运作系统整体为对象，实际上是对生产运作系统的所有要素和投入、生产运作过程、产出和反馈等所有环节的全方位综合管理。从广义上理解生产运作管理，符合现代生产运作管理的发展趋势。

生产运作管理的内容包括以下几个方面。

首先是生产与运作战略制定。生产与运作战略决定产出什么，如何组合各种不同的产出品种，为此需要投入什么，如何优化配置所需要投入的资源要素，如何设计生产组织方式，如何确立竞争优势，等等。其目的是为产品生产及时提供全套的、能取得令人满意的技术经济效果的技术文件，并尽量缩短开发周期，降低开发费用。

其次是生产与运作系统构建管理。生产与运作系统构建管理包括设施选择、生产规模与技术层次决策、设施建设、设备选择与购置、生产与运作系统总平面布置、车间及工作地布置等，其目的是以最快的速度、最少的投资建立起最适宜企业的生产系统主体框架。

最后是生产与运作系统的运行管理。生产与运作系统的运行管理是对生产与运作系统的正常运行进行计划、组织和控制，其目的是按技术文件和市场需求，充分利用企业资源条件，实现高效、优质、安全、低成本生产，以最大限度地满足市场销售和企业盈利的要求。生产与运作系统的运行管理包括三方面内容：计划编制，如编制生产计划和生产作业计划；计划组织，如组织制造资源，保证计划的实施；计划控制，如以计划为标准，控制实际生产进度和库存。

1.2.1 卷烟工厂生产运作管理现状

一、工作设计与组织作业

卷烟生产主要包括卷烟配方、卷烟制丝、烟支制卷和卷烟包装工艺。卷烟工厂的具体工作设计与组织作业如图1-2所示。

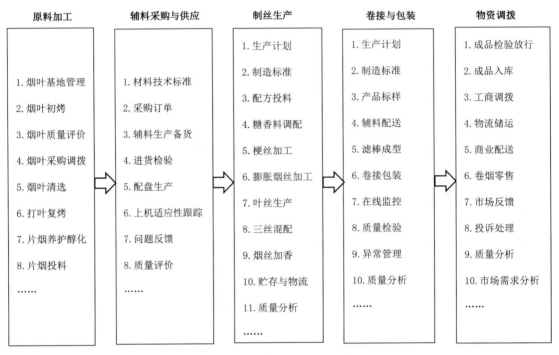

图1-2 卷烟工厂工作设计与组织作业

二、物料管理

物料管理是指将管理功能导入企业产销活动过程中，希望以经济、有效的方法，及时取得供应组织内部所需物料的各种活动。物料管理的目标包括如下几个方面：物料规格标准化，减少物料种类，有效管理物料规格的新增与变更；适时供应生产所需物料，避免停工待料；适当管制采购价格，降低物料成本；确保来料品质良好，并适当地管制供货商；有效率地收发物料，提高工作人员效率，避免呆料、废料的产生；掌握物料适当的存量，减少资金的积压。因此，可考核物料管理绩效，实现仓储空间充分的利用。通常意义上，物料管理部门应保证物料供应适时（Right Time）、适质（Right Quality）、适量（Right Quantity）、适价（Right Price）、适地（Right Place），这就是物料管理的5R原则，是对任何公司均适用且实用的原则，也易于理解和接受。

卷烟工厂在新一轮数字化转型和智能化升级中，从端到端流程入手构建新一代数字化管控平台，全面梳理优化企业业务架构和技术架构，以支持全面管理提升和智慧升级。智能工厂依赖生产过程高度自动化、可视化、精益化，物料流与生产过程融为一体，通过智能调度组成一个自适应、反馈灵敏、可靠性强、可信赖的智能制造生态系统。而这一切都要求生产各阶段投入和产出的物料以及加工状态能够被各类系统感知与控制，通过过程与物料、过程与市场之间的互联互通、灵敏感知与控制，确保产品满足更加灵活和个性化的市场需求。因此，实现卷烟工厂物料数字化管理是卷烟企业实现数字化、智能化的前提条件。

卷烟工厂的物料包括烟草原料、配方烟丝、模块烟丝、掺配物、烟用材料、滤棒、香精香料、卷烟在制品及成品等。以厦门烟草工业有限责任公司为例，该公司每天生产10余个品牌规格产品，涉及100余种物料，生产线上物料需求频繁切换以满足多牌号、多规格同时生产的要求。物料品类众多，标识与包装储运方式各异且保质期长短不一，生产组织难度和复杂度较高。卷烟工厂需要有效管控物料在各环节的质量状态以满足制作过程的来料要求，过程控制需要将工艺过程和上下游相关过程工艺设备参数、质量检测数据、物料状态数据等与对应在制品关联起来分析控制，才能保证产品均质化。不管是物料精准调度还是跨过程质量保证，都高度依赖全程物料数字化管理来实现物料的系统可感知、可控制、可反馈。具体的物料数字化管理过程如下文所示。

（一）构建卷烟生产业务模型

卷烟生产组织模型分为物理模型和逻辑模型两种类型。物理模型从上到下依次是组织（企业）、工厂/生产点、生产线、加工单元或管理单元、加工工序（设备）。逻辑模型涉及从最初输入到最终输出的全过程。卷烟生产业务模型包含了原料加工、烟用材料采购与供应、制丝生产、卷接与包装、物流与调拨等过程。依托各过程的具体业务流程，可以根据生产组织模型逐一建立子业务模型，最终形成工厂完整业务模型。

（二）构建卷烟生产批次组织模型

以最小生产管理单元为原则，可以对卷烟生产过程划分批次管理单元。以厦门烟草工业有限责任公司为例，该公司共划分、构建了19种批次管理单元并进行逻辑关联，形成了自原辅料入厂至卷烟成品的全过程批次组织模型网络。具体如下：原料仓储过程构建了打叶复烤批、到货批、垛位批；辅料过程构建了到货批、质量批；制丝过程构建了叶片批、叶丝批、加香批、梗丝批、膨丝批；料香调制过程构建了料液调制批、香液调制批；卷包过程构建了卷包生产批、件烟成品批、离线烟支批、离线滤棒批等批次。卷烟工厂通过生产批次组织模型构建统一物料管理颗粒度和流程，形成卷烟加工过程互联互通的业务模型网格。

（三）构建物料数字化标识

1. 离散物料

离散物料指离线、离机台且具有单独包装或容器的物料，如一箱片烟、一包商标纸、一卷卷烟纸、一盒滤棒、一盘烟支。利用可被系统识别的标签介质对离散物料进行数字化标识管理，可根据使用环境及过程特性灵活采用条形码、二维码、RFID等标识介质对物料进行数字化标识。物料具备数字化标识后，生产管理系统以此为媒介导通内部相邻过程以及上下游加工单元并执行过程控制，将批次间各时间节点物料、生产过程联系在一起。

2. 批次物料

烟草行业的卷烟工厂目前基本实现了按各种批次属性进行物料管理和生产组织。批次物料指具备同一属性的一组物料。批次标识就是对一组物料的标识，在制造执行系统中以物料加工时间轴为基准建立该组物料的唯一性标识，制造执行系统识别离散物料和批次物料并进行数据关联后建立起物料数据流。根据过程管控需要，事先依据一定规则进行物料分组，即批次划分：最小包装单元、最小管理单元、最小生产单元。

3. 编码规则

物料标识包括批次物料标识和离散物料标识两种类型。批次标识主要服务于生产内部过程，关注唯一性；离散物料标识涉及不同过程，既要唯一性，还要能承载过程关键信息。如片烟原料标识除唯一性外，还要能解析出打叶复烤生产班次等信息；烟用材料标识需要能够解析出生产日期、班次、机台、卷组盘等信息。因此，企业需要制定一套标准化的编码规范以满足物料数字化管理的需要。

（四）物料数字化管理模型

构建卷烟工厂物料数字化管理模型，首先应分析工厂业务模型，再构建批次组织模型，通过物料数字化标识形成批次数据流，进而利用批次数据流进行物料防差错控制、过程管控、库存管理、产品追溯管理、质量分析、工艺研究等一系列应用。

1. 卷烟工厂批次数据流

将描述物料本身特性及加工过程特性的重要信息和物料之间进行归属对应，可以形成与物料流相匹配的物料数据流，以满足加工过程建模以及过程监视测量、分析评价的需求。描述加工过程特性的信息包含各类离线和在线检测数据、加工过程数据、物流状态、环境状态、作业行为、消费者数据。通过物料标识和批次标识以及它们之间的逻辑关系进行批次数据归集，在卷烟生产批次组织模型的基础上形成卷烟生产批次数据流。

2. 模型特征

在卷烟生产批次数据流基础上形成卷烟工厂物料数字化管理模型，通过模型建立汇集了从原料物料数据到过程在制品数据，再到烟用材料物料数据的批次过程数据流，模型将物料信息、带有时间戳的所有相关数据进行收集和联结，使得原本较为独立的物料通过批次ID关联起来，将物料数据、过程主数据、物流交接过程数据、事件及业务数据等汇聚在一起，形成智能批次数据库。利用智能批次数据库，实现物料智能调度、防差错管理、过程管控、质量分析、追溯管理等生产全过程物料数字化管理。

三、设备管理

设备管理是企业管理的一个重要方面，其管理成效的高低将直接影响企业的生产、销售、产品研发、产品质量控制以及节能降耗等各个环节。企业设备管理的基本任务是：通过经济、技术、组织措施，逐步做到对企业主要生产设备的设计、制造、购置、安装、使用、维修、改造，直至报废、更新全过程进行管理，以获得设备寿命周期费用最经济、设备综合产能最高的理想目标。

随着卷烟生产企业的转型，传统的管理模式已不适应新的总体发展战略。如何规范卷烟设备管理工作，使设备管理功能最大化，还需要进一步探索研究。

（一）设备管理

卷烟厂生产设备由中烟公司生产管理部统筹管理。各卷烟厂每年按需求提出生产设备申请，立项审批（涉及烟草专卖的设备由国家烟草专卖局审批）后由采购部门负责招标，安装验收后归由各卷烟厂进行属地管理。卷烟厂下设基建设备科，负责统筹安排厂内各种生产设备的体系管理工作及大型维修工作。生产车间按"谁使用谁维护"的原则，对车间内设备负有日常维护的职责，以设备员为管理者，在每个生产班组配备一定数量的维修工，负责本班组生产设备的维护保养工作。

下面围绕卷烟、包装设备展开阐述。卷烟厂卷接包车间生产设备主要有卷烟设备及包装设备两种，卷烟设备生产烟支，包装设备将烟支包入小盒与条盒。一台卷烟设备搭配一台包装设备组成一个机组。由于各个卷烟厂都有长期经营的老品牌，其卷制包装设备多年来陆续更替，造成设备与设备之间加工能力有一定差距，特别是部分投产多年的设备，其内部零件大部分已被替换，在机械精度与稳定性上要明显低于新投产的设备。在设备维修上，老旧设备的维修时间、维修人力成本也明显高于新设备。

设备管理依赖如下三个方面。一是依靠技术进步。技术进步体现在紧盯新的工艺、新的材料、新的技术手段。二是依靠管理创新。执行是具体的工作，管理创新是一种工作方式的改变，是推动设备管理进步的重要动力，代表着一种看待问题、解决问题的新境界。三是依靠劳动者素质的提高。劳动者素质的提高，既包括技能的提升、本领的进步，也包括精神境界的提高。

（二）设备备件管理

在卷烟工厂中，设备的备件管理对卷烟生产发挥着重要作用。提升备件管理水平，能在一定程度上降低卷烟生产成本，从而提高卷烟产品的竞争力，为工厂的可持续发展奠定坚实基础。

1. 卷烟厂设备备件管理存在的问题

目前，卷烟厂设备备件管理存在如下几个方面的问题。

第一，备件采购计划申报的精准性不强，缺乏科学合理性。备件使用部门为避免备件库存不足对生产造成影响，倾向于大批量申报备件。

第二，高价值备件缺乏有针对性的管理。高价值备件库存是造成备件库存占用资金过多的重要原因。部分高价值备件通过自行维修或委外维修后，仍具备重复利用价值。原有的备件管理模式未能对高价值备件进行有针对性的管理，高价值备件维修返用模式未能有效建立，导致高价值备件大量、重复申报，备件库存占用资金逐年增加。

第三，备件类指标的管理考核机制不够完善。备件类的各项指标仅从宏观上进行管控，未分解至具体的设备，未细化至具体的车间、责任人，管理责任不明确，导致备件类指标完成情况不佳。

第四，备件采购周期过长，影响设备检维修。原有的采购模式下，备件计划以月为单位申报，经多层级审批后提交至备件采购部门进行采购，备件采购部门依据采购需求逐一对零备件进行询价、比价、下单采购。一般的通用备件采购周期往往达到 2 个月，部分专用备件采购周期甚至达到半年以上，对设备使用部门开展设备检维修工作造成一定影响。

2. 解决措施

为解决备件管理工作中存在的问题，可以从如下几个方面采取解决措施。

第一，实行月度备件采购计划三级审核机制，提升计划的精准性。月度备件采购计划三级审核机制，即车间初审、备件管理部门复审、多部门联合评审。联合评审成员由设备管理部门设备员、备件管理部门管理员及车间备件计划员组成，定期召开评审会对备件计划进行评审，从使用需求、采购周期、五金仓库存资源配置等多角度综合分析其科学合理性。

第二，加强备件出库管理监督，积极开展修旧利废，推动备件降本增效管理。实行领用分级审批制度，在备件领用出库环节，根据备件价值等级开展分级审批；实行以旧换新领用制度，生产车间在领用高价值备件时，需提供相应的旧件进行交换，旧件由备件管理部门进行标识、存储与管理，等待鉴定。

第三，结合备件定额管理工作建立数据监控机制和考核机制，提升费用预算的精准性和使用过程的可控性。建立备件类指标数据监控及考核机制，加强备件使用过程监督。备件管理部门每月定期对备件消耗以及备件周转率、占用率、三年以上库存、计划准确率等指标进行统计和分析，形成报告并向各生产车间进行通报。将急件申报率、三年以上备件库存、备件计划准确率三个指标纳入设备管理考核指标内，将管理责任落实到各车间和个人。

第四，降低备件采购周期。建立设备备件信息档案，完善项目招标清单，缩短采购周期。备件管理部门组织整理各生产车间主要生产设备的备件清单资料，包括设备本体及其功能改造部件、加装检测装置的备件清单，建立设备备件信息档案，补全招标采购清单，降低清单外采购比例，缩短整体备件采购周期。

四、质量管理

质量管理是指确定质量方针、目标和职责，并通过质量体系中的质量策划、控制、保证和改进来使其实现的全部活动，EMBA、MBA 等主流商管教育均对质量管理及其实施方法有所介绍。约瑟夫·M. 朱兰指出，质量就是适用性的管理、市场化的管理。阿曼德·费根堡姆认为，质量管理是为了能够在最经济的水平上并考虑到充分满足顾客要求的条件下进行市场研究、设计、制造和售后服务，把企业内各部门的研制质量、维持质量和提高质量的活动构成为一体的一种有效的体系。从国际标准和国家标准的角度看，质量管理是在质量方面指挥和控制组织的协调的活动。

近些年来，随着人们健康意识的增强以及国家环保新政策的出台，加之国家对烟草行业的税率进行了上调，这些因素综合导致卷烟厂的利润逐步下降，影响了各大卷烟厂的发展。在这种大环境下，卷烟厂需要稳中求变，在内部实施精益质量管理策略，即在保证产品产量的同时，控制产品生产成本，以提升企业的行业竞争力，提高企业经济效益，推动烟草行业稳步发展。

（一）卷烟厂精益质量管理存在的问题

目前，卷烟厂精益质量管理存在如下问题。

第一，不能落实标准化生产工序。标准化生产工序是实现精益质量管理的重要前提，只有完善生产工序标准，才能够提升产品生产效率，降低企业管理成本。但在实际生产中，由于卷烟厂自身管理模式的限制，企业员工普遍缺乏精益生产意识，生产过程或多或少存在工作散漫、不按标准等不良现象，整体采用粗放管理模式，并不能很好地落实标准化生产工序，这对企业持续发展造成不利影响。

第二，产品缺陷率居高不下。在卷烟厂实际生产过程中，生产线产品可以简单分成合格产品、不合格产品以及优质产品。减少不合格产品的出现，提升优质产品占比，是精益化质量管理模式的核心目标。

第三，责任管理意识不强。精益质量管理是一项系统性工程，需要多部门密切配合，但大多数卷烟厂在进行产品质量管理和控制的过程中，负责产品工艺质量提升的部门并未对可能出现的产品质量问题进行有效管控，主要原因在于企业内部各职能部门的责任管理意识不到位，各部门职能管辖范围混乱，员工的质量责任意识不足。

第四，缺乏有效的奖惩机制。精益质量管理可以提升企业产品在同类产品市场中的竞争力，但在具体实施的过程中面临着困难和阻碍。为了有效推进精益质量管理，企业需要在原有管理制度的基础上，完善奖惩机制，利用丰厚的奖励激发和调动员工生产积极性，进而对产品质量的持续改进形成巨大的推动作用。

（二）解决措施

针对以上的问题，精益质量管理可以从如下几个方面发力。

第一，加强卷烟厂生产流程的标准化管理。为了进一步提升卷烟厂产品质量，实现精益质量管理，需要构建生产流程标准化管理体系，具体应该从以下三个方面入手。首先，明确生产目标。以提升生产效率、提升产品质量为根本目标，强化对生产线的整体控制。其次，将生产流程进行标准化分段。化整为零，深入分析每一个生产步骤的具体数据，对比以往的生产经验，构建标准化生产流程规则。最后，强化对生产线的监控力度。对已经发现的问题进行及时整改，并找出问题产生的根本原因，实现产品生产流程的进一步优化。

第二，强化产品成本管理，降低生产成本。从我国烟草行业的发展趋势来看，未来国家对烟草行业的管控力度将会进一步提升，烟草企业的收益会受到影响。在不能提升产品单价的前提下，要想维持烟草企业的经济效益，只能在保证产品原有质量的基础上进一步降低产品生产成本。因此，卷烟厂应该强化产品成本管理。首先，优化原有的生产工艺，从生产设备、人工、管理等方面进行完善，提升产品的生产效率；其次，增强一线生产人员的成本管理意识，建立更为科学的成本管理体系，通过技术手段来分摊产品成本；最后，做好成本核实和监管，避免因为管理漏洞导致原材料浪费，影响最终的产品成本。

第三，优化生产质量管理体系，增强员工责任意识。建立全面的质量管理体系，进一步确保卷烟厂对产品生产全过程进行有效的管理和把控，是精益质量管理策略有效实施的重要前提。卷烟厂需要对生产线生产过程进行全面监控,细化质量管理工作,将质量管理分解到每一个步骤,实现生产流程的全面优化。此外,卷烟厂还需要运用多种手段来增强员工的责任意识。例如,定期组织企业员工进行质量责任意识培训,开展以培养责任意识为主题的演讲比赛或文艺汇演等活动,以营造良好的企业文化氛围。

第四,强化质量风险控制,提升产品品质。卷烟厂在生产过程中应该实施产品质量风险分级管理制度,结合已经实施的生产线监管体系,对生产过程中的各种数据进行系统分析。经过科学统计,标识出生产过程中的关键节点,结合已经发现的问题,采用有针对性的控制手段进行质量管控。可以从设备管理和生产技术管理两方面入手,杜绝缺陷产品的产生,落实产品质量管控制度,全面提升优质产品产出效率。

第五,构建完善的奖惩机制。为了更好地实施精益质量管理策略,卷烟厂应该在已有管理制度的基础上,构建更为完善的奖惩机制。一方面,对工作中表现优异的员工给予一定的物质奖励,将这类员工树立为榜样和标杆;另一方面,对有违规操作记录的员工实施一定的惩罚,达到对有不良工作习惯的员工的警示作用。真正做到有赏罚有度,以此来提升员工的工作积极性,引导员工主动参与到精益质量管理工作中,最终实现企业和员工的双赢,为卷烟厂快速发展保驾护航。

1.2.2 卷烟工厂生产控制建设现状

一个生产控制系统最重要的任务首先是控制基本库存和流量库存,即平衡输入和输出。然后再使用精确控制的方法减少控制库存,同时还可以考虑采取一些能力计划和批量计划的措施。生产周期和脱期(脱期等于任务的实际完成日期减去计划完成日期)是两个不同的目标参量,对它们分别采用不同的措施进行监控。生产周期只是平均库存与生产能力的函数,脱期却受到另外两方面的影响:计划生产周期和实际生产周期的偏差;计划与实际任务投放日期的偏差。控制贯穿于生产系统运动的始终。生产系统凭借控制的动能,监督、制约和调整系统各环节的活动,使生产系统按计划运行,并能不断适应环境的变化,从而达到系统预定的目标。生产系统运行控制的活动内容十分广泛,涉及生产过程中各种生产要素、各个生产环节及各项专业管理,其内容主要包括生产进度控制、对制造系统硬件的控制(设备维修)、库存控制、质量控制、成本控制等。

生产进度控制是对生产量和生产期限的控制,其主要目的是保证完成生产进度计划所规定的生产量和交货期限。这是生产控制的基本方面。其他方面的控制水平,诸如库存控制、质量控制、维修等都对生产进度产生不同程度的影响。在某种程度上,生产系统运行过程的各个方面问题都会反映到生产作业进度上。因此,在实际运行管理过程中,企业的生产计划与控制部门通过对生产作业进度的控制,协调和沟通各专业管理部门(如产品设计、工艺设计、人事、维修、质量管理)和生产部门之间的工作,可以达到整个生产系统运行控制的协调、统一。

设备维修是对机器设备、生产设施等制造系统硬件的控制,其目的是尽量减少并及时排除物资系统的各种故障,使系统硬件的可靠性保持在一个相当高的水平。如果设备、生产设施不能保持良好的正常运转状态,就会妨碍生产任务的完成,造成停工损失,加大生产成本。因此,选择恰当的维修方式、加强日常设备维护保养、设计合理的维修程序是十分重要的。

库存控制是使各种生产库存物资的种类、数量、存储时间维持在必要的水平上。其主要功能在于，既要保障企业生产经营活动的正常进行，又要通过规定合理的库存水平和采取有效的控制方式，使库存数量、成本和占用资金维持在最低限度。

质量控制，其目的是保证生产出符合质量标准要求的产品。产品质量的形成涉及生产的全过程，因此，质量控制是对生产政策、产品研制、物料采购、制造过程以及销售使用等产品形成全过程的控制。

成本控制同样涉及生产的全过程，包括生产过程前的控制和生产过程中的控制。生产过程前的成本控制，主要是在产品设计和研制过程中，对产品的设计、工艺、工艺装备、材料选用等进行技术经济分析和价值分析，以及对各类消耗定额的审核，以求用最低的成本生产出符合质量要求的产品。生产过程中的成本控制，主要是对日常生产费用的控制，其中包括材料费、各类库存品占用费、人工费和各类间接费用等。实际上，成本控制是从价值量上对其他各项控制活动的综合反映。因此，成本控制，尤其是对生产过程中的成本控制，必须与其他各项控制活动结合起来进行。

一、卷烟工厂生产异常信息分析及推送需求

卷烟工厂信息化程度高，采集了丰富的生产数据，如何有效利用这些生产数据来监控生产过程中的异常信息，是各个卷烟工厂需要重点关注的问题，也是卷烟工厂生产控制建设的方向。

在传统监控中，管理者通过生产看板和人工反馈发现异常信息，并做出调整。这种方式对异常信息的响应速度慢，且存在疏漏。如今，有些卷烟工厂采用一种卷包车间生产异常信息分析方法来获取有效异常信息，同时将该信息通过移动平台推送给相关管理人员，从而提高异常信息响应能力和生产管控水平。该方法首先将异常信息按照数据波动情况分类，然后运用独立变量分析筛选出需要监控的异常信息点，在此基础上根据卷包设备运行规律制定相应的推送规则，从而获取有效异常信息。

二、卷烟工厂生产异常信息分类

异常信息总体上可分为两类：累计增长型和随机波动型。累计增长型包括产量、停机时长、剔除量、盘纸消耗、商标纸消耗等，其特点为累积增长，不会出现数据回落情况。随机波动型包括效率、利用率、剔除率、车速等，其具有随机波动性，数据会出现上升和回落情况。

三、卷烟工厂生产异常信息处理

处理数据时需要特别注意变量相关性的问题。在大量数据当中，要努力寻找独立变量，防止变量之间相关性太强对异常分析结果产生负面影响。累积增长型数据具有累积效应，容易弱化相关性，使得相关系数计算结果不符合实际情况，因此，计算相关系数时需要对累积增长型数据进行预处理，目的在于去除其累积效应。

异常信息的推送规则如表1-1所示。

表 1-1 异常信息推送规则

条件	描述
开班延后监控时间	开班后多久开始监控，0 则表示开班后就马上进行监控
保养延后监控时间	保养后多久开始监控，0 则表示保养后就马上进行监控
推送阈值	上限
	标准值
	下限
推送间隔时间	推送之后间隔一定时间才会重新推送
推送后是否清零	推送后对异常数据进行清零，防止持续推送，针对累积增长型数据
推送缓冲时间	超过阈值并持续一定时间之后才开始推送，针对随机波动型数据

异常信息推送的流程步骤如图 1-3 所示，其中说明了异常推送的数据来源、处理逻辑及业务流程。

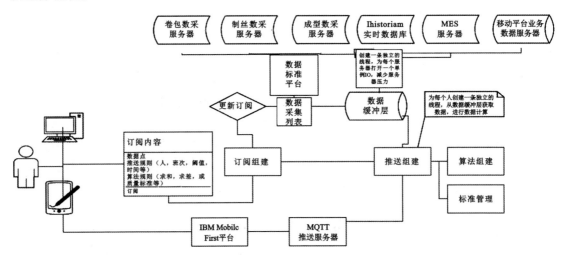

图 1-3 异常信息推送的流程步骤

基本步骤如下：

（1）从数据采集系统采集设备、生产、质量、物耗等相关数据；

（2）将数据放入推送组件，获取需要推送的异常信息；

（3）将推送信息推送到 MQTT 推送服务器后形成推送信息缓冲队列，经 IBM Mobile First 平台分发到用户终端。其中，哪类异常信息推送给哪些职能人员，需要根据管理规定来形成订阅规则。

第三节　碳中和与新技术环境下的卷烟生产企业建设基本思路

1.3.1　碳中和背景

2020年9月22日，习近平主席在第七十五届联合国大会一般性辩论上宣布："中国将提高国家自主贡献力度，采取更加有力的政策和措施，二氧化碳排放力争于2030年前达到峰值，努力争取2060年前实现碳中和。"2021年3月5日，李克强总理在政府工作报告中指出："扎实做好碳达峰、碳中和各项工作。制定2030年前碳排放达峰行动方案。优化产业结构和能源结构。"我国各行业、各领域要在"碳达峰、碳中和"战略的指引下，完整、准确、全面贯彻创新、协调、绿色、开放、共享的新发展理念，抓住新一轮科技革命和产业变革的历史性机遇，推动世界经济"绿色复苏"，汇聚起可持续发展的强大合力。

2019年11月22日，在北京举办的2019中国工业产品生态（绿色）设计与绿色制造年会上，与会专家围绕工业产品生态（绿色）设计与绿色制造发展现状与趋势、绿色制造示范体系创建、产品全生命周期评价理论与实践、经济高质量绿色增长产业模式等进行了主旨演讲，尤其是谈到了塑料包装绿色化问题和解决方法，这对于传统烟草的卷烟包装提出了较高的要求。2020年1月19日，国家发改委和生态环境部联合发布《关于进一步加强塑料污染治理的意见》，这是自2008年首次提出全国范围内的"限塑令"12年后再次提到"限塑"。中国烟草行业认真落实国家的"限塑令"要求，积极应对塑料污染，减少能源资源浪费，缓解资源环境压力，保护土壤，减少白色污染，助力实现"碳达峰、碳中和"战略。

2007年，中国的二氧化碳排放达到65.38亿吨，首次超过美国的60.94亿吨，成为当今世界温室气体排放最多的国家。这不仅使我国在国际气候谈判中承受着越来越大的压力，也反映出我国面临着生态环境恶化和资源枯竭的困境。中国的碳排放主要来自化石燃料（90%）和水泥生产（10%）。根据行业划分，制造业碳排放达47%，火力发电占32%，交通排放占6%。《巴黎协定》所倡导的全球绿色、低碳、可持续发展的大趋势与中国生态文明建设理念相符，与中国自身可持续发展的内在需求一致，为我国节能减排、走绿色低碳发展之路提供了外在制度约束。为实现我国所承诺的目标，这一约束自然会以各种方式传递给国内各个领域。传统烟草行业尤其是卷烟生产属于高能耗、高污染产业，响应国家节能减排号召，烟草行业责无旁贷。2018年7月3日，国家烟草专卖局印发《烟草行业全面加强生态环境保护 坚决打好污染防治攻坚战行动方案》，不断出台相关政策，提高行业准入标准以及监管力度；同时，大力提倡烟草生产向节能方向发展。

碳中和同样是解决环境问题的内在动力。随着中国经济的发展，环境问题逐渐成为全社会关注的焦点问题。党的十九大着重提出要加快生态文明体制改革，建设美丽中国，实现人与自然和谐共生的现代化。为全面加强生态环境保护，打好污染防治攻坚战，2018年6月，中共中央、国务院发布《关于全面加强生态环境保护 坚决打好污染防治攻坚战的意见》；7月，国务院发布《打赢蓝天保卫战三年行动计划》。在地方层面，各地也出台了若干加强生态环境保护的指导性意见。例如，2018年6月，中共安徽省委、安徽省人民政府发布了《关于全面打造水清岸绿产业优美长江（安徽）经济带的实施意见》。

一、碳中和要求下的卷烟企业发展现状

为督促企业落实节能减排的目标，国家的主要手段有命令控制和经济手段两大类。前者主要是以标准、许可、限制等直接管制措施来解决温室气体排放的负外部性问题，其共同特点是利用法律或行政手段强制行为主体改变行为方式。温室气体减排的经济手段则又分为基于价格控制的税收手段（碳税）和基于总量控制的市场交易手段（碳交易）。两者的共同特点是通过给排放权定价，将温室气体排放的负外部性内部化，从而达到减排目的。值得重点介绍的是碳交易。碳交易的基本原理是，合同的一方通过向另一方支付以获得温室气体减排额，买方可以将购得的减排额用于减缓温室效应从而实现其减排的目标。即以二氧化碳为代表的温室气体需要治理，而治理温室气体给企业造成的成本是有差异的。由此，碳权交易便成为市场经济框架下解决污染问题最有效率的方式之一。这样，碳交易把气候变化这一科学问题、减少碳排放这一技术问题与可持续发展这个经济问题紧密地结合起来，以市场机制来解决这个涉及科学、技术、经济的综合问题。2011年10月，国家发改委印发《关于开展碳排放权交易试点工作的通知》，批准北京、上海、天津、重庆、湖北、广东和深圳七省市开展碳交易试点工作。根据国家发改委2017年底出台的《全国碳排放权交易市场建设方案（发电行业）》，发电行业在2020年左右率先启动碳排放权交易。据测算，届时将纳入1 700多家企业，覆盖30多亿吨碳排放总量。

在国家2060年实现碳中和的总体目标导向下，卷烟行业近几年实现了跨越式发展。从国家烟草行业的总体政策导向来看，相关部门未来对烟草行业的投资、监管和环保要求会更加严格，更加注重烟草行业的节能减排工作。传统卷烟产业将从高能耗、高物耗、高排放的发展模式转向可持续发展模式，未来的烟草行业将朝着优化产业结构、绿色环保的方向发展。烟草产业必须继续严格按照各级政府的要求，切实采取各种有力措施，积极主动践行节能减排义务。

"十一五"规划纲要提出，"十一五"期间我国单位国内生产总值能耗要降低20%左右，主要污染物排放总量要减少10%。此后多年，节能减排任务仍然艰巨而迫切。虽然和其他行业相比，烟草行业能源消耗和污染物排放并不大，但国家利益至上，消费者利益至上，节能减排是烟草企业义不容辞的责任。具体来说，动力部门是烟草企业的用能和污染物排放大户，也是节能减排潜力比较大的部门，各个环节都有节能减排的潜力。近几年来，卷烟企业的数量在不断波动，通过整合优化、兼并重组的方式，一批生产质量和碳排放不达标的企业被淘汰。同时，根据有关部门下发的文件，烟草行业节能减排的总要求和目标是：加强高排放企业减排工作，逐步减少污染物排放总量，确保实现全行业减排工作目标。在烟草行业的管理和技术层面，都有节能减排的具体要求。

2019年4月，国家烟草专卖局通报了烟草行业2018年节能减排工作情况。通报指出，2018年，全行业认真贯彻落实党中央、国务院关于打赢污染防治攻坚战和蓝天保卫战的工作部署，不断加强生态环境保护和大气污染治理工作，能源利用效率进一步提高，污染物排放总量持续减少，烟用物资循环利用工作有效推进，水、土壤、大气保护措施逐步实施，环保法律法规及制度得到严格执行，节能减排工作取得阶段性成果。

通报显示，2018年，行业能源消耗总量133.02万吨，同比下降3.71%；万元工业增加值能耗16.22千克，同比降低10.7%，其中卷烟工业企业万元工业增加值能耗8.61千克，同比降低3.47%。二氧化硫排放889吨，同比降低21.8%；化学需氧量排放932吨，同比降低43.1%；氨氮排放46吨，同比降低4.2%；氮氧化物排放1 416吨，同比降低7.2%；二氧化碳排放183.4万吨，同比降低2.1%。

通报强调，行业各单位要严格执行国家相关规定，不搞变通，不打折扣，切实抓好各项部署和要求的贯彻落实。要发挥管理优势，提高管理水平。严格执行国家标准，规范能源全过程管理；定期进行能源审计，发掘节能潜力，进行改进提升；参照行业对标指标，采取有效措施，缩小指标差距；建立节能减排工作例会制度，定期分析动态，制定工作计划；建立健全节能减排工作制度，强化考核奖惩，做到依规办事；合理安排调度生产运行，实现集中生产，发挥规模效益。要依靠技术进步，加强技术改造。广泛应用成熟节能减排技术，及时关注新技术的研发动态，引进应用适用技术，发挥先进技术优势，推动节能减排发展，形成早使用早见效的良性循环局面；按要求做好燃煤锅炉改造和淘汰柴油车、置换清洁能源车辆两项重点工作。

自从碳中和战略发布以来，烟草行业在节能减排方面取得突出成果，为我国实现碳中和的总体目标做出了巨大贡献。我国烟草行业尤其是卷烟生产企业能源利用效率进一步提高，污染物排放总量持续减少。在国家节能减排的号召下，现在的卷烟生产企业越来越重视生产过程中的节能减排，尤其是新上马的工程项目，无论是在土建方面还是在工艺设备选型方面，都倾向于使用节能型与环保产品。对于烟草行业的制丝线管控系统而言，应该是在保证生产计划与工艺指标的同时，利用现有的设备与生产线，通过控制程序与调度程序的编排，合理组织生产，尤其是在模块化生产的基础上，合理调度生产线的工艺设备，尽可能准确跟踪物料，减少设备空转与待料时间，最大化提高设备的有效作业率。整条制丝线控制系统应该围绕这个思路采取措施，达到减少能耗的目的。

为提高能源利用效率，减少污染物排放，创建资源节约型、环境友好型社会，早在2007年9月，经国务院批准，国家发改委、中宣部、共青团中央等十七个部门在全国范围内组织开展"节能减排全民行动"。节能减排目标成为中央人民政府对全国人民的庄严承诺。从那时起，一场轰轰烈烈的"节能减排全民行动"在全社会展开。作为国民经济发展的重要纳税航母，烟草行业也积极投身其中，并发挥积极的作用，产生了深远的影响。在具体的工作实践中，国务院高瞻远瞩，通过充分的调研形成指导性的政令，为烟草行业的节能减排行动指明了方向：政府机构要形成崇尚节俭、合理消费的机关文化，为全民节能减排发挥表率作用；烟草专卖局要形成有效的监管和执行机制，加强行业节能减排的管理和治理；要扩大宣传，在全社会普及节约资源、合理消费的思想观念；要制定和执行有效的规章制度，做到一以贯之，配套以监督和责任追究机制，实行必要的奖惩。

企业（单位）是节能减排的主体，必须严格遵守节能和环保法律法规及标准，强化管理措施，自觉节能减排。具体到烟草行业，烟草公司尤其是卷烟生产公司要加强水、电、气的管理，增强节约意识，进行必要的检查和整改，做到责任分工、落实到人；卷烟销售公司要加强流通渠道的缓解和梳理，使得卷烟销售的流通环节畅通，减少不必要的开支，杜绝浪费。

以片烟生产工艺段为例，节能体现在减少主机设备的预热时间。由于该段工艺设备较多,工艺路线较长,在设备的控制上应充分考虑到节能。看得出来,叶片从真空回潮处理到松散加料要经过一段比较长的时间,在具体控制上可以这样考虑:当真空回潮机进行一批烟叶处理的时候,调度系统才依次发出松散回潮加料机的预热指令。这个指令何时发出可以通过现场的实际情况摸索而得。当这些主机设备接到预热指令后,才启动设备进行预热,从而减少主机设备待料时间,实现节能。细化批次控制单元,也可以有效地节约烟草生产时间。针对多生产线、多路径的加工工艺,批次控制的模式将在整个控制系统设计中得到体现。一方面,对整个生产工艺流程进行较为细致的划分,设计多个控制工艺段,结合面向整个生产线的集中监控,可以有效减少工艺段设备运行的空转时间;另一方面,根据生产组织的需要,还可以将部分工艺段进一步细分为多个批次控制单元,如批次控制设计和构件化设计的功能实现,有利于生产线的组织调度,提高有效作业率,节能降耗。

2016年10月,国家烟草专卖局印发烟草行业"十三五"节能减排工作方案,要求行业各单位结合工作实际,采取切实可行措施,落实各项工作部署,确保完成目标任务。国家烟草专卖局在方案中简要通报了"十二五"时期行业节能减排工作成绩。"十二五"期间,行业万元工业增加值能耗18.4千克(标准煤,下同),下降49.7%;万支卷烟能耗2.95千克,下降18.9%;二氧化硫排放2 226吨,下降72.5%;化学需氧量(COD)排放1 895吨,下降39.2%,超额完成国家下达的各项节能减排目标任务。近年来,烟草行业能源消耗量总体上呈现不断下降的趋势,如图1-4所示。

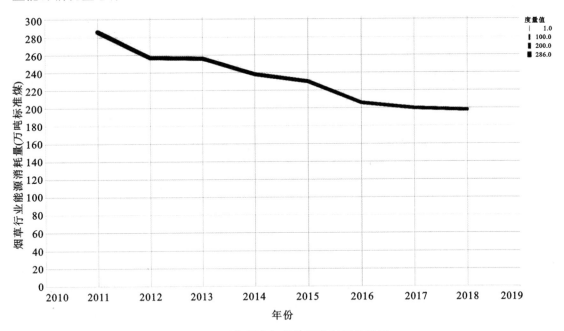

图1-4 近年烟草行业能源消耗量趋势图

方案指出,要坚持节能减排基本国策,牢固树立创新、协调、绿色、开放、共享的新发展理念和节约集约循环利用的资源观,推动资源利用方式实现根本转变。要加强全过程节约管理,提高发展质量和效益,加大生态环境保护力度,提高资源利用效率,加强能源管理,减少污染物排放总量,全面建设资源节约型、环境友好型行业。

方案明确了行业"十三五"时期节能减排总体目标：到 2020 年，行业单位工业增加值能耗下降 15％，单位工业增加值用水量降低 23％，单位工业增加值二氧化碳排放降低 18％，化学需氧量排放总量减少 10％，氨氮排放总量减少 10％，二氧化硫排放总量减少 15％，氮氧化物排放总量减少 15％，万支卷烟能耗降低 5％。2021 年，以上指标全部完成。

方案强调，要根据不同类型企业的特点及同类型企业间的实际情况，以有能力的企业多承担责任，有潜力的企业多做贡献，节能工作共同推进，减排工作抓住重点，任务相对集中，发挥减排规模效益为导向，实行行业总目标基础上有增有减的适度调整，发挥每个企业各自优势，形成合力，共同完成行业节能减排总体目标。

方案从管理措施和技术措施两个方面对行业节能减排工作提出要求。在管理措施方面，要通过建设或升级改造，进一步完善能源消耗和污染物排放计量体系；加强能源管理体系建设，定期开展体系认证工作和能源审计工作；推进节能减排精益管理，形成不断循环改进的良好氛围，促进降本增效工作；开展能耗对标活动，以先进企业为标杆，查找短板，设立目标，缩小差距；合理组织生产经营，优化工作流程，提高生产效率，降低单产能耗。在技术措施方面，要应用节能技术，坚持技术上可行、经济上合理，有利于节约资源保护环境的原则；坚持源头控制，用能设备配备要进行充分论证，严防产能过剩及用能设备能力过剩；加强高排放企业减排工作，逐步减少污染物排放总量，确保实现全行业减排工作目标。

各省份烟草行业积极响应国家节能减排的号召。如重庆市烟草专卖局（公司）2019 年发布《重庆市烟草商业系统"十三五"节能减排工作方案》，进一步加强节能减排管理，提高能源利用效率，减少污染物排放，提高发展质量和效益。根据国家烟草专卖局、重庆市人民政府下达的 2020 年节能减排目标，重庆市烟草专卖局（公司）结合重庆烟草实际情况，将全市烟草系统"十三五"节能减排工作目标确定为"能源消耗总量下降 10％，水消耗总量下降 21％，复烤企业污染物排放量下降 20％"。为保证目标的实现，重庆市烟草专卖局（公司）要求全市烟草系统开展节能对标活动，加大精益管理力度，完善分户计量体系，通过加强能源管理建设和优化物流配送流程等管理措施，最终实现"十三五"节能减排工作目标。此外，重庆市烟草专卖局（公司）还鼓励各单位积极开展节能减排管理创新和新技术研发，要求各单位将节能减排目标分解落实到部门、岗位，调动广大员工节能减排的积极性。

近年来，中国烟草行业实现跨越式发展，通过行业组织结构不断调整、工商分离、取消县级商业公司法人资格、兼并重组、整合品牌等措施，烟草行业的社会评价逐渐提高。尽管如此，中国烟草行业仍处于步入市场化的时期，面临的竞争激烈程度和监管力度相比以往只会更强。同时，随着国民健康意识及控烟力度的强化，未来烟草企业数量将减少，但较高的利润仍然使烟草行业成为各路人士竞相进入的领域。国家将不断出台相关政策，提高行业准入标准以及监管力度，同时大力提倡烟草生产向节能方向发展。

二、新技术环境下卷烟企业发展现状

企业完成产业重构优化和转型的前提是有先进的技术加持，卷烟企业也不例外。近年来我国多家卷烟企业一直致力于探索新技术、新方法，试图在卷烟生产环节提高生产效率，降低污染，减少成本，实现节能减排的目标。企业主要采取的措施包括利用清洁能源、优化卷烟生产工艺流程等。

多家卷烟企业在新技术的探索中取得了优秀成果。如红云红河集团发明了新型烟梗收集器装置专利，能够明显提高剔除烟梗的作业效率。江西中烟工业有限责任公司发明了一种烟叶加工用切丝装置，有效减少了烟叶在输送过程中发生破碎的情况，提高了烟叶在输送过程中的完整度。广西中烟工业有限责任公司自主研制出一种过滤器密封圈检漏装置及离子交换器，提高了整个锅炉系统运行的稳定性、安全性等。在环保技术层面，卷烟企业也取得了不错的进展。例如，传统的卷烟包装大多使用白卡纸或铜版纸，这些材料都无法降解，因此极易造成环境污染。随着企业环保意识的不断增强，越来越多的卷烟厂开始逐渐重视卷烟包装，优先选择无毒、无污染、可重复利用、可降解、节能低耗的材料，如真空镀铝材料现在就很受卷烟厂的青睐。除了选择优质材料，卷烟厂也很重视印刷的绿色化，尝试着不断改良印刷工艺。如凹印水基墨印刷工艺、水性 UV 一次成印印刷工艺、折光磨砂印刷工艺等，都是卷烟厂在绿色低碳生产方面的探索。在生产过程中，烟草制丝常产生异味污染环境，众多卷烟厂采取了相应的环保措施，如吸收法、生物滤池法、低温等离子技术等，有效地解决了制丝过程中的臭气污染问题。

近几年，随着碳中和战略的不断推进，越来越多的卷烟企业开始在卷烟生产过程中研制和使用节能减排的新技术。这些新技术可列举一二。第一，基于干燥脱水量的叶丝滚筒干燥加工强度品质校正技术。通过这种新型的烟丝干燥技术，烟丝的烟气、口感、香韵等有了极大的改善。第二，卷烟制丝生产线集中除尘系统的改进。卷烟制丝生产线工艺流程复杂、工序繁多，每道工序都会产生大量粉尘，严重影响卷烟的质量。为解决这一问题，技术人员对集中除尘系统进行了全方位改进。改进后的集中除尘系统完美解决了粉尘过多的问题，减少了维修工作量，提高了设备运行的稳定程度。第三，ZB45 包装机组自动储包补包装置技术。进口的卷烟包装设备由于现场安装布局的限制，烟包输送长度有限，易导致机器停工，造成原料浪费。后来技术人员基于此问题，增添了烟包自动储包补包装置，完美解决了这一问题。第四，ABB 拆垛机器人辅助吸盘装置。ABB 拆垛机器人同样也是从国外进口的物流设备，但是其本身使用的真空海绵吸盘遇到较大颗的灰粒时极易堵塞。特别是近年来环保压力逐渐增大，二次利用的纸箱表面灰尘较多，吸盘吸力不足成为大问题。基于此问题，我国技术人员利用 RobotStudio 软件编写了"曲线焊缝的路径离线程序"，设计了残烟自动回收装置、辅助吸盘装置，成功解决了这一难题。第五，可调节气流方向的闭式循环热泵烤房。我国现行密集烤房大多以煤炭为主要能源，能耗高、污染大。为减少燃煤污染，利用新能源进行烟叶烘烤是卷烟行业发展的必然趋势。可调节气流方向的闭式循环热泵烤房的出现为此提供了契机。闭式循环热泵一体机和装烟建筑系统两大组成部分在保质保量的同时，降低了能耗，减少了污染。

以安徽中烟工业有限责任公司合肥卷烟厂为例，2020 年，该卷烟厂提出了创新驱动"激活""赋能""提质"的三年推进思路，将 2020 年确定为"创新激活年"，要着力解决职工创新意愿不强、动力不足的突出问题。为此，合肥卷烟厂构建形成了一套以积分激励机制为主的"1+6"创新制度体系，全面激活企业创新动能，营造全员创新的氛围。企业下发了 8 项重大课题及 13 项年度挂牌作战项目，通过自上而下不断优化、升级多维度、多层级的项目实践平台，有效促进创新工作的质效提升。下一步，合肥卷烟厂将加快推进如升级优化问题改善信息化平台、强化创新专题培训、抓好课题质量等一系列重要举措，鼓励职工立足自身岗位支持创新、参与创新，加快创新驱动，助力合肥卷烟厂高质量发展迈向新未来。

　　社会经济不断发展，卷烟消费需求也在随之变化。安徽中烟工业有限责任公司芜湖卷烟厂近年来瞄准机遇，根据市场需求与企业发展实际，积极推进细支烟生产。随着"徽商新概念细支""红方印细支"等"黄山"品牌多款细支烟的顺利上市，芜湖卷烟厂积累了宝贵的经验，并在此基础上不断增强创新能力，进一步提升精细化制造水平。依靠科技创新，芜湖卷烟厂生产的细支烟品质不断提升。卷烟厂质量技术科联合技术中心、制造管理部等部门制定了为期两年的《"打造中、细支烟制造专家"工作推进方案》。各车间和相关部门围绕质量稳定、工艺领先、生产组织及过程消耗等积极开展相关工作。经过一年的努力，细支烟综合指标、制造能力、特色提炼等多项工作的目标已初步实现。芜湖卷烟厂坚持严标准、控介质、稳性能、细参数的工艺控制理念，明确了16项关键指标，组织技术人员在烟丝转化率、密度均匀性、小包密封性等方面展开攻关，并细化了工艺用水净化处理、蒸汽品质在线监控、环境温湿度分区控制等方面的规范标准。此外，在设备维护方面，芜湖卷烟厂坚持日常维护标准化、设备大修精细化、性能监测常态化，有效稳定了设备性能，实现了设备参数、工艺参数、质量指标的三级管控。如今，芜湖卷烟厂的技术创新已渗透到了细支烟生产的各个环节。为提升产品的均质化水平，芜湖卷烟厂在制丝环节采用了守恒式加料加香技术，即通过能量衡算、质量衡算，精准计算出能量和质量的平衡点。此外，他们采用多点喷射技术，提高料香喷射的均匀性，降低运行速率，以促进料香吸收。通过这项技术，芜湖卷烟厂降低了料香损失，提高了添加的有效性。为调整细支烟的吸阻，芜湖卷烟厂创造性采用在线精准打孔技术。技术人员通过在线通风技术研究，建立了细支烟在线打孔参数设计模型，对激光打孔脉宽、孔数、孔径、孔间距、孔距端部位置等参数进行精准设计。这项技术运用于生产以后，细支烟在线打孔通风率的稳定性更高，总通风率变异系数降低了近30%。

　　技术创新成果想要充分落地，离不开生产工艺的保障，比如制丝环节的"三低"工艺。首先是低强度叶片预处理工艺。为了尽可能彰显烟叶的风格特征，制丝车间在叶片预处理阶段尽量降低加工强度，避免质量损失。不同于传统工艺在润叶、加料等工序独立设计参数的方法，芜湖卷烟厂通过研究分析，在润叶工序将"烟块"变为松散的"烟片"，并降低施加糖料的强度，以提升叶片的润透性。其次是低强度叶丝气流干燥工艺。切丝水分、排潮流量、膨胀节气料比等几项指标都会对卷烟的内在质量产生影响。切丝水分改变的是烟丝干燥过程中的脱水量，脱水量的大小与产品质量密切相关。排潮流量是通过改变烟丝干燥过程中的物质排出量来影响产品内在质量的，膨胀节气料比则是通过改变烟丝干燥过程膨胀率来影响产品质量的。制丝过程中，脱水量大、排潮量大或膨胀节气料比大，都容易导致烟叶香气风格产生变化。所以，制丝车间要根据细支烟生产的要求，综合采取低强度的干燥参数设计。最后是超低强度薄板干燥工艺。细支烟生产过程中，传统加工方法是靠烘丝前的蒸汽施加量来平衡香气和烟气两个指标的。高香气需要降低蒸汽施加量，烟气顺畅则应提高蒸汽施加量，如何找到平衡点是关键。芜湖卷烟厂技术人员通过试验，去掉烘丝前的蒸汽施加量，将加工强度和增水量移至叶片预处理段，通过提高润叶回风的温度和加水量来改善烟气。在薄板干燥环节，他们采用低热风温度和低热风风速,在增大筒内湿度的同时降低烟丝干燥过程中的脱水速率,以达到提升烟丝品质的目的。

1.3.2 碳中和与新技术环境下卷烟生产企业的问题

在碳中和要求以及新技术环境下,传统卷烟生产企业面临着企业转型的急迫问题。陈旧的生产模式能耗高且污染严重,已经不能适应当前国家以及行业的要求。因此,如何在当前的环境下进行企业的绿色化、高效化转型,是众多卷烟企业面临的考验。本部分从传统卷烟厂的卷烟生产工艺流程出发,分析其中的痛点和问题突破口,找到与碳排放关联密切的生产环节,并尝试探索近年来针对卷烟生产的创新性方法,选择合适有效的方法解决在生产中发现的问题。

一、卷烟生产工艺流程

要分析在碳中和以及新技术环境下卷烟企业所面临的问题,就需要对现阶段卷烟厂的生产工艺流程进行分析。卷烟生产的工艺流程是根据烟叶原料的理化特性,按照一定的程序,逐步通过各种加工设备,将烟叶原材料制作成符合标准的卷烟产品的过程。其最主要的生产工序包括制丝、卷接和卷烟包装三个环节,详细的生产工艺流程如图1-5所示。

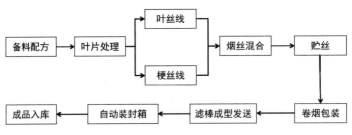

图1-5 卷烟生产工艺流程

卷烟的优良品质来自配方中所使用的烟叶,这一点是无可置疑的。然而,在卷烟制造过程中,对烟叶的制备和处理方法以及各工序加工的作用也决不能低估。即使是较好的配方、优良的烟叶,也可能因加工处理不当或粗制滥造而被毁掉;反之,较差的烟叶在经过精心适当的处理加工以后,也可以在某些方面得到弥补,从而制造出较好的产品。所以,确立科学的、合理的、较为先进的工艺流程和技术规定,有利于促进卷烟行业的发展,提高产品质量和生产率,降低物质消耗,提高经济效益。

卷烟工艺流程主要包括制丝、卷接和包装三大步骤,各大步骤又包括不同的工段和工序。第一,要确定加工工序及各个工序之间的关系。这包括三个方面的内容:确定工艺流程的工序组成;确定工艺流程各工序之间的关系;确定工序的排列顺序。第二,要确定工序之间的连接方式。工序之间的连接以优质、低耗、高效、安全为前提,分为单一的传递功能和有任务的传递。在选用输送方式和具体设备时,应确保输送设备在完成工艺任务和物料传递的前提下,不损坏或尽可能少地损坏在制品的工艺质量,传递时间要尽可能短。第三,确保工序间的信号联络和控制。通过工序间的信号联络和控制,使各工序的加工做到有机配合。我国卷烟生产多采用"分段集中控制"的方式,在每一段设置集中控制柜,使被控设备设置在控制中心附近,便于生产的控制和管理,同时也可使整线的生产能力得以充分发挥。第四，注意各工序间的空间布局，便于设备、人员和产品的质量管理。各工序的空间布局要满足生产工艺的要求，要做到占地面积小、物料在工序间传递时间短、耗能低、工人操作维修方便、车间运输通畅，具有良好的工作环境。各工序应按制丝工艺流程的加工顺序进行排列，使在制品能在前道工序加工之后，顺利地进入后道工序进行加工。并且，为今后技术的进步、生产能力的适当扩大等留有改造空间布局的可能性。第五，工序间的时间配合也很重要。制丝生产整个流程所包括的加工时间主要有：各个工序所必需的加工时间及必要的工艺停留时间，如贮叶、贮梗、贮梗丝、贮丝时间等；加工工序之间的传送时间；加工工序或加工线之间必要的配合时间；生产中正常停顿的间歇时间或生产调度时间。在整个工艺流程中，各工序加工时间必须互相配合，紧密衔接，使整个制丝生产按一定的"节拍"有条不紊地进行。原则上，工序间的时间安排，在保证工艺质量的前提下，应尽可能地缩短加工时间。第六，各工序的加工能力匹配。这包括工序间和工段间的加工能力匹配。工段间的加工能力匹配必须以工序间的加工能力匹配为条件，而工序的加工能力是由全流程的加工能力决定的。只有各工序的加工能力均按全流程恒算的流量进行生产，才能使整个卷烟生产线协调运行。否则，不仅会影响设备有效作业率的发挥，还会造成在制品质量的波动。

制丝阶段的发展趋势是向片烟、烟梗投料的生产工艺过渡，制叶丝生产采用叶丝在线膨胀工艺，以及梗丝线采用水洗梗、梗丝加料、加香等新的生产技术，并且梗丝采用只分等级、不分牌号的生产方法。再造烟丝、膨胀烟丝等分别作为配方中的一种组分或小配方，在加香前按设定比例进行掺配。制丝环节包括备料、叶片处理、贮叶、切丝、烘丝、叶丝梗丝混合、贮丝等工序，这个环节的任务是将不同的烟叶原材料制成配比均匀，水分、温度均符合卷烟工艺要求的烟丝。

烟丝制作完成后，开始进行卷接工艺，其中包括喂丝、烟支卷制、滤嘴装接等工序，这个环节的任务主要是将合格的烟丝按照现有规格和质量的严格标准卷制成合格的烟支。在这一阶段，多个车间生产变为一个车间生产，实现了卷接包的联合；卷接机组由不同速度、不同国家制造的多种机型向单一机型过渡；包装机组尽管有软包和硬盒翻盖之分，但机器的型号正在逐渐减少。

最后是卷烟包装工艺，主要是采用多种包装材料和相关的机械设备，将已经制作完成、烘焙后水分合格的烟支进行包装作业，使其成为符合卷烟生产质量标准的产品，并最终销售至各地。卷烟包装是指对卷制好的烟支进行包装，使其成为上市的卷烟商品。卷烟包装的作用主要有如下几点。一是便于消费者识别和享用。有良好内在品质的香烟，依靠美观高雅的包装，才能让消费者认可和喜欢，进而树立起品牌的形象；香烟成为社会交际的手段，也有赖于它具有美好的外观；香烟的外包装还是其产品档次与规格的标识。二是保护产品品质。卷烟的包装能够在一定期限内保存烟支的水分，在潮湿季节防止霉变，在干燥季节防止空松；还能保持香精不致挥发，维持香气值。三是通过"小盒包装→条烟包装→箱装"的包装形式，便于商业部门运输、仓储和销售。

在烟叶从烘烤、卷制成型、包装成品的整个卷烟生产工艺过程中，很多环节都存在很大的能耗以及环保的问题，蕴藏着巨大的节能减排空间。因此，通过对卷烟生产工艺流程的分析和优化，采用一系列高效、清洁化的手段，可以有效地降低卷烟厂的生产成本，降低能耗，达到环保的要求。

二、卷烟厂生产管理面临的问题

烟草行业属于能耗不是特别高、污染不是特别大的产业，但根据国家以及烟草产业的要求，卷烟厂应自觉开展节能减排的工作。目前，卷烟厂生产管理面临着一系列问题，表明卷烟厂在节能减排工作方面大有潜力可挖。这些问题主要包括如下几个方面。

（1）节能意识缺乏。随着生产规模扩大、生产耗能设备添置、建筑施工项目增多，企业在生产管理过程中对节能工作不够重视，如电表、水表出现损坏、走字不准等现象，更换不及时；水、电等出现"跑冒滴漏"，维修不及时。

（2）节能机制尚不完善。国家提出了实现"碳达峰、碳中和"的目标，各个方面已经开始行动，但不少地方和部门"大锅饭"心理普遍存在，采取的还是老办法，基本上是从上到下层层分解任务目标的行政手段。这种行政的"强干预"在取得一定效果的同时，可能会影响到生产生活的正常运行。另外，绿色技术应用与实际情况也存在着一定程度的脱节现象。

（3）生产制度尚不健全。一方面，节能管理机构职能履行不到位；另一方面，生产管理人员业务素质不到位，影响了管理效能的有效发挥。此外，重形式、轻内容的不良作风习气也是一个重要原因，各类标准都有，但生产操作方面参差不齐的问题大量存在。由于工人操作不够规范，制度执行到最后，也没有得到较好的反馈。

（4）绿色技术缺乏有效的资金支持。要想出成效，投入是关键。而当前部分企业无论是在资金上还是在技术上都比较捉襟见肘。缺了技术和资金这两样基础资源的支撑，要取得大成绩实为不易。

（5）缺乏完善的信息化管理手段。这就导致企业不能给出系统的绿色生产方案。

（6）生产技术相对落后。国内部分企业生产工艺落后，生产设备效率较低，系统和设备能量损耗大，辅助系统能耗高，严重影响和制约着企业实现节能降耗的目标。企业在生产设备基础信息、润保维护、状态预测、设备修理、人才队伍、成本控制等方面关注程度不够。

（7）生产过程中统筹协调不足。随着企业各部门间的分工越来越细，一般业务部门和核心部门往往容易被区别对待，企业中各个部门之间配合不足的情况仍然存在。

（8）生产组织形式不够合理。烟草行业是国家垄断、专卖行业，国家烟草专卖局每年根据上一年的市场需求及国家经济形势来调控卷烟生产计划，生产计划资源的调整和分配需要综合考虑各企业的产品市场表现能力、原料储备、生产经营效益等因素。目前，卷烟厂年生产安排还不够紧凑，导致共用工程连续运行，基础能耗增加。

1.3.3 碳中和与新技术环境下卷烟生产企业的应对措施

加快推动全面绿色转型，实现"碳达峰、碳中和"目标，让绿色成为最鲜明的底色，是"十四五"乃至更长时期内我国高质量发展的重要遵循。党中央和国务院明确把"碳达峰、碳中和"纳入生态文明建设整体布局，彰显了我国坚持绿色低碳发展的战略定力和积极应对气候变化、推动构建人类命运共同体的大国担当，为推动气候环境治理和可持续发展擘画了宏伟蓝图，指明了道路和方向。在未来一段时期内，烟草行业要高度重视节能减排工作，提高能源综合利用效率，减少污染物排放，降低能源强度和碳排放强度。

根据烟草行业能耗数据，烟草行业碳排放增速已连续多年下降。有专家预测，烟草行业"碳达峰"或将提前，其主要原因有如下两点：第一，在我国产业转型升级的背景下，烟草产业某些领域规模继续扩张的可能性正在降低，低端产业出清和产业转移将直接带来碳排放的下降；第二，受到碳排放约束，烟草行业需通过技术改造提升效率达到减排目的，通过采取低碳和零碳的绿色技术和产业体系，同时实现高生产率和较高的增长速度，力争实现减碳和增长的双赢。在"碳达峰、碳中和"工作被列为当前重点任务的大环境下，烟草产业地位举足轻重，大有文章可做。

实现烟草行业的绿色转型，在生产过程中，要减少能源和材料的浪费，减少污染物的排放，加强工厂集约化生产、低碳化生产、清洁生产。从根本上说，卷烟厂的生产管理需要一套新的绿色技术来驱动，需要大规模、系统性地推进技术的更新换代。要将绿色设计、绿色技术、绿色生产、绿色管理和绿色回收的概念纳入香烟生产的整个过程中，这样对环境造成的不良影响最小，资源和能源的使用效率最高，并可以同时实现经济效益、生态效益和社会效益的最大化。

2021年1月，国家发改委等四部委联合印发《绿色技术推广目录（2020年）》。根据该文件精神，要实现碳中和，绿色技术推广是关键。绿色技术应该同时实现三个目标：高技术含量和高生产率，技术水平是一定要排在前面的；少排放或者零排放；与传统产业相比，具有低成本竞争力。当设备技术革新已趋于先进，应转向在能源管理和控制、信息化和集成化方面寻求突破。通过能源管理工作的完善和优化，现有卷烟生产企业仍然可实现较大的节能提升。

第一，卷烟厂要增大节能减排新技术的投资比重。虽然技术革新的不确定性很大，但这里的不确定性不只是代表风险，也意味着大量的机会和潜力。而且很多新技术的成本可能并不高，不一定需要那么多的投资，但是能达到同样的或者更好的效果。比如装配国际先进仪器，完成烟草化学、香精香料等实验室的改造，开发烟草添加剂信息系统软件以及实验室信息管理系统等软件，提升调味、散焦以及配方的工艺等。卷烟厂要主动探索，勇于实践，建立一个集生产智能化、物流智慧化、产品可追溯化的精益智能制造新模式工厂，逐步实现生产组织模式转变、设备价值挖掘、管理和业务流程革新，在数据采集及存储建设、云平台搭建、工业微服务开发等方面实现不断进步，提高企业技术的核心竞争力。

第二，卷烟厂要建立新技术创新综合体系。以企业技术中心为主体，卷烟厂要加强学习、研究、生产等方面的合作，加快形成技术创新体系，明确目标，加大支持力度，提高技术水平，具体可以采取以下措施。首先，卷烟厂应该积极建立科技创新评价机制，这能够有效地帮助企业认清自己的科技创新能力，找到与其他企业之间的差距，积极加强科技创新转化能力建设。其次，卷烟厂要成为自主创新的主体，形成以烟草企业为中心的协调联动整合机制，以技术创新增强卷烟厂绿色发展的内生动力，同时提高企业在整个行业内的竞争力。最后，卷烟厂应积极构建符合科技发展规律的绿色创新体系，推进创新合作服务平台建设，利用信息化、智能化技术进行环境管理。

第三，卷烟厂要重视人才建设。为发挥"关键少数"的"头雁效应"，可以以项目为牵引，鼓励广大员工不断学习新知识、钻研新技术、运用新方法，倡导各部门之间打破相关人才与技术壁垒，建立一种良好的沟通和合作机制。只有突破直线职能制机构模式的局限，才能有效盘活技术、人力和治理资源，充分释放资源价值，提升管理效能。

总之，随着"碳达峰、碳中和"目标任务的逐步推进，绿色低碳循环发展是我国卷烟厂在未来很长时间内必须坚持的道路。在生产建设中，卷烟厂应采用先进的绿色技术和装备，改进现有设备和工艺，降低能源消耗；增强生产新技术创新能力，驱动提质增效，减少对资源环境的依赖和损害，推动自身高质量发展。

第二章
企业生产过程管理与控制概述

第一节 现代生产管理的概念

生产管理是企业管理的重要组成部分,它要根据企业经营决策所确定的一定时期内的经营战略与计划任务,组织生产活动,并保证实现预期目标。生产管理就是把这种处于理想状态的经营目标,通过产品的制造过程而转化为现实。然而,在市场经济条件下,在科学技术尤其是生产制造技术飞速发展的今天,现代生产管理同传统生产管理相比,无论在内容上还是在管理方式上,都得到了充实、完善与发展,呈现出新的特点。

2.1.1 生产系统与生产管理

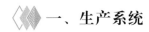

一、生产系统

(一)生产系统结构

生产系统是企业大系统中的一个从事产品制造活动的子系统。生产系统结构则是系统的构成要素及其组合关系的表现形式。生产系统的构成要素很多,为研究方便起见,常把它们分为硬件要素和软件要素。

1. 生产系统的硬件要素

生产系统的硬件要素是指构成生产系统主体框架的那些要素,主要包括如下几项:
(1)生产技术,即生产工艺特征、设备构成、技术水平等;
(2)生产设施,即生产设施的规模、设施的布局、工作地装备和装置等;
(3)生产能力,即生产能力的特性、生产能力的大小、生产能力的弹性等;
(4)生产系统的集成,即系统的集成范围、系统的集成方向、系统与外部的协作关系等。

硬件要素是形成生产系统框架的物质基础,建立这些要素需要较多的投资。一旦建立起来并形成一定的结合关系之后,要改变它或进行调整是相当困难的。设计一个生产系统时，正确选择系统的硬件要素并进行合理组合，实质上就是指采用何种工艺和设备。它对形成生产系统功能起到决定性作用，所以决策时应该慎重。

2. 生产系统的软件要素

生产系统的软件要素是指在生产系统中支持和控制系统运行的要素，主要包括如下几项：

（1）人员组织，即人员的素质特点、人员的管理政策、组织机构等；

（2）生产计划，即计划类型、计划编制方法和关键技术等；

（3）生产库存，即库存类型、库存量、库存控制方式等；

（4）质量管理，即质量检验、质量控制、质量保证体系等。

建立生产结构的软件要素一般不需要花很大的投资，建成以后对它的改变和调整较为容易，因此，采用何种软件要素的决策风险不像硬件要素那样大。但在实施过程中，软件要素容易受其他因素的影响，因此，对这类要素的掌握和控制比较复杂。

3. 生产系统中两类要素的关系

生产系统中的硬件要素与软件要素各有自身的作用。硬件要素的内容和组合形式决定了生产系统的结构形式；软件要素的内容及其组合形式决定了生产系统的运行机制。具有某种结构形式的生产系统，要求一定的运行机制与之匹配，系统才能顺利运转，并充分发挥其功能。生产系统的结构形式对系统功能起着决定性作用。所以，设计生产系统时，首先应根据所需功能选择硬件要素及其组合形式，形成一定的系统结构，进而根据系统对运行机制的要求选择软件要素及其组合形式。

生产系统投入运行后，外部环境的变化会对系统提出改变原有功能或增加新功能的要求，此时可以改变系统的各项构成要素及其组合关系，以改革系统的结构及其运行机制，使其成为调整系统功能的重要杠杆。

（二）生产系统运行的规律

生产系统作为一个子系统，有它本身的运行规律。生产系统的运行规律蕴含于输入生产要素，经过生产过程输出产品或劳务，并不断地进行信息反馈的整个过程。从本质上讲，生产系统的运行过程既是物质的转换过程，又是价值的增值过程。

1. 物质的转换

生产系统的运行实质上是将各种各样的原材料或零部件进行加工，使之成为具有使用价值的产品的变换过程。例如，在轮胎厂，天然或人工的橡胶、黑炭、硫黄、各种配料以及金属器具等作为原材料和零部件被采用，然后生产出汽车或飞机所用的各种不同类型、不同尺寸的轮胎；在炼钢厂，投入铁矿石、焦炭以及其他各种金属材料等而制成多种多样的钢材；在汽车厂，从钢铁厂运来的钢板被冲压成各种规格的车体部件，然后将它们按顺序焊接，并且和其他几千种零部件一起装配成一辆辆汽车。在物质转换过程中，原材料或零部件通过生产过程被变换成产品的实体，而其他生产要素，例如劳动、机械设备、动力以及技术等，虽然不形成产品实体，但它们对产品形成起着决定性的作用，并通过自身的消耗赋予原材料或零部件以价值。

另外，如果仔细观察一下生产活动所产生的输出，就会发现输出的不仅仅是产品。在生产现场，如果注意用眼睛看、用耳朵听，就会发现烟雾、噪音、振动、原材料的切屑以及其他许许多多的产业废弃物与产品一起被生产出来。当然，生产活动的目的是生产出用户所需要的产品，而这些通常被称作"副产品"的东西，在大多数场合下，或者说在现有的技术和经济条件下，属于不得不舍弃的物质。在过去很长一段时间内，人们看重的是有用的产品，对生产过程中出现的正常的废物，人们极少予以注意，通常是采用尽可能方便的处理办法——倒进江河或排入大气。时至今日，我们才开始认识到它们正在污染着我们身处其中的环境。一些有着社会责任感的管理人员认识到，生产职能必须包括对废物的加工处理，使之成为有用的物质，而不是放任危险的甚至是致命的物质随意排放。废物的处理或转换应该成为生产系统的一个组成部分。

2. 价值的增值

作为生产系统的输出——产品，必须具有比从投入原材料开始所消耗的所有输入价值（成本）还要高的价值。例如，在轮胎厂，作为产品的轮胎，其价值要比所消耗的橡胶及其他原材料（零部件）、动力、机械设备、劳动力等成本总和还要高。更严密地说，其价值必须覆盖所有输入要素的采购费用、处理产业废弃物的费用以及各种经营管理费用。如果不是这样的话，在当今市场经济社会，任何一种行业都不可能持续生存下去。因此，只有这种"从输入到输出的纯价值增长"才是生产活动的本质。

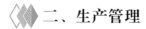 二、生产管理

（一）生产管理的范畴和内容

1. 生产管理的范畴

生产管理有广义和狭义之分。狭义的生产管理是指对生产系统运行的管理，它的着眼点主要在生产系统内部，即着眼于在一个开发、设计好的生产系统内，对开发、设计好的产品的生产过程进行计划、组织、指挥、协调和控制等。但是，近二三十年来，随着世界经济的发展以及技术的进步，工业企业所处的环境发生了很大变化，由此给现代企业的生产管理也带来了新的变化，注入了新的内容，生产管理的范畴得到了相应的扩充与发展。企业为了更有效地控制生产系统的运行，适时适量地生产出能最大限度满足市场需求的产品，生产管理从其特有的地位与立场出发，必然要参与到产品的开发与生产系统的选择、设计中去，以便使生产运行的前提、产品的工艺可行性、生产系统的合理性能够得到保障。因此，生产管理的范畴从历来的生产系统的内部运行管理正在向"外"延伸。所以，广义的生产管理可以理解为对生产系统设置和运行的管理。

2. 生产管理的内容

广义生产管理的内容按业务系统可分为三大部分。

1) 产品开发管理

产品开发管理包括产品决策、产品设计、工艺选择与设计、新产品试制与鉴定管理等。其目的是为产品生产及时提供全套的、能取得令人满意的技术经济效果的技术文件，并尽量缩短开发周期，降低开发费用。

2) 厂房设施和机器系统购建管理

厂房设施和机器系统购建管理，包括厂址选择、生产规模与技术层次决策、厂房设施建设、设备选择与购置、工厂总平面布置、车间及工作地布置等。其目的是以最快的速度、最少的投资，建立起最适宜企业生产的、能形成企业固定资产的生产系统主体框架。

3) 生产系统的运行管理

生产系统的运行管理，即对生产系统的正常运行进行计划、组织、控制。其目的是按技术文件和市场的要求，充分利用企业资源条件，实现高效、优质、安全、低成本生产，最大限度地满足市场销售和企业盈利的要求。生产系统的运行管理包括计划、组织、控制三方面的内容。

计划主要包括生产计划和生产作业计划。生产计划是生产管理的依据，它对企业的生产任务做出统筹安排，规定着企业在计划期内产品生产的品种、质量、产量、产值等指标。企业生产计划确定后，为了便于组织执行，还要进一步编制生产作业计划。生产作业计划是生产计划的具体执行计划，它把全年生产任务具体分配到各车间、工段、班组以至每个工人，规定他们在月、旬、周、日以至轮班和小时内的具体生产任务。生产计划与生产作业计划的编制与执行，决定着能否充分地利用企业的生产能力和各种资源，能否实现均衡生产，能否按品种、按质量、按期限生产出市场需要的产品，也影响到企业能否取得较好的经济效益。因此，生产计划工作是企业的一项综合性工作，具有十分重要的意义。

组织是指生产过程组织与劳动组织的统一。生产过程组织，就是合理组织产品生产过程各阶段、各工序在时间上和空间上的衔接协调。在此基础上，正确处理劳动者之间的关系，以及劳动者与劳动工具、劳动对象的关系，而这正是劳动组织的任务。生产组织和劳动组织不是固定不变的，而是动态的，即要随着企业经营方针、生产战略的变动而变化，但又要具有相对的稳定性。在市场经济的条件下，生产管理要十分注意提高生产组织形式和劳动组织形式的应变能力。

控制是指对生产过程实行全面的控制，包括生产进度控制、产品质量控制、物质消耗与库存控制、生产成本费用控制等。生产控制是实现生产计划、提高产品质量、降低生产消耗和产品成本的重要手段。对于现代企业来说，重要的是实行事前控制，即预防性控制。实行预防性控制的前提是建立健全各种控制标准，加强信息收集和反馈，并根据反馈信息制定正确的方针和对策。

生产运行管理的内容包括需求管理、生产计划、物料需求计划、能力计划、生产作业计划与控制、库存管理、项目管理、质量控制、物流管理（后勤管理）等。对生产系统运行的计划、组织和控制，最终都要落实到生产现场。因此，要加强生产现场的协调与组织，使生产现场做到安全、文明生产。生产现场管理是生产管理的基础和落脚点。加强生产现场管理，可以消除无效劳动和浪费，排除不适应生产活动的异常现象和不合理现象，使生产过程的各种要素更加协调，不断提高劳动生产率，提高经济效益。

（二）生产管理的任务

生产管理的任务就是要保证生产系统运行的绩效——充分利用生产能力，建立良好的生产秩序,高效、优质、安全、持续稳定、低成本地生产出各种适销对路的产品,并不断对其加以调整与改进。具体任务包括以下三方面。

(1) 为实现企业的经营目标,全面完成生产计划所规定的任务,包括在产品的品种、质量、产量和交货期等方面达到要求。

(2) 不断降低物耗,降低生产成本,缩短生产周期,减少在制品,压缩占用的生产资金,提高企业的经济效益。

(3) 提高企业生产系统的柔性(应变能力)。为了适应市场需求的不断变化,以销定产,企业的生产系统需要具有灵活的应变能力,能适应市场需求的变化,迅速更换产品品种,并能保持生产过程的平稳过渡和正常运行。

2.1.2 生产管理理论的发展与演变

现代生产管理学起源于 20 世纪初弗雷德里克·温斯洛·泰勒的科学管理法。在此之前,企业的生产管理主要是凭经验管理,工人劳动无统一的操作规程,管理无统一规则,人员培养靠师傅带徒弟。泰勒的科学管理法使生产管理摆脱了经验管理的束缚,走上科学管理的轨道。泰勒科学管理法则的主要内容——作业研究,对于当时提高生产效率起到了极大的作用,奠定了整个企业管理学说的基础。

1913 年,亨利·福特在其汽车厂内安装了第一条汽车生产流水线,揭开了现代化大生产的序幕。他所创立的"产品标准化原理""作业单纯化原理"以及"移动装配法原理"在生产技术史以及生产管理史上均具有极为重要的意义。

20 世纪二三十年代,最早的日程计划方法、库存管理模型以及统计质量控制方法相继出现,这些构成了经典生产管理学的主要内容。这一时期生产管理学的重点主要是生产系统内部的计划和控制,所以称为狭义的生产管理学。

第二次世界大战以后,运筹学的发展及其在生产管理中的应用给生产管理带来了惊人的变化。数学规划方法、网络分析技术、价值工程等一系列定量分析方法被引入生产管理,大工业生产方式也逐步走向成熟,这一切使生产管理学得到了飞速发展,开始进入现代生产管理的新阶段。与此同时,随着企业生产活动的日趋复杂和企业规模的日益增大,生产环节和管理上的分工越来越细,计划管理、物料管理、设备管理、质量管理、库存管理、作业管理等各个单项管理分支逐步建立,形成了相对独立的职能和部门。

从 20 世纪 60 年代后半期到 70 年代,机械化、自动化技术的飞速发展,使企业面临着不断进行技术改造,引进新设备、新技术并相应改变工作方式的机遇和挑战。生产系统的选择、设计和调整成为生产管理中的新内容,生产管理的范围进一步扩大。MRP(物料需求计划)方法的出现打破了传统的生产计划方法,成为一种全新的生产与库存控制系统。

20 世纪 80 年代,技术进步日新月异,市场需求日趋多变,世界经济进入了一个市场需求多样化的新时期,多品种、小批量生产方式成为主流,从而给生产管理提出了新的、更高的要求,MRPII(制造资源计划)、OPT(最优生产技术)等方法相继出现,尤其是以 JIT(准时生产)为代表的日本式生产管理方式在全世界引起了注目和研究,极大地丰富了生产管理学的内容。这一时期生产管理学的另一主要特点是开始注重和强调管理的集成性，不再把由于分工引起的企业活动的各个不同部分看作独立的活动和过程，而是用系统的观点来看待整个生产经营过程，强调生产经营的一体化。这种系统管理的思想和方法进一步扩大到非制造业，生产管理学开始发展成为包括非制造业管理在内的运作管理。

从 20 世纪 80 年代后半期至今，信息技术的飞速发展和计算机的小型化、微型化，使得计算机开始大量进入企业管理领域，计算机辅助设计、计算机辅助制造、计算机集成制造以及管理信息系统等技术，使得处理"物流"的生产管理和处理"信息流"的生产管理均发生了根本性的变革。生产全球化的经济大趋势以及市场需求变化速度的加快，促使企业尽快地引入信息技术，利用信息技术来增强企业的竞争力。生产管理学发展到这一阶段，只有同企业的全面经营管理活动有机结合，才能发挥应有的作用。因此，今天的生产管理学更强调生产经营的整体化管理。

一、科学管理

1911 年，泰勒创建了科学管理理论，给生产运作管理带来了巨大的变化。泰勒理论的基本思想包括：利用动作研究和时间研究方法确定工人每天的劳动定额；按标准的操作方法训练工人；实行差别计件工作制度；明确划分管理职能，使管理工作专业化。他的杰出贡献是使管理由经验走向科学，因此被誉为"科学管理之父"。

二、流水装配

1913 年，福特公司在汽车制造中应用流水装配线进行生产，这是机器生产时代最重大的技术革新之一，其主要特点是：

(1) 流水生产以标准化、简单化、专业化为目标，成为大批量生产的一种方式；

(2) 运用流水装配线，力求实现劳动机械化，促使更细的劳动分工和生产专业化，大大提高了生产效率，降低了成本。

三、运筹学

第二次世界大战期间，为解决后勤组织和武器系统设计的复杂问题的现实需要，运筹学向跨学科的数学化方向发展。包括数学、心理学和经济学领域的许多专家学者们都参与到对运筹学的研究中，他们用定量的方法构造和分析问题，寻求数学意义上的最优解。二战后，运筹学的优化方法广泛应用于生产领域，为运作管理提供了许多定量分析的工具，如排队论、仿真、线性规划等。生产系统面临的问题具有普遍性，生产运作作为一个系统具有重要性，运筹学在运作管理中发挥了重要作用。

四、计算机技术与物料需求计划

20 世纪 70 年代，计算机技术在运作管理中得到了广泛应用。在制造业中，一个重大突破是物料需求计划（MRP）被应用于生产计划与控制。IBM 公司的约瑟夫·奥利克和奥利弗·怀特在 MRP 理论与应用方面做了开创性的工作。

物料需求计划通过计算机软件将企业的各部门联系在一起，共同完成复杂产品的制造；生产计划人员可以根据需求的变化，及时调整生产计划和库存水平。

随着计算机技术的高速发展，MRP 进一步扩展为制造资源计划（MRPII），其应用范围扩大到销售部门和财务管理，统一了企业的生产经营活动。

五、准时化生产与工厂自动化

20 世纪 80 年代，发生了一场运作管理思想和自动化技术的革命。准时化生产（JIT）是制造业理念的主要突破，它是日本丰田汽车公司经过 20 余年的运作实践总结出来的，包含着丰富的管理思想和方法，形成了一个完整、有机的生产体系。

JIT 是一种彻底追求生产的合理性、高效性，能够灵活多样地适合各种需求的高质量的产品生产方式，旨在用最少库存生产最适当数量的产品，实现零缺陷生产。这种生产方式在 20 世纪 80 年代得到世界各国的公认，受到普遍重视和推广应用。在这个时期，工厂自动化技术迅速发展，许多新的生产技术相继产生。

六、精细生产

精细生产是美国麻省理工学院一个研究小组花了 5 年时间考察国际汽车工业的发展情况后总结的以丰田生产系统为代表的生产模式。概括地讲，它的主要特征有三：第一，强调人的作用和以"人"为中心，以小组工作方式充分发挥员工的主动性和创造性；第二，以"简化"为手段，简化组织机构，简化产品检验环节，强调一体化的质量保证体系；第三，不断改进"修炼"，以尽善尽美为最终目标，即不断改进生产，不断降低成本，力争零库存、零废品和产品多样化，追求最少投入、最大产出、最多品种、最简单过程、最高质量、最少浪费、最低成本、最满意服务，达到最具竞争力、最使客户满意的目的。

七、敏捷制造

敏捷制造是 1991 年美国国防部在一份关于投资的研究报告中提出的一种在先进工业国家崭露头角的新的生产方式。为适应市场多变、个性化的需求，应对日益激烈的竞争，人们发现，需要一种内外部"协作"、"灵活重组"的"敏捷生产"模式，其主要特点是：第一，采用先进制造技术和高柔性、可重组的工艺设备，应用并行工程以缩短开发、制造周期，迅速生产出满足用户需要的新产品或改造老产品；第二，强调技术、管理和人的全面集成，使企业形成一个反应灵敏的整体；第三，采用灵活、多变的动态组织机构，强调以最快的速度把企业内外部优势集成在一起，加强协作，构成"虚拟企业"去承担并完成市场需求的产品或项目，一旦完成，虚拟企业立即解体，需要时再重组；第四，最大限度地调动和发挥员工的主动性和创造性，用继续教育来提高员工的素质和创造能力，以增强企业的竞争力。

第二节　生产系统与生产过程组织

2.2.1　生产系统布置

任何企业的生产都是在一定的空间范围内以一定的组织方式进行的。因此，生产系统的布置是企业生产管理的重要内容，它对企业的生产经营有着重要而长久的影响。生产系统的布置如果不合理，往往是难以通过其他措施来弥补的。所以在进行生产系统的布置时，应予以充分重视。

生产系统布置是指应用科学的方法和手段，对组成企业的各个部分、各种物质要素进行合理的配置，在空间及平面做好布置，使之形成有机的系统，以最经济的方式和较高的效率为企业的生产经营服务。一般来说，生产系统布置的内容包括厂址选择、工厂总平面布置、车间布置以及工作地布置等。工作地布置较为宽泛，因此这里只介绍前三项内容。

一、厂址选择

厂址选择是工业生产力布局的最基础一环，又是厂区总平面布置的前提之一，它所反映的是在特定的建厂区域范围内，对工厂坐落的具体位置和四周环境的考虑。厂址选择最根本的要求是满足拟建厂生产建设与工人生活的需要，又不给所在城镇、流域、环境造成危害。

影响厂址选择的因素很多，主要有资源供应条件、生产环境条件、气候与地理条件等。出于成本和供应方面的考虑，许多对原材料依赖性较强的工厂应尽可能接近原材料产地，许多耗能大户建厂的点应选择在动力基地，如钢铁厂耗电耗水量极大，应建在电源、水源充足的地区。在城市办企业，劳动力较易得到保证，但城市生活水平较高，工资也就较高；在郊区、农村办企业，则往往需要自行兴建宿舍及其他生活设施，基建投资较大，并且职工生活不如城市方便，将影响职工队伍的稳定。运输量较大的工厂则应考虑建在铁路、河流等运输条件较为便利的地方。对于一些技术密集企业尤其是高科技企业来说，应选择建在科技人员集中的地区，以便依靠雄厚的科技力量开发新产品。

厂际协作是现代化企业专业化程度提高后的必然要求，"小而全"或"大而全"都不可能充分发挥投资的效益。因此，厂址选择应尽可能与协作厂保持适当的距离及有方便的运输条件。选址时应考虑到企业可能给环境造成的危害，尽可能将企业建在对环境影响最小的地方。比如著名风景区就不宜建厂，噪音大的工厂不应建在居民区附近。选址时还应尽可能接近产品的目标市场，以利于产品的迅速投放和运输成本的降低。

厂址不应建在地震中心和易遭洪水及大雨淹灌的地方，更不能接近阴河或废弃的矿坑。选址时应考虑到有可以扩展的空间以备企业进一步发展，在城市中办企业尤其要注意这一问题。

需要指出的是，上述各种因素对于不同企业、不同产品的生产有着不同的影响和要求。在某些企业看来是主要影响的因素，而在另一些企业那里，就可能成了次要因素。因此，在选址时，应根据企业的实际情况确定需要考虑的因素，并分清主次，对主要因素要重点考虑。

二、工厂总平面布置

厂区平面布置是指在已经选定的厂址范围内，按照地形状况，对组成工厂的各个部分进行合理布置，确定其平面和立面位置，并相应地确定物料流程、运输方式和运输路线。这一含义包含以下几个方面的内容。

（一）工厂的生产结构

1. 工厂生产结构的内容

工厂的生产结构一般由以下几部分构成：

（1）基本生产车间，即直接从事企业主要产品生产的车间；

（2）辅助生产车间，即为基本生产提供辅助产品和劳务的车间；

（3）附属生产车间，即生产企业附属产品的车间，如包装材料车间等；

（4）副业生产车间，即生产企业副产品的车间；

（5）生产服务部门，即为企业的生产活动提供服务的全厂性单位，包括原材料仓库、半成品仓库、成品仓库，运输设施部门、公用设施部门、行政福利部门、环保部门等。

2. 影响工厂生产结构的主要因素

影响工厂生产结构的主要因素包括如下几点。

（1）产品结构和工艺特点。不同的产品和工艺加工方法决定着不同的生产结构，比如一个机械制造厂和一个电子厂所设置的车间显然是不同的。即使是同样的工厂，工厂内部的生产结构也不会完全一样。

（2）生产规模。企业的生产规模大，生产车间就可能比较多、比较大。

（3）专业化和协作水平。企业生产的专业化程度越高，协作就越广泛，有些零件或工艺就可依靠外部协作单位加以解决。这样可以简化本企业的生产结构，避免因"大而全""小而全"带来的人力、物力上的严重浪费，管理的复杂和经济效益的下降。

（二）合理布置

合理布置就是对一个系统内所有占据空间位置的要素进行总体安排，使之在有限空间范围内各得其所、相互协调，能够最经济、最有效地实现系统的共同目标。在进行厂区平面布置时，必须有一个"系统"的观点。企业是一个大系统，有总目标。这个大系统是由许多子系统构成的，这些子系统之间相互依存、相互制约，并以生产作业系统为中心。它们之间的关系是处于动态变化之中的，不断地有各种资源、信息的输入和输出。有了这个"系统"观点，在进行厂区平面布置时，就可以从整体出发，统筹兼顾、全面规划、合理布置，求得整体的最佳效果，从而避免只讲局部、不顾整体，给生产以及今后发展带来不必要的困难。

（三）确定工厂各组成部分的平面与立面位置

作为工厂各组成部分的建筑物和构筑物（指不直接在里面生产和生活的建筑物，如水塔、烟囱等），其空间位置安排既有平面布置问题，也有立面布置问题。平面布置要解决各部分之间的联系方式，立面布置是指把它们布置在什么高度上合适。这样布置后，工厂的每一个建筑物和构筑物的空间位置就具体确定了。

（四）厂区平面布置的目标及原则

厂区平面布置的总目标是要使企业能从厂区平面布置提供的服务中获得最大的效益。具体目标可表现为：最短的运输路线；灵活而富有弹性的布置；最有效的面积利用；最良好的工作环境；最合理的发展余地。因此，合理的厂区平面布置应使企业未来的生产经营成本尽可能低，同时为企业的发展提供适当的余地，那种不考虑远景发展的短视眼光在厂区布置中是十分有害的。

第一，要满足生产工艺过程的要求，运输路线尽可能短。厂区平面布置要符合生产工艺的顺序，使产品生产能顺流而下，有单一的流向，有较短的运输距离和较少的装卸次数。生产联系和协作关系密切的车间和部门要尽量布置在一起，以便联系和缩短运输距离。厂区平面布置时，不仅要满足近期生产的需要，还要考虑生产长远发展的需要，留有必要的扩展余地。

第二，要有利于提高经济效益。要尽量减少人的活动量和物的运输量，最充分地利用地面和空间面积，使投资费用和投产后的运行费用最小。一般说来，工厂占地面积小，总平面布置紧凑，则建厂时的土方工程量就小，运输线路、工程管道和道路等里程也较短，因而基建投资费用就低，建成投产后的生产成本也较低。

第三，要有利于保证安全和职工的健康。厂区平面布置时，应切实保障职工的生命安全和身心健康，保证国有资产不受损失，保护环境不受污染。安全要求是多方面的，包括防火、防爆、防毒、防盗等，在厂区布置时均应予以妥善考虑。如有易燃、易爆物品的部门应布置在厂区边远地带；要认真考虑"三废"的处理问题，严格执行国家制定的环保法规。另外，为了给职工创造良好的工作环境，工厂布置应注意整洁美观，在厂区内多种树木花草，绿化、美化厂容。

第四，要有利于同周围环境相协调。企业应认识到自己是社区的一个成员，从而牢固树立造福于社会的思想。在进行厂区布置时，应使厂区环境、建筑物的色彩和式样与周围的社区环境相协调，尤其是在历史名城或风景区附近，更应注意这个问题。

三、车间布置

车间是生产性企业最重要的组成单位之一，是企业进行产品生产或其他业务活动的主要场所，是生产力三要素的聚集地。车间布置就是按一定的原则，正确地确定车间内部各组成部分（如工段、班组）及工作地，明确设备之间的相互位置，从而使它们组成一个有机整体，实现车间的具体功能和任务。

车间布置一般分为两部分：一是车间的总体布置；二是车间的设备布置。车间总体布置就是确定车间各组成部分（如基本生产部分、辅助生产部分、仓库部分、过道部分、车间管理部分及服务部分等）的相互位置。车间总体布置的要求、程序与方法雷同于厂区平面布置，不过更具体一些、规模小一些而已。

（一）车间设备布置的形式

1. 工艺布置

工艺布置也称按机床类型布置或工艺专业化布置。它是将设备按功能进行分类，把同一类型的设备和工作地集中进行布置以实现一定的工艺功能。在按这种形式布置的基本生产单位（车间、工段或班组）内，集中了相同类型的机器设备和同工种的工人，对需要生产的各种零部件，采用相同工艺方法进行加工。每一个基本生产单位只能完成产品生产全过程中的部分工艺阶段或部分工序的加工任务。

工艺布置的优点是非常灵活，能较好地适应市场需求多变的状况；设备和工人的负荷率相对较高，部分设备停歇不会影响全过程的生产。缺点是其生产管理工作相对困难和复杂，在制品的运输距离较长，对工人的技术水平要求也较高。

如果企业的专业方向未定，生产的产品不稳定，专业化程度较低，生产类型属于多品种、单件小批生产或成批生产，而且同类型设备较多，这样的企业采用工艺布置较为有利。

2. 产品布置

产品布置也称按工艺流程布置或对象专业化布置。它是按某种产品（或零部件）的加工顺序来排列各种不同的设备或工作地，其最典型的例子就是流水线。在产品布置的生产单位内，集中了为制造某种产品（或零部件）所需的各种不同类型的生产设备和不同工种的工人，对其所负责的产品（或零部件）进行不同工艺方法的加工。每个生产单位基本上能独立完成该种产品（或零部件）的全部或大部分工艺过程，不用跨越其他的生产单位。

产品布置的优点是产品加工的运输路线短、生产周期短；生产过程连续性强，生产效率高；管理工作相对简单；在制品的占用较少及对工人的技术要求不高。产品布置的最大缺点是适应性差，设备利用率也相对较低。

如果企业的专业方向已经确定，产品结构、产量、品种比较稳定，工种和设备比较齐全配套，生产类型属于大量大批生产，生产的自动化程度较高，则采用产品布置的形式是适宜的。

在企业的实际工作中，上述两种布置形式往往是结合起来应用的，即兼有两种布置形式的优点，而避免其缺点。例如，有些大型的或需要隔离起来的设备就采用工艺布置的形式，而对大量生产的零部件就采用产品布置的形式。此外，有些企业还采用一种成组布置的形式，它是按照成组技术的原理，把设备和工作地按照一定的零件族（组）的工艺要求进行布置，以实现一定零件族（组）的加工。这种布置方式融合了产品布置和工艺布置的优点，既有一定的连续性，又有较高的柔性。

（二）车间设备布置的原则与方法

1. 车间设备布置的原则

进行车间设备布置应遵循的主要原则包括如下几点。

第一，尽量使产品通过各设备的加工路线最短。即多设备看管时，工人在设备之间的行走距离最短。

第二,便于运输。加工大型产品的设备应布置在有桥式吊车的车间里,加工长形棒料的设备尽可能布置在车间的入口处。

第三,确保安全。各设备之间,设备与墙壁、柱子之间应有一定的距离。设备的传动部分要有必要的防护装置。

第四,充分考虑机床的精度和工作特点,使加工设备尽可能布置在光线充足和振动影响小的地方。

第五,充分利用车间的生产面积。在一个车间内,可因地制宜地将设备排列成纵向的、横向的或斜角的,不要剩下不好利用的面积。

2. 车间设备布置的方法

车间设备布置的方法很多,下面仅介绍一种最常用的方法——"从至表法"。从至表法是一种试验性的用于设备布置的方法。它是根据各种零件在各工作地和设备上加工的顺序,编制零件从某工作地(设备)至另一工作地(设备)的移动次数的汇总表,经有限次试验性改进,求得近似最优的设备布置方案。

2.2.2 生产过程组织

生产过程组织,就是要以最佳的方式将各种生产要素结合起来,正确处理生产过程中人与人、人与物、物与物之间的相互关系,对生产过程的各个阶段、环节、工序进行合理安排,使其形成一个协调的系统。这个系统的目标就是要使产品在生产过程中行程最短、时间最省、耗费最少,并能按市场的需要,生产出适销对路的合格产品。

一、生产过程组织的对象与要求

(一)生产过程及其构成

1. 生产过程的概念

工业产品的生产过程是指从准备生产该种产品开始到把它生产出来的全部过程,即指围绕完成产品生产的一系列有组织的生产活动的运行过程。它的基本内容是人的劳动过程,即在劳动分工与协作的条件下,劳动者利用一定的劳动工具,按照一定的方法、步骤,直接地或间接地作用于劳动对象,使之成为具有使用价值的产品的过程。在某些生产技术条件下,生产过程的进行还需要借助于自然力的作用,使劳动对象发生物理的或化学的变化。这时,生产过程就体现为劳动过程和自然过程的结合。

2. 生产过程的构成

按照生产过程各组成部分的性质和作用,可将生产过程分为如下几个方面。

(1)生产技术准备过程。这是指产品投入生产前所进行的全部生产技术准备工作过程,主要包括产品设计、工艺设计、工艺装备的设计和制造、新产品的试制和试验等。

(2)基本生产过程。这是指直接改变劳动对象的物理性能和化学性质,使之成为企业主要产品的过程。如钢铁企业的炼铁、炼钢、轧钢过程,机械企业的毛坯准备、机械加工、装配过程等。

(3) 辅助生产过程。这是指为保证基本生产过程的正常进行所从事的各种辅助性生产活动过程。如机械制造企业中的动力生产、工具制造以及设备维修过程等。

(4) 生产服务过程。这是指为基本生产、辅助生产服务的各种生产服务活动。如原材料、半成品的供应、运输、保管等。

生产过程各组成部分之间既相互区别又密切联系。其中，基本生产过程是最主要的，其他过程都是围绕基本生产过程进行并为其服务的。基本生产过程可进一步划分为若干个工艺阶段。工艺阶段是指在产品生产过程中，按照使用的生产手段和工艺加工性质的差别来划分的局部生产过程。

每个工艺阶段又可划分为若干个相互联系的工序。工序是指一个工人（或一组工人）在一个工作地对同一种劳动对象连续进行加工的生产活动。工序按其作用不同，可分为工艺工序、检验工序和运输工序三类。工艺工序是指劳动对象发生物理、化学或几何形状变化的工序；检验工序是指对原材料、半成品、产成品的质量和数量进行检验的工序；运输工序是指在工艺工序之间、工艺工序与检验工序之间运送劳动对象的工序。正确划分工序对于组织生产、制定劳动定额、配备工人、编制生产作业计划、进行质量控制等都有着直接的影响。因此，工序是组成生产过程的最基本环节。工序划分的粗细程度，既要满足生产技术的要求，又要考虑到劳动分工和提高劳动生产率的要求。

（二）生产类型

企业生产类型是影响生产过程组织的主要因素。为了从实际情况出发，更好地研究和组织企业的生产过程，实行分类指导，就需要按照一定的标志将企业划分为不同的生产类型，以便根据不同的生产类型确定相应的生产组织形式和计划管理方法。

1. 按接受任务的方式划分

按接受任务的方式划分，生产类型可以分为存货型生产类型和订货型生产类型。

1) 存货型生产类型

存货型生产类型是指在对市场需求量进行预测的基础上，有计划地进行生产，产品有库存。为防止库存积压和脱销，生产管理的重点是抓供、产、销之间的衔接，按"量"组织生产，保证生产过程各环节之间的平衡，全面完成计划任务。

2) 订货型生产类型

订货型生产类型是指在用户提出具体订货要求后，才开始组织生产，进行设计、供应、制造、出厂等工作。生产出来的成品在品种规格、数量、质量和交货期等方面是各不相同的。生产管理的重点是抓交货期，按"期"组织生产过程各环节的衔接平衡，保证如期交货。

2. 按工作的专业化程度划分

按工作的专业化程度划分，生产类型可以分为大量生产类型、成批生产类型和单件生产类型。

1) 大量生产类型

大量生产类型的特点是生产的品种少，每一品种的产量大，生产稳定地、不断重复地进行。一般来说，这种产品在一定时期内具有相对稳定的很大的社会需求，例如螺钉、螺母、轴承等标准件，家电产品，小轿车等。工作地固定完成一二道工序，专业化程度很高。大量生产类型有条件采用高效的专用设备和专用工艺装备，工作地按对象专业化原则设置，采用生产线和流水线的生产组织形式。由于生产不断重复运行，在生产计划和控制方面规律性强，有条件应用经过仔细安排及优化的标准计划和自动化装置对生产过程进行监控。工人也易于掌握操作技术，迅速提高熟练程度。

2）成批生产类型

成批生产类型的特点是生产的产品产量相对较少，而产品品种较多，各种产品在计划期内成批地轮番生产，大多数工作地要负担较多工序。由一批产品的制造改变为另一批产品的制造，工作地上的设备和工具就要做相应的调整，即要花一次"准备结束时间"。每批产品的数量越大，工作地上调整的次数越少；反之，每批产品的数量越少，则调整的次数越多。所以，合理地确定批量，组织很多品种的轮番生产，是成批生产类型生产管理的重要问题。根据生产的稳定性、重复性和工作的专业化程度，成批生产又可分为大批生产、中批生产和小批生产。每隔一定时间组织产品轮番生产时，有固定重复期的叫定期成批生产，没有固定重复期的叫不定期成批生产。

3）单件生产类型

单件生产类型的特点在于，产品对象基本上是一次性需求的专用产品，一般不重复生产，因此生产品种繁多，生产对象不断在变化，必须采用通用性的生产设备和工艺装备，工作的专业化程度很低。单件生产要求工人具有较高的技术水平和较广的生产知识，以适应多品种生产的要求。

（三）合理组织生产过程的要求

衡量一个企业的生产过程组织得是否先进合理，就要看该生产过程的运行是否实现了连续性、平行性、比例性、均衡性和适应性的要求。

1. 生产过程的连续性

连续性是指产品在生产过程各阶段、各工序之间的流动在时间上是紧密衔接、连续不断的。也就是说，产品在生产过程中始终处于运动状态，不是在进行加工、装配、检验，就是处于运输或自然过程中，没有或很少有不必要的停顿和等待时间。

实现生产过程的连续性，可以缩短产品生产周期，减少在制品的数量，加速流动资金的周转；可以更好地利用设备和生产面积，减少产品在停放等待时可能发生的损失。

要实现生产过程的连续性，必须合理地布置企业各个生产单位，使之符合工艺流向，没有迂回和往返运输；必须提高生产过程的机械化、自动化水平；要尽可能采用先进的生产组织形式，提高生产管理水平，做好生产技术准备工作和生产服务工作。

2. 生产过程的平行性

平行性是指生产过程的各项活动、各工序在时间上实行平行交叉作业。

实现生产过程的平行性，可以大大缩短产品的生产周期，在同一时间内提供更多的产品。

平行性也是生产过程连续性的必然要求。企业可通过提高生产管理水平，采用一些先进的生产组织形式，来实现生产过程的平行性。

3. 生产过程的比例性

比例性是指生产过程各阶段、各工序之间在生产能力上要保持一定的比例关系，以适应产品生产的要求。这种比例关系主要是指各个生产环节的工人人数、设备数、生产速率、开动班次等都必须互相协调。

实现生产过程的比例性有利于充分利用企业设备、生产面积、劳动力和资金，减少产品在生产过程中的停顿、等待时日，缩短生产周期。

要实现生产过程的比例性，首先，在设计和建厂时，就要正确规定生产过程的各个环节、各种设备、各工种工人在数量和生产能力上的比例关系；其次，在日常的生产组织与管理工作中，要加强计划管理，做好生产能力的综合平衡工作；再次，当产品结构、品种及生产技术条件发生较大变化时，必须及时调整各种比例不协调的现象，建立新的比例关系，以适应变化了的情况。

4. 生产过程的均衡性

均衡性是指在组织产品出产或完成某些工作时，在相等的时间间隔内，生产的数量是基本相等的或稳定递增的。也就是说，每日、每旬、每月都能够均衡地或稳定递增地出产产品。

实现均衡生产有利于提高劳动者的工作效率，保证人身安全，使整个生产活动有秩序地进行；有利于保证设备的均衡负荷，提高设备利用率和工时利用率；有利于保证产品质量等。组织均衡生产，可以从企业内外两方面着手。从企业内部来说，要不断提高生产管理水平，搞好生产作业计划安排，加强生产调度工作和在制品管理等；从企业外部来说，要争取各方面的支持和配合，建立起比较稳定的供应渠道和密切的协作关系，保证原材料、外购件、外协件能够按质、按量及时地供应。

5. 生产过程的适应性

适应性是指企业的生产组织形式要灵活多变，能根据市场需求的变化，及时调整和组织生产。提高生产过程的适应性是企业管理从生产型转变为生产经营型以后的客观要求。过去，企业只是一个单纯的生产单位，国家对企业生产的产品实行统购包销，企业没有市场压力，日子好过。现在，企业是一个自主经营、自负盈亏的商品生产者与经营者，要面对市场，参与激烈的市场竞争，根据市场的需求来组织企业的生产活动。企业这种外部环境的变化，客观上要求企业能灵活地调整与组织生产过程，以适应市场多变的情况。提高生产过程的适应性，必须提高企业管理的现代化水平，运用柔性制造技术、成组技术、多品种混合流水生产等先进的生产组织形式，加强企业的生产预测，提高企业产品的适应水平等。

二、生产过程的时间组织

生产过程时间组织的基本要求就是使前后工序在时间上紧密衔接，在保证充分利用工时和设备的条件下，尽量缩短产品的生产周期。

（一）生产过程的时间组成

1. 生产过程时间的分类

生产过程是劳动过程和自然过程的总和，因而产品在生产中所经历的时间也主要由进行劳动过程和自然过程所需要的时间组成。进行劳动过程所需要的时间称为作业时间或工序时间。按其所进行的工序的性质不同，又可分为基本工序时间和辅助工序时间。基本工序时间是对劳动对象进行加工所需要的时间，辅助工序时间是为了执行基本生产活动而进行的辅助活动所需要的时间，如产品检验、运输所需要的时间等。

在生产过程中，除了作业时间外，还有一部分时间是劳动过程中断的时间，称为中断时间。劳动过程中有些中断时间是自然过程所要求的，这称为工艺性中断时间。在某些情况下，产品生产过程时间还包括由于组织上的原因引起的中断时间。

2. 缩短生产过程时间的措施

缩短生产过程时间，就要针对形成产品消耗的不同时间采取不同的措施，如通过强化工艺、采用先进的机器设备来缩短作业时间，采用强制手段将自然过程改变为劳动过程来缩短工艺性中断时间。从生产管理的角度看，更要着重分析引起组织性中断的原因，并提出消除和压缩此种中断时间的措施。引起组织性中断的常见原因主要有以下几种。

第一，由于机器设备进行修理而造成的中断。针对此种原因，企业管理人员应及时采取措施，尽量缩短修理时间，甚至有时可组织热修、不停产或不减产修理，推行修理工作的平行交叉作业，以减少中断时间。

第二，由于管理工作不善而引起的中断。如由于设备事故、原材料、燃料、备品备件供应不及时引起的中断。针对此种原因，企业必须通过加强计划管理工作加以消除。

第三，由于前后工序能力不协调而产生的中断。对于此类中断，企业应针对薄弱环节，通过增加设备、增加工作班次或其他协调措施来平衡各生产环节的生产能力，以消除或压缩此类中断时间。

第四，成批性中断。成批性中断是由于在制品不宜在工序间逐件运送而引起的。在成批运送在制品的情况下，同一批在制品的一部分加工完毕后，要等待这批在制品的另一部分加工完毕，才一同转入下道工序，这时，先加工完毕的在制品就产生了中断时间。这种中断时间可通过改变在制品在工序间的移动方式来消除。但对于那些价值低、体积小、加工时间短的在制品来说，这种中断时间是难以全部消除的。

（二）产品在工序间的移动方式

在实际生产中，产品在工序间的移动方式有三种：顺序移动、平行移动和平行顺序移动。

假定某产品的批量为4件，有4道工序，各工序的单件加工时间分别为 t_1、t_2、t_3、t_4，则该批产品在工序间的三种移动方式及加工周期会是多少呢？

1. 顺序移动方式

当加工对象的批量小、工序加工时间短，或要求产品达到一定数量才开始加工时，多采用顺序移动方式。按照这种方式，每批产品只有在前道工序全部完工后，才整批移动到后道工序去加工，因此，每件产品都有一段时间等待加工。用这种方式加工一批产品，生产周期较长，其周期的计算公式为：

$$T = (t_1 + t_2 + t_3 + t_4) \times n$$

t_i 为各工序的单件加工时间，n 指该批产品分为 n 个批次。

2. 平行移动方式

当加工对象的批量大，前后道工序的加工时间基本相等或成整数倍，尤其是组织流水生产时，多采用平行移动方式。按照这种方式，一批产品中的每件产品在前道工序加工完毕后，立即移动到后道工序去继续加工，因此，一批产品同时在不同的工序上平行加工。但当前后工序的加工时间不相等或不成简单倍数关系时，单件加工时间短的工序就会发生设备和工人的等工和生产时断时续的现象，且工序间产品搬运频繁。用这种方式加工一批产品的生产周期最短，其周期的计算公式如下：

$$T = (t_1 + t_2 + t_3 + t_4) + (n-1)t_{\max}$$

t_i 为各工序的单件加工时间，n 指该批产品分为 n 个批次，$t_{\max}$ 是各批次中最大加工时间。

3. 平行顺序移动方式

当加工对象的批量较大，且各道工序加工时间相差较多时，多采用平行顺序移动方式。这种方式是以上两种移动方式的结合。它有两种移动方法：当前道工序加工时间小于或等于后道工序加工时间（$t_i \leqslant t_{i+1}$）时，使用平行移动方式；当前道工序加工时间大于后道工序加工时间（$t_i > t_{i+1}$）时，要等到前道工序完成的产品数足以保证后道工序连续加工时，才移动到后道工序去继续加工。这种移动方式既能消除生产间断现象，又能适当缩短生产周期，因此兼有前两者的优点。但此种方式的组织管理工作较前两者要复杂。

（三）合理安排加工顺序

当设备上加工的零件不止一种时，组织生产不仅要考虑零件在工序间的移动方式问题，更要考虑如何安排零件的加工顺序问题。下面主要介绍多种零件加工顺序的安排方法。

1. 多种零件由一台设备加工的顺序安排

当有几种零件都要在同一台设备上加工时，加工顺序的变动将直接影响到生产的经济效益。

2. 多种零件由两台不同设备加工的顺序安排

两台不同设备加工多种零件，它们的工艺顺序相同。用约翰逊-贝尔曼方法求解排序，可使总加工时间最短。

3. 多种零件由三台不同设备加工的顺序安排

当几种零件在三台不同设备上加工且工艺顺序相同时，可用约翰逊-贝尔曼的扩展方法来安排顺序，但要求各零件在三台设备上的加工时间必须符合下述条件之一：A 设备上的最小加工时间大于或等于 B 设备上的任一加工时间；C 设备上的最小加工时间大于或等于 B 设备上的任一加工时间。符合上述条件之一时，可把 B 设备的各零件加工时间与另外两台设备的各零件加工时间依次分别相加，合并为假想的两台设备，再按两台设备安排顺序。

（四）多设备管理组织

1. 多设备管理的基本原理

多设备管理是指一个员工或一组员工同时看管几台设备的一种先进的作业组织形式。组织多设备管理的根本目的是充分利用工作时间，节约人力，提高生产率。

组织多设备管理的基本原理是：员工利用这台设备的机动时间（即自动生产时间），去完成其他各台设备的手动或机手并动操作。因此，员工看管的任何一台机器的机动时间，必须大于或等于员工看管其他机器的手动、机手并动、员工来往机器间的走路时间之和。机器设备的机动时间越长，员工操作的手动时间越短，员工看管的设备数就越多；反之，则越少。

2. 多设备管理的组织形式

由于各种机器设备的机动时间和手动时间的组成不同，因而多设备管理的组织形式也不相同。一般来说，可归纳为以下几种。

第一种，员工看管同一种设备，加工同一种零件。在这种情况下，一个员工看管的机床台数可根据公式计算得知。

第二种，员工看管的是同一种设备，加工的不是同一种零件，每台设备加工所需工序时间相等，但机动时间和手动时间不相等。一般来说，这种情况下员工的负荷是不充分的。

第三种，员工看管不同设备，加工不同种零件。这种情况下，机器设备可能出现停歇，即机器设备利用不充分。

组织多设备管理的目的，就是要充分利用员工的作业时间，不断提高劳动生产率。因此，企业应采取各种措施，尽可能使设备的机动时间和手动时间集中，并缩短设备的手动时间，以扩大看管的设备数量。只有这样，才能在充分利用设备的前提下使员工看管更多的设备，同时避免员工过于紧张和疲劳。

第三节　生产物料管理

物资是企业进行再生产的基本条件。在整个生产过程的各个阶段和环节，都贯穿着物资周而复始的流动。从原材料的投入生产开始，到生产过程各阶段的在制品直至产成品的产出，物资不断变换着自己的形式。从物资的订购采购到仓库储存，直至生产中的使用消耗，物流的管理涉及企业内外的广泛领域。加强和搞好物流管理，对于最佳利用物资资源、保证生产正常顺利进行、提高生产的经济效益，都具有重要的意义。

2.3.1 物资基本知识

一、物资的概念

物资具有广义、狭义两种概念。广义的物资概念就是人们通常所说的物质资料的简称，它是指自然资源和劳动产品的总和。自然资源包括土地、矿藏、森林、水流、海洋以及各种野生生物等。劳动产品是指人类劳动创造出来的社会总产品，包括用于生产消费和生活消费的全部物质资料。狭义的物资概念是指企业物资，即经过人类加工，进入商品流通领域并具有实物形态，用于生产消费的生产资料。因此，一般来说，企业物资具有以下四个特征：

第一，物资必须是物质生产领域生产的产品，也就是说，是经过人类加工过的物质资料，这是区别于自然资源（如未开发的森林、矿藏等）的特征；

第二，物资必须是用于社会再生产的生产资料，这是区别于消费资料的特征；

第三，物资必须是具有实物形态的生产资料，这是区别于电、热、风、气等其他工业性物质产品的特征；

第四，物资必须是可以流转的生产资料，这是区别于厂房、电站、水塔、道路和其他建筑物等固定设施的特征。

二、物资的种类

（一）按物资在生产中所起的作用不同分类

按物资在生产中所起的不同作用，可以将物资分为原料、主要材料、辅助材料、燃料、设备及配件、工具和包装物。

1. 原料

原料是指经过人类劳动、从自然界中生产出来、被当作劳动对象的物资。在加工企业中，通常把来自采掘工业的产品和农业产品称为原料。例如，原矿石和各种精矿、原煤、原棉和麻、原油、天然气等。原料是构成产品实体的主要物质成分。

2. 主要材料

经过再加工的原料叫材料。材料在生产建设使用过程中的作用不同，有主、辅之分。起主要、决定作用的材料就叫主要材料。起主要作用的材料，因企业生产性质而异。在加工工业生产中，它是构成产品实体的成分，如炼钢用的生铁、织布用的细纱、机械加工用的各种钢材或有色金属材料等。

3. 辅助材料

辅以生产进行而不直接加入产品实体，或不起主要、决定作用的材料叫作辅助材料。其辅助作用大体包括以下几个方面：使主要原材料发生物理和化学变化；使机器设备负载运转正常；使工作环境和劳动条件得到改善，达到规定要求；满足其他辅助性需要。

4. 燃料

燃料主要指在生产建设过程中产生能量转化的各种物资。燃料一般称为能源物资，它在生产上所起的作用虽是辅助性的，但由于其特殊的功能，对国计民生有重大的作用，在国民经济中占有重要地位。所以，把它单独划为一类，便于专门管理。

5. 设备及配件

设备，这里指备以将来安装使用的机器装备。配件，是备以替换机器设备中易损部分的零件或部件，如轴承等。零配件是用于产品结构中的各种零件、部件和单机配套范围内的附属品。

随着专业化协作程度的提高，制造企业购进的不再是基础原材料，而是越来越多的零部件，用以装配自己的产品，成为装配性企业。

6. 工具

工具一般指从事劳动、生产使用的器具。有用于手工操作的工具，也有用于机器操作的工具。

7. 包装物

包装物是指包装产品所用的各种物资，如桶、箱、瓶、罐、袋、薄膜、麻绳和铁丝等。

（二）按物资的自然属性不同分类

按物资的不同自然属性，可以将物资分为金属材料、非金属材料和机电产品。

1. 金属材料

金属材料可分为黑色金属材料和有色金属材料两类。黑色金属材料是指外观呈黑色的金属及其合金制品，在工业上指对铁、锰和铬的统称，包括生铁、钢、铁合金等。有色金属材料是指除黑色金属材料以外的其他金属材料，包括轻金属、重金属、贵金属和稀有金属以及半导体材料等。

2. 非金属材料

非金属材料指除金属材料以外的其他原材料，包括化工原料（有机、无机）、橡胶及塑料制品、石油产品、煤炭、建筑材料、轻工与纺织产品等。

3. 机电产品

机电产品是机械产品和电工产品的统称，包括各种机械、电器、仪器和仪表等。

2.3.2　库存管理

一、库存控制的作用

库存水平的高低，对企业生产经营将产生重要影响。必要的库存数量是防止供应中断和交货误期、保证生产连续和稳定的重要条件，有利于提高供货弹性、适应需求变动、减少产销矛盾。但库存同时也需占用资金、支出库存费用。过量库存会掩盖生产中的各种问题，例如，设备故障造成停机、工作质量低造成废品或返修、横向扯皮造成工期延误、计划不周造成生产脱节等。这些问题都可以通过动用各种库存而被掩盖起来，使矛盾钝化。从表面上看，生产仍在平稳进行，实际上整个生产系统可能已是百孔千疮。所以，日本人提出"向零库存进军"的口号，压缩库存是各企业普遍需要重视的问题。一个将库存水平降到最低点的生产系统，无疑是一个高效率的系统，但它同时又是一个非常"脆弱"的系统。系统中任何一个环节出了问题，都可能造成整个系统的停顿。因此，在一定的生产技术和经营管理水平下，还需要有一定库存，更需要加强库存控制，使库存数量始终保持在经济合理的水平上。

二、库存控制的标准

库存控制标准就是物资的储备定额。

（一）物资储备定额的种类和作用

物资储备定额是指在一定条件下，为保证生产顺利进行所必需的、经济合理的物资储备数量标准。

1. 物资储备定额的种类

企业的物资储备定额一般有以下三种：

（1）经常储备定额，是指某种物资在前后两批进厂的供应间隔期内，为保证生产正常进行所必需的、经济合理的物资储备数量；

（2）保险储备定额，是指为预防物资到货误期或物资的品种、规格不合要求，为了保证生产正常进行而储备的物资数量；

（3）季节性储备定额，是指物资的生产或运输受季节影响，为保证生产正常进行而储备的物资数量。

2. 物资储备定额的作用

物资储备定额具有以下几个方面的作用。

（1）物资储备定额是编制物资供应计划和采购订货的主要依据。物资供应计划中的储备量，是根据储备定额计算的。确定了储备量后，才能根据需要量确定采购量并组织采购。

（2）物资储备定额是掌握和监督库存动态，使库存经常保持在合理水平上的重要工具。

（3）物资储备定额是企业核定流动资金的重要依据。物资储备资金一般在企业的流动资金中占有一定的比重。确定先进合理的物资储备定额，就能节约有限的资金，加速资金的周转。

（4）物资储备定额是确定企业现代化仓库容积和储运设备数量的依据。

（二）物资储备定额的制定

1. 物资储备定额通用计算公式

经常储备定额、保险储备定额、季节性储备定额都可以用通用计算公式确定，即

$$M = r \times D$$

式中，M 为物资储备定额，r 为该物资平均每天需用量，D 为该物资合理储备天数。

如 D 为经常储备天数、保险储备天数或季节性储备天数时，M 就是相应计算的经常储备定额、保险储备定额或季节性储备定额。

运用上述公式计算物资储备定额时，平均每天需用量都是用计划期某物资需求量除以计划期工作天数求得的，而储备天数的确定就各不相同。经常储备天数是以供应间隔天数为主，再考虑验收入库天数和物资使用前的准备天数。供应间隔天数是根据物资的生产厂家的生产间隔期和运输周期来确定的，而验收入库天数和使用前准备天数是根据企业库存管理的统计资料确定的。保险储备天数是根据物资到货误期或差错率的统计资料加以分析确定的。

2. 经济订购批量法

经济订购批量法是从企业本身节约费用支出的角度来确定物资经常储备的一种方法。物资储备有关的费用，主要有订购费用和保管费用两大类。订购费包括差旅费、管理费、验收搬运费等。保管费包括仓库设备的折旧费和维修费、物资存储损耗费、物资占用资金的利息等。订购费与保管费都与物资的订购次数和每次订购数量有关联。其规律是：从节约订购费来说，应减少订购次数，增加每次订购数量；从节约保管费来说，应增加订购次数，减少每次订购数量。这表明，订购费与保管费是相互制约、互为消长的，客观上存在着这样一种订购数量，使得按这种数量订购所需的订购费与保管费的总和最小，这个订购数量就是经济订购批量。

三、库存控制的方式

物资的存量与订购的时间、数量都有关系。如果订购时间过早或过晚，则存量就会超过或低于正常储备需要。同理，订购数量的多与少更是明显与存量相关。所以，为了有效地控制库存量，可以从订货时间和订货批量两方面入手。物资订购控制方式有定量订购和定期订购两种。

（一）定量订购控制方式

定量订购控制方式是指订购时间不定，但每次订购的数量固定不变的订购控制方式。也就是说，预先规定一个订货点量，当库存量降至订货点量时，就按规定的订购数量（通常是经济订购批量）提出订货或采购，这种方式又称订货点法。订货点量通常介于最高储备量与最低储备量之间。订货点量计算公式如下：

订货点量 = 平均每天需用量 × 订购时间 + 保险储备量

式中，订购时间是指提出订购至物资到库所需的时间。

订货点法在实际运用中往往采用"双境法"控制，即把该种物资分作两堆（两个容器）储存，第一堆是订货点量，其余的作为第二堆。在发料时，首先动用第二堆，一旦第二堆用完，就及时提出订购和采购。这种控制方式简便，减少了事务性工作，便于目视管理和计算机管理。

（二）定期订购控制方式

定期订购控制方式是指订购的时间预先固定，如每月订购一次，而每次订购的数量不固定，随时根据库存的情况来决定。订购量的计算可用下列公式进行：

订购数量＝平均日需用量×(订购时间＋供应间隔期)＋保险储备量－实际库存量－期货数量

式中，供应间隔期为相邻两次订购日之间的时间间隔，期货数量指已经订货、尚未到货的数量。

采用定期订货控制方式，在规定供应间隔期时，应当与该物资的经济订购批量相适应。例如某物资日需量为10千克，该物资经济订购批量为280千克，则该物资供应间隔期可定为一个月（280/10＝28天）。采用定期订购控制方式，每次订货时都要检查实际库存，并对每次的订购量做出调整。这种控制方式既能保证生产需要，又可避免物资储量超过标准，是一种较严格的控制方式，需要花费较多精力，一般适用于控制主要的物资和重点物资。

四、库存物资的 ABC 管理法

ABC管理法，又称物资的重点管理法。其基本原理是：把品种繁多的物资按照某种标准（资金占用、消耗数量、重要程度等）进行分类排队，区分出A、B、C三类物资，分别采用不同的管理方法，既突出重点，又照顾一般。这种物资的重点管理法对于提高物资管理工作的效率、节省物资管理费用具有重要作用，已在企业得到广泛应用。

（一）区分A、B、C三类物资的分析过程

1. 收集数据

收集企业所需物资的各种特征数据，如品种、规格、型号、数量、单价等。

2. 进行统计整理

对收集来的数据进行统计加工和汇总。一般按品种、各品种数量、某种物资的价值等指标进行整理，计算出累计百分数和占总数的百分比。

3. 按某种分类标准进行ABC分类

分类标准无统一规定，一般是按物资年消耗资金量这一标准来进行分类。通常是把占物资消耗资金总量累计在0%～80%区间的若干品种物资定为A类物资，累计百分数在80%～90%区间的若干品种物资定为B类物资，累计百分数在90%～100%区间的若干品种物资定为C类物资。

（二）对三类物资的管理方法

区分出A、B、C三类物资后，就应分别采用不同的管理方法。

1. 对A类物资的管理

A类物资虽品种不多，但耗用资金多，价值高或者消耗量大，占用仓库面积多。应对这类物资进行重点管理，按定期订购方式控制此类物资，详细到按品种甚至规格、型号制

定储备定额；要使保险储备量保持在最低水平；对物资的收发要有详细的日常记录；对库存应经常进行检查。

2. 对 C 类物资的管理

C 类物资虽品种繁多，但资金耗用较少，或是不经常领用的。对 C 类物资，可进行一般管理，按定量订购方式控制；不必制定储备定额，只需按总金额控制；采用"双堆法"管理，可不检查库存；可适当加大保险储备量。

3. 对 B 类物资的管理

B 类物资的特点和重要性介于 A 类和 C 类物资之间，因此对 B 类物资的管理介于严格和粗放之间。企业应根据实际需要和自身条件进行适中的管理，就是可按定期或定量订购方式控制；可按类别制定储备定额；可定期检查库存；对物资的收发应有总账记录；保险储备应维持在适中水平。

2.3.3　物料需求计划

◆ 一、物料需求计划技术概述

物料需求计划简称 MRP（Materials Requirement Planning），它是目前世界上运用最普遍的一项现代计划管理技术。该项技术创建于 20 世纪 60 年代初的美国，在 60 年代中期得到美国会计师协会肯定，向全国推荐。此后，美国企业迅速推广和运用 MRP，并且很快传到日本、西欧和其他许多国家与地区。70 年代末，在美国制造业中，已经运用和正准备运用 MRP 的企业达 70% 以上。

MRP 的运用与发展是由电子计算机在企业管理中的运用与发展所带动的。这是因为采用 MRP，其逻辑计算的工作量较大，用手工直接计算相当困难，借助电子计算机计算要容易很多。而且，各计算机制造商都在大力研制 MRP 的专用软件，其销售价格日益降低，这也为企业普遍运用 MRP 创造了条件。

MRP 就是根据社会需求得出生产最终产品所需的各种零部件及材料的数量和时间，编制出材料需求进度表，以表明生产最终产品所需的零部件及原材料的准确数量和它们在生产周期内的订单发出日期与收货日期。

MRP 的主题是在正确的时间、正确的地点得到正确的零部件及原材料。目标是改进对顾客的服务，把存储投资减少到最低，使生产运行效率提到最高。MRP 的基本原理是：当缺乏物料会耽误总的生产进度时，就应加快这些物料的供应；而当生产进度落后或推迟需要时，就放慢物料的供应。物料过量储存会冻结资金，占据空间和生产场地，影响生产计划进度的执行。MRP 适用于成批生产的加工装配型企业，特别适用于根据订货进行生产或生产不稳定的成批生产类型企业。

◆ 二、物料需求计划系统的构成

物料需求计划系统的构成内容如图 2-1 所示。

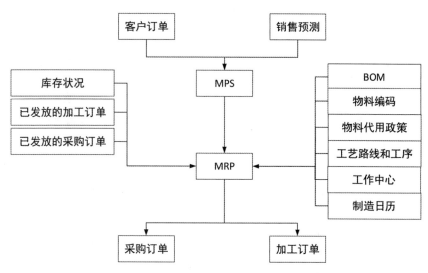

图 2-1 物料需求计划系统构成图

MRP 的工作程序是:根据老顾客和随机需求的订货要求,拟订出生产计划进度表,此表说明在特定的生产周期内应生产的数量;产品结构图用来确认用于制造每个产品所需的具体零部件及材料的确切数量;库存资料包括现有的和已订购的物料数量。这三个原始资料——生产计划进度表、产品结构图和库存资料,成为计算机编制物料需求计划的数据资料来源,这个程序把生产计划进度具体化为整个生产顺序中的详细的订货进度计划。

(一)社会需求

社会对产品的需求来自两个方面:有规律的顾客订货和随机发生的订货。在正常经营情况下,企业常常从顾客处收到订货单,指明订货的具体项目、数量和交货日期。这些订货常常由企业销售部门接收办理。除了老顾客订货外,还有随机发生的订货,这些可通过传统的统计分析方法进行预测。对于这部分需求,可经过进一步的分析来决定该产品的保险储备量、订货点和订货量,以保证一定的服务水平。

除了对最终成品的需求之外,顾客还常常会订购一些零部件作为备用件或保养和修理之用。

这种有规律的顾客需求与随机需求构成了生产计划进度表的输入资料。

(二)生产计划进度表

生产计划进度表实际上就是企业的产品出产进度计划。该计划明确规定了企业生产的产品品种、规格、数量和交货期等详细资料。这一计划通常由企业计划部门编制。在安排产品出产进度时,首先要按照社会需求和轻重缓急,在计划生产的时间和数量上予以保证;其次要尽量使企业的设备、劳动力等资源得到合理利用,使进度安排与生产能力相适应,并均衡地出产产品。

MRP 程序并不能区分输入的生产计划进度表是否可行,因为一个用最终产品分类表示的看来是可行的生产计划进度表,当用零部件来加以表示时,就可能显现出同企业能力不相适应的情况。为了使之符合企业现有能力,必须用 MRP 程序进行不断的试算和修改,直到输入 MRP 系统的生产计划进度表成为一个可以接受的计划进度表为止。一旦得出了生产计划进度表，必须分品种列出制造最终产品的零部件和材料的需求。

（三）产品结构图

产品结构图又称产品树形图，表示一个产品是如何生产出来的。它是从最终产品出发，把产品作为一个系统来考虑的。根据"总装—部装—部件—零件"的顺序，每个产品可划分为几个层次，产品结构图说明在这个产品系统中包含了多少零部件以及它们是如何组成的。

（四）物料库存资料

物料库存资料是以每个存储项目（零部件或材料）作为一个单独的文件。它包括每个存储项目的名称、实际库存量、保险储备量、订购批量、订购周期以及物料的进出情况（计划需要量、计划到货量及计划订货量等）。这些文件平时储存在计算机系统中，在MRP 程序运行时，根据需要取用这些文件。

（五） MRP 计算机程序

物料需求计划程序是根据库存资料中的文件、生产计划进度表和产品结构层次图这三类文件，通过专用的计算机程序进行运作的。其工作方法是：MRP 程序根据库存资料文件进行"工作"，不断参考产品结构图，从最顶层向下分析，一层一层地计算每一项目的需求量，然后根据实际库存水平进行修正，以求得每种零件和材料的订货数量及提前期。

（六）输出报告

输出报告通常分为主要报告和次要报告。

1. 主要报告

主要报告是用于存储和生产控制的主要的或"正规的"报告，包括如下内容。

（1）计划将要发出的订货。如果是外购件，应向采购部门发出采购通知单；如果是自制件，应向生产车间发出生产指令。

（2）发出计划订货要注意的事项。

（3）由于重新安排进度，开出订货要变更的日期。

（4）由于生产进度的取消或暂停，订货取消或暂停。

（5）库存状态的数据。

2. 次要报告

次要报告是在 MRP 系统下选用的附加报告，包括如下内容。

（1）计划报告，例如用以预测存储和指明将来某时间范围内的需求量。

（2）执行报告，用以指出呆滞的项目，用以确定实际的和程序的项目提前期之间是否一致，并用以确定实际的和程序的使用数量和费用是否一致。

（3）例外报告，用以指出严重的偏差，例如误差超出范围以外的情况、迟到的或过期的订货、过量的废品和缺件。

MRP 系统通常每一个星期或两个星期运行一次。

第四节 生产计划与控制

2.4.1 生产计划工作

企业生产计划是企业生产管理的依据，也是生产管理的核心内容。生产计划工作的内容就是要在企业生产计划策略的指导下，根据生产预测和最优化决策来确定企业的生产任务，将企业的生产任务同各生产要素反复进行综合平衡，从时间上和空间上对生产任务做出总体安排，并进一步对生产任务进行层层分解，落实到车间、班组，以保证计划任务的实现。

充分而准确的信息资料是编制生产计划的基础，因此，生产计划的前期准备工作主要是收集各方面的资料。这些资料可分为两大类：一类是反映企业外部环境和需求的，如宏观经济形势、国家方针政策、竞争者情况、原材料及其他物资的供应情况、国家计划及订货合同协议、市场需求等；另一类是反映企业内部条件和可能的，如企业发展战略、生产经营目标、劳动力及技术力量水平、生产能力水平、各种物资的库存水平、流动资金及成本水平、服务销售水平和上期计划完成情况等。在这些资料中，尤其重要的是反映外部需要的市场需求量和反映内部可能的生产能力两方面的资料。它们需要分别通过生产预测和生产能力核算取得。

一、影响生产预测的主要因素

（一）产品

各种产品和劳务有着各不相同的需求方式。对消费品的需求，当然不同于对工业用品的需求。就是在消费品的需求中，耐用品也不同于非耐用品。一般说来，产品越是耐用，它的需求量很可能越不稳定；相反，产品越不耐用，它的需求量反而越是稳定。即使是同一产品，由于它所处生命周期的阶段不同，其市场需求量也不同，如成长期的销售增长率远远大于投入期的销售增长率；成熟期的市场需求相对稳定，且销售总量要大于其他各个阶段。

（二）工艺技术

工艺技术的革新往往能够在一个短时期内猛烈地改变需求的方式。工艺技术的革新能够中断一项产品的使用，并且淘汰那些不适应这一变革的企业。例如，电子手表的出现，几乎使瑞士的钟表工业陷于瘫痪；小型计算器的使用，确实消灭了活动计算尺的制造业。工艺技术的进步是很难预测的，因为它经常是在与其无关的另一个工业或另一领域里创造出来的，而在它突然出现于市场之前，又总是以技术秘密的形式掩盖起来。

（三）经济与市场

诸如个人收入、利率、货币发行量、信贷政策以及一般商业活动之类的经济因素，对各种商品的需求会产生不同程度的影响。个人收入、货币供应量或商业活动越多,对商品和劳务的需求也会越大;利率与税收则起着相反的作用,利率与税收越高,对商品和劳务的需求就会越低。此外,需求非常容易受到经济周期性波动的影响,在通货膨胀的情况下,或在经济衰退期间需求降至低点之后,通常会出现较高的需求。

企业所在市场的结构、状况和行为,在很大程度上可以决定需求的模式。通常认为,企业分享的市场越大,它对需求的预测就会更准确,因为它可以对它的竞争者施加影响,以维持和增大需求。对一项产品的需求,可能由于商标、价格、质量或销售地区不同而有差别。在国内和国外市场之间、南方和北方市场之间,由于顾客们生活习惯、文化观念的不同,需要使用不同的方法来估计需求。

(四)企业的政策与战略

以上所讲的都是影响需求的外部因素,它超出了商品生产者或劳务供应者所能控制的能力范围。这里要讲的是,企业内部的某些政策和战略决策也能严重影响需求。诸如价格、广告、分销渠道和手段、市场对象、产品定位或市场份额等有关营销策略,对需求的方式都会产生很大影响。出于同样的原因,诸如质量标准、生产与交货率、技术设计以及信贷政策等方面的生产与金融政策,也对需求具有影响。当然,由于管理部门对于这些政策拥有相当大的决策权力,它们可以巧妙地使用这些政策,以便取得一种最有利的效果。

二、生产能力的核定

(一)生产能力的概念

工业企业的生产能力是指一定时期内,企业的全部生产性固定资产在一定的技术组织条件下所能生产一定种类和一定质量产品的最大数量,或者是能够加工处理一定原材料的最大数量。它是反映企业生产可能性的一种指标。

(二)生产能力的种类

1. 设计能力

设计能力是指工业企业设计任务书与技术设计文件中所规定的生产能力。它是按照工厂设计中规定的产品方案和各种设计数据来确定的,在企业建成后,由于各种条件的限制,一般均需经过一定时间后才能达到。

2. 查定能力

查定能力是指企业生产了一定时期后,重新调查核定的生产能力。当原设计能力水平已经明显落后,或企业的生产技术条件发生重大变化后,企业需要重新查定生产能力。查定能力是根据查定年度内可能实现的先进的组织技术措施来计算确定的。

3. 计划能力

计划能力或称现有能力,是指工业企业在计划年度内,依据现有的生产技术条件,实际能达到的生产能力。

设计或查定能力同计划能力在水平上是存在差异的，它们各有不同的用途。设计和查定生产能力可以作为确定企业生产规模、编制企业长远规划、安排企业基本建设和技术改造计划的依据，计划能力则是编制企业年度生产计划、确定生产指标的依据。

（三）决定企业生产能力的基本因素

1. 生产中的设备数和生产面积数

机器设备是固定资产中的主要组成部分，直接决定着生产能力的大小。设备数量是指企业在一定时期内所拥有的能用于工业生产的全部机器设备。生产面积的数量对于装配车间的生产能力往往具有重要意义。按照生产面积计算生产能力时，除了计算车间生产面积外，还应考虑用于堆放原材料、毛坯等辅助面积和运输线路所占用的面积。

2. 设备的有效工作时间

设备的有效工作时间是按照企业现行工作制度及考虑设备修理停工时间后计算得到的。

3. 设备（生产面积）的生产率定额

设备（生产面积）的生产率定额，就是单台设备（单位面积）在单位时间内的产量定额，或制造单位产品的时间定额。设备（生产面积）的生产率定额，是计算和确定生产能力的最基本因素。

在设备（生产面积）的数量及有效工作时间一定的条件下，定额水平对生产能力的大小起着决定性作用。而设备（生产面积）的生产率定额水平，又受设备性能、工作速度、产品品种、结构、质量要求、原材料、工艺方法、工人技术水平、生产组织和劳动组织等一系列因素的影响，特别是人的因素影响最大。

三、生产计划产量的优化

（一）单品种生产的产量决策

单品种生产的产量决策问题，可以运用非线性盈亏平衡分析的方法来进行优化。其基本原理是根据产销量与成本和收入的关系，建立相应的数学模型，然后通过求最优解的方法对产量进行科学决策。

非线性盈亏平衡分析的工具是盈亏平衡图，它由产品的总成本曲线 $C(x)$、销售收入曲线 $S(x)$ 组成。横轴表示产品产销量，纵轴表示销售收入和成本。

一条典型的总成本曲线的形状是先凸后凹，说明生产开始时总成本增长率低于产量增长率，当产量达到一定规模后，总成本增长率高于产量增长率。销售收入曲线反映了销售额与产销量之间的关系。如果产品销售价格不变，产品销售收入与产销量应是线性的关系。但在市场经济条件下，随着产品市场供给量增多，该产品的价格就会逐步下降，使销售收入增长率呈递减趋势，因而销售收入曲线呈凸状。

（二）多品种生产的产量决策

从事多品种生产的企业在进行生产决策时，经常会遇到这样的问题，即根据销售量预测资料和企业现有生产条件,如何合理地运用人力、物力和财力来决定各种产品的生产数量,使企业取得最好的经济效益。这种决策问题可运用线性规划的方法来解决。

线性规划是运筹学的一个重要组成部分,它是在满足一定的约束条件下,按照某一衡量指标寻求最优方案的一种有效管理方法。运用线性规划,首先要将实际问题抽象化,建立起线性规划的数学模型,然后通过单纯形法确定出各种产品的最优产量。

(三) 追加生产的决策

在短期内,企业的许多成本项目是固定不变的,如固定资产折旧、办公场所的租金、借入资本的利息、财产保险费等。这些成本项目都属于沉没成本的范畴,即它们是过去为取得资产而支付的金额,是过去已经发生的,不是目前决策所能改变的成本,它们与增加产品产销量的决策无关。在进行追加生产的决策时,决策者所考虑的不应是产品的全部成本,而应该是产品的边际成本。所谓边际成本是指生产者为多生产一单位产品所支付的追加成本。只要这里的单位是指个、件等微小量,一般不会增加固定成本,而只增加变动成本,故在一定产品范围内,边际成本也就等于平均变动成本。

作为决策者,他所关心的往往是一项具体行动对利润的影响。边际贡献的分析可以帮助决策者在追加生产时做出正确的决策。所谓边际贡献是指增加单位产品的销售收入与变动成本的差额,因而等于单位产品的价格减去其平均变动成本。

2.4.2 生产任务的总体安排

一、生产任务在时间上的合理安排

生产任务在时间上的合理安排就是将全年生产任务具体安排到各个季度和各个月份,实质上就是产品出产进度的安排。在时间进度上合理安排好生产任务,可以使企业的销售计划得到进一步落实,为履行用户订货合同提供数量和交货期限上的保证,也有助于有效地运用企业的人力和设备资源,提高劳动生产率,节约流动资金,降低成本,从而提高企业生产的经济效益。

生产任务在时间上的合理安排是一项复杂而细致的工作。其具体安排方式同企业的产品特点、生产类型、专业化程度、产量大小有关。

(一) 大量大批生产类型企业生产任务的安排方式

大量大批生产类型企业的生产任务较饱满,产品的市场需求量大且稳定,这类企业的生产任务在时间上安排的总原则是"均衡",这就是把全年的产量任务均衡地分配到各个季度和各个月份,以便充分利用生产能力,增加产量,更好地满足社会需求。所谓均衡安排,并不等于各季、各月的平均产量绝对相等,而是可以有以下多种分配形式。

1. 均匀分配形式

均匀分配形式将全年生产任务等量分配,各季、各月的平均日产量相等。这种形式适合于市场对该种产品的需求比较稳定、企业生产过程综合自动化程度相当高的情况。

2. 分期递增分配形式

分期递增分配形式将全年生产任务分期、分阶段增长，每隔一阶段，平均日产水平有所增长，而在每段时期内，平均日产水平大致相同。在这种分配形式下，全年生产任务在各月实现连续的、小幅的增长。

3. 抛物线递增分配形式

抛物线递增分配形式将全年生产任务按照开始增长较快、以后增长逐渐缓慢的"抛物线"形状安排各月生产任务。这种方式适合于新产品生产任务的安排，且市场对该产品的需求不断增长的情况。

在对全年任务进行分季、分月安排时，产量增长幅度的确定取决于多种复杂的因素，主要有：企业的生产能力与工人生产效率在各季、各月的变化；原材料、燃料、动力在不同时期的供应情况；重大技术措施生效的期限；各季、各月工作日数的不同；自然条件在各个时期的变化；特别是用户对该产品需求增减的影响等。此外，在计划年度中如要结束老产品生产，开始新产品生产，还需要对新老产品交替时期的生产进行妥善安排，以充分利用生产能力。所以，必须从实际出发，根据历年特别是上年度产量增长与分配的资料，结合计划期需要与可能的条件，进行具体分析，掌握主要影响因素，进行全面的综合平衡。

总之，既要根据销售进度计划来安排产品出产进度计划，保证产销平衡，减少成品库存，又要保证合理利用生产能力，减少成本，取得最好的经济效果。

（二）成批生产类型企业生产任务安排方式

在成批生产条件下，产品品种较多，而且是定期或不定期地轮番生产。另外，产品数量、出产期限的要求各有不同。因此，成批生产企业生产任务时间进度安排的主要问题是组织不同时期、不同品种的搭配生产与按季、按月分配产品的产量。品种、产量是否搭配合理，是安排好产品出产进度的关键。具体安排时，一般应注意以下几点。

第一，按产品的主次分类排队，在满足市场需求的前提下，首先对企业常年生产、数量较大的主导产品采用"细水长流"的方式，尽可能在全年各月较均匀地或分期递增地安排出产计划，以便使生产具有一定的稳定性。

第二，在不减少全年产品品种、保证合同交货期限的前提下，尽可能减少各季、各月同期生产的品种，对产量较少的产品采用"集中轮番"的方式，以便加大产品生产批量，简化管理工作，提高经济效益。

第三，对同类型、同系列的产品，尽可能安排在同一时期或连续进行生产，有利于加大通用件的批量，提高劳动生产率。

第四，新产品和需要关键设备、关键工种加工的产品，应尽量均匀分布，分期分批安排，以避免生产技术准备工作忙闲不均和关键设备的负荷不均。新老产品上下场，要有一定交叉时间，以避免齐上齐下造成生产波动。

第五，尖端产品与一般产品、复杂产品与简单产品、大型产品与小型产品等，均应合理搭配，使劳动力、设备及生产面积得到均衡负荷。

第六，尽可能使各季、各月的产品产量同该种产品生产的批量相等或成整数倍，以简化生产组织工作，提高工作效率。

第七，应考虑物资供应期限，保证生产技术准备、技术组织措施项目的安排与产品出产进度的安排正常衔接。

第八，赶前不赶后，第四季度的任务要留有余地，为提前完成年度、季度计划和为下一年生产做好准备，创造有利条件。

成批生产条件下，安排产品出产进度比大量大批生产复杂，存在不少交叉和矛盾。企业计划部门可以先拟订几个不同的安排产品出产进度的方案，召集有关人员开会讨论，集思广益，进行分析比较，最后选定最优方案。

（三）单件生产类型企业生产任务的安排方式

单件生产企业产品品种繁多，且不重复或很少重复生产。因此，在这类企业中，主要是根据用户的要求，按订货组织生产。但是在编制年度生产计划时，往往只能肯定一部分订货项目，大部分生产任务还不能具体确定。所以对于这种类型的企业来说，产品出产进度的安排相当粗略。在安排出产进度时，应遵循以下一些原则。

第一，先安排已明确了的生产任务，而对那些还没有明确的任务按大致的计量单位做初步安排，粗略地分配各季、各月的任务。随着各项订货具体落实后，通过季度、月度计划对原初步安排进行调整。

第二，安排产品出产进度要考虑生产技术准备工作进度和负荷的均衡，保证订货按期投入生产。

第三，要保证设备、人员的生产能力均衡，为此要做好生产能力的核算平衡工作。

总之，单件生产的企业在安排产品出产进度时，既要保证产品的交货期限，又要与生产技术准备相衔接，还要保证设备负荷均衡。单件小批生产的企业要加强订货的组织管理工作和编制短期的生产作业计划，使之与年度的生产计划相互衔接。

二、生产任务在空间上的合理安排

生产任务在空间上的合理安排，就是要根据企业生产单位的不同组织形式，合理分配车间的生产任务，使企业的全部生产任务得到分解落实。其作用在于：更具体地进行平衡工作，使企业的生产任务得到落实和保证；使各车间明确计划期内产品生产方面的经济责任，更好地调动车间的积极性，并提前做好各项准备工作。

（一）生产任务在空间上合理安排的要求

首先，必须保证整个企业的生产计划得到落实。为此，规定给各车间的生产任务，应当在品种、数量和进度上互相衔接，以保证企业计划的按期完成。其次，要缩短生产周期和减少流动资金占用量，以提高生产的经济效益。再次，要充分利用车间的生产能力。规定给各个车间的任务应当适合这个车间的机器性能和设备条件，并能充分利用这些机器设备，不要有的车间过忙，有的过闲。

（二）生产任务在空间上的安排方法

生产任务空间安排方法，一般是首先安排基本车间的生产任务，然后安排辅助车间的生产任务。

1. 基本车间生产任务的安排

规定基本车间生产任务的方法，取决于各基本生产车间的专业化形式。对象专业化的基本生产车间基本上是独立地完成一定产品的全部生产过程，各车间是平行地完成相同或不同产品的生产任务，各个车间之间没有依次提供半成品的关系。在这种情况下，安排车间的任务比较简单，主要是考虑生产能力、生产技术条件对生产任务的适应情况。如果二者大体相适应，就可将生产任务按各车间原有的专业分工范围进行安排。根据实际情况，必要时也可对原有车间的分工进行某些适当的调整。

在工艺专业化的基本生产车间，各车间只完成产品生产过程的某一阶段任务，它们之间有着依次提供半成品的关系。在这种情况下，规定车间任务主要是解决车间之间在品种、数量和期限方面的平衡衔接问题。这时，安排各车间的生产任务要采用"反工艺顺序法"，即按照工艺顺序的相反方向，逐个地决定各个车间的生产任务。首先根据市场需求和销售计划安排的要求，决定装配车间的生产任务，然后根据装配车间产品装配的数量、时间要求，决定加工车间（贴片、插件）的生产任务，再根据加工车间产品加工的数量、时间要求，决定上一环节的生产任务。由于企业生产类型不同，反工艺顺序法的运用又有在制品定额法、提前期法、生产周期法等具体形式。

2. 辅助车间生产任务的安排

关于辅助车间生产任务的安排，也有几种情况。对于有些辅助车间来说，它的任务同基本生产车间的任务有着明显的、直接的联系，这些车间的任务就要根据基本生产车间的任务来规定。例如，工具车间的任务，应当根据各个基本生产车间的产品加工数量和单位产品的工具消耗定额来规定，同时考虑其他辅助车间对工具的需要量、试制新产品对工具的需要量以及工具结存量的变化等因素。运输车间的任务，应当根据厂内运输量和厂外货运量来规定；包装材料车间的任务，应当根据产品产量和单位产品消耗量来规定。

有些辅助车间，它的任务同基本生产车间没有明显的、直接的联系，例如机修车间，它的任务应该根据它所服务的全部机器设备的使用程度，按照设备修理计划来规定。

2.4.3 分车间生产作业计划

企业生产计划确定以后，为了组织实施和保证全面实现，还必须进一步编制生产作业计划。生产作业计划是生产计划的具体执行计划。它具体、详细地规定了各车间、工段、班组以至每个工作地和工人在很细分时间内的生产任务。没有生产作业计划，生产计划仅是纸上蓝图，不可能实现。

在执行生产作业计划的过程中，会出现预想不到的问题和矛盾，必须及时检查、发现、纠正和调整，这就是生产作业控制工作。搞好控制是生产作业计划顺利实施进而最终实现生产计划任务的重要保证。

一、编制生产作业计划的工作内容

（一）制定期量标准

期量标准反映了产品生产过程中各生产环节在生产数量和生产期限上的内在联系。它是为各生产环节规定投入量、出产量、生产进度所必需的标准。编制生产作业计划必须先行，成为首要工作内容。

（二）编制分车间的生产作业计划

厂部要按生产车间编制生产作业计划，具体规定各车间在月、旬、日等时段内的各种产品的投入量、出产量、投入期、出产期以及具体生产进度安排。

（三）编制车间内部的生产作业计划

车间按工段、班组编制生产作业计划，更具体规定各工段、班组在月、旬、日、轮班、小时完成产品的数量、质量、品种、期限和具体进度，甚至可安排到每个工作地和每位工人的生产进度和作业任务。

二、制定期量标准

期量标准，是指对产品在生产过程中的期限和数量所规定的标准。产品在生产过程中，各生产环节客观上存在着数量和时间上的联系。制定期量标准，就是要把各生产环节在生产期限和数量上的客观内在联系正确地表示出来，以保证产品的整个生产过程高度连续、统一、协调和衔接。

正确制定期量标准具有重要意义，主要体现在如下几个方面。

第一，有利于提高生产作业计划的编制质量。生产作业计划只有全面体现生产计划任务的要求才有意义。要做到这一点，必须依赖于正确合理的期量标准。例如时期标准直接与产品交货期有关，而数量标准更关系到产量任务的实现。正确制定期量标准，生产作业计划的编制质量就有了基本保证。

第二，有助于保证各生产环节之间的衔接，严格按合同交货。企业各生产环节是存在相互依赖关系的，在制品的数量如果不能保证后一生产环节的需要，就会因停工待料而导致生产中断。按合同交货意味着在规定时间内出产规定数量和质量要求的产品，所以各生产环节都必须按合同的出产日期安排出各自的提前生产期才行。只有制定了提前期这一期量标准，才能真正保证按合同交货。

第三，有利于建立正常的生产秩序和工作秩序，提高均衡生产水平。正确制定期量标准，就是要科学规定投入的批量和时期以及生产周期、在制品定额等，这样企业各生产环节的投入、生产和产出都可按标准计划进行，生产秩序就会处在正常状态，生产的节奏性和均衡性会大大提高。

第四，有助于合理利用企业有限资源，获取较好经济效益。正确制定期量标准，关系到生产资源的最佳配置。例如批量过大或过小，从经济上讲都是无益的。在制品过多，会造成巨大浪费；在制品过少，又不能保证生产的衔接和连续。所以，只有制定最合理的期量标准，才能获取合理利用资源带来的最佳经济效益。

三、计划编制

（一）编制车间生产作业计划的要求

在生产的期量标准确定了以后，就可着手编制车间生产作业计划了。为保证生产作业计划的编制质量，在编制工作中必须满足以下几方面要求。

1. 分工要明确

厂部通常负责编制分车间的生产作业计划，而车间负责编制车间内部的生产作业计划。但在有些高度连续生产、生产布局集中、管理高度集中统一的企业，厂部不仅负责编制车间生产作业计划，而且还负责编制工段甚至班组生产作业计划。分工一旦明确以后，就不要轻易变更，要使分工的责任得到落实。

2. 收集的资料要齐全和准确

编制车间生产作业计划需要大量资料，比如年生产计划、外协任务、原材料供应及消耗定额、设备运行状况及维修安排、定员及劳动定额、工艺技术准备、技术组织措施等。这些资料一定要应有尽有，反映真实情况，不能带任何主观成分。因为这些资料的齐全准确程度直接关系到车间生产作业计划的质量。

3. 选好选准计划单位

应根据企业生产类型和产品特点，选好选准计划单位。例如品种繁多、产品结构简单、生产周期较短的单件小批生产企业，可选用台份作为计划单位，这样便于组织成套生产，加强各车间共同产出整台产品的责任。对于大量生产企业，以零件作为计划单位，有利于厂部掌握产品中各种零件的生产进度，及时解决零件生产中出现的问题。其他成批生产企业可针对产品特点相应选用成套部件、零件组作为计划单位。

4. 对设备和生产面积的负荷和能力进行核算和平衡

编制分车间生产作业计划，要对各车间设备和生产面积的负荷和能力进行具体、深入、细致的核算，既不允许生产能力放空，也不允许设备和生产面积超负荷。对确实存在的生产薄弱环节，要采取相应技术组织措施加以弥补。如果暂时无资源能力弥补，或者技术组织措施要等相当长时间才能发挥弥补作用，则生产任务就应调整。总之，要使车间的生产任务与生产能力达到积极的平衡。

（二）安排车间生产任务的方法

安排车间生产任务，首先要考虑各车间的组织形式。如果车间是按对象专业化组织形式建立的，则各车间的生产任务都是独立完成的，这时只需按车间分工和生产能力负荷情况，将企业生产计划任务直接分配给各个车间，生产任务安排相对简单。如果车间是按工艺专业化组织形式建立的，则各个车间之间的关系是依次提供半成品关系，这时安排车间生产任务就比较复杂。因为这时既要保证企业的生产任务按质、按量、按期完成，又要确保各车间的生产达到衔接和平衡。为此，需从企业成品出产任务出发，按工艺过程的反顺序，逐个地决定各个车间的生产任务。由于企业生产类型不同，安排车间生产任务的方法也不同，一般有以下三种。

1. 在制品定额法

在制品定额法是一种利用预先制定的在制品定额来协调和规定各车间投入量和出产量任务的方法。这种方法适用于生产稳定的大量大批生产企业。在这类企业中，各车间的联系主要体现在在制品提供上。只要比较各车间在制品占用量定额与实际结存量的多少及变化，就可发现生产过程是否脱节，是否过多占用在制品。因此，按照使在制品数量经常保持在定额水平的要求来规定各车间投入和出产任务，就可保证生产过程协调顺利进行。

2. 提前期法

提前期法又称累计编号法。这种方法适用于成批轮番生产企业。在这类企业中，各车间在同一时期生产不同品种和数量的产品，而不同时期可能在生产相同品种的产品，这就需要解决品种、数量、时间三者的衔接问题，比大量生产只需解决数量衔接的情况要复杂得多，所以不能用在制品定额法来规定此类企业车间的生产任务。

提前期法的实质是根据预先制定的提前期来确定同一时期产品在各生产环节的提前量，保证各车间在生产上的衔接。由于主要产品的生产批量、生产间隔期、生产周期、生产提前期都是固定的，故用提前期法来规定成批轮番生产企业车间的生产任务是完全可行的。

3. 生产周期法

生产周期法就是以生产周期为依据规定车间任务的一种方法。这种方法适用于根据订货合同组织生产的单件生产类型企业。这类生产企业品种繁多、数量很少，甚至单件生产，又属于不定期生产或一次性生产，所以不能用在制品定额法和提前期法来规定车间生产任务。用生产周期法正好能保证产品按合同期交货，且使产品在各车间出产和投入的时间能够衔接起来。

用生产周期法安排车间任务主要有如下几个步骤。

第一步，按每一份订货合同编制一份产品生产周期进度表，规定该产品在各车间的生产周期和进度。

第二步，根据各种产品交货期和生产周期进度表，编制综合日历进度，规定各产品在各车间投入和出产的时间。

第三步，根据综合日历进度表编制月度生产作业计划，规定各车间生产任务。一般是将计划月份应投入和出产的任务从综合日历进度表中摘录出来，按车间汇总。当然，所摘出汇总的任务应与设备负荷核算平衡，然后正式下达车间。

2.4.4 车间内部生产作业计划

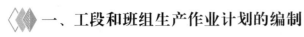

一、工段和班组生产作业计划的编制

车间通常负责编制工段和班组的生产作业计划，其实质就是根据车间的生产作业计划任务来规定各工段和班组的生产任务。

规定工段和班组生产任务，首先要把厂部下达的计划单位分解为适合车间内部执行的计划单位。例如厂部按台份单位下达任务，则车间就根据产品包含的零部件目录和车间分工，把台份单位分解成成套部件、零件组、零件单位，作为下达工段和班组生产任务的计划单位。规定工段和班组生产任务，同样要考虑车间内部的专业化形式。对于对象专业化的工段和班组，只需按其专业生产分工，将车间所承担的相关生产任务直接分配给他们。有些部件生产需跨工段、班组才能完成时，还需编制工段和班组之间的协作加工计划。

对于工艺专业化工段和班组，规定其生产任务的方法同样要考虑车间的生产类型，同样可使用在制品定额法、提前期法和生产周期法。

为保证工段和班组顺利完成规定的生产任务，在编制作业计划时，应注意做好以下工作。

第一，对关键零件的加工进度和关键设备的负荷情况，要编制单独的表格。因为关键零件能否按期按量按质完工往往会影响到整个车间，甚至全厂生产任务的完成；关键设备的不可替代性也制约了车间生产的全过程，其负荷是否饱满均衡，对于完成车间、全厂生产任务具有重要意义。通过单独编表，可加强监督检查，发现执行中出现的问题，避免作业计划考虑不周而影响全局。

第二，除按月规定工段和班组生产任务、生产进度以外，还要编制短期作业计划，如月计划、周计划等。这样可以充分利用生产潜力，更好地完成月计划任务。

第三，在编制工段和班组生产作业计划时，特别要注意月度的配套缺件，包括投料缺件、入库缺件、在制品积存缺件。要详细开列当月配套缺件明细表，作为重点任务予以优先安排。

第四，初步确定工段和班组生产任务后，还应进行工段和班组设备负荷的详细核算和平衡。

如果不能解决薄弱环节，生产任务就应调控。另外，还需检查工段和班组生产技术准备情况，在材料、工具、图纸没有准备好时，不应下达生产任务。

二、工作地日常生产任务的安排

工段和班组在每日、每个轮班、每小时的生产任务，需要落实到工作地和每位工人身上。同样的原理，工段和班组生产类型不同，日常生产任务的安排方式也不同，一般有以下三种方式。

（一）标准计划方式

标准计划方式适用于安排大量大批生产类型工段和班组的日常生产任务。在这种工段和班组里，每一个工作地和每一位工人是固定、重复、单一工序，所以可以用标准计划来进行安排。

标准计划的内容包括：各种产品的投入和出产数量、进度和期限；各工作地加工不同产品的数量、进度和期限。将上述工作任务制定成标准计划，可一次编制，重复使用，每月只需根据需要对日产量任务做适当调整就行了。

（二）定期计划方式

定期计划方式适用于成批生产类型的工段和班组。由于在这种条件下，工作地和工人要成批轮番加工多种产品，就不能使用标准计划。必须每隔一定时期，编制一次计划，安排一次任务。间隔时间的长短，应视生产稳定程度与复杂程度而定。

（三）临时安排方式

临时安排方式适用于单件生产或不稳定的小批生产类型的工段和班组。这种类型的工段和班组由于担负的制品杂和工序多，采用定期计划方式安排任务很难切合实际。所以只能根据车间生产任务、生产设备情况及工作地负荷情况，随时把生产任务下达给工作地。对于多品种的加工，往往需使用一些不同的设备。先加工什么产品，后加工什么产品，既关系到设备的负荷均衡问题，也关系到各种产品的生产周期问题。因此，必须将各种产品的生产顺序在设备上进行合理安排。

当每个工作地的生产任务、作业准备和作业顺序都确已安排好后，就可向每位生产工人签发开始作业的指令。一般由工段长、班组长签发，也可由他们指定的派工员签发。作业指令通常采用派工单形式，具体有加工路线单、单工序工票、班组生产记录等。派工单上注明了需生产的品种、数量、生产进度、完成期限、投入产出期以及其他需要进行统计的若干生产明细项目。生产工人一旦接到派工单，必须严格按单上的指令执行，保证完成作业指令规定的生产任务。

第五节　产品品质管理

随着我国社会主义市场经济体制的日益完善，产品质量已成为企业生死攸关的大问题。因为企业不仅面临着一个竞争激烈、强手如林的国际市场，而且面临着一个前所未有的竞争激烈的国内市场。显然，如果进入市场的产品不能在质量、品种、价格和销售服务方面取得优势，企业就难以在市场竞争中求得生存和发展，难以在严峻的市场环境中争得"一席之地"。因此，企业必须加快技术进步，采用先进的工艺技术，不断提高产品质量，降低活劳动和物化劳动的消耗，增强国内外市场竞争能力，从而达到不断提高经济效益的目的。本节将着重在质量管理的发展、质量管理的方法、质量保证体系与系列标准、质量成本等方面进行阐述。

2.5.1　质量管理及其发展

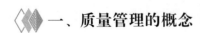
一、质量管理的概念

（一）质量

质量有广义和狭义之分。广义的质量是指产品、过程或服务满足规定要求的特征和特性的总和。根据这一含义，质量可分为产品质量、工序质量和工作质量。产品质量是指产品适合于规定用途，满足人们一定需要的特性。工序质量（又称工程质量）是指工序能够稳定地生产合格产品的能力。工作质量是指企业的管理工作、技术工作和组织工作对达到质量标准和提高产品质量的保证程度。狭义的质量是指产品质量，产品质量既包括内在质量特性，如产品的结构、性能、精度、纯度、物理性能、化学成分等，也包括外部质量特性，如产品的外观、形状、色泽、手感、气味、光洁度等。

质量特性可概括为产品的性能、寿命、可靠性、安全性、经济性五个方面。

1. 性能

性能是指产品为满足使用目的所具备的技术特性，即产品在不同目的、不同条件下使用时其技术特性的适合程度。如手表的防水、防震、防磁、定时准确，机床的转速、功率，电视机的清晰度，钢材的化学成分、强度，布料的手感、颜色等。

2. 寿命

寿命是指产品能够使用的期限，如灯泡的使用小时数、钻井机钻头钻进尺数、轮胎行驶里程数等。

3. 可靠性

可靠性是指产品在规定时间内及规定条件下完成规定工作任务的能力。它是产品在投入使用过程中表现出来的能在各方面满足人们需要的程度。如电视机平均无故障工作时间、机床精度的稳定期限、产品性能的持久性、零部件的耐用性等。

4. 安全性

安全性是指产品在操作、使用过程中保证安全的程度。如对使用、操作人员是否会造成伤害事故，以及产生公害、污染环境等的可能性。

5. 经济性

经济性是指产品的结构、用料、用工等生产费用以及它在使用中的动力、燃料消耗等运转维持费用的大小。

产品质量就是以上五个方面质量特性综合反映的结果。但就某一产品来说，常有若干个不同的质量特性，其中有关键性的、主要的特性，也有经济方面的特性。这就要求进行具体分析，区别对待，以便用来满足人们的各种要求。

（二）产品质量标准

产品质量标准是衡量产品质量是否合格的尺度。它一般规定在有关设计图纸、技术文件中。按其颁布单位和适用范围不同，产品质量标准可分为国际标准、国家标准、企业标准等。企业为保证所生产产品符合标准，必须为每个毛坯、零部件以至每道工序提出一定的质量要求或检验标准。凡符合产品质量标准的产品称为合格产品，不符合质量标准或图纸要求的产品是不合格产品，其中在技术上不能使用、丧失原来使用价值的产品称为废品。有些不合格产品经过补充加工或修理后仍能合格使用的产品，称为返修品。归根结底，产品质量标准应以符合用户使用要求为目的。

（三）质量管理

关于质量管理的定义，各国学者有着不同的论述，但基本内容是一致的。美国质量管理专家费根堡姆认为："质量管理是把一个组织内部各个部门在质量发展、质量保持、质量改进的努力结合起来的一个有效体系，以便使生产和服务达到最经济水平，并使用户满意。"日本著名质量管理学家石川彩教授对质量管理下的定义是："用最经济的方法，生产适合买方要求质量的产品，是最经济、最起作用的，并且为研制买方满意的产品进行设计、生产、销售和服务。"综上所述，质量管理是指用最经济、最有效的手段进行设计、生产和服务，以生产出用户满意的产品。

质量管理工作的步骤，一般是根据实践和试验，发现产品质量上的薄弱环节和问题，从科学技术原理、工艺、心理方面研究产生的原因；在技术组织管理上，采取有针对性的改进措施，并组织稳定的生产工艺路线，切实加以改进，将改进的结果同原来情况进行对比，看是否达到预期效果；在主要质量问题得到解决时，次要问题又上升为主要矛盾，这时再重复上述过程，以解决新产生的质量问题。

二、质量管理的发展阶段

研究质量管理的发展阶段，有助于我们正确认识质量管理产生、发展的必然性和实现全面质量管理的重要性。质量管理的发展大致经历了单纯质量检验、统计质量控制和全面质量管理三个阶段。

（一）单纯质量检验（SQI）

20世纪初至20世纪40年代，这一时期的质量管理工作是单纯依靠检验，剔出废品，以保证产品质量。其方法是全数检验或抽样检验，其作用是事后把关，不让不合格品出厂或转到下道工序。但是，它对已产生的废次品只能做到"死后验尸"，而不能预防不合格品的发生，而且对那些不便全数检验的产品，如炮弹、感光胶片等，也无法起到"把关"的作用。

（二）统计质量控制（SQC）

20世纪40年代至50年代，欧美一些国家开始运用概率论与数理统计方法，控制生产过程，预防不合格品的产生。数理统计方法是指在生产过程中进行有系统的抽样检查，而不是事后全检。它的具体做法是将测得的数据记录在管理图上，可及时观察和分析生产过程中的质量情况。当发现生产过程中质量不稳定时，能及时找出原因，采取措施，消除隐患，防止废品再发生，以达到保证产品质量的目的。第二次世界大战中，美国许多兵器工厂将数理统计方法和质量控制图法运用于生产，取得了显著的经济效益。但是，由于片面强调质量管理统计方法，忽视组织管理工作的积极作用，使人们误认为质量管理就是运用数理统计方法。同时，因数理统计理论比较深奥，计算方法也较复杂，人们对它产生了高不可攀的错觉，这在一定程度上限制了它的普及与推广。

（三）全面质量管理（TQC）

20 世纪 50 年代末 60 年代初，美国通用电气公司质量控制主管费根堡姆和质量管理专家朱兰提出了全面质量管理的概念，简称 TQC（Total Quality Management）。经过此后几十年的运用和总结，全面质量管理的内容和方法都有了新的充实、发展和提高。

三、全面质量管理的特点和内容

（一）全面质量管理的特点

全面质量管理是指企业全体职工及有关部门同心协力，综合运用组织管理、专业技术和科学方法，经济地开发、研制、生产和销售用户满意的产品的管理活动。从这一定义出发，全面质量管理具有以下几个特点。

1. 管理的对象是全面的

全面质量管理不仅要求管好产品质量，而且要求管好产品质量赖以形成的工作质量。它要求保证质量、功能、价廉、及时交货、服务周到，一切使用户满意。

2. 管理的范围是全面的

全面质量管理要求实行全过程的质量管理，把形成产品质量的设计试制过程、制造过程、辅助生产过程、使用过程都管起来，以便全面提高产品质量。优质产品是设计和生产出来的，因此全面质量管理要求把不合格的产品消灭在它的形成过程中，做到防检结合、以防为主，并从全过程各环节致力于质量的提高，从而树立"下道工序就是用户""努力为下道工序服务"的思想。

实行全过程的管理，不仅要保证产品设计、工艺加工过程和产品出厂的质量，而且要保证使用质量。这就把质量管理从原来的生产制造过程扩展到市场调研、质量发展规划、研究开发、设计、试制鉴定、试验、工艺技术、原材料供应、检测仪表、生产、工序控制、成品检验、包装、销售、用户服务等各个环节，构成螺旋形上升过程。

3. 参加质量管理的人员是全面的

全面质量管理要求企业各部门、各环节的全体员工都参加质量管理。只有人人关心质量，上下一起动手，主要领导亲自抓，分管领导具体抓，各个部门和各环节协同抓，企业的质量管理才能搞好，生产优质产品才有可靠保证。

4. 管理质量的方法是全面的

全面质量管理在质量分析和质量控制上都必须以数据为科学依据，以统计质量控制方法为基础，全面综合运用各种质量管理方法；必须实行组织管理、专业技术、数理统计三结合，充分发挥它们在质量管理中的作用。

（二）全面质量管理的内容

全面质量管理的内容包括设计、制造、辅助生产、使用过程的质量管理。

1. 设计过程的质量管理

质量是设计、制造出来的，而不是检验出来的。产品设计先天决定了产品质量，制造使设计的质量要求得到实现。因此,设计过程的质量管理是一个关键环节。在设计过程中应做好以下工作:制定好产品质量目标;参与设计审查、工艺验证和试制鉴定;进行产品质量的经济分析。

2. 制造过程的质量管理

制造过程是产品质量的直接形成过程,因此,这一过程管理的重点是建立一个能够稳定地生产合格产品的管理网络,抓好每个环节上的质量保证和预防工作,即把影响工序能力的因素都管起来,防止和减少废品的产生。同时要做到不合格的原材料不投产,不合格的零件不转入下道工序,不合格的成品不出厂,保证出厂产品部合格。制造过程中的质量管理应抓好以下几项工作:加强工艺质量,严格工艺纪律;组织均衡生产和文明生产;组织自检、互检和采用专用智能检测装置,加强对不合格品的管理;及时掌握质量动态,进行质量分析;运用统计质量控制方法,搞好工序质量控制。

3. 辅助生产过程的质量管理

企业辅助生产过程主要包括物资供应、工具供应、设备维修等内容。这些工作的好坏都直接影响着制造过程的质量。因此,要重视提高这些辅助环节的工作质量。具体措施有:

(1) 在物料供应上,要求供应商以较短的提前期和时间间隔,频繁地、小批量地供应原材料和零件,严格质量检验,做到不合格的原材料不投产,不合格的零件不转入下道工序;

(2) 在工具供应上,要求工具直送工位,采取定时定量强制更换,以保证产品加工质量,降低工具消耗,提高使用寿命;

(3) 在设备维修上,要求机电维修人员现场驻屯,巡回走动,强化预防维修,即由原来的"坐堂先生"变为主动上门巡诊,做到加强设备的维护保养,快速排除故障,为生产工人提供准时、优质的服务,从而降低设备的故障率和停歇台时。

4. 使用过程的质量管理

产品的质量特性是根据使用要求设计的,产品实际质量的好坏,必须在使用过程中才能做出充分的评价。因此,企业的质量管理工作必须从生产过程延伸到使用过程。使用过程是考验产品实际质量的过程,是质量管理的"归宿点",又是企业质量管理的起点。

产品使用过程中的质量管理应抓好以下工作:积极开展技术服务,包括编写产品使用保养说明书,帮助用户培训操作维修人员,指导用户安装和调试,建立维修服务网点,提供用户所需备品配件等;进行使用效果与使用要求的调查;提高售后服务水平,变"三包"(包修、包换、包退)为"三保"(保证向用户提供优质的产品、充足的配件、良好的服务)。

2.5.2 质量管理的统计分析方法

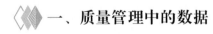

一、质量管理中的数据

数据是反映事物性质的一种量度。在质量管理中,所涉及的数据根据其本身特性,一般可分为计量值数据和计数值数据两大类。

计量值数据是指用测试工具可连续测取的数据。例如产品的长度、重量、温度、体积，材料的强度、硬度及化学成分等，可以用小数表示。现以长度为例，在1cm与2cm之间可连续地取1.1，1.2，1.3，……；在1.1cm与1.2cm之间又可连续地取1.11，1.12，1.13，……；等等。

计数值数据是以个数计算的质量特性值。如合格品与废品件数、疵点数、缺陷数等，不必用仪器连续测取，一般用整数表示。

收集数据一般采用抽样检查的方法。抽样检查的对象称为母体，从母体中抽取的一部分样品叫子样。对子样进行测试就得到若干数据，通过对数据的整理分析，便可判断母体是否符合质量标准。同时，由于目的不同，收集数据的对象和方法也不同，主要有两种：一种是以工序为对象，按零件或产品生产时间的先后顺序取样，如每间隔一段时间连续取几件子样进行检验，多用于工序质量控制；另一种是以一批产品为对象，对一批产品随机抽样进行测试，每件产品被抽取的概率完全相等，多用于产品验收。

二、产品质量波动

即使在相同的工艺技术条件下，车间生产出来的产品都不会绝对相同，其产品质量总是在一定范围内波动。影响质量波动的原因很多，但可归纳为如下两大类。

（1）正常原因（随机原因、偶然原因），如机器的微小振动、工具的正常磨损、夹具的微小松动、操作和材质的微小变化等。这些因素所引起的质量波动是生产中不能完全避免的。

（2）异常原因（系统原因），如机器振动太大、工具过度磨损、量具准确性差、材料规格不符、工人过度疲劳等。这些原因造成的质量波动较大，使工序处于不稳定或失控状态，只要采取措施，是可以消除和避免的。

三、质量波动的正态分布

在正常情况下，产品质量特性是呈正态分布的。如果将产品按质量特性（尺寸、重量等）分成若干组，计算出每组产品数，以质量特性为横坐标，以数量为纵坐标，以各矩形的高度表示各组的产品数，画出一个质量分布图，连接矩形顶端得到一条光滑的曲线，此曲线就近似于正态分布曲线。

四、工序能力指数

工序能力是指工序在一定的生产技术条件下所具有的加工精度，即工序处于正常和稳定状态下实际加工的能力。从一定意义上来说，工序能力也可以理解为工序质量。从定量角度看，工序加工产品的质量特性数据的波动幅度（分散程度）可用 6σ 来表示，即工序质量能力大小可用标准偏差的 6 倍表示。

工序能力指数是衡量工序质量能力的综合性指标，通过对工序能力的测算，可以了解工序能否保证质量，满足公差的要求。

2.5.3 质量保证体系与系列标准

一、质量保证体系

质量保证是指生产企业对用户在产品质量方面提供的担保，保证用户购得的产品在寿命期内质量良好，性能、寿命、可靠性、逻辑性、经济性都符合规定要求，使用正常。质量保证体系是指运用系统的原理和方法，以保证和提高产品质量为目标，把企业各部门、各环节的生产经营活动严密地组织起来，规定它们在质量管理方面的职责、任务和权限，并建立统一协调这些活动的组织机构，使企业内形成一个完整的质量管理有机体。

质量保证体系是全面质量管理深入发展的必然产物。从一些先进企业的实践来看，建立和健全质量保证体系，必须做好以下工作。

（一）加强统一领导，建立全面质量管理网络，严格贯彻质量责任制

产品质量是企业各方面工作质量的综合反映。只有加强统一领导，在企业厂长（经理）和总工程师的直接领导下，建立强有力的、完整的质量工作体系，保证各部门、各环节在质量工作上相互协调配合，才能使全面质量管理深入持久地开展。

企业质量工作系统，就是在厂长（经理）直接领导下，成立包括总工程师、各科室负责人在内的全厂质量管理领导小组，下设质量管理机构，具体推行全面质量管理，负责组织、协调、督促、综合企业各部门、各环节的质量活动，并作为企业质量保证体系的反馈中心。企业内各科室和车间成立质量管理核心小组，班组设置质量管理员。这样，企业从上到下就形成了一个全面质量管理网，把全过程的质量管理都纳入质量保证体系的具体组织协调下，全厂上下左右形成一个保证与提高产品质量的工作体系。

（二）制定质量方针，确定质量目标，编制质量计划

企业的质量方针是企业职工提高质量的指南，它包括"质量第一、用户第一、服务第一、赶超世界或同行业的先进水平"等。质量目标是根据质量方面的要求，对企业一定时期内在质量方面所要达到的预期效果。质量目标既可以分为长期目标和短期目标，又可以分为突破性目标和控制性目标。总之，质量目标应力求定量化。

质量计划是全面质量管理有效的组织手段，是企业各部门、各环节在质量工作上的行动纲领。它包括质量目标计划、质量指标计划和质量改进措施计划。质量目标计划是根据用户要求和技术发展方向，编制新产品试制和老产品改进的质量赶超计划，制定赶超国内外先进水平的具体目标。这一计划应由厂长（经理）直接领导，由总工程师具体负责制定。质量指标计划和质量改进措施计划由质量管理部门负责组织企业各部门、各车间共同制定。质量指标计划规定了计划期内消除不良品，提高优质品率、一等品率和合格品率的指标。质量改进措施计划是根据质量指标的要求，确定年度、季度的质量改进措施项目，并确定主要负责部门。总之，质量目标、指标和措施计划都要层层分解落实，形成一个从上到下、由大到小的目标体系，这就使得质量保证体系有了明确的方向和动力，使产品质量提高有了可靠保证。

(三）运用"PDCA 循环"，推动整个质量工作系统运转

PDCA 循环是指计划（Plan）、执行（Do）、检查（Check）和行动（Act）的循环过程，是提高产品质量、改善企业经营管理的重要方法，是质量保证体系运转的基本方式。

1. PDCA 循环的四阶段八步骤

第一阶段是计划。它包括五个步骤：分析现状；找出存在问题的原因；分析产生问题的原因；找出其中主要原因并拟订措施计划；预计效果。第二阶段是实施，即执行技术组织的措施计划。第三阶段是检查，即把执行的结果与预定目标进行对比，检查计划执行情况是否达到预期效果。第四阶段是处理，即巩固成绩，把成功的经验尽可能纳入标准，进行标准化，对遗留问题转入下一个 PDCA 循环去解决。

2. PDCA 循环的特点

PDCA 循环有以下几方面的特点。

（1）PDCA 循环一定要按顺序进行，它靠组织的力量来推动，像车轮一样向前进，周而复始，不断循环。

（2）企业每个科室、车间、工段、班组，直至个人的工作，均有一个 PDCA 循环，这样一层一层地解决问题，而且大环套小环，一环扣一环，小环保大环，推动大循环。这里，大环与小环的关系主要是通过质量计划指标连接起来，上一级的管理循环是下一级管理循环的根据，下一级的管理循环又是上一级管理循环的组成部分和具体保证。通过各个小循环的不断转动，推动上一级循环以至整个企业循环不停转动。通过各方面的循环把企业各项工作有机地组织起来，纳入企业质量保证体系，实现总的预定质量目标。因此，PDCA 循环的转动，不是源自哪一个人的力量，而是源自组织的力量、集体的力量，是整个企业全体职工推动的结果。

（3）每通过一次 PDCA 循环，都要进行总结，提出新目标，再进行第二次 PDCA 循环，使质量管理的车轮滚滚向前。PDCA 每循环一次，质量水平和管理水平均提高一步。

（四）推行质量管理业务标准化、管理流程程序化

在企业质量保证体系中，各部门、各环节每天都在进行大量的质量管理活动，这些活动很多是重复的和有规律性的。把这些质量管理业务分类归纳，并将处理的方法制定成标准，纳入规章制度，成为企业职工例行工作的准则，这就是管理业务标准化。把质量管理业务处理过程所经过的各个环节与各管理岗位按工作的先后顺序加以整理分析，使之合理化，并通过图表和文字说明，制定成标准的管理程序，这就是管理流程的程序化。这是建立质量保证体系的重要支柱。需要指出的是，对管理业务标准和管理流程程序的制定，应广泛采用文字说明和图解的方法。

（五）加强质量意识教育，积极开展质量管理小组活动

质量意识是指企业领导在经营决策和组织生产经营活动时，企业员工在从事生产经营等各项具体工作时，都能坚持"质量第一"的原则，真正把产品质量作为关系到企业生存与发展的大事来抓。质量意识应当是企业经营意识的核心，企业领导者只有认识到这一

点，才会自觉地带动企业全体员工不断提高产品质量。企业领导不仅要对员工灌输质量意识，而且要把质量指标作为考核员工工作实绩的主要依据。

为了不断提高企业产品质量，必须持之以恒地开展质量管理小组活动。质量管理小组（又称 QC 小组），是班组工人自觉组织起来，运用全面质量管理的思想和方法，开展现场质量管理活动，解决有关质量问题的基层组织。质量管理小组活动的开展，是企业群众性质量活动广泛深入开展的标志，也是开展全面质量管理的基础。

（六）建立质量信息反馈系统

企业的质量信息来自两个方面：一是厂外信息反馈，它是用户根据产品使用过程提供的质量情报和同类产品技术发展的信息；二是厂内信息反馈，它包括厂内质量信息的传递与流通，如检验部门给制造过程提供质量反馈，制造过程给设计、工艺部门提供质量反馈，这些反馈实际上是质量管理活动中的信息流通。只有建立质量管理信息反馈系统，把企业内外大量的、分散的信息及时地收集、整理和传送到负责处理的部门，才能使质量保证体系有效地转动起来。因此，质量信息反馈系统可以说是质量保证体系的神经系统。没有信息反馈，就没有质量管理活动。

（七）不断完善企业质量管理的基础工作

企业质量管理的基础工作主要包括标准化工作、质量情报工作、质量责任制等，这些工作都是开展全面质量管理所必须具备的一系列基本条件、手段和制度。除了这些基础工作外，建立正常的生产秩序，组织均衡生产、文明生产等，对于搞好质量管理工作起着重要的保证作用。

二、质量保证系列标准

为了适应国际经济合作和贸易往来的需要，国际标准化组织（ISO）在 1987 年发布了 ISO9000《质量管理和质量保证》系列标准。许多国家有效地采用了这套标准。1988 年，我国技术监督局颁发了相应的 GB/T10300《质量管理和质量保证》系列标准，这对我国进一步完善企业的质量保证体系，巩固和深化全面质量管理，促进质量管理的规范化、国际化，提高质量管理水平，消除贸易技术壁垒，开展国际技术交流，开拓国际市场，已产生了积极的作用。

（一） ISO9000 系列标准

ISO9000 系列标准是在总结工业发达国家质量管理经验的基础上，为适应发展国际贸易的需要，由国际标准化组织于 1987 年 3 月正式发布的一整套国际性质量标准系列，具有较强的指导性和实用性。

国际标准化组织的总部设在瑞士日内瓦。在它的推动下，已有 50 多个国家和地区全部采用了这套标准，并制定了相当于 ISO9000 系列标准的国家标准，如欧洲共同体的 EN2900 标准、美国的 ANSI/ASQ0Q90 标准、英国的 BS5750 标准、我国的 GB/T10300 系列标准。当前，国际市场的竞争日益尖锐和复杂，不仅要对产品质量进行检验，而且要对企业的质量管理和生产进行严格的评审。

ISO9000 系列标准是得到世界各国普遍承认的较完备的规范。它是一种通用的、综合的、符合逻辑又注重实际的、被评估者唯一承认的质量保证体系。ISO9000 系列标准共分为 5 个组成部分，即 ISO9000、ISO9001、ISO9002、ISO9003、1S09004。

ISO9000 是该系列标准的选用指南，并为 ISO9001、ISO9002、ISO9003、ISO9004 的应用建立了准则。它主要阐述了几个质量术语基本概念之间的关系、质量体系环境的特点、质量体系国际标准的分类，以及在质量管理与合同环境中质量体系国际标准的应用。

ISO9001 是开发、设计、生产、安装和服务的质量保证模式标准。它包括了企业全部活动总的标准。

ISO9002 是生产和安装的质量保证模式标准。

ISO9003 是最终检验和试验的质量保证模式标准。

ISO9004 是质量管理和质量体系要素的指南，是非合同环境中用于指导企业管理的标准。对于企业内部质量管理来说，ISO9004 是 ISO9000 系列中最适用的一个标准。

（二）实施 ISO9000 系列标准的意义

我国已决定贯彻实施 ISO9000 系列标准，对于 ISO9000 系列标准，我国仅做了一些编辑性、技术性的修改，相应地制定了国际 GB/T10300 系列标准。这对我国参与国际经济活动，消除不必要的技术壁垒，促进全面质量管理深入发展，提高企业质量管理水平，起到了良好的作用。

1. 有利于进一步提高我国质量管理水平

ISO9000 系列标准从标准的角度，对质量管理、质量保证理论和方法进行了系统性的提炼、概括和总结，并使其系统化、规范化。它与全面质量管理的理论依据是一致的，在方法上可以互相兼容。因此，推行 ISO9000 系列标准，可以促进我国质量管理工作向纵深发展，提高质量管理水平。

2. 有利于提高企业竞争能力

随着我国社会主义市场经济体制的建立和完善，企业必须转换经营机制，搞活经营，参与国际市场竞争。这就要求企业依靠技术进步，加快技术改造步伐，及时引进先进的技术和装备，搞好新产品开发和老产品的升级换代，以增强产品在国际市场上的竞争能力。在国际交往中，采用 ISO9000 系列标准对企业的产品质量和质量保证体系进行评审，才符合国际惯例。如果不采取措施去适应这种国际惯例和发展趋势，必将使我们在进出口贸易等国际经济活动中处于不利地位，甚至可能阻碍我国商品进入国际市场，也难以打破进口国所设置的贸易壁垒。

3. 有利于保护消费者的权益

随着现代科学技术的进步，应用新原理、新结构和新材料制造的产品不断出现。这些产品大都具有安全性好、可靠性高、价值高的特点，如果这些产品在质量上存在某种缺陷，随着产品的使用，会给用户带来越来越大的损害或损失。消费者在选购或使用这些产品时，因无检测仪器而无法在技术上对产品加以鉴别。即使生产厂家按技术要求进行生产，但如果技术规范本身不完善或质量管理不健全，产品质量也无法达到标准要求。所以，只有实施 ISO9000 系列标准，企业健全相应的质量保证体系，才能稳定地生产出满足用户需要的产品，从而有效地保护消费者的利益。

2.5.4 质量成本

一、质量成本的概念

质量成本是西方国家在 20 世纪 60 年代以后形成的一个新的成本概念，是质量管理科学的一个重要组成部分。随着市场经济的发展，企业间的竞争日益剧烈，要求企业必须不断地提高产品质量和降低产品成本，以物美价廉取胜。但是，提高产品质量会增加一定费用，使产品成本升高，影响企业利润。怎样才能既使产品质量有所提高，又使质量成本的费用支出最少？这就要求我们对质量成本进行深入研究。

质量成本是指企业为保证或提高产品质量的管理活动所支出的费用和由于质量故障所造成损失的费用的总和。企业在生产过程中，为了防止缺陷产品的流转，就必须对产品进行检验或试验，这就发生了鉴别费用；产品在检验或试验时可能失效，也可能在使用中发生故障，出厂前对产品进行返修或保修期内为用户更换、修理等，使企业不得不为此支付一些故障费用；由于存在出现故障的可能性和进行鉴别的必要性，企业还必须付出预防费用，以减少生产产品和新开发产品的故障费和鉴别费。如果产品没有出现故障的可能性，则不需要进行检验和试验，也就不需要采取任何预防措施，质量成本将大大降低。

二、质量成本的基本内容

质量成本有广义和狭义之分。广义的质量成本包括设计质量成本和制造质量成本，狭义的质量成本指制造质量成本。制造质量成本又分为直接质量成本（故障、鉴定和预防成本等）和间接质量成本（用户不满成本、用户损失成本、声誉损失成本等）。这里仅对制造过程中的直接质量成本做一些研究。

（一）内部故障成本

内部故障成本是指产品出厂前，由于自身缺陷而造成的损失，加上为处理缺陷所发生费用的总和。它包括如下几项内容：

(1) 废品损失，指无法修复的缺陷或经济上不值得修复，使产品报废所造成的原材料和人工费损失；

(2) 返修损失，指修复次品所发生的费用，包括为解决一般性质量问题，在定额工时以外所增加的费用；

(3) 复检费用，指返工或合格的产品又重复检验或试验所发生的费用；

(4) 停工损失，指因多种质量缺陷引起设备停工造成的损失；

(5) 事故分析处理费用，指处理内部质量事故所发生的费用，如不合格品处理工作费用或抽样不合格而进行的筛选费用；

(6) 产品降级损失，指产品因质量事故达不到原有精度而降级所造成的损失。

（二）外部故障成本

产品出厂后，在销售、运输和使用过程中，因质量问题而支付的一切费用，这就是外部故障成本。它包括如下几项内容：

（1）索赔费用，指因产品质量问题，经用户申诉而进行索赔处理所支付的一切费用；

（2）退货损失，指因产品质量问题，致使用户退货、换货而支付的一切费用；

（3）保修费用，指保修期内或根据合同为用户提供修理服务的一切费用；

（4）折价损失，指因产品质量低于标准，经与用户协商同意折价接受产品所造成的损失，即因折价而减少的收益。

（三）鉴定成本

鉴定成本是指在一次交验合格的情况下，按照计划对原材料、零部件进行质量检验或试验所支出的费用。它包括如下几项内容：

（1）进货检验费用，指对器材、外购件、协作件进厂时检验的费用，包括进行首件鉴定、检查、协作件质量审核以及采取其他监督办法所发生的费用等；

（2）工序检查费用，指产品在制造过程中，对零部件质量进行检验的费用；

（3）最终检验费用，指对完工产品进行检验所支付的费用；

（4）产品质量评级费用，指确定产品质量等级的评审费用；

（5）试验材料及劳务费用，指破坏性试验所消耗的产品、材料以及劳务，另外加上试验等费用；

（6）检验设备维修费用，指对检验手段进行维护保养、修复、校正所支付的费用。

（四）预防成本

预防成本是指企业为使产品质量不低于标准的开支费用和提高质量水平的活动费用。它包括如下几项内容：

（1）质量计划工作费用，指制定质量政策、质量目标及质量计划工作所发生的费用，编制管理文件、手册、工作程序、工作标准所发生的费用，以及建立质量保证体系所引起的费用；

（2）检验计划工作费用，指制定检验计划所发生的费用；

（3）新产品评审费用，指研究方案及设计评价、制定试验方案与实施计划、质量评价活动、产品更新的质量评审等发生的费用；

（4）工序能力研究费用，指为达到符合质量的标准而对工序能力进行的调查研究和保持工序能力等所发生的费用；

（5）质量审核费用，指对质量体系、工序质量和供应单位等进行质量审核所发生的一切费用；

（6）质量情报费用，指对质量情况的收集、分析、归纳、判断和研究所发生的费用；

（7）质量培训费用，指为达到质量要求或改进产品质量的目的，而对有关人员进行培训所发生的费用；

(8) 质量资料费用，指开展质量管理活动所支付的有关资料费用；
(9) 质量奖励费用，指用以促进提高产品质量所支付的奖金。

三、故障成本、鉴定成本与预防成本的关系

质量成本中的故障成本、鉴定成本与预防成本之间存在如下关系：随着产品质量的提高，预防鉴定成本随之增加，而故障成本随之减少；故障成本曲线与预防鉴定成本曲线的交点就是最佳质量费用点，这时的质量最适宜，花费合理，经济效益高。

故障成本与预防鉴定成本之间在客观上存在着一个合理的比例，这个比例通常是，内外部故障成本之和约占质量总成本的 50%～60%，预防成本约占 10%，鉴定成本约占 30%。如果违背了这个比例，企业在经济上将会受到极大损失。如果预防鉴定成本过少，将导致故障成本剧增，利润急剧下降。例如，某厂在开展质量成本工作前，经调查测算得知，内部故障成本占质量总成本的 35%，外部故障成本占 30%，鉴定成本占 34%，预防成本仅占 1%。显然，这个比例是不合理的，预防成本所占比例太小。开展质量成本工作之后，该厂预防成本由 1% 提高到 7%，企业内部故障成本由 35% 下降到 20%，外部故障成本由 30% 下降到 20%，鉴定成本由 34% 下降到 28%，使质量总成本下降了 25%，从而提高了利润水平。

四、质量成本适宜区域的确定

质量成本适宜区域的确定有如下几种方法。

（一）经验测算法

经验测算法是指从企业历年的统计资料中找出质量成本的平均先进水平，进行技术经济分析论证后，初步确定质量成本的适宜区域，然后在实践中加以修正，再正式确定质量成本的适宜区域。

（二）逐项优化法

逐项优化法是指分别找出故障成本、鉴定成本和预防成本的最佳值，从而相应地定出适宜区域，并在实践中不断修正完善。

（三）合理比例法

在故障成本、鉴定成本和预防成本之间，存在着一个合理比例，合理比例要依据本企业实际情况而定，要经过反复实践摸索，才能找到。

（四）灵敏度分析法

灵敏度分析法就是指通过计算鉴定成本与预防成本之和与故障成本增量的比值，根据其灵敏度确定质量成本的适宜区域。

第六节 生产设备管理

随着现代科学技术的迅速发展，工业企业的生产设备日趋高效、精密和复杂化，生产依赖于设备的程度日益增加，产品产量、质量、品种、交货期、成本、效益、安全、环境保护以及劳动者的工作情绪等无不受着设备的影响。设备越先进，人们对客观自然环境的认识和支配能力越强，也意味着生产力水平越高。因此，科学地管理好设备已成为现代企业管理的重要组成部分。

2.6.1 设备综合管理的含义、内容和任务

一、设备综合管理的含义

设备是指人们进行生产所使用的各种机械的总称。它一般包括生产设备、动力设备、传导设备、运输设备、科研设备、仪器、仪表、计算机及各种工具等。设备综合管理，是以设备为研究对象，以追求设备寿命周期费用最经济和设备综合效能最高为目标，动员企业全体人员参加，应用现代科学知识和管理技能，通过计划、组织、指挥、协调、控制等行动来开展的设备管理。设备综合管理是一门把技术、经济、管理等综合起来对设备进行全面研究的新兴学科。

设备综合管理在设备维修基础上，旨在提高设备的管理技术水平、经济效益和社会效益，适应市场经济的进一步发展；同时，它针对使用现代化设备所带来的一系列新问题，运用了设备综合工程学的成果，吸取了现代管理理论（如系统论、控制论、信息论）的养分，综合了现代科学技术的新成就（包括故障物理学、可靠性工程、维修性工程等），其理论和方法在实践过程中逐步走向成熟。

二、设备综合管理的内容

设备综合管理的内容就是对设备运动全过程的管理。在实物上，设备分布广泛、形态各异；在价值上，设备占企业资产比重大。与其他资产相比较，设备有其自身特有的运动形式，它一般表现为两种运动形态：一是物质运动形态；二是价值运动形态。

设备的物质运动形态，是指设备的计划、设计、制造、购置、验收、安装、调试、运行、点检、维修、更新改造，直至报废处理；设备的价值运动形态，表现为设备的资金筹集、最初投资、维修保养费用支出、折旧费计提、更新改造资金的筹集与使用、设备的经营或有偿转让等。对设备物质运动形态的管理，通常叫设备的技术管理；对设备价值运动形态的管理，通常叫设备的经济管理。只有将这两种运动形态都管起来，才能发挥设备的综合经济效益。

三、设备综合管理的任务

设备综合管理的任务是正确贯彻执行党和国家的方针政策，通过采取一系列技术、经

济、组织措施,逐步做到对企业主要生产设备设计、制造、购置、安装、使用、维修、改造、更新、报废的全过程进行综合管理,以实现设备寿命周期费用最经济、设备综合效能最高的目标。它的具体任务主要有:

(1) 以设备的寿命周期作为设备管理的对象,力求设备在一生中消耗的费用最少,设备综合效能最高;

(2) 坚持系统论的观点进行设备的设计和制造,力求在使用中达到准确、安全、可靠,在维修中便于点检与修理,使设备达到较高的利用率;

(3) 按照技术先进、经济合理、技术服务好的原则,正确选购机器设备,为企业提供优良的技术装备;

(4) 在节省设备管理费用和维修费用的条件下,保证机器设备始终处于良好的技术状态;

(5) 搞好设备的更新改造,提高设备的现代化水平,使企业生产活动建立在最佳的物质技术基础上;

(6) 搞好设备的经营和有偿转让工作,盘活存量设备,使其得到优化配置,发挥最佳经济效益。

2.6.2 设备的选择与评价

 一、设备的选择

设备的选择是设备综合管理的首要环节。设备选择应满足生产实际需要,结合企业长远生产经营发展战略做全面考虑。无论是新建企业选购设备,现有企业添置新设备和自行设计、制造专用设备,还是从国外引进技术装备,设备的选择都是十分重要的。选择设备的目的是使企业有限的设备投资用在生产所必需的设备上,以发挥投资的最大经济效益。一般说来,技术上先进、经济上合理、安全节能、满足生产需要是企业在添置、制造、引进设备时必须共同遵守的原则。在具体运用这一原则时,应综合考虑以下因素。

(一) 设备的生产效率

设备的生产效率是指设备在单位时间内能生产的产品数量。它是衡量机器设备性能的重要指标之一,一般表现为功率、行程、速度等一系列技术参数。但考虑这一因素时,应同企业的长期规划结合起来,既要使设备的生产效率能够满足企业生产发展的需要,又要使设备达到充分负荷。

(二) 设备的可靠性

设备的可靠性是指设备精度和准确度的保持性、零件的耐用性、故障停机率、安全可靠性等。

(三) 设备的节能性

设备的节能性是指机器设备节省能源消耗的程度。节能性好的设备表现为热效率高、能源利用率高、能源消耗少,具体指标为小时耗电量、耗油量、耗气量等。

（四）设备的维修性

机器设备运转到一定时间要进行修理，这是设备物质运动的一般规律。为了便于维修和节省修理费用，要考虑设备维修的难易程度。设备的维修性能好，是指设备结构简单，零部件组装合理，维修时零部件容易拆卸，便于检查，零部件的通用性和互换性好等。

（五）设备的环保性

设备的环保性是指设备的噪声和设备排放的有害物质对环境的污染程度。选择设备时，要把"三废"和噪声控制在一定的标准范围之内，要求设备配备有相应治理"三废"的附属装置或净化设备。

（六）设备的成套性

设备的成套性是指设备要配套。要使设备尽快形成生产能力，应考虑到如下配套要求：单机配套，即备件、配件、随机工具要成套；机组配套，即一组机器的主机、辅机、控制装置等要配套；工程项目配套，即一个新建项目的各种机器设备要配套成龙。

（七）设备的灵活性

设备的灵活性包含如下几个内容：一是在工作对象固定的条件下，设备能够适应不同的工作环境和条件，操作、使用比较方便灵活；二是对工作对象可变的加工设备，要有适应多种加工的性能，通用性要强；三是设备结构简单紧凑，重量轻、体积小，占用作业面积小，移动方便。

（八）设备的安全性

设备的安全性是指设备在使用过程中要确保安全。机器一旦发生事故，会直接威胁工人的健康和生命，给企业带来巨大的经济损失。因此在选择设备时，必须注意设备的安全防护装置，以免发生人身或设备事故。

（九）设备的耐用性

设备的耐用性是指设备在使用过程中由于物质磨损所造成的自然寿命的长短，它一般表现为设备的使用年限。设备使用年限越长，每年分摊的折旧费用就越少。但并不是说设备使用年限越长越好，还必须同时综合考虑设备的经济性和无形磨损等。

以上这些因素是相互联系、相互制约的。因而企业在选择设备时，对这些因素应统筹兼顾，全面权衡利弊得失，在综合评价的基础上，确定最佳设备。

在选择设备时，还可以对设备的各项因素采用直接打分的方法进行综合评价。

二、设备的经济评价

企业在选购设备过程中，除了考虑上述因素外，还应对设备进行经济评价。评价的目的是通过对几种设备优劣的对比、分析，从中选购经济性最好的设备。国内外对设备经济评价的方法很多，各有特点，现仅介绍几种常用的经济评价方法。

（一）设备投资回收期法

设备投资回收期法，就是根据设备的投资费用及由于采用该种设备在提高劳动生产率、节约原材料及能源、提高产品质量、节省劳动力等方面所带来的节约额进行计算。其计算公式如下：

$$不包括建设期的回收期(PP') = 原始总投资额 \div 每年相等的净现金流量$$

计算出来的设备投资回收期越短，说明设备投资效果越好。在相同的条件下，选择投资回收期最短的设备为最佳设备。

（二）设备小时投资费用分析法

设备小时投资费用分析法是选择设备的一种简易经济评价法。它是以设备每一工作小时的设备投资大小作为设备经济评价的标准。

（三）费用换算法

费用换算法是指根据设备最初一次投资费用和设备每年支付的维持费，按照设备的寿命周期和利率，换算为设备每年的总费用或设备寿命周期总费用，然后对不同方案进行比较、分析，选择最优设备。根据对设备费用换算方法的不同，该方法又可分为年费法和现值法。

1. 年费法

年费法，又称年值法、年价法，这种方法是把购置设备一次支出的最初投资费依据设备的寿命周期，按复利利率换算成相当于每年费用的支出，然后再加上每年的维持费，得出不同设备的总费用，从中选择总费用最低的设备为最优设备。

2. 现值法

现值法，又称现价法，这种方法和年费法的主要区别是，每年维持费通过现值系数换算成相当于最初一次性的费用支出，再加上最初一次设备投资费。

（四）费用效率分析法

费用效率分析法，又叫寿命周期费用法。这种方法以最佳费用效率作为选择准则。费用效率的计算公式如下：

$$设备费用效率 = 综合效果 \div 生命周期费用$$

上式中，综合效率包括六个方面：产量、质量、成本、交货期、安全、劳动情绪。寿命周期费用是指设备寿命周期总费用，它包括设备的购置费和维持费。设备购置费包括设备价格、运输费和安装费；若是企业自行研制的，应包括设备方案的研究、设计、制造、安装试验，以及编印使用和维修设备的技术资料所支出的费用。设备维持费用是指设备在使用期间所支出的与设备有关的一切费用，包括设备维修保养费、操作人员的工资与费用、能源消耗费、发生事故的停工损失费和保险费等。

2.6.3 设备的点检与修理

 一、设备的点检

设备点检是指为了准确掌握设备所规定的机能，按预先规定的标准，通过人的五官和运用检测手段，对设备规定的部位进行有无异状的检查，使设备的异状和劣化能够被早期发现、早期预防、早期治疗。所谓"点"，是指设备的关键部位。通过检查这些"点"，就能及时、准确地获取设备技术状况的信息，这就是"点"的基本含义。

设备点检制度是一种先进的设备维护管理方法。它的指导思想是推行全员设备管理和全面设备管理，以"预知维修制"取代"预防维修制"。设备点检的内容如下文所示。

（一）按设备管理的层次划分

按设备管理的层次不同，点检工作可分为"厂控"点检和一般点检两种。"厂控"点检由厂部直接管理和组织，一般运用于关键设备和公用设备。一般点检通常是由车间管理和组织进行的，作业对象属于一般局部性的设备。

（二）按作业时间间隔和作业内容不同划分

按作业时间间隔和作业内容的不同，点检工作又分为日常点检、定期点检和专项点检三类。

1. 日常点检

日常点检由操作人员（或专职点检人员）根据规定标准，以五官观察为主，每日针对各台（套）设备的关键部位，了解其运行中的声响、振动、油温和油压是否正常，对设备进行必要的消扫、擦拭、润滑、紧固和调整，并将检查结果记入标准的日常点检表或日常点检卡。

2. 定期点检

定期点检由维修人员（或专职点检员）凭五官和专用检测工具，定期对设备的技术状况进行全面检查和测定（除包括日常点检工作内容外）。定期点检主要是测定设备的劣化程度、精度和性能，查明设备不能正常工作的原因，记录下次检修时应消除的缺陷。定期点检的对象是重点生产设备，内容比较复杂，一般得停机进行，作业时间也较长。因此，必须使编制的点检计划与生产计划相协调。定期点检的周期可分为周、月、季度、半年、一年等点检周期。

3. 专项点检

专项点检一般由专职维修人员（含工程技术人员）针对某些特定的项目，如设备的精度、某项或某些功能参数等进行定期或不定期检查测定。

设备点检的目的就是能够及时发现设备异常、缺陷和隐患，避免因突发故障而影响生产和使质量下降，增加维修费用和运转费用，以及影响安全、环境，降低设备使用寿命等，从而将这些故障可能造成的损失限制在最小范围。

（三）设备点检需要做好的工作

设备点检一般应做好以下几项工作。

1. 确定检查点

在设备点检过程中，应将设备的关键部位和薄弱环节列为检查点。确定的检查点数目要符合设备点检要求，检查点一经确定，不应随意变更。

2. 确定点检项目

确定点检项目就是确定各检查部位（点）的检查内容，并将点检项目规范化地登记在检查表中。

3. 制定点检的判定标准

根据制造厂提供的技术要求和实践经验，制定出各检查项目的技术状态是否正常的判定标准。标准应尽可能做到定量化，并明确地附在检查项目之内。

4. 确定点检周期

根据检查点在维持生产或安全上的重要性及生产工艺特点，并结合设备的维修经验，制定点检周期。点检周期的最后确定，需要一个摸索、试行的过程，一般可暂时先拟定一个点检周期试行一段时间（如一年），再通过对试行期间设备的维修记录、故障和生产情况进行全面的分析研究，拟定切合实际的点检周期。在完全无经验可循的情况下，也可以用理论方法先推算出一个点检周期，待试行一段时间后，再做调整。

5. 编制点检表

为保证各项点检工作按期执行，可将各检查点、检查项目、检查周期、检查方法、判定标准以及规定的记录符号等制成固定的表格，供点检人员检查时使用。这种表格称为点检表。点检表内的文字和符号，要力求简明扼要、通俗易懂，便于掌握和使用。

6. 做好点检记录与分析

点检记录是分析设备状况、建立设备技术档案、编制设备检修计划的原始资料。点检人员要认真做好点检记录。记录内容要求准确、全面、简明和规范。设备工程师和设备管理部门要及时检查点检记录，并对其进行研究和分析，及时处理存在的问题。

7. 做好点检管理工作

要明确规定厂部、车间等各级点检管理部门的具体负责人及其职责范围，形成一个严密的设备点检管理网，制定有关人员的岗位责任制，做到奖罚分明；做好设备点检的信息反馈和信息管理工作，即定期汇总、整理各种点检记录，并按要求进行分类和做好归档保存工作。企业设备管理部门要做好各单位点检的定期检查、考核以及奖评工作。

管理工作要着重解决和防止四个问题：防止不到现场做记录的谎检；防止判断不准确的误检；防止已列入点检的重要部位的漏检；防止点检中查出的问题总是得不到解决的烦检。若点检中发现的问题可推迟到下月去处理的，则安排在下个月的月修计划中；反之，若故障状况不允许，则作为突发故障处理。突发故障和设备修理业务通常均委托给修理人员处理。而对于停机处理的故障，点检员必须先与生产工艺人员联络，以确定合理的检修时间和保证安全生产。

根据日常点检和定期点检的记录，编制设备月度修理计划和年度大修理计划。修理计划经过批准后，再通过工程委托书和施工联络单的形式委托给修理人员去执行。

二、设备的修理

设备修理是指修复由于正常或不正常的原因所引起的设备损坏和精度劣化，通过修理或更换已经磨损、老化、腐蚀的零部件，使设备性能得到恢复。设备修理方式一般有计划修理和故障修理两种。

（一）设备的计划修理

设备的计划修理，是指有计划地对设备进行维护、点验和修理，以保证设备经常处于良好状态的一种技术组织措施。它是我国工业企业普遍采用的一种设备修理制度。

1. 设备计划修理的类别

设备计划修理的类别，一般分为小修理、中修理和大修理三种。

1）小修理

小修理是指对设备进行的局部修理，通常只更换和修复少量的磨损零件，调整设备局部结构，以保证设备能运转到下一次计划修理。其工作量较小，可利用生产间断时间进行。

2）中修理

中修理旨在更换和修复较多的磨损零件，要校正设备的基准，恢复设备的精度、功率和生产效率，以达到规定的技术标准，并保证正常运转到下次计划修理。

3）大修理

大修理是指对设备进行的全面修理，它要把设备全部拆开，更换所有的磨损零部件，校正和调整整台设备，以全面恢复设备原有的精度、性能和生产效率，使其达到规定标准。

设备的大、中、小修理，都要有修复的标准。修理完毕后，应由设备管理部门组织修理、操作人员、技术和设备管理人员按标准进行鉴定验收，保证修理质量。

除此之外，计划修理还有预防修理和改善修理、同步修理和预知修理。

2. 编制设备修理计划的依据

编制设备修理计划的依据主要有以下三点。

（1）通过日常点检、定期点检与精度检查，发现设备技术劣化状况。精度检查是对设备的加工精度是否符合产品质量要求所进行的检查和测定，以确定机床精度的劣化情况。

（2）设备加工精度不良，尺寸、表面形状位置公差达不到技术要求。

（3）设备机能差，动作不良。

设备修理计划是企业计划的重要组成部分。在设备修理计划中，要规定企业计划期内修理设备的类别、名称、内容、时间、工时、停工天数、修理所得材料、备配件及费用等。

（二）设备的故障修理

设备的故障修理是指由于预防维修措施不善而发生突发故障后，为排除故障所进行的事后修理。它是维修工作中的重要环节。设备故障修理将产生停机时间,影响生产任务的按时完成,甚至被迫停产,打乱作业计划,推迟交货期,因此企业要千方百计避免和减少设备的故障修理。

1. 设备故障的种类

设备故障的种类包括如下两种。

1)突发故障

突发故障是指通过事先的测试或监控,无明显征兆、无发展过程的随机故障。发生故障的概率同使用的时间无关,如冷却液、润滑油突然中断,超负荷引起零件损坏等。

2)间发性故障

间发性故障是指通过事先的测试或监控能够预测到的故障。故障的发生概率与使用时间有关,使用时间越长,发生故障的概率越高,如零件的磨损、疲劳、腐蚀、老化等。

2. 设备发生故障的原因

设备发生故障,一般有以下原因:

(1)设备在设计、制造、装配中存在缺陷;
(2)设备使用的原材料不合格,在试验、化验过程中未被发现;
(3)设备在使用过程中,发生磨损、变形、疲劳、振动等;
(4)设备维修不良,超负荷使用及操作使用方法不当;
(5)设备长期失修。

3. 设备使用部门提出修理要求的情形

设备使用部门遇到以下情况时,要填写故障修理委托书,向设备维修部门提出修理要求:

(1)突然发生故障;
(2)日常点检时,发现必须由维修专业人员立即排除的故障或缺陷;
(3)定期检查发现的故障,确有必要立即修理的;
(4)由于设备原因,造成了废品。

(三)设备修理的基本方法

设备修理应广泛采用各种先进的方法,以便提高修理工作效率,保证修理质量,缩短设备修理停歇时间,降低修理成本。设备修理的方法主要有以下几种。

1. 部件修理法

部件修理法是指事先准备好质量优良的各种部件,修理时,只需将设备上已经损坏的部件拆下来,换上准备好的同类部件,然后将换下来的部件修好备用。这种方法可以缩短设备的停歇时间,提高修理质量,降低修理成本,但需储备一定数量的部件,流动资金占用较多,一般适用于同类型设备较多的情况。

2. 分部修理法

分部修理法是指按照一定顺序分别对设备各个独立部分分期进行修理。其优点是修理工作可利用节假日进行,提高设备的利用率。

3. 同步修理法

同步修理法是指将在工艺上相互紧密联系而又需要修理的数台设备,在同一时间内安排修理,实现修理同步化,以便减少分散修理的停歇时间。这种方法常用于流水线上的设备,联动机中的主、辅机以及配套设备的修理。

4. 计划评审法

计划评审法是运用网络计划技术对设备修理进行组织管理,这样可以使设备修理工作的各个环节紧密结合,交叉或平行进行修理,缩短修理时间,降低修理费用。

(四)设备维修与管理的技术经济指标

设备综合管理应取得两个成果:一是设备的技术状态最佳,二是维修与管理费用最经济。因此,应有两个方面的指标来表示两个方面的成果。

1. 设备技术状态指标

设备技术状态指标一般用设备完好率与故障率来表示。其计算公式分别如下:

$$设备完好率 = 完好设备总台数 \div 生产设备总台数 \times 100\%$$
$$设备故障率 = (停机等待时间 + 维修时间) \div 计划使用总时间 \times 100\%$$

2. 设备维修经济效果指标

设备维修经济效果可以用以下指标进行检查与考核:全年企业净产值维修费用;备件资金周转期;设备大修理计划完成率;设备大修理平均停歇天数;大修质量返修率;设备固定资产维修费用率。

2.6.4 设备的改造、评估与更新

一、设备的改造

我国的设备管理制度长期以来只考虑设备的有形磨损,严重地妨碍了设备现代化进程。如果说过去在技术进步缓慢的情况下,设备损坏是主要问题,那么,今天由于科学技术高速发展,现有设备不断完善和新设备不断出现,设备无形老化的速度越来越快,陈旧便成为设备的突出问题。因而设备管理还必须研究如何提高设备管理的经济效益,促进设备的改造与更新。

设备改造是指应用现代科学技术成就,根据生产发展的需要,改变原有设备的结构,或旧设备增添新部件、新装置,改善原有设备的技术性能和使用指标,使局部达到或全部达到现代新设备的水平。由于现有设备比新型设备的数量大得多,因此,没有任何一个国家能够按照设备改型周期把现有的全部设备全部更新。设备改造比研制新设备的周期短、费用省、见效快,对发展新产品、促进科技进步十分有利,因此,国外一些企业在开发新产品或增加现有产品生产时,总是添置一部分反映现代技术水平的设备,保留一部分可用的原有设备,改造相当数量的现有设备。对技术老化的设备进行技术改造,能够获得以下技术经济效益:

(1)设备改造针对性强,对生产的适用性好,比购置新设备投资少,经济合理;

(2) 改变企业设备拥有量的构成，不断增加自动化、高效率设备的比重，这对克服设备老化、弥补设备的先天不足，具有很大的现实意义；

(3) 由于设备技术改造多是由本企业自己设计改装制造的，有利于提高本企业科学技术水平，同时为设备修理打下基础；

(4) 对老化设备进行技术改造，不是权宜之计，而是企业设备管理的重要内容之一，也是一项对国民经济有重大意义的装备策略。

设备改造的方案必须经过初步设计和技术经济评价，与各种方案进行对比分析，选择确定最佳方案。设备改造既要考虑设备的技术性、适用性，又要考虑它的经济性。例如，如果改造一台旧设备的费用和效果不如购买新设备，那这台设备就没有改造的必要了。一般来说，最普通、最典型的设备改造，不是改造役龄最长或役龄最短的设备，而是役龄为中年的设备；不是从根本上改变原有设备的结构，而是在原有基础上改革或增加某些机构，改善设备的技术性能。

设备改造的内容很广泛，主要包括：① 提高设备的自动化程度，实现数控化、联动化；② 提高设备功率、速度、刚度，扩大、改善设备的工艺性能；③ 将通用设备改装成高效、专用设备；④ 提高设备零部件的可靠性、维修性；⑤ 实现加工对象尺寸公差的自动控制；⑥ 改装设备监测监控装置；⑦ 改进润滑、冷却系统；⑧ 改进安全、保护装置及环境保护系统；⑨ 降低设备原材料及能源消耗；⑩ 使零部件标准化、系列化、通用化，提高"三化"水平。

设备改造的实施程序与制造新设备基本相同。企业改造一条生产线，往往包括制造数台专用设备，改造数量大的老设备，采购少量新设备，充分利用原有老设备。因此，设备改造计划工作由企业生产主管部门统一负责，确定方案，并向有关单位下达改造计划和安排制造、施工任务。改造设计按计划部门提出的设计任务书进行。对于较小的单台设备改造来说，大部分是结合修理进行的，一般由修理主管部门负责。

每项设备改造工程，无论是单台进行改造的较大工程或是结合修理进行的较小工程，都必须有改造设计图纸，并将竣工图及修理技术资料整理存档。

设备改造后，对原有设备的技术管理资料要重新整理，对原有设备的专用备件要进行妥当处理。

二、设备的评估

机器设备是企业固定资产的重要组成部分，在全部资产中占有很大比重，是决定企业素质和效益的基本要素。因此，机器设备评估在整个企业资产评估中占有十分重要的地位。这里所说的机器设备，是指构成固定资产的机器、设备、仪器、仪表、工具、器具、计算机等企业设备，其评估是由专职或兼职评估人员依据国家有关法律、法规、政策和有关资料，按照一定的原则、步骤和特定的方法，以统一的货币单位，重新确定设备价格，促进资产合理流动，优化社会资源配置的一项专业性管理工作。因此，对企业设备进行评估，必须遵循公平性原则、真实性原则、科学性原则、可行性原则、专业性原则。这几项原则之间相互联系，不能片面地强调某一方面而忽视另一方面，在评估的全过程中应综合运用这些原则。

设备评估工作主要包括如下几个方面的内容。

（1）现场勘查并核实待评估机器设备的数量。

（2）了解生产工艺过程。其目的是掌握各类设备的配备情况以及对生产的保证程度，进而核实企业的综合生产能力，确定评估重点。

（3）划分机器设备的评估类别。除只对某一项或某一台机器设备进行评估外，一般说来，对企业机器设备的评估，都要视评估目的、评估报告要求以及评估对象的技术特点进行适当分类。

（4）确定评估价格标准和方法。首先应根据评估目的确定评估价格标准，其次依据评估价格标准和被评估对象的具体情况，科学地选用评估计算方法。

（5）设计和使用资产（设备）评估表格。为使评估工作规范化，提高评估工作效率，科学地反映评估结果，需设计一整套表格。机器设备的评估表格一般可分为以下几种。

① 作业分析表。它是机器设备评估的基础表，适用于对单台机器设备的评估。此表既要填列待评设备的基础资料，又要反映评估分析的方法、依据和结论。作业分析表是进行评估质量检核和评估结果确认的基本对象。

② 资产（设备）评估申报表。它由委托单位填写，要做到准确、翔实。

③ 资产（设备）评估认定表。它由评估人员根据实际情况填写，并就评估结果做出必要的说明。

（6）收集整理有关数据资料，测定各种技术参数。设备占用单位应按要求提供机器设备的一般情况资料，主要内容有：

① 机器设备的价值状况，包括原始价值、已提折旧、净值、技术改造支出等；

② 机器设备的使用情况，包括购建时间、有效使用年限、已使用年限、利用率、故障率等机器设备的技术状况，还包括主机与配套设备的规格型号、生产能力、磨损程度、完好率、成新率以及国内外科学技术发展情况和趋势等；

③ 机器设备的效益，包括工艺水平、原材料及能源消耗水平、成本水平、获利能力等；

④ 机器设备的现行价格和物价水平等。

（7）计算评估值，编制评估报表。根据确定的技术方法和经过验证的资料数据，按评估对象逐一填入评估分析作业表，计算评估值，并将评估结果根据要求分别填入机器设备评估认定明细表或分类汇总表。

三、设备的更新

设备更新是指以比较先进、经济的设备，来代替技术和经济上不宜继续使用的设备。所以在进行设备更新时，既要考虑设备的自然寿命，又要考虑设备的技术寿命和经济寿命。

（一）设备的寿命

自然寿命是设备的物质寿命（或叫使用寿命），即从设备投入生产开始到设备报废为止所经历的时间。自然寿命主要取决于设备自身的质量，以及在运行过程中的使用、维修、保管状况，其报废界限是根据最后一次大修费用是否合算的经济界限。

技术寿命是设备的有效寿命，即从设备投入生产开始到由于技术进步，出现技术更先进的同类新设备而最终被淘汰所经历的时间。随着科学技术的迅速发展，高新技术和新材料的运用，产品更新换代周期不断缩短。由此，人们对机器设备的技术寿命也越来越重视。

经济寿命是设备的使用寿命，即从设备投入生产开始到年平均使用总费用最低的使用年数。超过这个年限，设备在技术上虽然可继续使用，但年平均总费用上升，在经济上不宜继续使用。这个年限就被称为设备的经济寿命。

当设备到了自然寿命后期，依靠过多的维修费用来维持设备的自然寿命，就会造成经济上不合算，因此，综合效益低是其报废的界限。

研究设备更新问题，是为了跟随技术进步，寻求设备的合理使用年限即经济寿命，提高经济效益。

（二）计算设备经济寿命的方法

为了使设备更新在经济上合理，既要考虑设备的自然寿命，也要考虑设备的技术寿命和经济寿命。这就要运用数学方法计算设备的经济寿命，确定设备的最佳更新周期。其计算方法很多，现介绍两种常用的方法。

1. 低劣化数值法

设以 K_0 代表设备的原始价值，T 代表已使用的年限，平均分摊的设备费用为 K_0/T。随着 T 的增长，按年平均的设备费用不断减少，但设备的维护修理费用及燃料、动力消耗增加，这就叫设备的低劣化。若这种低劣化每年为 G 的数值增加，则 T 年的低劣化数值为 GT，T 年中平均低劣化数值为 $GT/2$。由此可得平均每年的设备费用总和为：

$$y = K_0/T + GT/2,$$

即可计算出设备费用的最小值。

2. 面值法

面值法是以同类型设备的统计资料为依据，不考虑利息、大修及经营上的经济效益，通过分析计算其年度使用费用以确定设备经济寿命的一种方法。它适用于军用武器装备，如飞机、大炮、坦克。这些武器装备同生产设备相比，是很难计算经济效益的，在这种情况下用面值法较合适。

第三章
卷烟工厂生产过程全要素协同管控模式设计

第一节 全要素生产率概述

2020年9月22日，习近平主席在第七十五届联合国大会一般性辩论上提出，我国二氧化碳排放力争于2030年前达到峰值，努力争取2060年前实现碳中和。这意味着我国要用不到10年的时间实现"碳达峰"，不到40年的时间实现"碳中和"，是发达国家用时的一半左右。减排的力度与速度空前，任务十分艰巨。为此，从"十四五"时期开始，一方面，各行各业要加速能源转型，即增加新能源的供给，减少化石能源生产尤其是煤炭的生产；另一方面，要通过技术进步和管理创新提高全要素生产率，从而达到节能减排的目的。

全要素生产率是扣除资本和劳动要素的贡献后，由科技进步、管理创新、规模收益等带来的产出增长率。它是衡量经济体或产业发展质量的有效指标，也是分析经济增长源泉的重要工具，可用于分析各种因素对经济增长的贡献，亦是分析行业发展状态与决策参考的工具。我国经济已由依靠增加要素投入和规模扩张的高速增长阶段转向依靠创新驱动的高质量发展阶段，创新驱动的主要标志——全要素生产率，作为投入要素之外驱动经济增长的重要引擎，越来越多地被引入新古典增长核算中，且投入要素与全要素生产率对产出增长贡献的此消彼长成为发展方式转变的主要依据。可见，通过测算某个行业的全要素生产率，能够客观描述该行业科技进步与创新、规模收益等对其产出增长的驱动或阻碍状况。

所谓生产率，度量的是单位投入所能得到的产出水平，即产出对于投入之比。对生产率的早期研究多集中于单要素生产率，即投入一单位某一类生产要素所能得到的产出水平，如劳动生产率、资本生产率、土地生产率等；而劳动生产率又是最常用的单要素生产率，用来衡量每单位劳动投入所能获得的产出。早在1949年，国际劳工局出版的《劳动生产率统计方法》就已经较为系统地对劳动生产率的测算与应用进行了论述。而后，国内外学者基于劳动生产率的测算方法，分别对不同经济体进行了较为详尽的研究。

单要素生产率具有计算简便的特点，但由于在测算过程中并没有将全部的生产要素纳入考虑范围，因此只能反映出局部的、孤立的生产效率，与实际情况相比难免会产生偏差。为更好地度量生产效率，经济学家们试图构造一个新的指标来测度所有能够观测到的要素投入组合的产出效率，"全要素生产率"（total factor productivity）这一概念应运而生。Tinbergen（1942）首次提出了较为全面的能够反映生产率的指标——全要素生产率，并在 Cobb-Douglas 生产函数的基础上引入了时间趋势项，用其来刻画生产效率随时间的变化情况，并分别比较了 1870—1914 年间德、法、美、英四个国家的投入、产出与生产率的变动趋势。Davis（1954）则进一步明确了全要素生产率的内涵，并指出其测算过程应该针对全部的要素投入而非某一种要素，包括在生产过程中使用到的劳动、资本、原材料、能源等所有生产要素。

新古典增长理论学派的代表人物 Robert Solow（1957）对全要素生产率的测算工作做出了开创性的重大贡献。他提出了一个希克斯中性和规模报酬不变的生产函数，将总产出表征为两种生产要素（资本、劳动）与"索洛余值"（Solow 用"技术进步"来对其加以描述）共同作用的结果，并在数量上建立了关于产出增长率、要素投入增长率与技术进步增长率的核算方程，从而可以计算出技术进步对于经济增长的贡献程度。根据 Solow（1957）的本意，"索洛余值"即为未被测度到的因素，其实正是广义上的全要素生产率，故 Solow 的模型巧妙地将增长核算方法与全要素生产率的测算结合在一起。而后，Jorgenson 和 Griliches（1967）、Diewert（1976）等人对 Solow 的研究框架进行了一系列的完善和补充，并形成了一套较为系统和权威的增长核算体系，该体系被 OECD（2001）充分吸收，OECD 以手册的形式对生产率测算的具体方法和细节进行了详细说明，借以规范 OECD 各成员国的生产率测算工作。

全要素生产率的差异通常被认为是不同经济体经济增长差异的一个重要原因，故除了量化测算之外，学界对于全要素生产率的研究工作还逐渐深入到影响全要素生产率的各因素层面。Kendric（1961）较早地从理论上系统剖析了影响全要素生产率变动的原因，具体包括以下六个方面：第一，研究与发展支出；第二，教育培训等无形资本的支出；第三，资源配置；第四，技术创新的扩散程度；第五，由技术进步所决定的内部规模的经济性和外部规模的经济性；第六，人力资源的质量和自然资源的丰度。Arrow（1962）则强调了物质资本对全要素生产率的作用，他认为新投资具有"干中学"和"知识溢出"两方面的效应，而这也正是全社会生产率提高的原因。Denison（1962）对 1929—1969 年美国经济增长做了细致分析，并将统称为"技术进步"的影响因素分解为知识进步、资源配置改善、规模经济、政策因素与其他不规则因素。Romer（1990）则指出，技术进步是全要素生产率提高的主要源泉，而技术进步是企业为了获得垄断利润进行的有意识的研发（R&D）活动的结果。

当前，我国经济正处于由高速增长阶段转向高质量发展阶段的关键时期，简单以 GDP 增长率论英雄的时代已渐成历史，而党的十九大报告中首次提出了提高全要素生产率的紧迫要求，即通过技术进步、资源配置优化、规模经济和管理改进等手段来提高生产效率，以更少的投入获得更多的产出，标志着国民经济发展有了新的理念和思路。

从发达国家的实践来看，全要素生产率是国民经济增长的主要推动力，而这也应该是我国未来经济发展的方向，各地方同样需要更加依靠全要素生产率的提升来推动经济增长。至于提升全要素生产率的途径，包括改善营商环境、增加研发投入、强化技术创新能力、加快市场化改革、提高教育质量等，这些也都是我们需要发力的地方。

第二节 卷烟工厂的生产过程全要素

生产过程全要素是卷烟企业围绕生产效能、质量要求和能源物料消耗三个核心经营指标所关联的生产过程及其所有可控参数和决策变量,主要指卷烟加工产品实现过程的原料调度过程、烟用添加剂调度过程、制丝资源调度过程、成品烟丝调度过程、滤棒成型调度过程、烟用材料调度过程、卷包资源调度过程等涉及的人员、设备(物流、制丝、卷包)、物料(片烟、烟用添加剂、烟用材料、加工过程物料、成品)、工艺技术标准、动力能源等。

3.2.1 生产过程全要素管控对象

企业的生产制造体系是企业竞争力载体——产品的实现过程。作为企业的一项重要的智能管理,生产过程管控处于企业职能管理的心脏地带,其由生产调度组织、工艺过程管控、质量监督检验等核心职能组成。"卷烟上水平"在生产制造体系中就体现为基础管理上水平,即基础管理的精细化、精准化和及时化。生产过程信息及时的传递和对生产运行状况实时的掌握,是生产过程管控的基础条件。生产管理的核心是生产指挥的协同调度,管控能力的提升是过程管控的目的。

生产过程全要素的管控对象范围可以从纵向和横向两个维度展开描述。

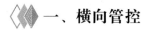

一、横向管控

生产车间的事情是横向发生的,说到底就是物的流动过程,从采购物料到物料入库,再到车间领料、生产,采购、仓库、车间是平行单位、平级部门,采购员不是仓库的领导,仓库管理员也不是车间的领导。物料是在平行部门之间流动的,事情是在平行部门之间发生的。横向管控的前提就是要在平行部门之间对权力进行横向分配,比如说采购物料,要把决策权给物控员,执行权给采购员。物控员和采购员这两个岗位是平行的,要把权力切开,各拿一半。权力被一个部门完整地拿着,容易导致不负责任,甚至滋生腐败。

烟厂生产过程中的横向管控包含卷烟工厂向上游供应商采购物料、物料入场和质检、物料存储和配送、制丝车间生产、卷包车间生产等生产全过程的管控,如图 3-1 所示。

(一)原料的供应与采购

原料保障助力制造动能,巧妇难为无米之炊。烟叶原料的精准与及时供应,是提升柔性加工能力和形成快速响应制造力的首要支撑和保障。烟草制品行业的上游是原材料供应商,烟草制品的主要原材料是烟叶、卷烟纸、滤嘴材料等,它们的任何变动都会影响到烟草的质量、成本等。其中烟叶是烟草制品质量的决定性因素,只有使用高品质的烟叶,才能生产高质量的烟草制品。

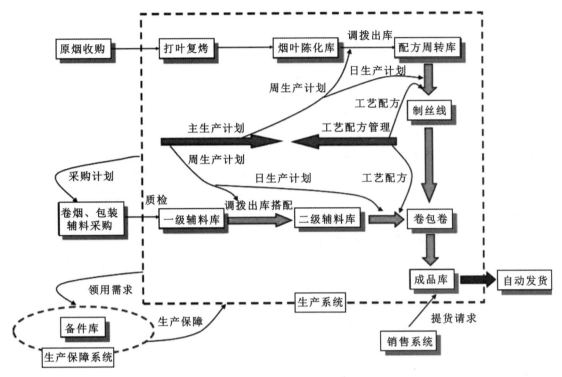

图 3-1　卷烟工厂物流过程

供应网络中的卷烟辅料供应商、卷烟机械制造商数目较少，供应相对稳定。烟叶供应商数目较大，供应受自然条件和人为条件影响较大。在我国，烟叶生产是由大量生产规模较小的烟农完成的。供应网络的集成模式可以分为"企业＋农户"模式和"农户＋市场"模式。在"企业＋农户"模式中，卷烟制造商控制供应网络，与农户签订收购合同，对烟叶的品种、数量、质量加以限制。这种模式在我国的烟叶主产区已得到应用。在"农户＋市场"模式中，农户生产的烟叶在市场上通过拍卖进行销售，卷烟制造商作为买方参与市场竞争，在国际烟草市场上主要采用这种模式。我国由于实行烟草专卖制度，各地烟草公司控制烟叶销售，"农户＋市场"模式也就演变为"农户＋烟草公司＋卷烟制造商"模式。因此，供应网络的集成本质上体现为事先控制和事后控制两种控制模式。"企业＋农户"模式属于事先控制，"农户＋市场"模式属于事后控制。两种控制模式的不同决定了集成效果的差异。

在原料采购环节，烟厂为有效降低原料采购成本，烟厂原料部会从源头上着力提升优质烟叶生产参与度。在烟叶生产的重点环节和关键时期，烟叶质检人员做好种植品种、产量、质量的摸底调查，做到心中有数，为预判烟草工商交接工作提供决策依据，同时加强质检人员的分级技能培训，有效提高烟叶原料的利用率。在物资采购环节，合理控制采购成本，优化原料存量资源；在生产环节，提高生产调度科学性，努力降低物耗能耗；在物流环节，科学规划运输路线，加大包装箱循环使用力度；在供应商管理环节，运用大数据加强供应商管理，平衡供需双方诉求。

大部分烟厂依照公司计划，由公司物资供应部组织采购后，从物流中心仓库领料。小部分烟厂有自己的烟用材料寄售管理体系，通过与供应商之间形成即时互通的供应物流模式和烟用材料寄售管理体系,打通供需双方之间的供应壁垒,实现供应链条的快速响应。不同的组织形态下,该环节的管控要素相应有所差异。

一般采购的管控流程为:接收月度排产计划(及出口烟计划)——查询仓库库存——制定原料备料调货需求计划并报公司原料部——原料部下达原料调配计划——仓库收货。

(二)原料调度过程

片烟一般按件(200kg/件)提前购买,在烟叶仓库中进行2年以上的醇化。一般原料库存充足,分平库和高架库,平库在厂区外围,高架库与生产线相连。待生产的片烟通过备料的形式根据计划从平库送到片烟高架库等待处理。生产时,烟叶从片烟高架库投料进入制丝车间。

其中,烟厂为了解决片烟高架库调度问题,依靠生产计划使得片烟高架库的库存和出入库调度与自动化制丝生产线实现无缝对接。在系统设计的时候,有学者将调度系统功能实现的目标定义如下:片烟高架库调度系统是以制丝生产服务为核心的在线物流管理系统,上连企业 ERP 系统,下连工业实时控制系统,集物流生产管理、物料管理、仓库管理及设备控制于一身,是整个系统的调度核心和信息存储处理中心。其构建在先进的工业控制网上,以集成技术为核心,实现物流指令快速、准确执行及物流信息的收集、处理、传送、存储和分析,实现对配方片烟包的准确存取和自动组批、输送的高效有序,从而在满足烟厂制丝车间多条生产线生产的同时,还通过信息接 EL 为数据中心系统提供仓储及生产领料数据。

有学者根据上述设计目标提出了设计思路,对高架库调度功能需求模型进行了分析,主要内容如下。按照 ERP 生产计划,片烟包必须提前入库,WMS 根据从 ERP 来的生产计划和入库指令进行入库。由于考虑到 ERP 系统和 WMS 接 EL 的依赖性和可能存在的问题,WMS 提供例外入库模式,即 WMS 没有从 ERP 得到片烟包出入库计划,而在 WMS 内可以手动输入片烟包信息进行出入库。入库片烟包应该符合规则尺寸,片烟包箱体上的条形码能够标识片烟等级、产地、年份、类别,WMS 系统以条形码为唯一标示字段,对片烟包出入库、存储状态进行跟踪验证。对出库系统应该按下列方式进行:

(1)片烟包选取原则:按先进先出或指定库位进行出库;
(2)出库任务之间:按批次顺序进行出库;
(3)出库任务的交替运行和同步运行;
(4)出库的取消功能和停止功能:系统可以取消未出库而在队列中等待的任务,而停止处理正在进行出库的任务;
(5)紧急补料要暂时停止所有的出入库作业,首先要完成紧急补料的出库任务。

原料调度的一般管控流程为:对库容进行合理规划决策,考虑生产需求的及时满足、供应商能力、库容空间利用等约束条件。根据生产作业计划提前配盘到高架库,根据空间约束和生产线要求,选择单一配盘和复合配盘等不同方式。

(三)烟用材料调度过程

烟厂要努力打造成生产设备数字化、生产过程透明化、生产数据可视化、生产决策智能化的智能工厂。实现全工序的排产仿真优化、协同精准的生产调度、物料平衡与过程物耗控制、预测性的设备维护、智能的在线工艺质量控制及精准的产能供能等，能够精益、敏捷、协同支撑生产。

在生产流程中，配盘后的物料直接供料，一般提前一天叫料，通过 AGV 小车运送到机台。使用物料的时候，机台自动呼叫发料；生产缺料时，由人工补料。若当天生产任务结束之后有剩余物料，则申请退料，将剩余的物料送回仓库。辅料配送过程在物流系统中有跟踪追溯，以验证牌号是否符合等。

烟用材料调度的一般管控流程为：基于满足生产调度任务的前提下，合理设计配送方式，及时保证设备可靠性，防止出货不顺畅导致阻碍生产。

（四）制丝资源调度过程

制丝生产过程是一个流程型的生产过程，主要为后续的卷包生产过程提供烟丝原料。烟丝生产是整个制丝生产中的主线，包括切片回潮、叶片加料、切丝、处理烘丝和混丝加香等五个阶段，其中每个工艺段又是由若干个小的工序或设备组成的，而在每一个工艺段内的生产是完全连续的，并不存在中间停留储存的过程，在生产调度时的生产安排可以按一个工作中心来进行。膨胀丝生产、梗丝生产可以看作烟丝生产的辅线。在连续的两个生产阶段之间，一般存在具有缓冲作用的储存设备，有的是储柜，有的是具有存储功能的喂料机，而这种设备一般为多个，并且不同的物料在不同的存储设备中按生产工艺要求具有不同的存储时间。

实际烟厂的生产车间所处的环境常常是动态、不确定的，即半成品依次进入生产线接受生产加工处理，同时又不断有加工完的产品离开。此外，在生产加工过程中，设备还可能有宕机及修复、生产到期时间等不能完全预见的因素。因此，需要结合生产计划制定较优的生产调度，对生产过程进行预测控制。

制丝资源调度的一般管控流程为：基于生产计划和卷包调度方案制定制丝调度方案，考虑设备利用率、缓存容量、烟丝时效等约束；根据工艺要求，选择投料策略等。

（五）成品烟丝调度过程

制丝线加香后形成的成品烟丝，经过自动输送系统送入储丝柜进行醇化，在满足醇化时效后通过风力送丝传送到卷包车间，进行卷接操作，最终形成成品烟支。

在生产过程中，工艺段之间的生产连接是一种柔性的连接方式。同时，对于一个工艺段内的设备可能有很多种，且设备之间存在一对多的连接关系，如一个风力送丝机可以为多种卷接机提供烟丝。在卷接包生产过程中并没有类似制丝生产线中各工艺段之间的储存设备。这是由于在实际的卷接包生产过程中并没有工艺所要求的储存时间限制，同时所使用的设备在能力上一般都是匹配的，不需要进行大量的缓冲作用。但由于设备的柔性连接及设备的多种对接关系，不同规格产品的各个设备的生产能力不同，同样增加了生产调度控制的难度。

成品烟丝调度的一般管控流程为：考虑制丝线与储丝柜、卷包机台的对应关系，以及成品烟丝的醇化时效等问题。

（六）滤棒成型调度过程

滤棒是指以过滤材料（如烟用纤维束及芯纸等）为原料，加工卷制而成的具有过滤性能并有一定长度的圆形棒。滤嘴是指滤棒分切后接装在卷烟烟支的抽吸端,对卷烟烟气中某些物质(如焦油、烟碱等)起过滤作用的圆柱体,是滤嘴卷烟的一个组成部分。卷接包生产所需要的滤棒和其他辅料的供给,通常作为辅助生产过程来进行描述。某些比较传统的生产车间只有烟盘车,成型滤棒由人工送到滤棒库。生产属于半自动化,存在信息不及时的情况。而在某些有自动高架库的自动化程度较高的车间,成型滤棒则自动输送到高架库。

滤棒成型调度的一般管控流程为:滤棒生产计划主要根据卷包主作业计划与实际库存量制定,考虑成型机的数量和每种滤棒所需生产天数,在保证卷包生产的情况下留有富余。

(七)卷包资源调度过程

卷接包生产时每种牌号的卷烟有固定对应的卷包机组,经过卷接、小盒包装、条盒包装和封装箱四个工序形成成品卷烟入库。卷包工人根据生产工单进行卷接生产,卷接机生产出来的烟支由自动化输送系统送到包装机包装成小盒和条烟。条烟从条形输送机运送到装封箱机进行封箱,最后为封箱的卷烟打上特定条码,以托盘的形式按照不同的牌号从不同的入口入库。

在卷接包生产过程中,工艺段之间的生产连接是一种柔性的连接方式。同时,对于一个工艺段内的设备可能有很多种,且设备之间存在一对多的连接关系,如多台包装机生产的同一种产品可以到一台装封箱设备。由于设备的柔性连接及设备的多种对接关系,不同规格产品的各个设备的生产能力不同,增加了生产调度控制的难度。

卷包资源调度的一般管控流程为:基于生产计划制定卷包机组调度方案,根据生产过程中的实时情况动态调整方案,考虑设备利用率、上机适应性、设备维修计划等约束。

二、纵向管控

纵向管控,是指企业高层管理人员为了有效地贯彻执行企业战略,选择适当的管理层次和正确的控制幅度,并说明连接企业各层管理人员、工作以及各项职能的关系。

卷烟工厂从中烟公司获取月度生产计划,组织生产并发布具体任务到各个部门,各部门将计划任务分解到具体作业环节或机台设备,并获取生产过程数据,反馈给调度或计划部门进行决策调整,形成闭环,如图3-2所示。

卷烟工厂的纵向管控以APS和MES为核心,基于上级系统和底层数据采集系统所提供信息,以经营目标和上级指令要求进行综合生产计划调度方案的制定,实现对生产全过程的有效管控,可以分为协同计划制定、生产调度执行和数据反馈分析三个关键管控环节。

(一)协同计划制定

生产计划的编制过程,实际上是订单与产能的平衡过程。生产计划制定过程受订货合同、工艺设计、原料准备、设备配套、人员工时和能源供应六大因素的制约,同时在生产计划制定的每个流程点都有各自的评估重点,结合六大制约因素所提到的制约点,就是每个流程点的评估重点,比如设备能力评估、劳动效率评估、订货合同评估、工艺设计评估、原料准备评估、能源供应评估、生产进度评估和实际订单评估。

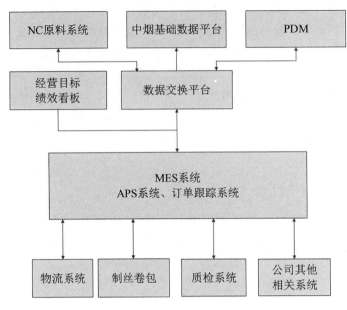

图 3-2 卷烟工厂纵向管控

烟厂在生产协同上，重点建设以生产计划为主线、贯穿生产制造全过程的业务协同机制，实现烟厂的一体化管控模式和资源配置优化；在产销协同上，重点建立快速响应市场需求变化的市场需求与生产制造协同机制，实现产销存平衡，降低存销比，提高生产效益。

烟厂通过建立各种生产模式下的卷包和制丝生产排程模型，根据生产模型和约束条件，调用高级排产算法引擎进行生产排程，实现由多重经营目标和上级指令驱动的生产计划排产，排产的结果形成其他环节生产批次及工单，为生产调度员进行制丝、卷包、滤棒等生产任务调度和片烟、辅料的周期备料提供参考依据。

（二）生产调度执行

生产调度管理是指对生产调度的计划、实施、检查、总结循环活动的管理。生产调度管理是企业生产经营管理的中心环节，生产管理部作为生产调度管理的职能部门，是公司生产的指挥中心。而狭义上的生产调度工作是指生产调度管理方面的技术性工作，其内容是指生产调度对生产经营动态的了解、掌握、预防、处理以及对关键部位的控制和部门间的协调配合。概括地说，生产调度工作是生产调度管理的具体表现，它的完成是生产调度管理在实际上完成的具体表现。

烟厂的生产调度执行主要包括制丝调度、卷包调度及片烟备料管理，并根据实际执行过程中的情况进行合理的动态调整和应对。

制丝调度主要实现烟丝、膨丝、梗丝的调度管理，将制丝作业任务分解成小批次制丝任务，连同投料任务、工艺参数一起下达至制丝集控系统和物流系统，协调各系统间的生产活动，并采集、抽取生产过程数据，形成生产统计报表。

卷包调度主要实现烟丝出库任务调度、卷包任务调度及换牌通知管理。

片烟备料任务管理主要实现备料任务单的生成、下达及备料任务执行情况监视等。

(三) 数据反馈分析

生产过程是一个动态的过程，其中任何一个环节的波动都会影响最终产品质量。因此，卷烟厂应建立严密的数据采集网络，设计严密的数据分析模型，制定严密的数据评价规则，从而推动过程管控体系严密运行。

卷烟生产全过程各个环节都会产生大量的系统实绩数据，另外从外部也会输入大量信息，这些信息可能会对管控系统产生不同范围的影响，需要管控系统进行相应的调整，使得最终的结果能够达到多目标的经营要求。同时，长期积累的过程数据及其管控决策的结果数据集可以为未来的数据驱动智能决策提供重要基础。针对具体业务流程，以数据为对象，以行为为目的，识别关键工序、关键指标，以指标体现管理内容，以权重体现管理导向。基于数据采集、统计、分析和评价规范，依据标准体系，结合工序特性，以数据为输入，建立指标、指标与指标之间、指标与标准之间的数学分析模型，通过模型中预先设计的判定条件，以图表结合的方式直观体现生产过程运行状态，将过程异常波动因素精确识别到工序、批次、指标等过程基础单元。通过对问题的整改，最终达到规范行为的目的。

1. 基础数据管理

基础数据管理主要包括片烟、烟用添加剂（香精香料）、成品烟丝、烟用材料、滤棒成型原料等库存信息，完成物料维护、物料关系维护、设备资源维护、设备关系维护、配方维护、牌号工业路线维护等主要业务。

2. 基础系统接口

基础系统接口包括接收 PDM 下发的叶组配方标准、工艺技术标准和卷烟材料标准，并进行这些标准的核对和签收，同时将叶组配方标准和工艺技术标准的内容转换并同步到 MES 系统，指导生产作业任务调度和执行，在执行过程中通过接口将标准的执行情况实时反馈给相关管理系统。

3. 生产实绩反馈分析

生产实绩反馈分析，即针对工艺质量、设备效率、物料消耗、综合指数按产品牌号、生产单元、设备类型等进行多维度的综合查询分析，以此调整相应的计划调度策略。

3.2.2 基本要素——"人机料法环"

生产管理系统可以细分为两个子系统，一个是生产系统，另一个是检验系统。每个子系统都有自己的"人机料法环"。其中，"人机料法环"是对全面质量管理理论中的五个影响产品质量的主要因素的简称。生产系统跟检验系统的输出是不一样的，生产系统的输出是产品，而检验系统的输出是检验的结果和数据以及检验报告。

本课题研究的生产过程全要素的基本要素对象是"人机料法环"，通过分析这些基本要素的所有可控变量或参数对"产、质、耗"的经营目标影响，即构建全要素生产率测评体系标准，可以以此制定多层次、多维度的管控体系。

一、人员

在上述五大要素中，人是处于中心位置和驾驶地位的，就像行驶的汽车一样，汽车的四只轮子是"机""料""法""环"四个要素，驾驶员这个"人"的要素才是主要的。没有了驾驶员，这辆车也就只能原地不动成为废物了。如果一个工厂的机器、物料、加工产品方法都很好，并且周围环境也适合生产，但没有员工，那它还是没法进行生产。

（一）卷烟工厂人员的工作范围

卷烟工厂人员的工作范围主要包括生产指令的传达、辅料的人工下单领料、设备的人工维护等，具体如下。

1. 原料调度过程

工人根据生产计划将待生产的片烟通过备料的形式从平库送到片烟高架库等待处理。生产时，烟叶从片烟高架库投料进入制丝车间。

2. 烟用添加剂调度过程

工人根据生产计划将各种单体（料基、香基）加水形成料液，或者加酒精形成香精，并提前配送至制丝线相关工位。

3. 制丝资源调度过程

工人负责监督制丝设备的正常运行，设备开工前进行全方位检查，及时处理设备运行过程中的故障。制丝各个环节的工人负责检验烟丝的生产情况是否符合工艺标准。

4. 成品烟丝调度过程

工人根据卷包生产计划和烟丝醇化时间控制成品烟丝的输送，以卷接形成成品烟支。

5. 滤棒成型调度过程

滤棒车间的工人主要负责更换滤棒成型纸。

6. 烟用材料调度过程

生产缺料时，人工补料至相关工序；若有多余物料，负责送回仓库。另外，工人还负责更换卷包过程中的水松纸、包装纸等辅助材料。

7. 卷包资源调度过程

卷包工人根据生产工单进行卷接生产，换牌操作时进行人工干预，需要获取生产过程中的外围信息（计划类信息、原辅料和库存类信息、工艺质量类信息、设备类信息）。另外，卷包工人需要修正卷包过程中不合格卷烟返工导致的生产量重复计算问题，并反馈卷包环节从下到上的生产过程信息。

（二）人员方面的管控要素

人员方面的管控要素包括如下几个方面。

1. 人员能力管理

人员能力管理包括人员职业技能水平、培训程度、职业素养等基本信息，它在一定程度上影响了生产执行效果。

2. 人员排班

人员排班的基本原则是精确控制收班时间和合理安排开班生产计划,确保生产活动的正常运行。

3. 人员的开工及完工情况

人员的开工及完工情况是生产活动运行时间的度量和人员负荷情况的评判,也是员工考核的核心。

4. 人机互动

人机互动主要是人员通过机器实时把握生产状态,记录生产信息,对出现的异常情况做出及时处理,保证履约能力。

二、机器

机器指生产中所使用的设备、工具等辅助生产用具。在生产过程中,设备是否正常运作、工具的好坏都是影响生产进度和产品质量的重要要素。机器设备的管理分三个方面,即使用、点检、保养。使用即根据机器设备的性能及操作要求来培养操作者,使其能够正确操作使用设备进行生产,这是设备管理最基础的内容;点检指使用前后根据一定标准对设备进行状态及性能的确认,及早发现设备异常,防止设备非预期的使用,这是设备管理的关键;保养指根据设备特性,按照一定时间间隔对设备进行检修、清洁、上油等,防止设备劣化,延长设备的使用寿命,这是设备管理的重要部分。

(一)卷烟工厂的设备

卷烟工厂的设备主要有制丝线体、卷包机组、封箱机、滤棒成型机、滤棒发射机等,其调度过程具体如下。

1. 原料、烟用添加剂和烟用材料调度过程

原料、烟用添加剂和烟用材料的调度过程涉及的机器主要是 AGV 等运输设备以及高架库等存储设备。

2. 制丝资源调度过程

制丝生产线有叶丝线、梗丝线、膨胀丝线,主要设备有真空回潮机、铺叶切尖解把机、筛砂润叶机、打叶风分机组、润叶机、润梗机、压梗机、切梗丝机、切叶丝机、烘丝机、梗丝风选除杂器、梗丝膨化塔、加香机、加料机、贮叶柜、贮梗柜等。除了这些主要设备外,还包括一些连接设备,如皮带输送机、振槽、提升喂料机、定量喂料机等。同时,各关键工序设置了电子皮带秤和红外水分测定仪,以均衡控制流量和及时调整物料所含水分。

3. 成品烟丝调度过程

成品烟丝涉及的工艺为烟丝醇化,主要设备为贮丝柜和风力输送机。

4. 滤棒成型调度过程

滤棒成型机将醋酸纤维切割成滤棒,并经滤棒发射机发送到卷包机组。

5. 卷包资源调度过程

卷接机将成型滤棒切割成符合规格的滤嘴,再将成品烟丝和滤嘴卷接成烟支。卷接机生产出来的烟支由自动化输送系统送到包装机,利用玻璃纸、框架纸、内衬纸等包装材料将烟支包装成小盒和条烟,条烟从条形输送机运送到封箱机进行封箱,最后为封箱的卷烟打上特定的码。

(二)机器方面的管控要素

机器方面的管控要素如下。

1. 机器生产能力

机器生产能力直接决定了产量,如根据制丝线产品工艺路线、批次产品生产周期、批次产品生产节拍、储丝柜及卷包车间风力喂丝机机器能力,合理控制同时生产牌号数量和生产投料顺序,在机器生产能力允许的范围内保障生产的正常运行;

2. 机器布局

机器布局涉及不同类别产品、生产流程的分类分区,如工厂的总体布局。机器的布局主要涉及不同牌号、不同生产流程的合理配置。

3. 机器调整

机器调整涉及换牌、换线生产时机器应该做出的变化调整。例如,小规格牌号尽量集中在特定机台生产,减少对其他机台连续生产的影响。制丝时,各机组可以通过喂丝机的切换,进行烟丝牌号转换,这样既满足了大批量生产的需要,又可以适应小批量、多规格、多牌号生产的要求。

三、物料

料是物料、半成品、配件、原料等产品用料。现在的车间生产分工细化,一般都会有多种配件或者是多个部门同时运作。每个环节的工作完成情况都会影响到上下游环节的生产运作,因此,生产过程中要协同、平衡地运作。

(一)卷烟工厂的物料

卷烟工厂的物料包括片烟、烟梗、烟用添加剂、滤棒以及其他包装材料等,具体如下:

(1) 原料调度过程:片烟(用于制作叶丝和膨胀烟丝)和烟梗(用于制作梗丝);
(2) 烟用添加剂调度过程:料基、香基和爆珠;
(3) 制丝资源调度过程:烟丝、梗丝、膨胀烟丝、香精和香料等;
(4) 成品烟丝调度过程:成品烟丝;
(5) 滤棒成型调度过程:二醋酸纤维素丝束和聚丙烯丝束,使用滤棒增塑剂和滤棒成型纸等辅料生产出成型滤棒;
(6) 烟用材料调度过程:包装材料、内衬纸、框架纸、封签纸、透明包装膜等;
(7) 卷包资源调度过程:卷烟机将烟用滤棒和烟丝卷制为成品烟支,需要使用卷烟纸、接装纸等包装材料；包装机将成品烟支包装成小盒和条盒，涉及的包装材料包括盒包装材料、条包装材料、内衬纸、框架纸、封签纸、透明包装膜、拉线等；封箱机将条烟封装为成品件烟，所需材料为烟用纸箱、胶带纸、烟用胶粘剂和烟用印刷油墨。

（二）物料方面的管控要素

实现物资的全面管理，需要准确记录物资信息，制定物资的供应采购计划、领料方式、库存管理方法、衔接方式等，保证整体运作的连续性。

1. 原辅料的供应与采购

大部分烟厂依照公司计划，由公司物资供应部组织采购后，从物流中心仓库领料。小部分烟厂与供应商之间形成即时互通的供应物流模式和烟用材料寄售管理体系。

2. 领料方式

依照公司生产计划的烟厂，辅料主要由辅料配盘区通过人工下单领料的方式，向物流中心仓库进行领料，到货后配盘入辅料高架库，车间生产机台通过领料终端，向辅料高架库进行领料。小部分烟厂通过与供应商协商确定领料方式，可以自己去供应商处领料，也可以由供应商送至烟厂。

3. 库存管理

原辅料入库前要经过检验，合格后方可入库，原辅料质检的结果数据可以作为生产效率和产品质量的重要分析因素。烟厂的相关部门制定有《物资仓储及配送管理办法》，辅料综合库依据公司下达的采购订单做好到货入库并及时报检，检验合格后贮存保管（执行公司《卷烟材辅料运输、贮存及保管技术要求》），根据辅料配送班的辅料领料单发货。

4. 烟用材料与生产的衔接

原辅料通过 AGV 小车送到机台，实现烟用材料与生产之间的衔接。

四、方法

顾名思义，法就是指法则，是生产过程中所需要遵循的规章制度，一般包括工艺指导书、标准工序指引、生产计划表、产品作业标准、检验标准、各种操作规程等。这一要素的作用就是及时准确地反映产品的生产和产品质量的要求。严格按照规程作业，是保证产品质量和生产进度的一个条件。

（一）方法方面的管控要素

卷烟厂的方法是实现全要素管控的核心，这方面的管控要素主要包括计划与库存的模型及其算法、生产与物流执行调度的规则或策略等，具体如下。

1. 原料调度过程

根据公司计划提前购买片烟，在烟叶仓库中进行 2 年以上的醇化。原料主要根据卷包生产计划，按照计划量折算烟叶需求批数进行准备。

2. 烟用添加剂调度过程

烟用材料一般是单规格、单品种采购，有单一配盘和复合配盘两种方式，根据制丝生产计划通过 AGV 小车提前运送到机台。若当天生产任务结束之后有剩余物料,则申请退料,将剩余的物料送回仓库。

3. 制丝资源调度过程

根据卷包生产计划及卷包设备运行情况(烟丝使用情况),结合烟丝结存、制丝批次生产耗时、工艺要求及储柜情况,提前一天做好烟叶投料及生产计划。

4. 成品烟丝调度过程

根据卷包生产计划和烟丝醇化时间控制成品烟丝的输送,以卷接形成成品烟支。

5. 滤棒成型调度过程

滤棒生产计划主要根据卷包主作业计划与实际库存量制定,考虑成型机的数量和每种滤棒所需生产天数,在保证卷包生产的情况下留有富余。滤棒成型的设备故障问题不突出,维护计划根据卷包的轮保计划来确定,有自主调整的空间。

6. 烟用材料调度过程

烟用材料如胶水、丝素,则由生产调度科周转仓根据生产需求进行报领管理。

7. 卷包资源调度过程

卷包排产过程中,小规格牌号要尽量集中在特定机台生产,减少对其他机台连续生产的影响。由于储丝柜、喂丝机及装箱机等上下游设备的限制,需充分考虑烟丝供应及装箱影响。

(二)信息管理方面的管控要素

信息管理方面的管控要素主要包括信息的获取、信息的集成等。信息的获取和集成主要是通过 MES 系统和手工 Excel 的方式进行。将 MES 系统和 Excel 结合起来,可以实现生产计划的接受制定、生产过程的管理控制、卷包制丝过程的数据获取与传递,结合其他系统可以完成信息的集成。

生产过程的全要素管控,可以帮助企业更好地获取、集成信息,增强信息的可读性,实现生产过程的透明化、可视化,进而实现生产过程的全面管控。对于生产计划,需要考虑计划响应、当前排产情况、设备生产能力、设备布局、设备调整、人员排班、物流供应能力以及市场需求优先度等。对于生产调度,需要考虑计划编排、排产情况、设备生产能力、设备布局、设备调整、人员排班以及市场需求优先度等。生产进度信息由车间根据每班生产情况进行统计,次日上午汇总上报。

五、环境

环境有三种含义。第一种指工作场所环境,即各种产品、原材料的摆放,工具、设备的布置和个人 5S 标准。第二种是对危险品的控制,一是化学物品的堆放,诸如酒精之类;二是生产过程中产品对六种化学物质(分别是铅、汞、镉六价铬、多溴联苯、多溴二苯醚)的控制。第三种指生产环境,即具体生产过程中根据生产条件对温度、湿度、无尘度等要求的控制。

卷烟生产过程的管控决策结果将对环境要素产生影响，包括如下几个方面：
(1) 资源消耗：电能、水、汽、燃油等；
(2) 污染物排放：废水、废弃电池、粉尘和废油布等；
(3) 泄露问题：氟制冷剂、氟利昂和废放射源等；
(4) 安全隐患：火灾等。

因此，需要对环境要素指标数据进行跟踪监测，并根据生产过程数据和管控决策信息分析管控方法对环境的影响情况，从而进一步调整管控决策方法要素。

第三节　全要素协同管控理论介绍及国内外研究进展

伴随着进入工业 4.0 时代，智能制造呈现出更多样的演化形式，制造业的信息化、数字化、透明化成为企业关注的重点，打造数字化的"透明工厂"成了越来越多的企业适应发展潮流的必然选择。"透明工厂"是指生产系统的数据透明可视，各生产节点和生产过程都完全透明、可被了解，实现"生产原料和设备都可以追溯""工艺流程和产品流向都可以查询"等功能。它是一种基于物联网、5G、大数据等新技术的生产管理手段，是未来实现智能制造的重要基础之一，帮助工厂实现从订单到排产、生产工艺、工序流转、过程管理、物料管理、质量检查、订单发货和数据统计分析的全流程信息化管控，通过工厂信息化、可视化提升生产管理水平，降低成本、增加效益，大幅增强中小制造企业的市场竞争力。数据透明具体是指全面采集、处理、分析制造业企业各个层级、各个环节产生的数据，实现工厂生产制造各个环节的透明化，其中包含生产现场管理、设备管理、生产计划管理、质量管理等内容和过程的透明化。

3.3.1　打造数字化的"透明工厂"

一、生产现场管理透明

在生产中，企业可通过与 ERP 系统对接的 MES 系统实现生产现场透明管理、数据无缝透明对接，实现生产、业务一体化精益管理，进一步规范车间生产现场秩序，促进生产质量提升；通过现场数据的透明化，以问题为导向，夯实责任，强化车间生产现场管理；通过对烟草生产车间现场数据的收集、分析，形成一个完整的报告，用于指导和优化烟草生产活动，从而准确地掌握生产过程；针对现场不合格的现象，通过照片拍摄与文字描述的形式进行记录，并制定切实可行的整改措施，以确保生产现场全天整洁有序。同时，现场透明管理确保现场管理责任全覆盖、无死角、无盲区，能够强化现场管理的要求和考核标准，帮助管理层充分了解每日生产情况，实现数据可分析、生产可追溯，对现场各类问题及时给出有针对性的解决方案，以实现强化车间现场管理的目标。

二、设备管理透明

设备管理的数据透明可以帮助车间管理人员及时捕捉设备异常并做出有效反馈，大大提高设备的利用效率和使用寿命，车间设备人员可借大数据分析甄别提升效率的关键环节。用可视化管理方式实时监测，便于工作人员监控设备内部的运营情况，更加方便操作人员在不停机的前提下做出设备的运行调整，一方面为设备的操作人员提供便利，另一方面也减少了由于设备损坏故障而影响生产的现象。当设备出现异常时，负责该设备的调试人员能够通过数据分析、判断，确定设备故障的位置，从而避免了因设备故障不明而造成过长的调试、观察的时间，有效提高了设备故障维修处理的效率。另外，设备管理透明化克服了图文标志无法触及的目视化死角，也在一定程度上提高了设备运行中的管控能力和效果。

三、生产计划管理透明

在生产工艺路线长、产品配件多的企业里，生产过程的不稳定尤其明显。在一些传统企业，自动化程度不高，工艺路线长，各个工序都有可能出现设备、品质、材料、人员的异常等。APS（高级排程系统）能够帮助企业科学高效调配人力、设备生产，并利用大数据分析每条生产线的生产特征。根据各作业区制丝线生产作业计划情况，通过动态反馈，调整卷包机台生产作业控制情况；同时根据卷包机台生产作业控制和制丝线生产作业控制情况，通过订单动态调整环节，调整卷包机台生产作业计划，为车间管理层做好后续制造订单或卷包月度生产计划提供了数据决策基础。在生产计划的透明管理中，作业进程实时透明，在生产异常时及时报警提醒，从而保障生产顺畅，不会由于人员或设备的故障而停线。条码化过程管理，快速录入各环节数据，无须手写报表，大幅减少非增值时间，提高工厂的生产效率。各环节数据实时准确，支持生产现场数据可视化管理。多维度工时效率、异常工时统计分析，可以更好地满足订单交期和质量，提升公司形象。从物料准备到工序作业进程实时透明，生产数据及时准确，生产异常时及时报警，更有订单漏排、交期临近提醒，通过对生产计划的管理实施透明化，可以大幅降低交付风险。

四、质量管理透明

质量管理不是单个质量部门的事情，而是贯穿企业全流程、需要全员参与的工作。现代质量管理观强调在管理实践中基于事实的决策，而事实来源于精确的信息和数据。因此，数字化、信息化一直是质量管理的基础性工作。多维度质量可追溯，在工厂、仓库等场所设置烟草质量自动控制网络，将形成较强的自动化控制网络，提高透明度，实时掌握烟草配制、生产、物流的质量信息。进料、在制、成品、发货层层质检把控，生产过程数据安全保存，确保质量可追溯，而多维度质量统计分析将助力工厂质量稳定提高。数字化转型有利于质量管理价值的显性化，数字化技术可以倒逼企业质量管理透明化，从而促使企业更重视质量管理，将其视作生产经营的"指挥棒"，帮助烟厂提升产品质量，减少质检部跨部门反复沟通，提高客户满意度和产品市场占有率。对企业内部而言，让企业能更方便、更便宜地获取生产过程中的真实数据，帮助企业清晰地划分流程各环节责任，及时调整生产，提前预防质量问题发生，提升产品质量。数字化技术应用在供应链的质量管理上，可降低违约等道德风险，协同提升产品质量。而龙头企业在供应链的质量管理上具有更重要的责任，其开展数字化转型将带动供应商实现转型。

五、数据分析与报表可视化

企业数字化的关键是数据的获取、采集、存储和分析等过程。数据分析能帮助企业更直观、科学地分析现有流程数据，编定更科学的业务流程，做出更有利于经营的决策。BI分析平台能进行深度分析，提高数据抓取广度，夯实透明工厂的数字化基础。数据分析从卷烟制造的全局运营管控、大数据分析、决策看板、风险预警等方面，通过数据化引擎提升业务网络的透明度，通过对透明化的数据进行分析，从而实现工厂内部生产资源配置的优化，最终借助于可视化引擎实现企业生产对安全性、时效性和协同性的需求。

透明工厂的前端是以可视化管控平台来进行展现的，如图 3-3 所示。该平台集成 MES、ERP、数据采集等系统，根据生产系统在运行中的实时状态，通过合理的数据交互进行传递与解析，实现车间不同层次实时数据的呈现和数据驱动模型的变化。通过对生产现场各类设备实时数据的采集，实时将现场设备状态、加工情况、运行信息等传递到虚拟环境，通过数字漫游技术手段实现在可视化管控平台中查看现场实际运行状态，达到对生产现场的监控与指挥作用，发现问题后及时采取措施，辅助领导层提供决策手段。在可视化管控平台中，以透明可视报告展示生产实况、设备状态、质量数据和生产实时绩效；通过二维平面及三维设备，实现同步监测与异常警示。多维度报表数据展现工厂运营成效，避免现场"跑冒滴漏"现象，深入挖掘改善数据状况，支持管理者持续降本增效。

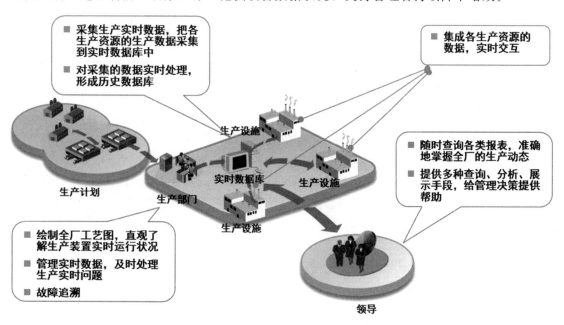

图 3-3　卷烟工厂可视化业务场景示意图

通过可视化平台对 MES、PDM、ERP 等系统的数据进行可视化集成显示，系统的生产数据、现场实时数据和分析数据为中控室显示提供数据来源，为各个业务系统的交互提供技术支持。其中，来自 MES 的数据包括生产计划数据、生产执行进度数据等，来自数据采集系统的数据包括设备实时状态和异常信息等数据，来自 ERP 的数据包括主计划及其完成进度、仓库物料等数据，来自 PDM 的数据包括 BOM、工艺文档等数据。

基于卷烟工厂当前的底层数据采集方式和 MES、ERP、PDM 等业务应用系统集成模式，可视化平台支持各类业务数据的集中展示；通过三维可视化，可对车间数据进行分层查询及显示；通过可视化生产管控平台，可集中显示系统效能数据、各类异常信息（订单延迟信息、设备故障及质量问题等）；通过设备负荷率和在制品库存堆积等数据，能够快速定位瓶颈，有利于车间人员从全局出发进行高效的决策方案制定，从而实现生产现场的综合管控。可视化管控与透明工厂如图 3-4 所示。

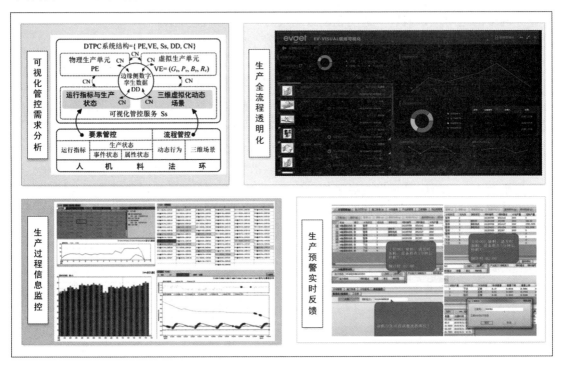

图 3-4　可视化管控与透明工厂

建设可视化管控平台，可以实现以下目标。

第一，在生产自动化和智能化体系的建设成果基础上，实现对卷烟工厂主要制造及运作流程的实时在线监测，打造"全天候、全方位、全流程"综合生产管理监测平台，实现对卷烟工厂运行过程的监控、指导、服务，促进生产质量提升，强化车间的生产现场管理。随着信息技术的不断进步以及监测实践的深入，精密点检中使用振动、热红外成像、超声波等检测手段，如在线诊断技术、实时监控技术、移动 APP 等，提高了监测的有效性、便捷性、经济性。

第二，打破系统间的信息壁垒，实现信息资源共享，管理流程优化，增强跨部门、跨工艺的生产协同能力，全面提升卷烟工厂生产管理水平。全面掌控生产设备运行状况，及时发现卷烟工厂生产活动中存在的异动和问题，协调相关部门及时快速反应，对卷烟工厂生产中存在的风险进行监测、预警，保证工厂全部资源和生产行为在控、能控，并在此环境下保证工厂内部生产的正常运行，防止出现由于厂内资源如设备、人员的故障和失误带来的不必要的时间浪费和停线的风险。

第三，充分发挥生产系统信息化的优势，实时汇总分析各类生产信息数据，结合管理数据实现多维分析，为卷烟工厂生产决策提供有力支撑，为提高管理效率和经济效益提供保证。根据现场生产批次统一管理订单，并结合订单交期、设备能力、人员情况、物料清单和生产日历进行作业单元的排产，实现工序作业计划管理和关键状态的信息查询。通过透明化生产计划管控模式，有效提高设备产能和企业计划的可执行性。

第四，利用现代信息技术，对卷烟工厂整体生产运营状况和经营成果进行综合展示，通过工厂信息化、可视化和生产管理水平提升，降低成本、增加效益，展现卷烟工厂生产力水平和管理能力，体现了工厂的综合实力，将大幅提升企业在市场中的竞争力。对于烟草行业而言，要想提高发展质量并解决发展中存在的问题，就要学会积极运用信息技术，在具体的管理过程中实现信息技术的全覆盖，做到科学化生产、信息化管理，不断提高烟草行业的发展质量，使烟草行业能够实现信息技术的全面应用。在这样一个竞争背景下，引进先进的技术设备，实行自动化的控制管理已是发展的必然要求，如 MES 系统的应用对烟草行业的生产制造信息化有着重要的影响。

3.3.2 生产要素数据规范和采集标准

生产管理透明化以及可视化管控平台的建立依赖对生产过程数据的准确及时获取，卷烟工厂生产数据具有规模海量、多源异构、多时空尺度、多维度等大数据特征。如 MES 系统要满足在系统内的业务功能，需要从信息可视化系统中采集大量准确、细致的生产实时数据，且必须保证数据采集的高稳定性，才能为后续生产环节的顺利进行提供保障，这对生产要素数据的规范性和采集标准都提出了较高的要求。通过制造大数据，建立车间生产过程和运行决策间的关系，能对车间运行状态进行统计和分析，有助于提升车间生产效率和产品质量，降低车间能耗，保障车间设备性能，解决生产计划的适应性以及生产过程的信息流动，提高生产计划的实时性和灵活性。相对来说，卷烟工厂的自动化程度较高，信息化水平普遍较好，并且随着物联网、大数据等新技术的广泛应用，通过采集生产过程的数据并进行数据分析，实现从数据到信息的有效转换，生产要素数据的抓取以及企业对生产过程的实时感知和控制能力获得了进一步的提升。但生产管理人员在获得关于生产过程、设备状态、质量状况、能源供应、人员出勤等方面的海量数据后，依然面临着如何筛选数据、规范数据、集成融合数据并且快速准确地下达生产指令的问题。这类问题源于生产现场设备数量大、人员数量多以及数据接口种类多，给数据采集带来的困难仍待进一步解决。数据采集管理是烟草工业数据资源管理的基础，借助烟草工业互联网构建行业统一的数据采集平台，研制行业统一的数据采集标准，提高采集软件的复用率，规范统一源数据标识，形成清洁有效的数据池，是做好数据采集管理的有效途径。在现代卷烟企业的实际应用中，大数据处理技术是实现大数据存储、分析和应用，提高数据处理能力的方法之一。将卷烟生产环节采集的关键数据进行结构化处理，并通过烟草工业互联网平台与 MES、ERP 等业务系统对接，实现业务数据的汇集。基于对行业海量工控数据和业务数据的积累和分析，实现针对生产线的精益化管理，将进一步降本增效。

目前，卷烟工厂主要基于车间生产过程感知数据，实现了车间信息层面的数据集成融合，但没实现虚实交互环境下车间全业务/全要素/全流程数据的集成与融合。如制造某一规格的卷烟，既需要考虑烟丝配方、滤棒长度、滤棒直径、包装纸设计等数据，又需要考虑加工温度等物理车间实时加工数据，同时还需要考虑加工质量、周期、车间排产任务等订单数据。采集海量的要素数据后，其处理难度大大增加，决策变得更加复杂。这样的决策难题目前主要还是依靠车间及工厂生产管理人员个人的经验和离线的手工计算解决，这种方式效率低下，阻碍了卷烟工厂甚至整个卷烟供应链生产效益的进一步提升。因此，生产要素数据采集可采取"全要素/全流程/全业务物理—信息数据融合"这一方式，建立生产管理透明化的工厂。

数据融合指在实现车间物理融合与模型融合的基础上，基于车间运行一致性原理，对物理车间现场实时数据、虚拟车间模型数据、仿真数据、车间服务系统数据等覆盖全要素、全流程、全业务的相关数据，进行生成、建模、清洗、关联、聚类、挖掘、迭代、演化、融合等操作，真实地刻画和反映车间运行状态、要素行为等各类动态演化过程、演化规律、统计学特性等。通过对 ERP、MES 等信息系统的深度集成应用，卷烟企业构建了生产制造、运营管控等核心业务的信息化支撑平台，形成信息共享、业务集成、并行协同的局面，实现业务之间的系统和集成，可以有力地促进卷烟厂实现从制造到"智"造的转型。

3.3.3　生产流程数字孪生仿真

透明工厂呈现的企业实际发生的信息，同时能够在一定程度上预测决策所带来的结果，但在复杂的全要素管控过程中，各个层级和环节存在的多种可选决策方案对于最终的经营指标会有哪些影响，是难以在实际生产系统上进行试错验证的，因此需要借助仿真工具来解决这一问题。生产流程数字孪生仿真就是在生产过程全要素数据获得的基础上，通过超实时模拟技术展现烟草工厂生产过程的制造、物流、质量控制和检测等各个阶段不同层级管控决策的结果，从而辅助支持对于工厂车间生产线单元的规划、计划、调度决策，实现产品及其工艺设计向实际制造过程转化前的全面综合验证，降低系统推演决策到生产实现之间的不确定性。随着信息技术与人工智能的发展，建立虚实结合、协同优化运行的制造业数字孪生生产线所需技术逐渐成熟，其在制造业的应用价值与潜力日益凸显。用数字孪生技术有利于解决制造业流程制造系统建模与高效协同优化的瓶颈问题。在数字空间中，将车间工艺布局、物流配送过程、生产制造过程予以检验，有利于提高管控决策的成功率和可靠性，保障车间运行效率和生产管理水平。

自主开发设备数字孪生体，集成现有各系统，建设智能化设备管理体系是现有烟草企业升级管理的重要思路。数字孪生体，简单来说，就是一个能够实时镜像反映现实生产环境的数字化设备模型。将现实数据映射到这个数字模型上，设备相关人员在数字世界里的设备上进行操作，便可直接开展现实设备的运维管理。构建数据孪生体是生产流程数字孪生仿真的重要组成部分。第一步，对生产过程中的基础数据进行收集、整理和加工。业务数据方面，烟草企业需要所有工序段关键设备 BOM 结构（细化到零件），完善标准任务清单库；人员数据方面，需要建立从操作工到厂长（经理）的人员 BOM 清单，并且对所有数据实行动态管理。第二步，构建数字孪生体。从卷包工序段着手，对设备进行数字建模，将数字化设备按照实际情况布局，搭建起与现实世界一致的数字化卷烟工厂。同时，把数据信息加载到设备三维模型上，构建出动态反映设备生产状态的数字孪生体，实时仿真设备运行状态。第三步，构建完数字孪生体之后，搭建模型平台，与 MES 集成。通过模型平台，集成设备数字孪生体，建立包含一维到三维视图信息的基于数字孪生体的设备智能化管理体系。通过对生产流程进行数字孪生的仿真，可以进一步验证生产车间运行的效率和改善生产关系的效果。

推进工业企业生产过程的数字仿真,要实现工业企业数据采集和数据建模,基于工业互联网平台,在虚拟空间构造卷烟工厂数字孪生体,将物理空间的人、机、料、法、环等控制参数、运行数据、质量数据、物耗数据、能耗数据等融入虚拟空间,建立虚拟模型。基于虚拟模型实现卷烟制造过程的生产前模拟仿真、生产中实时仿真、生产后回溯仿真、设备运行生命周期仿真和产品制造生命周期仿真等,使各生产要素在虚拟空间和物理空间之间相互映射、实时交互、高效协同,形成单元级、车间级、工厂级的CPS(信息物理系统)架构。从全要素、全流程、全业务角度,对生产全过程在线诊断,加强工业大数据分析应用,推动全面感知、物物互联、预测预警、在线优化和精准执行。

数字孪生仿真整体架构如图3-5所示。

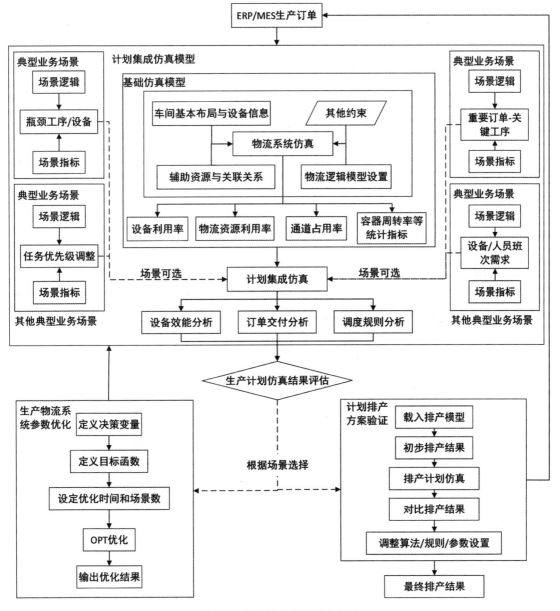

图3-5 数字孪生仿真整体架构

第四节　卷烟工厂全要素协同生产管控框架设计

在卷烟生产过程全要素的数据掌控基础之上，可以构建基于数据驱动的卷烟生产管理框架模型，将数据作为新的生产要素，紧密结合 CPS、物联网、大数据等应用技术的发展，将其深度融入并驱动卷烟企业的生产管控过程，实现循环自适应迭代，从而使企业的生产管理进入数据驱动的自动巡航状态，以持续推进企业实现协同智能管控。

企业的研发、计划、组织、生产、协调、销售、服务和创新等运营全业务链均使用数字化决策，并能反馈至企业战略的决策和规划，使企业最终通过数据驱动实现整体的决策智能，从而引领企业乃至行业的变革。但单纯的数据驱动不能代替生产管理领域知识的作用，在卷烟生产过程全要素协同生产管理框架中，对各个生产环节的整体协调控制机制依然是由以约束理论为基础的领域知识构建而成，数据驱动作为配合并结合卷烟生产的具体流程，进而实现数据驱动的生产运作智能决策，更加细化精准地达到对局部和实时的管控决策要求。

3.4.1　理论基础及技术原理

一、基于约束理论的协同计划

（一）约束理论概述

约束理论（Theory of Constraints，TOC）是企业识别并消除在实现目标过程中存在的制约因素（即约束）的管理理念和原则，TOC 技术与方法在企业及车间级计划层面的企业生产计划与控制体系中得到了广泛的应用。TOC 理论是从企业中最薄弱的瓶颈环节出发，强调在瓶颈上获取最大收益。该理论认为，约束是制约企业活动过程顺利开展的各种限制因素，也就是瓶颈，这样的约束存在于任何系统中。在一条业务链中，瓶颈节点的节拍决定了整条生产链的节拍，即任何一个多阶段的生产系统，如果其中一个阶段或环节的产出取决于前面一个或几个阶段的产出，那么产出率最低的阶段决定着整个生产系统的生产能力。约束理论中的"约束"，指的就是阻碍企业有效扩大产出能力、降低库存和运行成本的环节。在生产制造系统中，瓶颈通常指的就是生产节拍最慢的环节，或是整个系统里需要精细地控制其调度序列的环节，是决定整个生产制造系统产出的关键因素。约束理论的目的是想找出各种条件下生产的内在规律，寻求一种分析经营生产问题的科学逻辑思维方式和解决问题的有效方法。可用一句话来表达 TOC，即找出妨碍实现系统目标的约束条件，并对它进行消除的系统改善方法。TOC 理论专注于关键制约环节的发现与改善，从系统最薄弱的环节下手，提高系统整体产出。TOC 强调，必须把企业看成是一个系统，从整体效益出发来考虑和处理问题。TOC 的基本要点有如下三个方面。

第一，企业是一个系统，其目标应当十分明确，那就是在当前和今后为企业获得更多的利润。

第二，一切妨碍企业实现整体目标的因素都是约束。按照意大利经济学家帕拉图对约束理论的解释，对系统有重大影响的往往是少数几个约束，为数不多，但至少有一个。约束有各种类型，不仅有物质型的，如市场、物料、能力、资金等，还有非物质型的，如后勤及质量保证体系、企业文化和管理体制、规章制度、员工行为规范和工作态度等。以上这些因素，也可称为策略性约束。

第三，为了衡量实现目标的业绩和效果，TOC打破传统的会计成本概念，提出了三项主要衡量指标，即有效产出、库存和运行费用。TOC理论认为，只能从企业的整体来评价改进的效果，而不能只看局部。库存投资和运行费用虽然可以降低，但是不能降到零以下，只有有效产出才有可能不断增长。

TOC理论大量应用于许多APS产品中进行的具体生产计划排产，对关键工序同步化所有资源和物料，生成基于瓶颈工序的计划，达到快速的、平稳的生产物流。在不确定环境下，尤其是在当前国内制造业多品种、小批量的生产模式下，基于TOC理论的APS计划往往要优于常见的MRPII计划和JIT计划。应用TOC获得成功的企业很多，如美国得克萨斯食品公司深感缩短提前期在竞争上的必要性，从1992年就开始进行了TOC改善活动。它先以福特公司的电子事业部为样板引进了TOC，结果省去了为增产所需的数亿美元的投资。半导体乌耶哈工厂也引进了TOC，提前期在1年半内减少了75%，生产能力在同样的设备条件下提高了25%。

（二）DBR系统

DBR系统是TOC的核心，DBR由鼓（Drum）、缓冲（Buffer）及绳（Rope）三个部分组成。TOC把主生产计划（MPS）比喻成"鼓"，根据捆瓶颈资源和能力约束资源（Capacity-Constrained Resources，CCR）的可用能力来确定企业的最大物流量，作为约束全局的鼓点，鼓点相当于指挥生产的节拍；在所有瓶颈和总装工序前要保留物料储备缓冲，以保证充分利用瓶颈资源，实现最大的有效产出。必须按照瓶颈工序的物流量来控制瓶颈工序前道工序的物料投放量。换句话说，头道工序和其他需要控制的工作中心如同用一根传递信息的绳子牵住的队伍，按同一节拍，控制在制品流量，以保持在均衡的物料流动条件下进行生产。瓶颈工序前的非制约工序可以用倒排计划，瓶颈工序用顺排计划，后续工序按瓶颈工序的节拍组织生产。图3-6说明了这三个部分是如何分工协作的。

1. 鼓

鼓用于计划系统约束资源的使用，生产节拍要和约束资源的能力相匹配。在实际上，鼓可以是主生产计划（MPS），也可以是针对CCR的详细的有限能力计划。瓶颈的产出速度决定整个系统的生产节奏，在安排生产计划时，首先把优先级计划安排在瓶颈资源上，鼓反映了系统对瓶颈资源的利用，目标是有效产出最大。

2. 缓冲

物料从投料到达CCR或市场（无CCR的情况）的时间，是为保护瓶颈资源而设定的时间缓冲。瓶颈是系统里最弱的环节，限制了整体的产出，因此要尽可能地利用瓶颈的产能。为了防止瓶颈出现饥饿的情况，需在瓶颈前设置缓冲来吸收各种异常对交期的影响。除了在瓶颈前设置缓冲外，也会在交期前、装配前分别设置缓冲。

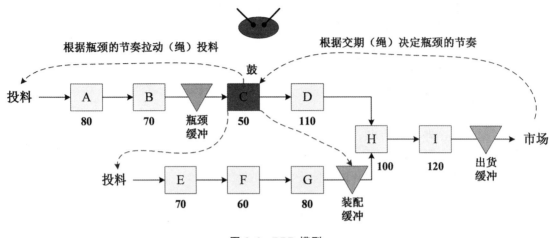

图 3-6　DBR 模型

3. 绳

绳是根据鼓制定的投料计划，作为控制投料的工具。绳的长度等于缓冲的大小，根据交期以绳拉动瓶颈确定生产节奏，接着拉动关键鼓链和非鼓链的投料以释放原料进入生产流程。绳子同时也是交期、瓶颈和上游物料投放之间的沟通反馈机制，控制物料进入生产线，避免在制品（WIP）的堆积。

DBR 系统实施计划与控制的主要逻辑如下：

(1) 首先是识别瓶颈，找出瓶颈资源；

(2) 设置缓冲以对瓶颈进行有效保护；

(3) 按照排序规则排定瓶颈资源的生产计划；

(4) 以瓶颈为中心，向前拉动瓶颈前工序生产节奏，向后推动瓶颈后工序生产节奏；

(5) 根据生产过程中的实际情况实时调整缓冲量的大小。

（三）约束理论的意义

约束理论独特的管理思想和方法在企业生产管理中的应用，能迅速提高生产管理的有效性，也能给企业带来一些独特的优势，主要有如下几个方面。

第一，反应能力增强，应变力变快。约束理论的 DBR 思想帮助企业领导抓住主要流程或环节进行管理，使其从一大堆烦琐的管理工作中解脱出来，能更好地进行宏观调控，增强企业的市场反应能力。有效的约束管理从职能导向转移到以鼓点为导向，通过约束理论独特的管理思想和方法在生产管理中及时、准确的应用，能迅速提高生产计划管理的有效性，实现瓶颈优化或转移，能以最快的速度满足市场需求。

第二，工作有序化和透明化。约束理论关注企业各活动环节的具体运作情况及其内在联系，并在必要时建立起新的关系网络，这有利于各部门环节的有序和透明化。

第三，企业管理通过 DBR 管理方法在生产管理中的有效应用，实现企业的高效运作。企业以鼓点为重点，不断地发现、分析和解决问题，能逐步实现企业的有序管理。

基于 TOC 理论的协同计划系统对复杂制造系统进行灵活建模，能够跨越工厂、车间及生产制造单元等不同层次，贯穿供应管理、订单计划管理和现场运作管理等不同的阶段,可支持多约束、多目标的系统运作控制。因此,基于这种管理理论建立的计划决策系统能够针对具体生产环境中问题的复杂性、动态性、多目标的特点,"抓大放小"地选择适合的抽象、简化方式构建模型,并选择合适的算法进行求解,实现生产系统在整体上的粗粒度优化。

二、数据驱动的生产运作智能决策

制造型企业要满足用户的需求,就必须实现数据驱动的智能制造,从用户下单到生产,再到物流配送,整个智能制造过程只有通过数据联动起来,才能做到无缝衔接。智能工厂的核心就是数据联动,数据中心是支配整个智能制造过程的"大脑",可以令资源配置更加合理,流程更加标准、省时、高效。基于数据驱动的智能制造,可帮助企业实现智能感知,准确获取企业、车间、设备、系统的实时状态,可对获取的数据进行快速准确的加工、识别和处理,可根据数据分析的结果按照设定的规则自动进行判断和选择,可对设备状态、车间及生产线计划做出调整。

随着数据科学范式的发展,大数据驱动的智能制造理论方法体系进一步完善,按照数据科学的方法论体系,可分为数据融合处理、关联分析、性能预测与优化决策四个部分。

(一)数据融合处理

数据的割裂性导致企业对用户的认识比较片面,可能做出错误的决策。数据融合是大数据的价值所在,应大力推动大数据与产业融合,面向工业、交通、物流、商贸、金融、电信、能源等数据量大的行业领域,开展数据开发和交易,充分挖掘大数据的商业价值,促进产业提质增效升级。数据融合的另一个价值就是新规律、新价值的发现,不同行业数据的融合具有互补性和完整性,将有效提升数据内涵价值。首先通过制造大数据融合处理方法对制造系统运行过程中产生的海量、高维、多源异构、多尺度和高噪声制造数据进行多级过滤、清洗去噪、建模集成与多尺度分类等操作,为制造系统的关联、运行分析与决策提供可靠、可复用的数据资源。数据融合的方式从交互程度来讲,可分为数据组合、数据整合和数据聚合三个层次,由低到高,逐步实现数据之间的深度交互。同样,数据融合并不是一件容易的事情,需要解决数据壁垒、数据标准、数据安全等问题。

(二)关联分析

在数据融合的基础上,针对产品、工艺、设备、系统运行等制造数据相互影响呈现出复杂的耦合特性,通过制造大数据关联关系度量方法对工艺参数、装备状态参数等制造数据进行关联分析,并利用复杂网络等理论度量制造数据之间的关联程度和相关系数,挖掘影响车间性能指标的相关参数。关联分析,就是从大规模数据中发现对象之间隐含关系与规律的过程,也称为关联规则学习。根据数据类型和分析等级,可以将关联性分析技术分成两类:相关性分析和回归分析。每一类技术根据数据特点和研究目标的不同,可以有多种不同的分析方法。

（三）性能预测

在获取车间性能指标影响因素后，通过智能车间性能预测方法分析车间制造系统内部结构的动态特性与运行机制，从海量制造过程数据中学习与挖掘车间运行参数与车间性能的演化规律，实现车间性能的精确预测。

（四）优化决策

在对车间运行情况进行分析预测后，将车间性能的预测值与目标决策值进行实时比对，通过智能车间运行决策方法，对广泛存在的动态扰动条件下的关键制造数据进行定量调整，实现车间性能动态优化与决策，使制造系统始终保持最优稳定运行。

3.4.2 卷烟工厂全要素协同生产管控框架

为了更好地实现卷烟工厂智能协同制造各个环节的数据集成和流程贯通，通过自下而上地分析制造生产组织，可以提出基于层次化的卷烟协同生产管理框架，分别构建过程数据管理、实时决策、协同计划三个子层次，三个子层次内部横向集成，层间纵向贯通，从而形成卷烟工厂灵活组织和快速响应的协同生产管理框架，如图3-7所示。

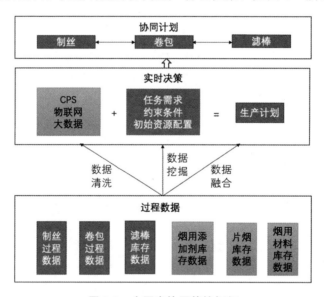

图 3-7 全要素协同管控框架

一、过程数据管理

卷烟生产数据管理覆盖全要素、全流程、全业务的相关数据，进行生成、建模、清洗、关联、聚类、挖掘、迭代、演化、融合等操作，真实地刻画和反映了车间运行状态、要素行为等各类动态演化过程、演化规律、统计学特性等，涉及数据清洗、数据挖掘、数据融合等一系列理论和技术。

(一) 数据清洗

数据清洗是指发现并纠正数据文件中可识别的错误的最后一道程序，包括检查数据一致性，处理无效值和缺失值等。与问卷审核不同，录入后的数据清理一般是由计算机而不是人工完成。对数据进行重新审查和校验的过程，目的在于删除重复信息、纠正存在的错误，并提供数据一致性。海量数据从生成原始数据源到产生价值，其间会经过存储、清洗、挖掘、分析等多个环节。采集原始数据后，将这些数据导入到一个集中的大型分布式数据库或者分布式存储集群当中，同时，在导入的基础上完成数据清洗和预处理工作。不符合要求的数据主要有不完整的数据、错误的数据、重复的数据三大类。

数据生成—建模—清洗理论技术包括多学科、多物理量、多尺度信息融合的车间孪生数据实时生成机制及产生机理，多源、多维、异构、多模态复杂数据分类与建模，非完备信息系统的空值属性估算与特征约简技术，海量多源数据清洗技术，数据级同质多源数据准确性、完整性、一致性理论与验证等。数据清洗是指利用有关技术如数理统计、数据挖掘或预定义的清理规则将脏数据转化为满足数据质量要求的数据。一般来说，数据清理是将数据库精简以除去重复记录，并使剩余部分转换成标准可接收格式的过程。数据清理标准模型是将数据输入到数据清理处理器，通过一系列步骤"清理"数据，然后以期望的格式输出清理过的数据。数据清理从数据的准确性、完整性、一致性、唯一性、适时性、有效性这几个方面来处理数据的丢失值、越界值、不一致代码、重复数据等问题。数据清洗主要根据探索性分析后得到的一些结论入手，然后主要对四类异常数据进行处理，分别是缺失值（Missing Value）、异常值（离群点）、去重处理（Duplicate Data）以及噪音数据的处理。

(二) 数据挖掘

数据挖掘是创建数据挖掘模型的一组试探法和计算方法，通过对提供的数据进行分析，查找特定类型的模式和趋势，最终形成创建模型。数据挖掘是指从大量的数据中通过算法搜索隐藏其中的信息的过程，也是从数据库的大量数据中揭示出隐含的、先前未知的并有潜在价值的信息的非平凡过程。数据挖掘是一种决策支持过程，它主要基于人工智能、机器学习、模式识别、统计学、数据库、可视化技术等，高度自动化地分析企业的数据，做出归纳性的推理，从中挖掘出潜在的模式，帮助决策者调整市场策略，减少风险，做出正确的决策。知识发现过程由以下三个阶段组成：数据准备；数据挖掘；结果表达和解释。数据挖掘可以与用户或知识库交互。

数据关联—聚类—挖掘理论与技术包括实时车间孪生数据和历史数据的关联、比对与整合，车间孪生数据与车间运行映射，多层次/时间/空间信息聚类与融合理论，车间孪生数据溯源方法和数据特征提取，特征级异构对象行为性能模式识别等。

数据挖掘过程的模型步骤主要包括定义问题、建立数据挖掘库、分析数据、准备数据、建立模型、评价模型和模型实施，具体如下。

1. 定义问题

在开始知识发现之前，最先的也是最重要的要求就是了解数据和业务问题。必须对目标有一个清晰明确的定义，即决定到底想干什么。

2. 建立数据挖掘库

建立数据挖掘库包括以下几个步骤：数据收集、数据描述、数据选择、数据质量评估、数据清理、数据合并与整合、构建元数据、加载数据挖掘库、维护数据挖掘库。

3. 分析数据

分析数据的目的是找到对预测输出影响最大的数据字段，决定是否需要定义导出字段。

4. 准备数据

准备数据是建立模型之前的最后一步数据准备工作。可以把此步骤分为四个部分：选择变量；选择记录；创建新变量；转换变量。

5. 建立模型

建立模型是一个反复的过程。需要仔细考察不同的模型，以判断哪个模型对面对的商业问题最有用。先用一部分数据建立模型，然后再用剩下的数据来测试和验证这个得到的模型。有时还有第三个数据集，称为验证集，因为测试集可能受模型特性的影响，这时需要一个独立的数据集来验证模型的准确性。训练和测试数据挖掘模型，需要把数据至少分成两个部分，一个用于模型训练，另一个用于模型测试。

6. 评价模型

模型建立好之后，必须评价得到的结果，解释模型的价值。从测试集中得到的准确率只对用于建立模型的数据有意义。

7. 模型实施

模型建立并经验证之后，可以有两种主要的使用方法。第一种是提供给分析人员做参考，另一种是把此模型应用到不同的数据集上。

（三）数据融合

数据融合技术是一种自动化信息综合处理技术，它充分利用多源数据的互补性和电子计算机的高速运算与智能来提高对结果信息的判断和分析质量，利用计算机对按时序获得的若干观测信息，在一定准则下加以自动分析、综合，以完成所需的决策和评估任务。将物理车间和虚拟车间的各项数据进行整合，通过对车间数据、生产过程、生产要素等内容的分析，在虚拟车间进行车间运行的仿真模拟，用于车间生产、管理决策。

数据迭代—演化—融合理论与技术包括物理数据、模型数据、服务系统数据交互迭代与优化，车间孪生数据模态更新与模态衍生动态增长规则，对相似或不同特征模式多源数据的相关性动态演化，决策级车间全要素数据演化规律与统计特性分析等。

卷烟工厂实现全要素管控的基本条件是对生产过程及原材料/辅料库存管理中涉及的数据进行全面系统的数据管理。其中，卷烟生产的主要过程分别涉及的数据管理如下文描述所示。

1. 制丝过程数据管理

在制丝过程中，会产生大量的生产数据和控制参数数据，例如烟丝水分（烟丝含水率）、烟丝温度、批次重量和批次流量等。其中，烟丝水分是卷烟工业制丝工艺段的重要控制参数，烟丝水分影响卷烟烟气水分、燃吸品质及粒相物挥发性成分的组成，因此烟丝水分需要准确控制在标准范围内，高于标准和低于标准将严重影响卷烟品质及其他卷烟参数。目前，烟丝水分的控制主要发生在制丝工艺的烘丝段，烘丝机完成烘丝后对出口烟丝水分进行检查，如果水分超标，由操作人员根据经验调整烘丝机入口前的温湿度。该方法无法保持烟丝水分的稳定，成为制丝工艺水分控制的痛点环节。而通过制丝过程的数据提取，可以对烘丝过程所涉及的工艺参数、控制参数、设备参数、环境参数进行科学管理，进而提高制丝环节的质量和生产效率。

2. 卷包过程数据管理

卷包过程的数据管理通过对卷包车间相关设备进行数据采集，进而统筹管理卷包车间的现场生产、设备运行、质量控制和生产监控四个方面，同时建立与 MES 系统、物流运输等第三方系统的数据交换与信息共享机制。

卷包车间的数据管理和信息处理方法种类广泛，涉及卷烟生产的每个环节，具体设备包括卷烟机、成型机、发射机、残烟机、封箱机、质检设备等，每种设备又包含不同的型号，所以实现生产过程的数据采集是一项工作量巨大且信息处理烦琐的工作。为了方便工作人员操作以及提高工作效率，有必要针对不同的设备采用相通性较高的终端操作界面。

3. 滤棒生产过程数据管理

卷烟滤棒生产主要由三部分设备构成：开松机设备（FAF）、成型机设备（FBF）以及传送机设备（FDF），开松机设备的主要生产工艺参数包括喂料辊、扩展辊和输出辊的压力及速度，喷嘴的空气量和速度等，在此过程中可以采集到的指标包括时间、班次、牌号、丝束规格、配方号、丝束包、辊速比 V1、辊速比 V2、辊速比 V3、辊压 V0、辊压 V1、辊压 V2、辊压 V3、最大气量、实际气量、吸阻设定值和吸阻实际值等，这些原始数据仅给出滤棒吸阻的实际值，在滤棒生产过程的数据管理中，可以通过计算出滤棒吸阻的标准偏差来刻画出滤棒吸阻的波动情况。可先对数据进行预处理，数据的不同处理方式会影响后续建模的精度。

二、实时决策

卷烟生产的实时决策过程在卷烟生产要素管理的历史数据及其他关联数据的驱动下，根据生产任务对生产要素进行管理及配置，得到满足任务需求及约束条件并与其他相关环节关联的初始资源配置方案，再获取车间的人员、设备、物料等生产要素的实时数据，对要素的状态进行分析、评估及预测，并据此对初始资源配置方案进行修正与优化，将方案以管控指令的形式下达至车间。卷烟车间在管控指令的作用下，将各生产要素调整到适合的状态，并在此过程中不断地对实时数据进行评估及预测，当实时数据与方案有冲突时，再次对方案进行修正，并下达相应的管控指令。如此反复迭代，直至对生产要素的管理达到最优。

在卷烟生产实时决策过程中，当发现初始资源配置方案和实际运行情况出现偏差时，为了准确地将各生产要素调整至合适的状态，可以采用分层递阶的优化方式，从上至下地考虑排产过程中各个流程和各个层次的目标函数和约束条件，较高层次的任务分配模型优化结果作为下一层各生产点的约束。同时，较低层次各生产点的实际生产情况实时反馈给上一层，用以调整上层计划，以此更好地预测和指导生产，响应市场需求。详细的优化流程如下文所示。

（一）需求分配模型

根据集团销售计划部门制定的月总生产计划，将其分解为周滚动计划，同时考虑各生产点生产能力、生产运输成本、工艺约束，进行成本的优化。对总生产计划进行分解，利用生产点需求分配模型自动将周计划分解为各生产点的任务列表——各牌号的卷烟计划箱数。

（二）各生产点的生产排程模型

根据上一层模型分配到每个生产点的需求计划，考虑各点的设备资源和工艺约束，对卷接环节进行排产，优化每日生产进度计划，即每天各加丝机上生产某种品牌香烟的箱数，再通过加丝机与间接机组的配置关系，把加丝机任务按机组能力进行分解，得到每个机组的派工单。

（三）制丝环节优化模型

根据卷接环节优化结果和储丝柜调度计划，在满足卷包环节衔接需求的约束下，根据卷烟加丝机计划，对多条制丝线进行批次任务分配、排序优化，给出丝线各工序段的排产工单。在考虑资源约束时，可以选择各个环节的瓶颈资源作为约束条件，这样就能使整个建模过程得到合理的简化。在构建和求解模型中，可对总体流程的多点任务分配和生产点详细排产环节分别建立排产数学模型。

通过将生产任务按照阶级递归分解，可以详细地将实时车间误差精准定位到排产模型的某一阶段，进而在该阶段进行改善和优化，将各生产要素调整到适合的状态。

三、协同计划

针对卷烟的制丝、卷包、原辅料运输、环境监控等各个环节，以收集的生产过程的数据为对象，以产出为目的，根据全要素测评体系中选出的关键的产出和投入指标来将数据管理和实时决策协同起来。基于过程数据采集、统计、分析规范的前提下，依据全要素测评的标准体系，结合卷烟生产的各个工序特性，以数据为输入。建立指标之间、投入指标与产出指标之间、产出指标与标准之间的数学分析模型，通过模型中预设的额判定条件，以图表结合的方式直观体现生产过程的运行状态，将过程异常破洞因素精确识别到工序、批次、投入指标等过程基础单元，以实现对问题的整改，从而实现过程数据管理与实施决策的协同计划。

3.4.3 人机互动应用场景

人机交互是大数据时代一种智能化、便捷化的系统与用户之间的交流方式，如今在生产工厂得到了广泛应用。其中，多通道交互（Multi-Modal Interaction，MMI）是近年来迅速发展的一种人机交互技术，它既适应了"以人为中心"的自然交互准则，也推动了互联网时代信息产业（包括移动计算、移动通信、网络服务器等）的快速发展。多通道交互是适应 AIOT 时代的交互方式，旨在综合使用多种输入通道和输出通道，用最恰当的方式传递服务，满足用户需求，具备实现多设备协同和跨设备场景迁移的价值特征。

MMI 是指一种使用多种通道与计算机通信的人机交互方式。通道（Modality）涵盖了用户表达意图、执行动作或感知反馈信息的各种通信方法，如言语、眼神、脸部表情、唇动、手动、手势、头动、肢体姿势、触觉、嗅觉或味觉等，采用这种方式的计算机用户界面称为"多通道用户界面"。目前，随着多媒体技术和虚拟现实系统人机界面的发展，人机交互技术正经历着巨大的转变，人与机器的信息交换方式随着技术融合步伐的加快向更高层次迈进，新型人机交互方式被逐渐应用于生产制造领域。在生产过程中，智能制造系统可独立承担分析、判断、决策等任务，突出人在制造系统中的核心地位，同时在工业机器人、无轨 AGV 等智能设备的配合下，更好地发挥人的潜能。机器智能和人的智能真正地集成在一起，互相配合，相得益彰。

对整个生产过程来说，人机互动交互界面的功能应涵盖卷烟生产过程信息的收集、处理、存储、监视、报警、记录和控制等，在确保生产过程有序、高效、可控和可视的同时，具备生产任务控制及管理、系统诊断和日志管理等功能。按照监控功能设计层次结构，下面介绍这种人机交互的技术应该如何结合卷烟生产各个环节特点和管控对象要求进行设计。

一、制丝环节人机交互方式

制丝环节主要是将烟叶加工成烟丝，经过掺配形成成品烟丝以供后续卷包环节使用。制丝环节的特点是：烟丝的时效性强，需要考虑与上游的生产计划和下游的卷包调度方案环节的紧密连接；生产过程受计划和设备利用率、缓存容量的约束；要严格按照工艺要求选择投料策略。由此，可以得到该环节人机交互涉及的关键操作，如下文所示。

（一）基于制丝流程信息和设备信息，考虑制丝设备状态的监视与控制

为满足制丝环节的计划和发展要求，且便于操作人员高效、安全地完成对复杂生产线的控制，需要将机器、设备产生的各种信息按照用户需求的功能进行规划，通过合理的人机交互界面设计，更好地实现制丝生产线管控的柔性化和智能化。结合多通道交互，具体的人机交互应用场景包括如下几个方面。

1. 眼动跟踪

眼动追踪技术通过记录眼睛的定位和运动来跟踪用户的注视点。眼动追踪与环境有关，通常基于角膜反射的光学跟踪，称为瞳孔中心角膜反射。眼动跟踪技术可用于制丝生产的安全管理。比如在烟叶加工成叶丝、梗丝、膨胀烟丝等时，转换效率、输入输出、掺配比例、风力送丝等是否在正常的范围内，可以利用数据显示的颜色差异来反映异常。数据在正常的范围内时，数据显示为黑色；不在正常范围内时，数据显示为红色。这样的数据颜色标识差异可以带给工作人员强烈的视觉差异感，工作人员可以通过眼动跟踪直接观察到异常情况。

2. 手势识别

用户可以使用简单的手势来控制或与设备交互，让计算机理解人类的行为，其核心技

术为手势分割、手势分析以及手势识别。手势识别以人手直接作为计算机的输入设备，人机间的通信不再需要中间的媒体，工作人员可以直接通过定义一种简单的手势对生产设备进行控制。手势识别使人们能够与机器进行通信（HMI），并且无需任何机械设备即可自然交互。比如在叶丝线、梗丝线和膨胀丝线等生产线上，可以设定手势作为人机交互的密钥，工作人员通过做出相应的手势实现对生产线上机器设备的开、关、暂停、数据处理等基本操作。

手势无论是静态或动态，其识别顺序首先需要进行图像的获取手势的检测和分割手势的分析，然后进行静态或动态的手势识别。手势分割是手势识别过程中关键的一步，手势分割的效果直接影响到下一步的手势分析及最终的手势识别。目前最常用的手势分割法主要包括基于单目视觉的手势分割和基于立体视觉的手势分割。手势识别是将模型参数空间里的轨迹（或点）分类到该空间里某个子集的过程，其包括静态手势识别和动态手势识别，动态手势识别最终可转化为静态手势识别。从手势识别的技术实现来看，常见手势识别方法主要有模板匹配法、神经网络法和隐马尔可夫模型法。

3. 语音识别

现如今，语音识别的应用场景十分广泛，在各行各业中都有所涉及。语音识别技术就是让机器通过识别和理解过程把语音信号转变为相应的文本或命令的高科技。语音识别技术主要包括特征提取技术、模式匹配准则及模型训练技术三个方面。语音识别与其他生物识别技术相比，不仅具有不会遗失和忘记、不需记忆、使用方便等特点，而且还具有用户接受程度高、声音输入设备造价低廉等优点。语音识别不涉及用户的隐私问题，所以可以方便地推广应用。在制丝环节，可以通过赋予生产线的机器设备语音识别的功能，以实现机器执行工作人员的语音命令的操作。工作人员与机器之间无须直接接触，便可实现人机交互，使得工作人员能够通过语音进行机器的开关、暂停、数据处理等。

4. 虚拟现实（VR）

虚拟现实利用计算机 3D 仿真技术，模拟真实环境，表现多源信息融合的交互式三维动态视景和实时行为的系统，能够使用户进入 3D 环境，达到沉浸式体验效果。通过人的自然技能和相应的设施，人与 3D 环境可以进行信息交互。虚拟现实技术有以下几个特点。一是沉浸性，虚拟现实更高的维度会让我们接收到更多的信息，更迅速直观地表现场景，加强用户对虚拟世界的真实感。二是交互性，指用户对虚拟世界中的物体的可操作性。用户有握着东西的感觉，并可以感觉物体的重量，视野中被抓的物体也能立刻随着手的移动而移动。三是构想性，指用户在虚拟世界的多维信息空间中，依靠自身的感知和认知能力可全方位地获取知识，发挥主观能动性，寻求对问题的完美解决。具体到卷烟行业，制丝环节的仿真可以在物料投入之前预期可能产生的结果，针对不好的结果，改变投入后继续仿真，直到出现好的结果。对于好的结果，可以考虑在实际制丝过程中使用。

（二）基于工作人员类别，考虑不同类别工作人员与系统之间的交互

根据工作人员类别对系统的管理范围和应用需求的不同，可以划分角色组，并定义相应的操作权限，将对应的工作人员归属到不同的角色组中，通过角色组的权限，实现对不同类别工作人员的权限控制与维护。在人机界面可操作的按钮或输入框中，添加约束性条

件和相应的提示信息，可以减少和避免因用户误操作产生的错误生产指令。此外，不同用户对信息的需求不同，生产操作员需要了解生产控制结果和生产过程数据；工艺管理员关心生产过程中的各项工艺指标、质量数据；设备维修人员侧重于各设备的运行状态以及设备是否发生故障；等等。因此，将数据信息优化处理，进行有效分类，针对不同角色的用户开发定制化人机界面势在必行。

1. 不同类别工作人员权限管理

制丝生产环节的工作人员可以划分为叶丝线工作人员、梗丝线工作人员、膨胀丝线工作人员、掺配工作人员。不同类别的工作人员只能在设备系统中进行该类别工作内容的操控，如叶丝线工作人员在设备系统中只能对叶丝线设备进行人机互动，完成设备的开关、暂停，该类别的工作人员无权控制梗丝线生产设备等其他类别的设备。这种操作可以通过对制丝过程不同环节设置不同的语音命令、手势命令等来实现。

2. 不同类别工作人员数据收集和处理

制丝过程涉及很多指标和数据，为了高效地进行数据收集和处理，要对不同类别工作人员需要的相关类别数据进行划分。如制丝设备维修人员需要了解制丝环节设备运转情况的相关信息，那么该类工作人员无须收集其他类别的信息。因此，在进行人机交互的时候，工作人员类别和数据类别是相互对应的。

二、卷包环节人机交互方式

卷包环节主要是将制丝环节加工好的成品烟丝按照生产牌号送到不同的卷包机组，经过卷接、小盒包装、条盒包装和封装箱四个工序形成成品卷烟入库。卷包环节的特点包括：卷包机组调度方案与生产计划保持一致；在实际情况中会根据变化做出相应的动态调整；卷包环节受设备利用率、上机适应性、设备维修计划等约束。由此，可以得到该环节人机交互涉及的关键操作，如下文所示。

（一）基于卷包流程信息和设备信息，考虑卷包设备状态的监视与控制

为满足卷包环节的计划和发展要求，且便于操作人员高效、安全地完成对复杂生产线的控制，需要将机器、设备产生的各种信息按照用户需求的功能进行规划，通过合理的人机交互界面设计，更好地实现卷包生产线管控的柔性化和智能化。结合多通道交互，具体的人机交互应用场景包括如下几个方面。

1. 眼动跟踪

眼动跟踪技术同样可用于卷包生产的安全管理中。比如在进行卷接、小盒包装、条盒包装和封装箱等操作时，卷接转换效率、输入输出、小盒包装效率等是否在正常的范围内，可以利用数据显示的颜色差异来反映异常。此外，眼动跟踪也可以用于动态调整卷接包机组生产方案，超额的机组和有生产剩余的机组信息也可以通过颜色标识的差异直观显示，帮助工作人员将超额的机组转移到有生产剩余的机组，进行动态调整。

2. 手势识别

在卷包环节，同样可以很好地利用手势识别。比如在卷接、小盒包装、条盒包装和封

装箱等环节，可以设定手势作为人机交互的密钥，工作人员做出相应的手势实现对生产线上机器设备的开、关、暂停、数据处理等基本操作。

3. 语音识别

同样，在卷包环节，可以通过赋予生产线的机器设备语音识别的功能以实现机器执行工作人员的语音命令的操作。工作人员与机器之间无须直接接触，便可实现人机交互，使得工作人员能够通过语音进行机器的开、关、暂停、数据处理等。

4. 虚拟现实（VR）

卷包环节的仿真可以在物料投入之前预期卷接、小盒包装、条盒包装和封装箱环节可能产生的效率情况、异常情况等，对不好的结果，改变投入后继续仿真，直到出现好的结果。对于好的结果，可以考虑在实际卷包过程中使用。

（二）基于工作人员类别，考虑不同类别工作人员与系统之间的交互

1. 不同类别工作人员权限管理

卷包生产环节的工作人员可以划分为卷接工作人员、小盒包装工作人员、条盒包装工作人员、封装箱工作人员。不同类别的工作人员只能在设备系统中进行该类别工作内容的操控，如卷接工作人员在设备系统中只能对卷接设备进行人机互动，完成设备的开关、暂停、卷接机组的调整等，该类别的工作人员无权控制小盒包装生产设备等其他类别的设备。这种操作可以通过对卷包过程不同环节设置不同的语音命令、手势命令等来实现。

2. 不同类别工作人员数据收集和处理

卷包过程同样涉及很多指标和数据，为了高效地进行数据收集和处理，同样要对不同类别工作人员需要的相关类别数据进行划分。如与制丝环节不同，在动态调整机组方面，这时需要相关的计划管理人员了解各机组的卷接效率，发现异常时，及时调整卷接计划，向下传达调整生产。该环节需要的信息只涉及生产异常，因此其他类别的信息在人机交互过程中不被考虑，也不需要输入人机交互系统。

三、数据录入的人机交互方式

卷烟企业的各业务流程中涉及很多业务数据，业务数据如果不加以整合，各部门成员就会在数据孤岛中工作。由于缺乏有效沟通，生产运作效率将大打折扣。要使各个部门对于信息的获取具有统一性且多个业务系统之间具有互通性，信息部门会采用接口的方式来解决。作为对接系统之间数据的可行性方案，接口方式存在着开发周期长、协调接口复杂等弊端，这就导致企业会直接安排业务人员进行人工手动来做数据的对接。人工手动把数据从一个平台中复制出来，再粘贴到另一个系统中去。用这样"原始"的方式，虽然能够解决当前遇到的问题，但这也是一种成本最大的方法，不但消耗人力，而且效率也不高。在人工采集和录入的过程中，通常会出现采集错误和录入错误的情况，数据的准确性和完整性根本无法得到保障。

这时可以通过软件机器人进行人机协作的方式，自动化地执行人工的重复操作，先将A系统数据采用结构化形式存储、组织并采集下来，然后再批量地录入到B系统中进行数

据整合。在整个流程中，仅仅只是需要人工进行简单的决策性操作，甚至于规律性的操作流程都可以免于人工介入。运用软件机器人进行数据录入与人工进行协作配合，消除数据孤岛，可进一步实现卷烟企业内部高效协同运作的目的。

3.4.4 异常预警及反馈机制设计

在人、机、料、法、环五个要素的基础上，企业搭建了全要素协同管控框架，并提取相应指标，构建了烟厂生产率测评体系。这就打破了生产管理各个环节的信息壁垒，实现了生产过程全要素的协同管理，并对烟厂的生产效率进行评价。但在实际生产管理中，仍会遇到一些问题。本节提出了一些预警管理方法，对烟草生产中可能出现的问题进行管理。

一、搭建数据看板——生产过程预警机制

数据看板一般用作后台系统的首页，主要呈现与公司当前业务或运营管理相关的数据和图表，方便公司内部人员实时了解公司内情，掌握业务发展情况，并能够对数据变化做出业务决策。

在设计数据看板时，要先设计好数据报表。设计数据报表时，首先要构建分析体系，然后定义观察指标，决定设计呈现形式，最后要复盘报表设计。设计好数据报表后，确定好数据看板所要呈现的数据和形式，这样才能最大限度地利用系统资源，查看图表的速度才不会受到影响。数据报表所呈现的数据经过多次测试没有问题后，再经过至少一轮的迭代优化，即可着手进行可视化方案的设计。

数据看板的可视化方案设计应满足以下要点：
（1）简单高效，优先满足查询效率，而不是酷炫的交互；
（2）信息具有强关联性，而不是孤立的一组数据，具体来说，就是要有环比、同比来体现变化；
（3）数据图表的刷新频次和统计频次要符合业务的需求，最好能做到实时更新；
（4）选用的数据能够体现出趋势和规律，对于无趋势特性的数据，直接展示数字比较好；
（5）对于不同的数据指标，根据其不同的数据特性，需要选用合适的图表；
（6）对于数据的波动、对比、排序，不同的衡量方式也应该选择其对应的图表类型。

设计数据看板时首先要进行需求分析，和业务团队沟通确定选用哪些数据指标和衡量方式。然后选择合适的图表类型，从而最大程度地满足视觉可视化的呈现效果，满足业务数据查看和分析的需求。在实际操作过程中，可以选择常规面积图、堆叠面积图、折线图等。

二、建立车间生产管理预警模型

车间生产异常的发现问题可以描述为预测在不久的将来生产异常是否会发生。在生产异常发生之前，通常有一组异常事件在时间序列上呈现出规律性的特征模式。因此，可以通过分析该组异常事件在时间序列上的变化趋势，挖掘生产异常对应的特征模式，达到预测生产异常是否会发生的目的。

通过重新定义车间生产异常的发现问题，以决策树算法为基础，可以建立时间序列上的多决策树预警模型，并将不同时段内的预测结果进行权值整合，以获得特定生产时刻下最优的预警结果。

烟厂的机械设备在企业生产运营中起着决定性作用。一旦有设备发生故障甚至停机，将可能造成生产线乃至整个车间的停产，给企业带来不可估量的经济损失。通过分析当前设备的监控技术，可以选取较优的设备状态指标。利用信号分析技术处理后形成海量训练数据，建立基于 SOM 和 BP 的多神经网络预测模型，对设备信号进行多阶段、多层次的分析预测，获得设备剩余寿命的预测值。

三、构建烟厂车间环境监测系统

构建基于无线传感网络的烟厂车间环境监测系统，有利于实现对车间环境的实时预警管理。无线传感网络（Wireless Sensor Network）是以自组织和多跳方式相结合，由大量静止或移动的传感器构成的一种无线网络。其目的是协助用户对网络覆盖地理区域内的监测对象进行实时感知，并采集、处理和传输相应信息数据。利用 ZigBee 无线通信技术构建无线传感网络，对烟厂车间的监测节点进行重新布置，具有可移动性强、无线数据传输稳定等特点，这些特点非常适合烟草企业车间内各环境参数的监测需求。由于车间内有各种强电磁干扰的生产设备，利用改进型 HARQ 纠错算法，为解决无线数据传输的可靠性提供了一种有效途径，能够大大降低数据传输的误包率。

将无线传感网络与改进型 HARQ 纠错技术结合起来的烟厂车间环境监测系统，可以实现对烟厂生产车间各个区域温湿度的实时监测，从而实现对车间环境的预警管理。

四、反馈机制

生产要素管理的异常反馈，是物理车间与车间系统的交互过程，其中车间系统起主导作用。当系统接到一个输入（如生产任务）时，在各类服务系统的生产要素管理历史数据及其他关联数据的驱动下，根据生产任务对生产要素进行管理及配置，可以得到满足任务需求及约束条件并与其他相关环节关联的初始资源配置方案，获取物理车间的人员、设备、物料等生产要素的实时数据，对要素的状态进行分析、评估及预测，并据此对初始资源配置方案进行修正与优化，将方案以管控指令的形式下达至物理车间。物理车间在管控指令的作用下，将各生产要素调整到适合的状态，并在此过程中不断地将实时数据发送至系统进行评估及预测。当实时数据与方案有冲突时，系统再次对方案进行修正，并下达相应的管控指令。如此反复迭代，直至对生产要素的管理实现最优。

第五节 卷烟工厂评价改进一体化的闭环管理机制构建

闭环管理是以综合闭环系统、管理的封闭原理、管理控制、信息系统等原理为基础形成的一种管理方法。它把全公司的供—产—销管理过程作为一个闭环系统，并把该系统中的各项专业管理如物资供应、成本、销售、质量、人事、安全等作为闭环子系统，使系统和子系统内的管理构成连续封闭的回路且使系统活动维持在一个平衡点上；另外，面对变化的客观实际，进行灵敏、正确、有力的信息反馈并做出相应变革，使矛盾和问题得到及时解决。决策、控制、反馈、再决策、再控制、再反馈……就这样在循环积累中不断提高，促进企业超越自我、不断发展。

智能工厂架构可以实现高度智能化、自动化、柔性化和定制化，研发制造网络能够快速响应市场的需求，实现高度定制化的节约生产。打造智能工厂，还需建立企业数字化管理平台，在统一的数字化平台上进行企业资源、企业供应链、企业系统的融合管理，建立一个跨职能的层级数字化平台，实现资源、供应链、设计系统、生产系统的统一的柔性协调和智能化管控。企业所有层级进行全数字化管控，通过数字化的层级流转实现对市场需求的高定制化要求，并实时监控企业的资源消耗、人力分配、设备应用、物流流转等生产关键要素，分析这些关键要素对产品成本和质量的影响，以达到智能管控企业研发生产状态、有效预估企业运营风险的目的。同时，还要建立智能化物理网络。在生产现场建立物理网络，记录生产物料流转等生产过程中的数据，并与设备连接，以实现设备数据自动采集，及时掌握设备运行状态。数字化智能工厂的建立，有利于制造企业在同一数据平台对企业的各项职能和专业领域进行数字规划，助力企业实现精益化生产管理。

卷烟企业中长期规划的理念主要包括科学发展的理念、目标驱动的理念、以国内市场需求为规划目标的理念和全面规划的理念。卷烟企业中长期规划的方法论主要以计划流派为主，强调制定过程是一个由计划者进行的从上到下层层分解的思考过程，强调通过规划、预算、安排等步骤使战略制定的过程规范化。基于计划流派，结合人工智能、数字孪生技术，构建具有自学习、自优化的可持续改进生产体系。通过建立虚拟制丝、卷包生产线，基于生产过程透明化和数字孪生技术，可以直观了解实际模块化制丝、卷包生产线的实时状态。通过建立数字虚拟模型，实现物理生产线、虚拟生产线、生产线管理系统三者数据的交互融合管控。

基于生产管理透明化和数字孪生仿真，可以建立起智能生产架构。智能生产架构是为智能生产的技术系统提供构建、开发、集成和运行的框架，其目标是指导产品全生命周期的管理，并实现生产的智能化，形成具有高度灵活性和持续演进优化特征的智能生产体系。

3.5.1　面向长跨度生产过程的一体化管理边界

近年来，全球各主要经济体都在大力推进制造业的复兴。在工业 4.0、工业互联网、物联网、云计算等热潮下，全球众多优秀制造企业都开展了智能工厂建设实践。据中国工程院原院长周济介绍，智能生产是智能制造的主线，而智能工厂是智能生产的主要载体。随着新一代人工智能的应用，今后 20 年，中国企业将要向自学习、自适应、自控制的新一代智能工厂进军。新一代人工智能技术和先进制造技术的融合，将使得生产线、车间、工厂发生革命性变革，上升到历史性的新高度，从根本上提高制造业质量、效率和企业竞争力。在今后相当一段时间里，生产线、车间、工厂的智能升级将成为推进智能制造的一个主要战场。

智能工厂是实现智能制造的重要载体，主要通过构建智能化生产系统、网络化分布生产设施，实现生产过程的智能化。智能工厂已经具有了自主能力，可自我采集、分析、判断、规划,通过整体可视技术进行推理预测,利用仿真及多媒体技术将实境扩增展示设计与制造过程。系统中各组成部分可自行组成最佳系统结构,具备协调、重组及扩充特性。系统已具备了自我学习、自行维护的能力。因此,智能工厂实现了人与机器的相互协调合作,其本质是人机交互。在智能工厂的体系架构中,质量管理的五要素也相应地发生变化,因为在未来智能工厂中,人类、机器和资源能够互相通信。智能产品"知道"它们如何被制造出来的细节,也知道它们的用途。它们将主动地应对制造流程,回答诸如"我什么时候被制造的""对我进行处理应该使用哪种参数""我应该被传送到何处"等问题。

企业基于 CPS 和工业互联网构建的智能工厂原型,主要包括物理层、信息层、大数据层、工业云层、决策层。其中,物理层包含工厂内不同层级的硬件设备,从最小的嵌入设备和基础元器件开始,到感知设备、制造设备、制造单元和生产线,相互间均实现互联互通。以此为基础,一个"可测可控、可产可管"的纵向集成环境得到构建。信息层涵盖企业经营业务的各个环节,包含研发设计、生产制造、营销服务、物流配送等各类经营管理活动,以及由此产生的众创、个性化定制、电子商务、可视追踪等相关业务。在此基础上,形成了企业内部价值链的横向集成环境,实现数据和信息的流通和交换。

纵向集成和横向集成均以 CPS 和工业互联网为基础,产品、设备、制造单元、生产线、车间、工厂等制造系统的互联互通,及其与企业不同环节业务的集成统一,则是通过数据应用和工业云服务实现,并在决策层基于产品、服务、设备管理支撑企业最高决策。这些共同构建了一个智能工厂完整的价值网络体系,为用户提供端到端的解决方案。

由于产品制造工艺过程的明显差异,离散制造业和流程制造业在智能工厂建设方面的重点内容有所不同。对于离散制造业而言,产品往往由多个零部件经过一系列不连续的工序装配而成,其过程包含很多变化和不确定因素,在一定程度上增加了离散型制造生产组织的难度和配套复杂性。企业常常按照主要的工艺流程安排生产设备的位置,以使物料的传输距离最小。面向订单的离散型制造企业具有多品种、小批量的特点,其工艺路线和设备的使用较灵活,因此,离散制造型企业更加重视生产的柔性,其智能工厂建设的重点是智能制造生产线。随着新兴技术的快速落地,新的管理理论、新的管理软件层出不穷,工业结构以及人们的消费特征都在发生着深刻的变化。要使传统卷烟企业更好地面对激烈的市场竞争,提高企业内部的生产管理水平是有效的途径。长跨度生产过程的一体化管理目的是基于智能技术和数据算法实现人、设备与生产过程的实时联动与有效沟通,构建一个高度灵活的个性化和数字化的智能制造管理体系,不断优化一体化管理边界,促进企业不断发展,实现信息化建设和数字化升级。

卷烟厂的智能生产按照卷烟生产过程视角可以分为仓储、配送、制丝生产和卷包生产。在不同的生产过程中,生产线层和车间/工厂层的智能生产系统的架构侧重点也有所不同。

生产线层是指生产现场设备及其控制系统,主要由 OT 网络、传感器、执行器、工业机器人、生产装备、人员/工具等组成。生产线层涉及的生产过程主要包括制丝生产和卷包生产。在制丝生产中,基于 RFID 自动识别不同牌号的卷烟对应的制丝生产线,并与人工识别数据比对。智能生产系统按掺配和喂丝配方比例、装箱重量等信息确定库存分布等。在卷包生产中,自动将每种牌号的卷烟对应卷包机组生产线,卷烟生产完成后执行卷烟入库并在仓储库存系统中更新数据。

车间/工厂层指生产执行系统及车间物流仓储系统,涉及车间物流管理系统和仓库管理系统。车间/工厂层主要包括物流与仓储管理,如智能物流与仓储设备、仓储管理系统以及车间内物流管理系统。物流系统通过 AGV 小车将原材料运送到生产机台。使用物料的时候,机台自动呼叫发料;生产缺料时,由人工补料;配送过程在物流系统中有跟踪追溯,使用 RFID 以验证牌号是否符合等。仓库管理系统基于实施生产数据和历史数据对库容进行规划决策。根据生产作业计划提前配盘到高架库,根据空间约束和生产线要求选择单一配盘和复合配盘等不同方式。

3.5.2 生产过程评价指标体系构建

指标体系是从不同维度梳理业务,把指标有系统地组织起来。简而言之,指标体系=指标+体系,所以一个指标不能叫指标体系,几个毫无关系的指标也不能叫指标体系。指标体系的作用主要有:① 监控业务情况;② 通过拆解指标寻找当前业务问题;③ 评估业务可改进的地方,找出下一步工作的方向。同时,可按以下步骤构建指标体系。首先要明确部门 KPI,找到合适的一级指标。一级指标是用来评价公司或部门运营情况最核心的指标。一级指标并非只能是一个指标,有可能需要多个一级指标来做综合评价。然后了解业务运营情况,找到二级指标。有了一级指标以后,可以进一步将一级指标拆解为二级指标。具体如何拆解,要看业务是如何运营的。更进一步,需要梳理业务流程,找到三级指标。一级指标往往是业务流程最终的结果,光看一个最后结果是无法监督、改进业务流程的,这就需要更细致一些的指标,也就是添加三级指标。最后是通过报表监控指标,不断更新指标体系。前面的步骤找到了一级指标、二级指标和三级指标,到这一步可以把这些指标体现在报表中,通过报表监控指标,不断更新指标体系。

生产过程的评价原则主要有如下几项。

(1) 科学合理原则。科学合理是任何指标体系的设置和评价方法的基础,要求符合所评价对象的实际,真实客观地反映评价对象。

(2) 统筹兼顾原则。由于业务流程并不是孤立的,而是与企业战略、组织结构、人力资源以及组织内的各个方面都有联系,因此,对业务流程优化的评价要兼顾各个方面,不能以偏概全。

(3) 差异化动态调整原则。由于在业务流程的不同阶段,其侧重点有异,故差异化就是指标设置和权重分配的显著特征,而且应该因时间的推移而显示出灵活性。

(4) 定性与定量相结合原则。定量评价的不足及数据本身的固有缺陷,并不是不能消除的,定性指标的应用可以使评价更具有客观性。

(5) 近期与远期相协调原则。业务流程优化是一个循序渐进的过程,在对当期进行评价的时候,要合理预期远期情况,协调近期与远期业务流程的差异,使整个优化过程具有可持续性和发展性。

一、指标选取和分解

(一) 系统管理指标

烟草生产系统管理包括系统管理模块实现、与系统相关的生产基础数据的管理、生产系统安全管理。生产基础数据管理主要包括对生产车间组织机构、班别、班次、机型、机台、机组、工艺质量等系统依赖的数据的初始化和管理。设备基础数据指标包括设备的类型、型号、部件、部位、状态，也包括机台、机组运行效率等。卷烟基础数据指标包括系统中使用的卷烟系列、卷烟牌号、残烟系数、牌号参数的维护效率等。辅料基础数据指标包括对辅料类别、辅料计量单位、辅料信息、辅料单位换算系数的维护效率等。

（二）生产计划管理指标

在烟草生产管理系统开发方案中，企业可以在生产计划管理模块中通过制定每日生产计划任务，灵活地调整生产计划，快速对市场的变化做出反应。同时，通过工单的管理，将管理细化到班机台，便于企业实时掌握制造过程的详细情况，为下一步实现班成本核算提供基础。生产计划管理指标包含生产计划生成指标、生产计划变更指标、生产计划执行指标和换牌处理指标。生产计划生成指标包括生产调度人员按照企业产品的需求数量，根据企业的物料资源、设备情况、人员配置等制定车间的每日生产任务的过程指标。生产计划变更指标包括计划产量的调整、工艺流程变更率等。生产计划执行指标包括生产计划完成率。换牌生产就是更换生产计划过程，最终更换工单，当前牌号的任务完成后，结束当前工单，并将生产现场清理干净，当新的物料就绪后，则启动新工单，开始新牌号的生产过程。换牌管理指标包括换牌效率以及换牌衔接率等。

（三）质量管理指标

烟草生产管理基于全面质量管理的思想，对从供应商、原料到售后服务的整个产品的生产和生命周期进行质量记录和分析，并在生产过程控制的基础上对生产过程中的质量问题进行严格控制，能有效防止不良品的流动，降低不良品率。通过系统实现质量管理的自检、巡检业务，便于质量管理人员及时掌握质量数据，及时指导机台的生产。质量检验将根据质量管理规定对机台进行考核，进一步约束机台的操作规范。质量管理指标包括质量自检、自检异常判断、质量巡检、质管处检验、辅料异常、质量交接班、工艺点检等。质量自检、质量巡检、质管处巡检是根据现场质检员检验的结果记录相应的质量指标值，根据质量指标值对质量结果进行分析。检验装置、仪器质检根据管控设备采集到的相应质量检测设备的值和采集的数据对质量数据进行分析对比，从而得到指标值。

（四）设备管理指标

设备管理通过对设备日常运行、保养维修的管理，实现对设备生命周期的有效监管，提高设备的有效作业率，并预防生产过程因设备出现的突发情况而发生中断的情形。设备管理指标包括设备保养指标、设备润滑指标和设备维修指标。设备保养指标包括日保次数、周保次数、月保次数、轮保次数等。设备润滑指标包括周期润滑次数、点检润滑次数。设备维修指标包括计划维修次数和故障维修次数。

（五）备件管理指标

备件管理的目的是实现对备件的入出库管理，同时监控备件的安全库存和使用寿命。备件管理指标包括备件出入库指标和备件安全库存指标。备件出入库指标是指机台备件领用的时间和次数等,这为车间设备人员统计分析备件的使用寿命、暂存库安全库存等提供了基础数据,从而规范管理车间备件的使用。备件安全库存指标是指出现库存量小于安全库存量信息的时间及频率,以便于及时地进行备件入库,保证故障维修或计划检修时"有件可换"。

（六）辅料管理指标

烟草生产管理中的辅料管理模块实现在生产过程中机台辅料使用的要料请求数据响应,并根据机台要料请求信息,及时、有效地为车间生产机台配送和供应辅料。此外,辅料管理还提供机台退料管理,为车间精细化的管理打下基础。辅料管理指标包括辅料配盘指标、辅料请求及供应指标和辅料退料指标。辅料配盘指标是指为满足车间以整盘的方式进行要料,系统提供按牌号和设备型号的不同维护其整盘所需的辅料组成配方的时间和效率。采用辅料请求及供应管理方式的目的在于记录每个机台、每个班的领料指标,为消耗核算和辅料虚退提供基础数据。辅料退料指标包括机台每班在换班时的虚退料指标和机台在生产中发现诸如辅料质量问题、规格不对等原因时的实退料指标。前者需要下一班机台操作工进行确认;后者在质管员在线审核通过后,将机台的辅料实退请求数据传至辅料管理系统,进行退料入库。

生产过程各评价指标的汇总如表 3-1 所示。

表 3-1　生产过程评价指标汇总表

一级指标	二级指标
系统管理指标	系统管理模块实现
	生产基础数据管理
	生产系统安全管理
生产计划管理指标	生产计划生成指标
	生产计划变更指标
	生产计划执行指标
	换牌处理指标
质量管理指标	质量自检
	自检异常判断
	质量巡检
	质管处检验
	辅料异常
	质量交接班
	工艺点检
设备管理指标	设备保养指标
	设备润滑指标
	设备维修指标

续表

一级指标	二级指标
备件管理指标	备件出入库指标
	备件安全库存指标
辅料管理指标	虚退料指标
	实退料指标

二、权重系数的确定

确定生产过程评价指标的权重系数，需要细化产品外观类检验、监督、评价标准，围绕人、机、料、法、环五个全要素内容，优化完善考核方案；定期分析影响指标的原因和风险隐患，细化设备控制、保障措施、检验方法，健全完善岗位指标精细化管控规程，将指标控制方法纳入生产设备操作维修手册、生产部门职工岗位职责，提升班组质量保障和指标控制水平。

目前，各卷烟厂制丝生产大都以批次形式进行，每批次可划分为几个工段，工段又可划分为不同的工序。制丝生产环节存在以下几个特点：一是工艺流程长，加工环节多；二是设备复杂，且各个生产点设备不尽相同；三是生产设备自动化水平高，下一工序的质量受上一工序影响较大，人工可调节的范围有限。

目前，卷烟生产过程关键评价指标的权重赋予方法有以下三种。

第一，由技术人员主观赋予权重，包括专家评分法、层次分析法等。这种方法主要是由技术人员根据经验以及最终目标来设定关键参数权重，此方法能在一定程度上反映各关键参数的重要程度，但由于受决策者主观偏好的影响，存在主观随意性较大的问题。

第二，应用统计学方法客观赋予权重。这种方法是指应用统计学分析方法充分挖掘样本数据中包含的信息，可在一定程度上降低人为主观因素的影响，包括主成分分析法、最大熵技术法、多元统计方法等。

第三，综合赋予权重法，这种方法是将主观赋予权重方法与客观赋予权重方法结合起来使用的方法。

3.5.3 基于数字孪生的生产过程改进与碳排放优化

在制造业信息化进程中，车间级信息化是薄弱环节。制造执行系统（MES）是提升车间自动化水平的有效途径。MES系统强调车间级的过程集成、控制和监控，以及合理地配置和组织所有资源，满足车间信息化需要，提高车间对随机事件的快速响应和处理能力，有力地促进企业信息化进程向车间层拓展。MES系统是打造智能车间的核心系统模块，其重要性主要体现在提升四大能力上，即网络化能力、透明化管理能力、无纸化能力及精细化能力，MES系统的这四大能力是企业构建智能车间的目标。MES系统首先在实时采集工厂车间各个环节生产数据的基础上，对数据进行跟踪、管理与统计分析，从而进一步帮助企业将生产网络化、透明化、无纸化以及精细化落地。

第一，车间网络化能力。从本质上讲，MES 系统是通过应用工业互联网技术帮助企业实现车间网络化能力的提升。毕竟在信息化时代，制造环境的变化需要建立一种面向市场需求的具有快速响应机制的网络化制造模式。MES 系统集成车间设备，实现车间生产设备的集中控制管理，以及生产设备与计算机之间的信息交换，彻底改变了以前数控设备的单机通信方式。MES 系统帮助企业工厂车间进行设备资源优化配置和重组，大幅提高设备的利用率。

第二，车间透明化管理能力。对于已经具备 ERP、MES 等管理系统的企业来说，需要实时了解车间底层详细的设备状态信息，而打通企业上下游和车间底层是绝佳的选择。MES 系统通过实时监控车间设备和生产状况，标准 ISO 报告和图表直观反映当前或过去某段时间的加工状态，使企业对车间设备状况和加工信息一目了然，并且及时将管控指令下发车间，实时反馈执行状态，提高车间的透明化管理能力。

第三，车间无纸化能力。坦白地说，MES 系统是通过采用 PDM、PLM、三维 CAPP 等技术提升数字化车间无纸化能力的。当 MES 系统与 PDM、PLM、三维 CAPP 等系统有机结合时，就能通过计算机网络和数据库技术，把车间生产过程中所有与生产相关的信息和过程集成起来统一管理，为工程技术人员提供一个协同工作的环境，实现作业指导的创建、维护和无纸化浏览，实现生产数据文档电子化管理，避免或减少基于纸质文档的人工传递及流转，保障工艺文档的准确性和安全性，快速指导生产，达到标准化作业。

第四，车间精细化能力。在精细化能力提升环节，主要是利用 MES 技术，因为企业越来越趋于精细化管理，力求精益化生产实际落地，而不是简单地做一下 5S。现在企业越来越重视细节、科学量化，这些都是构建智能工厂的基础，大家不要把智能工厂想得特别的简单，也不要想得特别的神圣。建构数字化智能车间是构建智能工厂的基础，这就使得 MES 系统成为制造业现代化建设的重点。

在信息化透明工厂中，是生产企业以可视化、信息化为手段，充分利用互联网、物联网、大数据等先进技术，实时记录企业原辅料购进查验、生产加工全过程、质量安全控制、产品流通及溯源信息和过程，并通过互联网方式向社会公开，实现企业生产透明化、过程记录信息化、社会监督多样化。

基于生产透明化的数字孪生生产车间是在物理车间和虚拟车间交互的过程中，实现车间孪生数据，以优化目标为导向，通过资源调整和虚拟仿真优化，解决库存、供应等仿真要素之间的矛盾，提升资源配置能力。

一、车间信息感知

数字孪生的基础是对实际物理空间中的各种物理对象建立虚拟映射，建立虚拟映射的根本是对物理空间的信息感知，因此，为了实现数字孪生的车间调度，建立虚实车间的一一映射，就需要实现对车间信息的全面感知。而生产制造车间是一个十分复杂、多样和动态的生产环境，其中涉及的车间资源众多，分布于车间的各个地方，涵盖生产阶段的各种物理对象。车间生产是从订单到调度计划到加工再到成品的各个生产过程的集合，涵盖物料、设备、工人以及加工任务等各种资源，涉及各种生产信息。而这些信息由于来源不同、数据格式各异，数据感知的方式也有所差别。

车间信息不仅包含静态信息，同时也包含动态信息，其来源于分布在车间不同位置的不同物理对象，涉及生产过程的各个环节，并且相应的资源属性不同，数据结构多样，部分信息存在实时动态特性。然而，由于车间信息的多样性，并非所有数据都会被用到，需要针对具体问题进行有选择性的信息感知。目前，烟草生产车间常用的感知装置和技术有RFID、传感器、定位装置、激光扫描器等。通过这些装置，结合车间现场网络，可以实现对车间中的全要素信息的感知。

对于诸如物料、设备和人员等车间资源信息，由于资源的大多数基本属性信息是静态的，随时间变化小，因此对于这些信息，可以直接将其人工输入并存储在数据库中。另外，由于车间实际生产调度优化问题通常需要关注生产状态数据，因此我们关注的车间感知数据通常是制造过程中生产状态信息和实时产生的动态数据，如机器设备运行状态数据、生产任务加工进度数据以及工序加工中的实时制造数据。根据以上数据感知的实际需要，结合实际生产车间现状，基于数据特点和数据来源，可以提出多种感知手段相结合的全要素车间调度信息感知框架，主要包括基于人工方式的静态数据感知和基于RFID的数据感知。

（一）基于人工方式的静态数据感知

在车间生产过程中，有许多静态资源信息是基本上不随时间发生变化的，同时也无法从相应的生产设备或者资源上自动感知获取，需要依靠工人来记录制造过程的各种数据并做好统计分类，手动输入车间生产管理系统，存储到相应的数据库。这类属性的信息主要包括工人基本信息、设备基本信息和物料基本信息等，这些信息适合采用基于人工输入的方式进行数据采集。另外，车间的待加工任务也可通过人工方式录入到生产管理系统中。

（二）基于RFID的数据感知

在车间生产制造过程中，有些数据无法直接从设备上进行采集，需要借助其他工具对感知对象进行标记识别并记录。因此，通常是通过联合使用RFID的读写器和电子标签采集读取车间现场的各种数据。

通过将标签贴附在物料外表面，在仓库的出入口处设置读写器，可以实时感知与获取出入库信息；在零部件外表面贴附标签以及相关工位上设置读写器，并且对基本采集信息进行处理分析，即可实现对其工序信息、加工进度、加工开始结束时间、工序加工设备和工人以及工序位置等信息的感知；将RFID标签与员工的工号牌合二为一，将员工基本信息存储到RFID卡中，结合工人的工作任务安排，即可实现员工考勤、员工工作状态、工序加工操作人员等信息的感知；另外，也可通过使用RFID标签对设备进行标记，用来采集设备维护数据等。

二、车间运作调度改进

数字孪生是物理空间与信息空间交互与融合的有效途径，可以为当前智能车间调度的发展提供新的理念和工具。针对传统的调度模式在信息物理空间的交互与融合研究中存在的问题，基于数字孪生的概念，可以提出一种基于数字孪生驱动的调度新模式，其具体架构由五个部分组成，包括物理车间、虚拟车间、调度数据融合框架、孪生调度数据源、智能调度决策执行系统。

物理车间是现实车间中所有物理实体的集合，虚拟车间是物理车间在虚拟空间中的数字化描述。虚拟车间中包含了物理车间的全要素、全数据、全模型、全空间信息，这些信息通过要素、行为、规则三个层面的模型来描述。在要素层面，虚拟车间通过三维软件和有限元法对人、机、物、环等生产要素的几何模型和物理特性进行全面刻画。在行为层面，虚拟车间通过 FlexSim、Demo3d 等三维仿真工具对车间要素的行为和响应机制进行建模，得到人员行为、设备操作和物料运输等虚拟化模型。在规则层面，虚拟车间通过数据分析算法、数据挖掘算法构建得到车间要素间的关联规则模型、车间运行规则模型和演化规则模型，保证数字孪生车间的运行机制能够与实际情况相匹配，真实地模拟物理车间的行为、状态、运行和演化。调度数据融合框架可以将物理车间、虚拟车间及智能调度决策执行系统产生的调度相关数据进行数据集成与融合，以此构建一个单一的数据源（孪生调度数据源），作为驱动智能车间调度的数据共享平台。

从车间调度全局优化的角度来看，将所有数据源的数据融合成一个整体的数据共享平台，有利于各种数字孪生模型查询关联数据并进行在线优化，消除信息孤岛。调度数据融合框架包括实时调度数据融合框架与离线调度数据融合框架。其中，实时调度数据融合框架用于处理实时调度相关数据，包括物理车间中智能感知设备采集得到的实时调度相关数据，虚拟车间中仿真、预测、评估、优化等工作产生的实时数据，以及智能调度决策执行系统产生的实时执行数据。失去时效性的实时调度数据将转化为离线调度数据，通过离线调度数据融合框架进行数据处理，实现孪生调度数据源的不断更新与扩充。

调度数据智能化实时采集技术的目标是对实时调度活动涉及的所有多源异构数据进行采集，保证物理车间与虚拟车间的数据同步，为智能化车间调度提供数据支持，其中包括物理车间数据与信息空间数据。多源异构调度大数据融合与管理技术的目的是将采集的信息空间与物理空间中所有与调度相关的实时数据和历史数据进行深度融合，为从调度相关数据中提取调度知识奠定基础。数字孪生驱动的车间调度决策智能优化技术是一种结合了大数据、人工智能、数据挖掘技术，从融合后的调度相关数据中提取调度知识用于实时、连续、快速得到调度优化决策的具体实现方法。此外，使用数字孪生驱动的车间调度决策智能优化技术，可以主动感知异常，快速确定异常范围，判断是否需要做出响应。

三、合理排产

由于受生产计划的影响，合理排产成为影响企业生产能耗的主要因素之一。目前，大多数卷烟生产企业优先考虑的是产品质量、产量、安全等因素，因而能耗因素通常需要给质量和产量等因素让路，这使得生产管理与能源管理两者之间存在脱节的问题。生产管理和能源管理两者紧密相关，因而在排产时也应把能源消耗作为重点考虑因素。根据不同排产方式对生产能耗的影响，企业应在尽量做到不影响生产效率和生产质量的前提下合理排产，在一定程度上解决生产能耗过高的问题。

通过合理排产和生产调度，应尽量减少单一生产车间长时间生产运行的情况，从而减少锅炉、空压机、真空泵等公用辅助生产设备低负荷率、低效率的现象；通过合理排产，使得同一天同一生产线尽可能只生产一种牌号的产品，生产设备保持连续稳定运行，提高生产效率，减少不必要的设备空转时间，降低单位产品的能耗量和碳排放量。

四、能源管理系统

目前，大多数企业的生产管理系统与能源管理系统分开运转，仅限于数据收集和监测，不便于相关数据的关联分析和自动化实时控制。针对这一问题，可考虑将生产管理系统和能源管理系统深入融合，以实现数据共享，实时调用相互数据，及时调整生产和保证能源使用的高效化。控制技术和相应设备应用成熟的企业应逐步采用集成化控制，一方面，可以避免人工操作过程中不必要的错误，实现对设备的精确控制；另一方面，通过同一管理系统进行整体统筹和协调生产。

能源管理系统的目的是通过管理优化和控制优化实现节能。通过企业计量器具进行数据收集，服务于"计量——统计——分析——预测"四个环节，进行同比分析、环比分析、能效分析、对标分析、节能对策分析等，并以报表、图表等多种形式体现监测结果和分析结果，采用能耗预测算法对全系统在未来短期内的能源消耗情况进行预测，指导生产并提前做好节能减排工作部署，挖掘设备运行的节能潜力；同时，根据分析结果，实现对终端的控制和管理功能，保障企业正常生产运行，稳定产品质量。

能源管理系统的应用，可改变以往事后统计分析的弊端，转变为实时管理和动态调控，以便及时做出控制调整，减少能源消耗，同时提高工作效率。通过能源管理系统的预警系统，对于每批次出现的异常情况进行报告，向控制中心进行即时反馈，以便及时发现问题和解决问题，并督促进行适当的参数调整，在能源、原辅材料、产品质量等多方面实现生产控制的智能化。

第六节　全要素管控模式的实施步骤与标准

3.6.1　企业建立全要素管控模式的资源与组织准备

一、建立适应全要素项目制管理的项目组织机构

为确保项目按期履约，实现既定经营目标，可以成立全要素管控工程指挥部，如图 3-8 所示。全要素管控工程指挥部暂定 12 人，其中指挥长 1 人（由项目行政负责人担任），副指挥长 2 人（分别由项目技术负责人、项目行政负责人助理担任）；经营经理 1 人，合同及经费、计划等主管 2 人；生产经理 1 人，质量、调度、物资等主管 3 人；技术经理 1 人（由总体技术负责人兼任），技术主管 1 人（由总体主任设计师兼任）。

二、重新界定各相关部门的职责

（一）总体部

总体部是负责全要素管控工程指挥部日常运行的管理单位，职责如下：
（1）负责项目日常财务管理、合同综合管理；

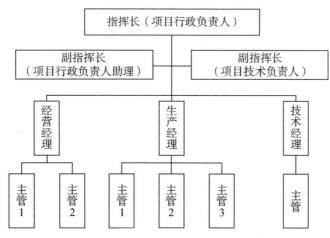

图 3-8 全要素管控工程指挥部

(2) 签订项目实施合同；
(3) 参与项目实施经费预分预控方案制定；
(4) 负责项目实施经费的执行监控；
(5) 负责全要素管控工程指挥部副指挥长以下成员的选用；
(6) 负责全要素管控工程指挥部安全、保密、党建等日常行政管理；
(7) 完成车间交办的本项目其他工作。

（二）全要素管控工程指挥部

全要素管控工程指挥部是项目的组织实施机构，负责项目执行过程中的具体策划、制度制定与组织实施工作，完成项目合同履约，实现全要素全过程管理。其职责如下：

(1) 负责项目的全要素管理、全生命周期工作策划，并组织实施；
(2) 负责组织项目的立项综合论证、工程概算，与用户乙方合同的报价、审价、谈判、签约、请款、免税等；
(3) 负责与总体部合同的文本编制、年度预算的申报及调整、结算、免税等工作；
(4) 负责项目实施经费技术经济及盈亏分析管理，制定项目实施经费预分预控方案，与承研承制单位签订甲方合同，并负责甲方合同的年度预算编制、调整等工作；
(5) 负责项目的计划、配套、质量和进程管理，负责项目研制生产、齐套交付和售后服务等工作的组织实施；
(6) 负责项目实施过程中的用户协调、接待与培训；
(7) 负责与项目相关的其他工作。

指挥长（项目行政负责人）对项目市场、合同、经费、质量、计划、进度等全要素管理负全责，对全要素管控工程指挥部负直接领导责任，负责审查确认全要素管控工程指挥部的人员组成。

（三）优化项目管理主要要素流程

1. 技术管理

技术管理主要体现在执行现有型号技术管理模式，严格把控技术状态变化，以指挥长

（项目行政负责人）、副指挥长（项目技术负责人和项目行政负责人助理）为主体成立项目技术状态控制委员会，负责项目技术状态的过程控制，重大技术状态变化需经指挥长签字批准。必须强化技术文件三级审签制度，严格"三单"管理流程，加强评审验收环节把控，确保技术管理经济、有效、闭环。

项目技术负责人技术管理参照现有标准执行。

2. 计划管理

全要素管控工程指挥部依据项目经营目标及用户要求下达一级计划、二级计划，并组织各承研承制单位制定三级计划。

计划管理参照计划管理相关规定执行。

3. 合同及经费管理

与用户签订的乙方合同生效后，市场部门依据经费管理相关规定，商全要素管控工程指挥部组织拟制项目经营目标，报主管领导批准。

全要素管控工程指挥部依据项目经营目标，商总体部制定实施经费预分预控方案，由指挥长（项目行政负责人）批准后实施。

4. 质量管理

全要素管控工程指挥部全权负责项目全过程质量管理，并接受质量管理部门的指导和监督。

5. 考核管理

全要素管控工程指挥部负责本项目的考核与评价。为确保全要素管控工程按时完成，实现效益最大化，还可以实施过程奖励和完工奖励的考核激励机制。

（1）过程奖励：依据项目经营目标，按照实施过程予以奖励。
（2）完工奖励：由总体部商全要素管控工程指挥部制定项目实施完工奖励办法。

3.6.2 企业全要素管控模式实施步骤参考

基于物联网、大数据、云计算等新一代信息技术，贯穿设计、生产、管理、服务等制造活动的各个环节，可以构建具有信息深度自感知、智慧优化自决策、精准控制自执行等功能的先进制造过程、系统与模式。

实施全要素管控模式过程中的侧重点在于涵盖新技术、制造全过程、智能特征等各方面。全要素管控模式将高端的智能技术融合在企业中，使企业的生产线实现智能化，生产管理更加流畅便捷。卷烟工厂生产管理是一项全要素性质的管理活动，生产管理过程受到包括人、财、物等各要素的影响，管理层面包括战略、技术、市场、文化、制度、组织六大要素，生产层面可以归纳为人、材料、设备、方法、环境、测量六大要素，只有对各影响因素进行科学管控，才能不断提升卷烟工厂的生产水平和能力。

全要素管控不仅要实现企业在市场分析、产品设计、生产计划、制造加工、过程加工、过程控制、信息管理、设备维护等技术领域的自动化，更多的是对整个企业的制造环境进行高度集成，在中控台下进行信息分享、流程管控，包括数据看板、可视化管控平台、环境监测系统、数字孪生仿真等。

实现全要素管控模式的卷烟企业应做到生产过程高度自动化、透明化、可视化、精益化,辅以精准的在线产品检测系统,能够通过质量检验和分析实时调节生产过程控制参数,生产物流与生产过程融为一体,根据库存情况智能调节生产进度,组成一个自适应、反馈灵敏、可靠性强、可信赖的智能制造生态系统。

面向产品的全生命周期或全过程的智能化提升,包括设计、生产、物流、销售和服务五类,涵盖了从接收客户需求到提供产品及服务的整个过程。与传统的制造过程相比,更加侧重于各业务环节的智能化应用和智能水平的提升。

实现智能技术、智能化基础建设的综合应用,将信息进行物理融合,完成感知、通信、执行、决策的全过程,包括资源要素、互联互通、系统集成、信息融合和新兴业态五大类,将引导企业利用数字化、网络化、智能化技术向模式创新发展。

图 3-9 呈现了全要素管控模式的核心要素。从图中可以看出,多种核心要素相互作用才能达到全要素管控的状态。将各种制造资源要素(人、机器、能源等)与制造过程(设计、生产、物流、销售和服务)等物理世界的实体及活动数字化并接入到互联互通的网络环境下,对各种数字化应用进行系统集成,对信息融合中的数据进行挖掘、利用并反馈,优化制造过程和资源要素,将推动组织最终达到个性化定制、远程运维与协同制造的新兴业态。

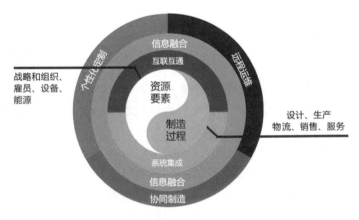

图 3-9 全要素管控模式核心要素

一、信息化

提高工厂制造设备自动化水平,构建柔性化生产线。针对工厂总体设计、工艺流程和布局建立数字化模型,并进行模拟仿真,实现生产流程数据可视化。部分核心制造环节已实现业务流程信息化,具备部分满足未来通信和集成需求的基础设施,企业已开始基于IT进行制造活动。将信息技术用于产品的制造过程,将使制造活动更加高效、敏捷、柔性。在制造过程中采用信息技术,可以实现对制造过程的监控和管理,提高加工效率和保证加工精度,完成对复杂产品的加工,实现制造过程的自动化、信息化和集成化。制造业信息化将信息技术、自动化技术、现代管理技术与制造技术结合起来,可以改善制造企业的经营、管理、产品开发和生产等各个环节,提高生产效率、产品质量和企业的创新能力,降低消耗,带动产品设计方法和设计工具的创新、企业管理模式的创新、制造技术的创新以及企业间协作关系的创新,从而实现产品设计制造和企业管理的信息化、生产过程控制的智能化、制造装备的数控化以及咨询服务的网络化,全面提升我国制造业的竞争力。

二、智能化

智能制造是通过新一代信息技术、自动化技术、工业软件及现代管理思想在制造企业全领域、全流程的系统应用而产生的一种全新的生产方式。智能制造的应用能够使制造业企业实现生产智能化、管理智能化、服务智能化与产品智能化。智能制造视角下的产品服务是借助云服务、数据挖掘和智能分析等技术,捕捉、分析产品信息,更加主动、精准、高效地给用户提供服务,推动企业价值链向后延伸。智能技术应用到设计、生产、销售、物流和服务等制造全过程,有助于实现各业务单元乃至企业整体的数字化、网络化以及智能化,达到感知、执行及控制决策的闭环。

对支撑核心业务的设备和系统进行投资,通过技术改造,使得主要设备具备数据采集和通信的能力,实现覆盖核心业务重要环节的自动化、数字化升级。通过制定标准化的接口和数据格式,部分支撑生产作业的信息系统能够实现内部集成,数据和信息在业务内部实现共享。

三、集成互联

各种设备、系统以及工人等通过有效的集成、互联技术,实现了连接、交互与协同。企业 PLM、APS、ERP 等核心信息系统需要无缝集成,实现企业经营、管理和决策的智能优化,实现生产模型分析决策、过程量化管理、成本和质量动态跟踪以及从原材料到产成品的一体化协同优化。结合现代互联网技术、物联网技术,实现生产智能排程、智能调度、智能数据采集、智能物流、智能监控,促进生产过程智能化。以互联网营销、个性化定制、云端设计、互联网采购、云服务为核心体现制造业与互联网深度融合的产业互联。

企业的投资重点应从对基础设施、生产装备和信息系统等的单项投入,向集成实施转变,重要的制造业务、生产设备、生产单元完成数字化、网络化改造,能够实现设计、生产、销售、物流、服务等核心业务的信息系统集成,聚焦工厂范围内数据的共享。

四、数据驱动

数据驱动主要体现为以信息流带动技术流、资金流、人才流、物资流,进而不断优化制造资源的配置效率,这可以反映在如下几个方面。

(1)通过大数据分析,进一步实现产业升级、降低生产消耗、提高品控水平。制造过程中的各类数据经过采集、加工及分析,形成可用的知识、模型,用于对各制造环节的评价、监控、预测、控制以及决策优化。

(2)实现对实体流、资金流等的全过程监控,建立数据采集监控系统,实现自动采集生产过程数据;同时,实现原料收集、关键工艺和成品检验数据的采集和集成利用,建立实时质量预警机制。制造业企业便可利用存在于数据之间的细微关联调整产能,合理安排生产设备、生产任务,及时解决生产过程中的问题。

(3) 实现制造业从接单、生产、采购到质量的全面数据化、可视化管理，将生产的每一个环节、每一台设备、每一条生产线的所有生产情况、能耗、良品情况、负荷情况等一一可视化呈现，真正做到制造业生产的每一个环节都可见，更有利于每个生产环节负责人随时监控数据，发现问题及时处理，确保生产的高效、高质。

企业内生产系统、管理系统以及其他支撑系统已完成全面集成，实现了工厂级的数字建模，并开始对人员、装备、产品、环境所采集到的数据以及生产过程中所形成的数据进行分析，通过知识库、专家库等优化生产工艺和业务流程，实现信息世界与物理世界的互动。

五、实时管控

实时管控主要包括如下几个方面。

（1）建立工厂环境监测系统，实现对工厂环境的实时预警管理。对存在高安全性与环境污染的项目，实现有毒有害物质排放和危险源的自动检测与监控、安全生产的全方位监控，建立在线应急指挥联动系统。

（2）构建企业可视化管控平台，实现工艺、生产、检验、物流等制造过程各环节之间，以及制造过程、数据采集和监控系统、生产执行系统、企业资源计划系统之间的信息互联互通。如 ERP 软件在管控制造企业的生产流程时，并不只是单纯依靠计划单和工序单进行管控，当然，最重要的管控手段还是以计划单和工序单为主。

（3）各类生产资源都得到最优化的利用，设备之间实现自治的反馈和优化，企业已成为上下游产业链中的重要角色，个性化定制、网络协同、远程运维已成为企业开展业务的主要模式。

企业在实施全要素管控模式时，应按照逐级递进的原则，从低级向高级循序演进，要注重投资回报率。企业应该根据自身的业务发展现状、市场定位、客户需求和资金投入情况，来确定全要素管控模式的发展方向。经过不断改进，实现企业设计、工艺、生产、管理、物流等环节的产品全生命周期闭环动态优化，制造和管理信息的可视化。要不断改善企业资源配置、工艺优化、过程控制、产业链管理、节能减排和安全生产等工作，推进企业数字化、设备智能升级、精益生产、工艺流程优化、可视化管理、质量控制和追溯性、智能物流等方面的快速发展。

3.6.3 生产过程全要素管控模式成熟度标准参考

一、模型与评价

生产过程全要素管控模式成熟度评价是依据智能制造能力成熟度模型要求，与卷烟企业实际情况进行对比，得出其智能制造水平等级，有利于卷烟企业发现差距，结合组织的智能制造战略目标，寻求改进方案，提升智能制造水平。图 3-10 为智能制造能力成熟度模型与评价的关系示意图。

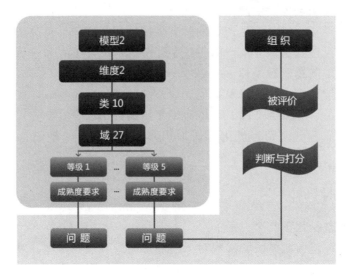

图 3-10　智能制造能力成熟度模型与评价的关系示意图

二、评价过程

卷烟企业首先结合自身的发展战略及目标,选择适宜的模型(整体或单项),根据行业特点选择评价域(流程或离散),通过"问题"调查的形式来判断是否满足成熟度要求,并依据满足程度进行打分计算,给出结果。评价过程如图 3-11 所示。

图 3-11　评价过程

问题来源于成熟度要求,与其保持对应一致,是执行评价的主要依据。判断问题是否得到满足要基于证据,包括人员访谈记录、文件、系统部署或运行的记录等,必要时可借助工具或智能制造评价平台自动收集。

（一）选择模型

组织可以根据自身现状以及智能制造发展战略,选择单项能力成熟度模型或整体成熟度模型。单项能力成熟度模型主要面向中小企业,或只在制造的某些环节有智能化提升需求的企业;整体成熟度模型主要面向大型企业,或在智能与制造的各方面发展均衡的企业。

（二）确定评价域

结合流程行业与离散行业的不同特点,对 27 个域进行裁剪,确定适合行业特色的评价域。流程行业主要评价域如表 3-2 所示。

表 3-2 流程行业主要评价域

类	设计	生产					物流	销售	资源要素				互联互通		系统集成		信息融合			新兴业态
域	工艺优化	采购	计划与调度	生产作业	质量控制	安全与环境	物流管理	销售管理	战略和组织	雇员	设备	能源	网络环境	网络安全	应用集成	系统安全	数据融合	数据应用	数据安全	协同制造

离散行业主要评价域如表 3-3 所示。

表 3-3 离散行业主要评价域

类	设计		生产					物流	销售	服务		资源要素			互联互通		系统集成		信息融合			新兴业态		
域	产品设计	工艺设计	采购	计划与调度	生产作业	质量控制	仓储与配送	物流管理	销售管理	客户服务	产品服务	战略和组织	雇员	设备	网络环境	网络安全	应用集成	系统安全	数据融合	数据应用	数据安全	个性化定制	远程运维	协同制造

（三）基于问题的评价

针对每一项能力成熟度要求，设置不同的问题，对问题的满足程度进行评判，作为智能制造评价的输入。对问题的评判需要专家在现场取证，将证据与问题进行比较，得到对问题的评分，也是对成熟度要求的评分。根据对问题的满足程度，设置 0、0.5、0.8、1 共四档打分原则。若问题的得分为 0，视为该等级不通过。图 3-12 展示了对"产品设计"这个域的一级评价。

（四）给出分数与等级

对成熟度要求打分后，通过加权平均形成域的得分，进而计算类的得分，最终得到组织的总分值，并给予等级。打分评级过程如图 3-13 所示。

对域权重的设定采用平均原则，当组织申请某等级的评价时，该等级内涉及的所有类的平均分值必须达到 0.8 分，才能视为满足该级别的要求，满足低等级的要求后才能申请更高等级的评价（注：同一等级内任何一个问题得分≠0，任何一个域的得分≥0.5，否则视为不具备此等级的能力要求）。

最终评分结果与等级的对应关系如表 3-4 所示。

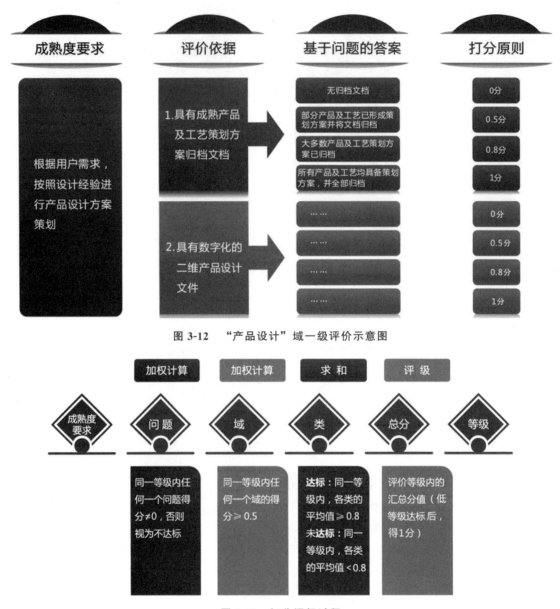

图 3-12 "产品设计"域一级评价示意图

图 3-13 打分评级过程

表 3-4 评分与等级的对应关系

等级	对应评分区间
5 级 引领级	$4.8 \leqslant X \leqslant 5$
4 级 优化级	$3.8 \leqslant X < 4.8$
3 级 集成级	$2.8 \leqslant X < 3.8$
2 级 规范级	$1.8 \leqslant X < 2.8$
1 级 已规范级	$0.8 \leqslant X < 1.8$

第七节 本章小结

本章提出了卷烟工业企业全要素生产率（TFP）测评的基本方法和要求，主要研究内容包括全要素生产率测评实施流程、全要素生产率测评指标体系、全要素生产率测评指标权重、全要素生产率测评体系、卷烟工业企业全要素生产率测评实践五个部分，分别指导卷烟工业企业全要素生产率测评的实施流程、指标体系、指标权重、测评综合体系、测评体系的实践和分析统计，卷烟工业企业可据此实施企业全要素生产率的测评和分析工作。

对生产过程特点和生产过程指标数据现状进行分析，可以帮助确定生产过程全要素生产率测评基础原理、指标筛选方法和指标数据预处理方法。

第四章
卷烟工厂生产过程全要素生产率测评指南

第一节 生产过程全要素生产率测评内涵

4.1.1 生产过程全要素生产率的内涵

从企业层面来看,企业生产效率的提高是经济高质量发展的重要方面。相比于单要素生产率(如对于劳动生产率和资本生产率,用产出与劳动和资本的比值来衡量)只考虑单一投入对单一产出的影响,无法反映企业整体的生产效率,全要素生产率从多投入、多产出的角度,更能全面地考虑影响企业发展的因素。全要素生产率是扣除资本、劳动力和自然资源三大物质要素的贡献后,由诸如管理创新、科技进步、规模收益等所带来的产出增长率,能更有效地衡量烟草行业中其他关键指标要素对行业发展质量的影响。全要素生产率测评解释了生产中若干投入因素的使用,能够帮助企业找到短板,以便后续的调整改进。对于生产制造型企业来说,生产制造活动是企业经营的主体,也是最关键的环节。生产过程全要素生产率衡量和生产过程相关的各指标的投入与产品产出比率,科学分析生产过程中的短板,可以找出影响生产率的关键因素,以便企业及时进行调整,提升生产效率。因此,生产过程全要素测评更适合于烟草企业之间或单独的烟草企业随时间变化的绩效测量、比较及反馈。

4.1.2 烟草工厂企业生产过程全要素测评的必要性

在此之前,烟草企业已经完成了设备综合效率(Overall Equipment Effectiveness,OEE)测评体系的构建,并取得了良好的效果。为了响应国家号召,进一步推进烟草企业全面、协调、高质量发展,建立全要素生产率测评体系,找出企业生产过程中存在的问题并"对症下药",成为各个烟草企业重点关注的问题。

中国烟草企业是一类计划性生产企业,生产目标由中烟公司下发,各子公司来执行。基于这样的背景,我们认为有必要制定一套相应的技术标准,来指导各个卷烟工业企业更好地使用全要素生产率测评工具。这主要是出于以下几个方面的考虑。

第一,全要素生产率测评适用于各类需要采取精细化、系统化管理的制造型企业,它能帮助制造企业准确地评估各级生产单位(机台/工段、生产线、车间、工厂、企业)、各个部门核心要素的生产运作效率,精确地定位制约生产运行效率的主要因素,支持企业持续地挖掘自身的生产潜力,有利于企业进一步构建"评价—改进"一体化的闭环管理体系。在当前形势下,制定并贯彻执行《卷烟工业企业全要素生产率测评导则》,鼓励和指导企业积极推行 TFP 测评,对于卷烟生产行业的可持续发展有着十分重要的作用和意义。

第二,全要素生产率测评涉及范围广,需要全面统筹协调。烟草行业全要素生产率测评涉及人、机、料、法、环、测各个方面关键要素的测评,需要工厂、部门、人员、设备、班次、产品等的相互协调,因此 TFP 的计算和测评十分复杂。为此,通过制定《卷烟工业企业全要素生产率测评导则》来指导各个卷烟工业企业科学地建立和规范自身的全要素生产率测评体系,是十分必要的,也是很有意义的。

第三,全要素生产率测评尚未在全国卷烟工业企业得到全面开展,自发开展的企业中,各企业对全要素有不同的界定范围,相同要素也有着不同的计算、评价方式,不利于就 TFP 在全行业内开展对标。在此情况下,通过制定《卷烟工业企业全要素生产率测评导则》,对全要素范围的界定和各要素的计算公式、评价方法进行统一规范,便于未来行业开展对标,促进效率持续提升。

第二节 卷烟工厂生产过程全要素生产率测评技术原理

4.2.1 生产过程全要素生产率测评基础理论与方法

 一、全要素生产率测评指标选取的基础理论

(一)约束理论

约束理论(Theory of Constraints,TOC)是由 Goldratt 和 Cox 提出的一种持续改进理论,主要研究如何管理系统的瓶颈或约束。约束理论的基本观点是,任何系统都至少存在一个或几个约束因素,所有限制系统目标实现的因素都是约束因素,否则它就可能具有无限输出。例如,一个制造业的企业生产过程中的瓶颈就是约束因素。因此,为了增加系统的输出,必须打破系统的瓶颈。任何系统可以想象成由一系列相互连接的环构成,系统的强度取决于它最薄弱的一环,而不是最强的一环。"约束"是指在实现企业目标的过程中存在或潜在的约束,"约束管理"就是逐一识别和消除这些约束,以明确改进的方向和策略,从而帮助企业更有效地实现目标。

1. 约束理论的管理思想

约束理论的管理思想是首先抓"重中之重",使最严重的制约因素凸显出来,从技术上消除"避重就轻""一刀切"等管理弊病发生的可能,避免管理者陷入大量的事务处理当中而不能自拔的情形。但在实现目标的过程中,瓶颈并非一成不变,而是会随着环境的变化而变化，如实际生产过程中出现机器故障、刀具磨损、临时插单、急件、物料短缺、交货期变动、工艺路线改变等，这些情形会使瓶颈不断发生改变。对瓶颈的持续改善，短期的效果是"抓大放小"，长期的效果是大小问题"齐抓共管"，从而使得企业的整体管理水平持续提高。

2. 约束理论的思考方法和持续改善程序

约束理论有一套思考的方法和持续改善的程序，可具体表述如下。

第一步，找出系统中存在的约束。企业要增加有效产出的话，一般会在以下方面考虑提出应对措施：

（1）原料，即增加生产过程的原料投入；

（2）能力，即某种生产资源不足而导致无法满足市场需求，就要考虑增加资源；

（3）市场，如果市场需求不足导致生产能力过剩，就要考虑开拓市场需求；

（4）政策，找出企业内部和外部约束有效产出的各种政策规定。

第二步，最大限度利用瓶颈，即提高瓶颈利用率。这是解决第一步中所提出的各种问题的具体方法，从而实现有效产出的增加。如某种内部生产资源是约束，就要采取一系列措施来保证这个环节始终高效率生产。以某台设备利用率不高的约束来说，具体的解决方法如下。

（1）设置时间缓冲。这一方法多用于单件小批量生产类型，即在瓶颈设备前工序的完工时间与瓶颈设备的开工时间之前设置一段缓冲时间，以保证瓶颈设备的开工时间不受前面工序生产率波动和发生故障的影响。缓冲时间的设置，与前面非瓶颈工序波动的幅度、故障出现的概率及企业排除故障、恢复正常生产的能力有关。

（2）在制品缓冲。这一方法多用于成批类型，其位置与数量确定的原则与方法同单件小批量生产。

（3）在瓶颈设备前设置质检环节。

（4）统计瓶颈设备产出的废品率。

（5）找出产出废品的原因并根除。

（6）对返修或返工的方法进行研究改进。

第三步，使企业的所有其他活动服从第二步中提出的各种措施。很多企业在解决生产系统中的瓶颈问题时没有明确这一点，对那些非约束环节追求百分之百的利用率，给企业带来的不是利润，而是更多的在制品和约束环节等待时间，以及其他的浪费。因此，企业要按照约束环节的生产节拍来协调整个生产流程。

第四步，打破瓶颈，即设法解决第一步中找出的瓶颈。

第五步，重返第一步，持续改善。

3. 约束理论的运作指标体系

约束理论认为，企业真正的目标只有一个，即企业始终都能赚钱。然而，传统的财务评价指标如净利润（NP）、投资收益率（ROI）、现金流量（CF）等存在决策滞延性、强调局部最优、无法直接指导生产等不足。约束理论质疑成本会计生产管理问题的根源，提出了新的运作指标体系。

第一，运行费（OE）将库存转化为有效产出过程中的一切花费，包括所有间接费用和直接费用。

第二，有效产出（TP）指企业单位时间内生产产品并且实现了销售而获得的利润，是衡量企业在单位时间内出产、销售产品而最终获利的能力的指标。在数学计算中，有效产出率等于单位时间内实现的销售收入减去取得相应收入而发生的销售成本。约束理论区别产出品和卖出品，生产出来但未销售出去的产品算作库存。

第三，库存（Inventory，I）是一切暂时不用的资源，包括为满足未来需要而提前准备的原料、未销售的产成品、加工过程中的在制品、一时不用的零部件以及扣除折旧后的固定资产等。库存占用了资金，耗费了人力、物力，占用了一些场地等，从而产生了机会成本及维持库存所需的管理费用。由此，约束理论认为，企业要实现利润最大化的目标，必须在增加产销率的同时，减少不必要的库存和运行费用。

（二）吸收能力理论

知识吸收能力是指对于外部信息，企业认识其价值并吸收和应用于商业终端的能力。吸收能力理论（Absorptive Capacity Theory）考察了企业如何识别新知识的价值，吸收并将其应用于组织目标实现这一过程。该理论认为，吸收新知识可使组织变得更具创新性和灵活性，且相比不吸收新知识的组织有着更高的绩效水平。该理论还假设，在吸收知识方面能力强的企业相比吸收知识方面能力弱的企业更具有竞争优势。

1. 企业知识吸收能力的种类

企业知识吸收能力包括四种：知识获取能力、知识吸纳能力、知识转化能力和知识开发利用能力。其中，知识获取能力是指对外部产生的、对本企业有关键作用的知识加以判断和获取的能力；知识吸纳能力强调外部知识在企业内被有效地阐释和理解的能力，不能被理解的知识是很难被再利用开发的；知识转化能力是指将新的外部知识与内部已有知识有效整合的能力；知识开发利用能力是指通过将内外部知识共同运用而开发出新知识的能力。以上的四种能力可以归为两大类：潜在知识吸收能力（包括知识获取和吸纳）和实际知识吸收能力（包括知识转化和开发利用）。潜在知识吸收能力是企业利用外部知识的前提，实际知识吸收能力是企业通过利用外部知识不断创新并保持竞争优势的关键。潜在的知识吸收能力比较倾向依赖于企业自身资源以及外部知识源的特性，而要由潜在的知识吸收能力转化为实际的知识吸收能力并对企业的创新活动真正发挥作用，则需要企业内部在交流、合作上的努力。

2. 企业知识吸收能力的影响因素

企业的知识吸收能力会受到企业知识基础、企业的学习努力程度以及学习方法、研发投入、组织学习机制的影响。企业内部员工的知识水平决定了企业对知识做出反应的灵敏度和准确性。组织中的个人或技术团队成员的知识经验越丰富、知识类别越多，相应地，他们能解释的信息也就越多样，也越能解决较困难的问题。企业本身具有的知识水平与知识内涵对于企业认知、吸收、应用外部新知识具有重要的作用。企业的知识吸收能力在很大程度上是其先验知识水平的函数。企业先验知识的广度决定了企业评价外部知识范围的能力，企业先验知识的深度则影响企业吸收能力提高的速度。要提高企业潜在的知识吸收能力，仅仅使企业成员接触相关知识是不够的，还取决于他们努力的强度。如果仅仅强调企业的知识基础，可能过于被动。事实上，无论个人还是企业组织的知识吸收效率，在短期内更多地依赖自身的知识基础，但是从长期看，获取知识的欲望、积极性更为关键。吸收新知识不只是记忆与背诵，要将新知识纳入现有的知识系统并加以充分利用，需要一套有效的学习方法，辅之以大量的练习。所谓做中学，就是吸收与学习新知识的重要手段和必要过程。Cohen 和 Levinthal 认为，企业投入研发不仅能解决问题与创造新知识，同时也能提升企业的技术吸收能力。研发投入规模和提升企业的吸收能力密切相关，因此，当吸收能力影响企业竞争优势时，企业就会采取比较积极的研发策略，研发投入的规模相对也会较大。要由潜在知识吸收能力转化为实际知识吸收能力并对企业的创新活动真正发挥作用，除了企业在研发活动上的投入这一指标，建立有组织的学习机制起着至关重要的作用。有组织的学习包括外部学习和内部学习。所谓外部学习，指的是技术模仿、转移与引进，外围的技术寻求、技能转移的外部学习组织机制起着重要的作用；内部学习指的是组织内部的知识扩散与知识创新活动，企业内部各部门间、成员间知识交流和分享的内部学习机制起着重要的作用。在内部学习中，企业内部的知识解释、分享、转化和利用依靠内部学习组织机制。如果企业外部的知识不能符合组织的价值观或利益，将很难在内部转移、扩散或被利用；如果组织结构过于封闭、僵化，则不利于内部成员与外部的知识源进行交流，同时，部门间的交流也会受到抑制，必然对企业知识吸收的能力产生负面影响。技术知识的活化与创新是外部技术环境和市场需求变化刺激的结果，因此，有效地将技术机会、市场机会与已有的技术储备有机结合起来是技术能力能否提高的关键，也是从潜在吸收能力向实际吸收能力转化的关键。只有这样，才能真正实现技术成果向企业利润的转化。由潜在吸收能力转化为实际吸收能力，则取决于企业内部学习机制。

（三）资源基础理论

1984 年，沃纳菲尔特（Wernerfelt）的"企业的资源基础理论"的发表意味着资源基础理论的诞生。资源基础理论的基本思想是把企业看成资源的集合体，将目标集中在资源的特性和目标市场上，并以此来解释企业可持续的优势和相互之间的差异。资源基础理论的假设是：企业具有不同的有形资源和无形资源，这些资源可转变成独特的能力，资源在企业之间是不可流动的且难以复制；这些独特的资源与能力是企业持久竞争优势的源泉。该理论认为，组织中的可持续竞争优势是由内部的资源和能力所决定的，这里的资源和能力既包括有形资源，也包括信息、知识、社会关系等无形资源，其中有价值的资源是组织可持续发展的动力来源。外部市场结构与市场机会虽然对企业的竞争优势产生一定的影响，但并不是决定性因素。获得持续竞争优势的资源应具备异质性、竞争的事后限制、不完全移动性、竞争的事前限制四项标准。

概括地讲，资源基础理论主要包括以下内容。

1. 企业竞争优势的来源

企业竞争优势来自特殊的异质资源。资源基础理论认为，各种资源具有多种用途，其中又以货币资金为最。企业的经营决策就是指定各种资源的特定用途，且决策一旦实施就不可还原。因此，在任何一个时点上，企业都会拥有基于先前资源配置进行决策后带来的资源储备，这种资源储备将限制、影响企业下一步的决策，即资源的开发过程倾向于降低企业灵活性。一般说来，企业决策具有以下特点：

（1）不确定性，即决策者对社会、经济、产业、技术等外部环境不可能完全清楚，对竞争者的竞争行为、消费者的偏好把握不可能绝对准确；

（2）复杂性，即影响企业外部环境的各种因素之间的相互作用具有复杂性，竞争者之间基于对外部环境的不同感受而发生的相互作用具有复杂性；

（3）组织内部冲突，即决策制定者、执行者、相关利益者在目标上并不一致，各人都从最大化自己的效用出发影响决策行为。

以上这些特点决定了企业任何决策都具有较大范围的自由裁量，结果也会各不相同。因此，经过一段时间的运作，企业拥有的资源将会因为企业复杂的经历及难于计数的小决策的作用表现出巨大差异，企业一旦陷入偏差，就可能走入越来越难于纠正的境地。资源基础理论认为，企业在资源方面的差异是企业获利能力不同的重要原因，也是拥有优势资源的企业能够获取经济租金的原因。作为竞争优势源泉的资源应当具备以下五个条件：① 有价值；② 稀缺；③ 不能完全被仿制；④ 其他资源无法替代；⑤ 以低于价值的价格为企业所取得。

2. 企业竞争优势持续性的来源

企业竞争优势的持续性来自资源的不可模仿性，主要原因包括因果关系含糊、路径依赖性和模仿成本高。企业面临的环境变化具有不确定性，企业的日常活动具有高度的复杂性，而企业的租金是企业所有活动的综合结果，即使是专业的研究人员也很难说出各项活动与企业租金的关系，劣势企业更是不知该模仿什么，不该模仿什么。并且，劣势企业对优势企业的观察是有成本的，劣势企业观察得越全面、越仔细，观察成本就越高。劣势企业即使能够通过模仿获得少量租金，也可能被观察成本所抵消。企业可能因为远见或者偶然拥有某种资源，占据某种优势，但这种资源或优势的价值在事前或当时并不被大家所认识，也没有人去模仿。后来环境发生变化，形势日渐明朗，资源或优势的价值日渐显露出来，成为企业追逐的对象。然而，由于时过境迁，其他企业再也不可能获得或以那么低的成本获得那种资源或优势，拥有那种资源或优势的企业则可稳定地获得租金。企业的模仿行为存在成本，模仿成本主要包括时间成本和资金成本。如果企业的模仿行为需要花费较长的时间才能达到预期的目标，在这段时间内完全可能因为环境的变化而使优势资源丧失价值，使企业的模仿行为毫无意义。在这样一种威慑下，很多企业选择放弃模仿。即使模仿时间较短，优势资源不会丧失价值，企业的模仿行为也会耗费大量的资金，且资金的消耗量具有不确定性，如果模仿行为带来的收益不足以补偿成本，企业也就不会选择模仿行为。

3. 管理企业特殊资源的方法

获取与管理企业的特殊资源使企业获得长远发展，主要方法有组织学习、知识管理和建立外部网络。资源基础理论的研究人员几乎毫不例外地把企业特殊的资源指向了企业的知识和能力，而获取知识和能力的基本途径是学习。由于企业的知识和能力不是每一个员工知识和能力的简单加总，而是员工知识和能力的有机结合，通过有组织的学习不仅可以提高个人的知识和能力，而且可以促进个人知识和能力向组织的知识和能力转化，使知识和能力聚焦，产生更大的合力。知识只有被特定工作岗位上的人掌握才能发挥相应的作用，企业的知识最终只有通过员工的活动才能体现出来。企业在经营活动中需要不断地从外界吸收知识，需要不断地对员工创造的知识进行加工整理，需要将特定的知识传递给特定工作岗位的人。企业处置知识的效率和速度将影响企业的竞争优势。因此，企业对知识微观活动过程进行管理，有助于企业获取特殊的资源，增强竞争优势。对于弱势企业来说，仅仅依靠自己的力量来获取和发展他们需要的全部知识和能力是一件花费大、效果差的事情，通过建立战略联盟、知识联盟来学习优势企业的知识和技能则要便捷得多。来自不同公司的员工在一起工作、学习，还可激发员工的创造力，促进知识的创造和能力的培养。

（四）动态能力理论

动态能力理论是指组织为使产品快速地上市，有效地掌握变化万千的商机，持续地建立、调适、重组其内外部的各项资源与智能来达到竞争优势的一种弹性能力。它诠释了企业是如何创造商业价值的。动态能力理论是在资源基础观以及企业能力理论的基础上发展起来的，并吸收了演化经济理论的部分观点。动态能力理论最早由 Teece 于 1997 年提出，他对动态能力的含义和基本理论框架做了初步阐述，将动态能力定义为企业整合、构建和重组内外部能力以适应快速变化环境的能力。2009 年，Teece 又对动态能力的概念进行了补充，认为动态能力不仅包括企业感知环境并通过整合企业现有资源从而抓住机会的能力，而且包括通过组合资源重新塑造企业所处的生态环境从而创造全新商业机会的能力。这次的补充不仅拓展了企业动态能力的内容，并且突出了企业主动性的特征，企业可以主动地再造自己所处的环境，而不是被动地适应所处环境。此外，也有很多学者对动态能力进行了不同的定义。

1. 动态能力的特征

动态能力具有开拓性。动态能力理论源自资源基础理论，且吸收了核心能力理论的许多观点，因而动态能力在特征上与核心能力有相似之处。但动态能力是改变企业能力的能力，并在创新上具有开拓性动力。创新的动力可能是再生性的或开拓性的，因为倾向于以具有强烈路径依赖的经验性为基础的再生性动力并不能改变能力中的惯性。企业动态能力不仅关注企业特有的组织惯例，其焦点更是放在克服能力惯性的创新和开拓性能力上。在动态环境中，动态能力崇尚建立开拓性学习能力。开拓性学习能力是为了在长期内向企业提供新的战略观念而进行的侧重于变革的学习。因此，企业为了获得持续竞争优势，需要的是能够进行创造性毁灭的能力。

动态能力具有开放性。建立在开拓性动力之上的动态能力呈现出开放性的特征。动态能力是企业整合了内部知识与吸收性知识的产物。因为吸收性知识在企业内部和外部资源与能力之间起到了桥梁作用，所以动态能力理论强调建立从外部途径吸纳知识的特殊能力。这与强调企业能力内部化积累的资源基础理论和核心能力理论有很大的不同。动态能力由于其开放性而显现出灵活性，从而减少了能力中的刚性之不足。

动态能力具有复杂性和难以复制性。在动态环境下的动态能力具有复杂性，因为动态能力是建立在企业的流程基础上的，而其流程具有复杂性。同时，企业流程的紧密联系性导致组织能力系统在不同层次都表现出一致性，如果改变企业内某些部分流程，就必然会引起其他部分流程的相应改变，在这种情况下，动态能力的复制就变得非常困难了。

2. 动态能力的影响因素研究

动态能力理论的重点包含以下七点：① 强调改变导向的能力；② 强调快速创新；③ 强调实时反应；④ 强调短期竞争优势；⑤ 强调资源与能力的重整、组合、获取与调适；⑥ 强调网络型组织；⑦ 强调本身能力改变的速度与低成本。动态能力对企业绩效和竞争优势影响显著，因此研究对动态能力的影响因素显得尤为重要。

当前文献中，动态能力的影响因素研究可以大致分为四种类型，主要内容如下。

1）基于资源基础的研究

金（A. King）和塔奇（C. L. Tucci）的研究发现，企业原有的经验积累对于其顺利进入新的利基市场具有积极作用。伍滕（L. P. Wooten）和克雷恩（P. Crane）认为，人力资本会对动态能力产生重要影响，布莱勒（M. Blyler）和科夫（R. W. Coff）则认为，社会资本是动态能力的核心。阿德内尔（R. Adner）和赫法特（C. E. Helfat）综合考察了各类资源要素，认为动态能力受到人力资源、社会资本和管理层认知三个潜在因素的影响。这三类因素单独或者共同起作用，决定了企业战略性和操作性管理决策，进而对动态能力产生重要影响。

2）基于组织手段的研究

林多瓦等人发现，高层团队及其关于组织演化的信念对于动态能力的形成和企业形态持续演化具有重要作用，动态能力依赖于新兴事件的学习过程以及在组织形式演化过程中的一些基本规则，同时也取决于高层管理团队的支持。因此，他们认为，企业要培育动态能力，其组织形式必须是分权化和有机的。其他学者如罗森布鲁姆等人也都根据不同公司的实践总结了管理高层决策等组织因素对于动态能力的影响。

3）基于技术手段的研究

卡尔松研究了信息通信技术（ICT）和知识管理系统（KMS）在企业间社会网络的建立、使用和维护中的作用，从而论述了信息通信技术和知识管理系统对于企业的吸收能力（一种类型的动态能力）的积极作用。

4）以上若干方面的组合研究

梅切尔（J. T. Macher）和莫厄里（D. C. Mowery）从学习的三个角度（经验积累、知识表述、知识编码）研究了企业的R&D组织管理流程以及信息技术的应用对于提升企业的流程创新绩效的作用，结果发现：研发团队构成的多样性、研发人员与生产人员交流的密集度和信息技术分布的广泛性都有利于提升组织学习和解决问题的成效。亚当斯（G. L. Adams）和拉蒙特（B. T. Lamont）将组织的资源分为基于组织学习的资源和基于资本的资源，强调了组织学习能力对于企业动态能力（尤其是创新能力）的影响，同时也探讨了知识管理系统在促进企业重新配置资源方面的作用。

二、指标筛选概述

为了全面反映被评价对象的情况，评价者总希望所选取的评价指标越多越好。但是，过多的评价指标不仅会增加评价工作的难度，而且会因为评价指标间的相互联系造成评价信息相互重叠、相互干扰。因此，在实际应用中，往往是遵循如下的思路进行指标选择：

从初步构建的评价指标体系中选取一部分有代表性的评价指标来简化原有的指标体系。解决这一问题有两条途径。

(一) 定性筛选指标

定性筛选指标时，专家调研法是一种常用的方法。该方法的关键是物色专家以及确定专家的人数。评价者根据评价目的及评价对象的特征，在所涉及的调查表中列出一系列的评价指标，分别征询专家对所设计的评价指标的意见，然后进行统计处理，并反馈咨询结果。经几轮咨询后，如果专家意见趋于集中，则由最后一次咨询确定出具体的评价指标体系。专家调查法是调查、征集意见、汇总分析、反馈、再调查这样一个反复的过程，专家们总是处于互不知情的隔离状态，每个人的信息是他自己的知识、经验、专长以及调查机构反馈给他的汇总情况的集中体现，这就便于集中智慧。所以，这一做法被或多或少地借用，通过反复比较、协调，求得较好的结果和比较一致的意见。专家调查法可适用于所有的评价对象，它的优点是专家不受任何心理因素的影响，可以充分发挥自己的主观能动性，在大量、广泛信息的基础上，集中多位专家的集体智慧，最后得到合理的评价指标体系。但它的缺点是所需时间较长，耗费的人力物力较多。

最近两年，有一些学者引进粗糙集理论对指标进行属性约简，从指标体系出发去定性分析各评价指标间的相互关系，从而选出一些指标来代替原始的指标体系。

(二) 定量筛选指标

1. 条件广义方差极小法

条件广义方差极小法的基本思想是：假定要从 P 个指标中选取一个指标来评价某事物，则应选取其中最具有代表性的指标，但一个指标绝不能把 P 个指标的评价信息都反映出来，反映不完全的部分就是这个指标作为代表而产生的误差。选取的指标越具有代表性，这个误差就越小，重复这一过程，就可以选出若干个代表性指标，并使代表性误差控制在最小范围内。在统计学中，单个指标的信息量可以用其方差来反映，而多个指标所包含的信息量用其协方差矩阵的行列式值来度量。这就是广义方差的含义。因此，从 P 个指标中去掉某个指标后，剩下的 $P-1$ 个指标的广义方差（实际上是条件广义方差）就反映了该指标作为代表而产生的信息量误差。如果该条件广义方差很小，就表示该条指标所包含的信息量在所有 P 个指标的总信息量中占有很大的份额，也就说明该指标具有很强的"代表性"。因此，从这个观点出发，使条件广义方差最小的那个指标就最具有代表性，这个指标就成为我们所要选取的代表性指标之一。重复这一过程，就可以选取若干有代表性的评价指标，并且评价人员还能将代表性误差控制在适当的范围内。

2. 因子分析法

在对某一个问题进行论证分析时，采集大量多变量的数据能为研究分析提供更为丰富的信息和增加分析的精确度。然而，这种方法不仅需要巨大的工作量，并且可能会因为变量之间存在相关性而增加了研究问题的复杂性。因子分析法就是从研究变量内部相关的依赖关系出发，把一些具有错综复杂关系的变量归结为少数几个综合因子的一种多变量统计分析方法。这样，我们就可以对原始的数据进行分类归并，将关联比较密切的变量分别归类，归出多个综合指标，这些综合指标互不相关，即它们所综合的信息互相不重叠。这些综合指标就称为因子或公共因子。因子分析的主要目的是用来描述隐藏在一组测量到的变量中的一些更基本的、但又无法直接测量到的隐性变量。因子分析的方法有两类，一类是探索性因子分析，另一类是验证性因子分析。探索性因子分析不事先假定因子与测度项之间的关系，而让数据"自己说话"。主成分分析和共因子分析是其中的典型方法。验证性因子分析假定因子与测度项的关系是部分知道的，即哪个测度项对应于哪个因子，虽然我们尚且不知道具体的系数。

3. 极大不相关法

极大不相关法的基本思想是：把 P 个指标中那些可以由其他指标"代替"的剔除掉，剩下的便是彼此不能替代的，并能全面反映原有 P 个指标所包含的评价信息。大致内容是：逐个计算每个指标与去掉该指标后剩下的 $P-1$ 个指标间的复相关系数，那么，使这 $P-1$ 个复相关系数值最大的那个指标在很大程度上就可以被余下的 $P-1$ 个指标提供的评价信息所决定，因此应剔除这个指标。重复这一过程，直至留下若干相关性较小的评价指标为止。

三、指标数据预处理方法概述

（一）缺失值处理

1. 统计方式填充

基于统计学的填充方法是时间序列补缺中常用的方法，其计算复杂度低、易操作，在许多精度要求不高的业务场景中比较适用。

1) 就近填充

就近填充包括：前推法（LOCF），即使用缺失之前的最后一次观测值填补；后推法（NOCB），即使用缺失值后面的观测值进行填补。这个方法是时序数据当中最基本的方法。

2) 特征值填充

特征值填充包括均值、中值、常用值等。这类方法计算快，进行简单的统计即可实现数据的填补。通常情况下，其直接忽略数据的时序信息，假定时序数据里面基本没有很强的趋势性。

3) 线性插值

线性插值方法历史悠久。其假定时序之间变动有很强的趋势，通过拟合数据的趋势变化，进而进行填补。

2. 机器学习的填充方法

1) 回归插补

回归插补利用缺失数据和现有数据之间的关系，把观测到的数据作为自变量，而缺失的数据作为因变量。一般情况下，对于使用该插补方法的数据集来说，其数据之间有着较高的关联。因此，在碰到该类问题时，第一步是分析数学模型，确定缺失变量和观测到的数据之间的关系。

虽然在某些情况下，回归分析后获得的数据的协方差是无偏的，但数据集的方差在插补后有可能降低。同时，由于使用观测的数据进行回归方程建模，数据会分布在回归方程两侧，从而导致缺失数据总是被估计在回归方程上，这也是回归分析无法避免的一个问题。

2）K 邻近插补

KNN 算法是一种度量相似度的聚类算法，其在插补算法中的应用是根据不同数据变量之间的相似度来确定两个数据项之间的关系，然后根据数据变量之间的"距离"得到缺失数据的估计值。

3）极大似然估计插补

极大似然方程是利用位置参数来建模。对于使用极大似然算法的缺失数据，通常认为数据集满足以下两个条件：其一，样本分布为无偏的正态分布；其二，数据的缺失类型不包含完全随机缺失和随机缺失以外的缺失类型。在这两个假设条件下，可以对含有缺失数据的数据集进行边缘分布建模，并建立其极大似然方程，采用 EM（Expectation Maximization）算法进行求解，从而得到插补结果。该方法比删除个案和单值插补更有吸引力，但它有一个重要前提——适用于大样本。有效样本的数量必须足够，以保证 ML 估计值是渐近、无偏的，并服从正态分布。这种方法可能会陷入局部极值，收敛速度也不是很快，并且计算很复杂。

4）多重插补

利用多重插值的思想对缺失数据进行处理的方法起源于贝叶斯学派，其算法流程为：每次插补，生成复数个插补结果，通常是 3~5 个，缺失数据的不确定性通过不同的插补结果来反映；对于可能的数据集，估计其插补效果；比较得到的插补数据，选出最终的插补结果。通常来说，多重插补可以分为以下三种：回归预测法、马尔科夫链法以及偏好的评分法。其中，回归预测法和偏好的评分法适用于单一的缺失模式，而对于任意缺失模式下的缺失数据，只能采用马尔科夫链蒙特卡洛（Markov Chain Monte Carlo）这一插补方法。单一缺失数据插补在计算时忽视了样本分布的不确定性，其结果会在一定程度上扭曲样本分布，最终导致较大的误差，而多重插补在每一次插补时均会得到多个候选数据，消除了单一插补值所产生的不确定性。此外，多重插补算法的数据利用率高于其他单一值的插补算法。但该算法的主要问题在于算法设计难度高，算法的时间复杂度也较高。

（二）正向化处理

在多指标综合评价中，有些是指标值越大评价越好的指标，称为正向指标（也称效益型指标或望大型指标）；有些是指标值越小评价越好的指标，称为逆向指标（也称成本型指标或望小型指标）；还有些是指标值越接近某个值越好的指标，称为适度指标。在综合评价时，首先必须将指标同趋势化，一般是将逆向指标和适度指标转化为正向指标，所以也称为指标的正向化。对于指标的正向化，在实际应用中，许多学者常使用将指标取倒数的方法（苏为华教授称为"倒数逆变换法"），写成如下公式：

$$y_{ij} = C_{ij}/x_{ij}$$

其中，C 为正常数，通常取 $C=1$。当原指标值 x_{ij} 较大时，其值的变动引起变换后指标值的变动较慢；而当原指标值较小时，其值的变动会引起变换后指标值的较快变动。取倒数的方法使得一些接近目标指标值之间的差距扩大，而远离目标指标值之间的差距缩小，这种变换方法完全改变了原指标的分布规律，因而不能真实反映原指标的分布情况。

在实际中应尽可能不使用这种倒数逆变换法，而使用"倒扣逆变换法"，这种线性变化不会改变指标值的分布规律。

但是，对周转速度类指标（包括库存商品周转速度、流动资金周转速度等）通常有正向指标"次数"和逆向指标"天数"两种表现形式，二者之间存在互逆关系：

周转天数（天/次）＝报告期日历长度（天）/报告期周转次数（次）

显然，"次数"的增加能很好地表现实际价值的增加，"次数"是较好的评价指标，所以用倒数逆变换法将逆向指标"天数"变换为正向指标"次数"是较好的正向化方法。

（三）无量纲化处理

目前，人们已提出的无量纲化方法名称很多，如综合指数法、极差变换法、高中差变换法、低中差变换法、均值化法、标准化法、比重法、功效系数法、指数型功效系数法、对数型功效系数法、正态化变换法等。苏为华教授将它们归为四类：广义指数法、广义线性功效系数法、非线性函数法、分段函数法。广义指数法和广义线性功效系数法包含了前八种，都是线性无量纲化方法；后三种属于非线性函数法，即曲线型无量纲化方法。由于指数或对数变换时，曲线的增减速度、凹凸程度很难把握，所以在实践中，非线性函数法较少被采用。

1. 线性变换法

对于效益型的指标，原始的决策矩阵为：$Y = \{y_{ij} \mid i=1,\cdots,m; j=1,\cdots,n\}$，变换后的决策矩阵记为：$Z = \{z_{ij} \mid i=1,\cdots,m; j=1,\cdots,n\}$。设 $y_j^{\max}$ 是决策矩阵第 j 列中的最大值，若 y_j 为效益型属性，则

$$z_{ij} = \frac{y_{ij}}{y_j^{\max}}$$

采用该方法进行变换后，最差属性值不一定为 0，最佳属性值为 1。

注意，对于某个指标下的属性值全部相等的情况，由公式可知转换后所有的属性值都为最佳属性值 1。当这个属性值全部为 0 时，按照求极限的思路：$\lim_{k \to 0} \frac{k}{k} = 1$，此时转换后所有的属性值同样也都为最佳属性值 1。

2. 向量规范化方法

无论是成本型属性还是效益型属性，向量规范化均用下式进行变换：

$$z_{ij} = \frac{y_{ij}}{\sqrt{\sum_{i=1}^{m} y_{ij}^2}}$$

这种变换也是线性的，但是它与前面介绍的几种变换不同，从变换后属性值的大小上无法分辨属性值的优劣。

4.2.2　卷烟工业企业生产过程全要素测评理论与方法确定

一、生产过程特点分析

（一）卷烟工业企业的生产特点

卷烟生产属于流程制造，既有流水线的连续生产，又有高度标准化的离散生产——重复制造，本质上是一种大量制造，规模效应显著。经过数十年的发展，烟草行业工业企业都成为规模企业，建立了现代化的生产系统，管理也不断精细化。总体来说，卷烟工业企业的生产特点如下。

1. 产量配额

鉴于卷烟产品本身的特殊性，卷烟的生产严格受控于国家管制，卷烟工业企业只能将卷烟卖给规定的商业企业（烟草公司）。卷烟产品要有国家下达的码段才能生产。各卷烟企业的产量不能超过国家下达的计划，但是生产的品种可自行决定。卷烟工业企业根据商业企业的订单进行生产，并适当地调整各品牌的计划量。

2. 多种生产组织模式并存

在卷烟工业行业，大规模连续生产与小批量、多品种生产组织模式并存。卷烟生产的规模较大，生产方式属于流程制造和重复制造的混合生产，生产系统的耦合程度高，对生产调度、生产控制的要求严格。

3. 自动化、信息化程度高

各企业的卷烟生产设备大同小异，特别是制丝、卷包环节的设备大都为进口先进设备。同时，各企业广泛利用计算机和信息技术辅助生产，多上线有企业资源计划系统（ERP）和制造执行系统（MES），以及不断提升中的工业控制和数采系统。其中，ERP的实施是覆盖最为广泛的，MES系统在各企业的实施情况不一，应用效果不太理想。

4. 原辅材料具有专用性

卷烟生产的主要原料为初烤烟叶，其价格等级、收购量及调拨受政府限制。进入烟草工业企业后，初烤烟叶需进行打叶复烤，以改善烟叶的物理化学特性，并进行仓储醇化。在卷烟生产中，辅料较多，且都是专用辅料，品牌规格之间基本无通用件，并且有版本号的限制，若不再生产该牌号规格，剩余辅料只能进行毁形报废处理。

卷烟生产严格按国家计划指令进行。企业建立了以ERP为核心的管理信息系统，但由于卷烟生产的提前期长、生产计划制定流程多、销售与预测不准确等原因，基于固定提前期的生产管理模式难以适应生产计划多变、内部物流不顺畅等情况。卷烟产品属于快速消费品，其顾客信息来源于零售店中的货架，因此对于远离销售终端的供应链上游的卷烟工业企业来说，国家烟草专卖局要求按客户订单组织生产是适宜的选择。

（二）烟草工业企业的生产管理指标

在中国加入WTO和《烟草控制框架公约》后，中国烟草行业进行了大品牌、大企业策略的整合，品牌不再归属于某个烟草工业企业，烟草工业企业成为品牌代工点。因此，对烟草工业企业来说，质量、消耗、效率是最重要的生产管理指标。

1. 质量

烟草工业企业追求极高的加工质量。质量逐步从订单资格要素转变为订单赢得要素。

2. 消耗

消耗直接与成本挂钩。由于原材料国家控价等因素，企业更重视通过管理、技改等降低生产加工成本，获得更高的利润率。因此，消耗将一直是订单赢得要素。

3. 效率

效率直接影响卷烟成品的交期。目前，烟草工业企业面临的是更灵活多变的交期承诺，以适应市场的多变和消解来自分销链的信息失真。因此，效率将在订单赢得要素中占据越来越重的分量。

二、生产过程指标数据现状分析

现有烟草工业企业生产过程指标数据呈现出如下特点。

（1）统计周期差异性导致数据缺失。对于卷烟工业企业来说，人力资源方面的考核与生产管理方面的考核周期大不相同，因此出现了分别以年、月为周期的考核指标，从而导致整体数据缺失。

（2）指标数据方向性不统一。对于卷烟工业企业来说，现有测评体系多以职能处室为单位展开，因此各职能处室建立的指标体系之间存在数据一致性不高的问题。其中，以数据方向性为例，"失误率"作为一个负向指标，在测评的过程中，企业希望该指标的观测值越小越好；而"设备运行效率"作为一种正向指标，企业希望其观测值越大越好，因此导致数据方向不统一。

（3）指标数据量纲不统一。对卷烟工业企业而言，现有测评体系还存在数据包括"次""%""元"等在内的多种量纲的数据类型，这不利于对整个生产过程进行全要素测评时的数据整合。

（4）同一个指标下的数据波动较小。

三、生产过程指标数据的筛选处理

（一）理论确定

由上述理论知识介绍及案例分析可知，约束理论、吸收能力理论、资源基础理论和动态能力理论均可作为理论支撑对企业的绩效进行分析评价，且其应用没有行业限制。因此，可选择上述理论作为卷烟厂生产过程全要素测评的理论基础。

（二）指标筛选方法确定

根据表 4-1 可知不同指标筛选方法的优势、劣势与使用场景。考虑到卷烟工业企业全要素测评体系的指标复杂程度和相关程度，本课题将采取因子分析法来对初始指标进行定量筛选，然后利用专家评审进行定性筛选。

表 4-1 不同指标筛选方法对比

指标筛选方法		优势	劣势	使用场景
定性筛选（专家评价）		操作简单	依靠经验进行筛选，难以排除人为因素	适用于各初始指标相关性低的评价
定量筛选	因子分析	将多项指标转化为少数几项综合指标，且综合指标彼此不相关	只能面对综合性的评价	对数据的数量和成分也有要求
	极大不相关	是对初始指标的直接筛选，无须命名	初始指标过多时，需要重复计算	适用于初始指标具有相关性且不宜把控的评价

（三）指标数据预处理方法确定

1. 缺失值处理方法确定

考虑到卷烟工业企业数据同一指标下的数据波动幅度不大的特点，本课题选择以均值填充的方式对缺失值进行填补。

2. 正向化方法确定

为了不破坏原始数据的分布规律，本课题将选择倒扣逆变换法对数据进行正向化处理。

3. 无量纲化方法确定

为了避免出现数据统计错误，本课题选择的无量纲化方法是向量规范化方法。

4.2.3　卷烟工业企业生产过程全要素生产率指标选取

一、指标初选原则

评价生产过程全要素生产率的关键是对生产过程全要素生产率指标的设计，指标全面系统、科学客观，不仅可以反映企业业绩的真实水平，还能对企业的生产过程全要素生产率进行科学评估。评价指标的选取主要遵循以下原则。

（一）全面性原则

全面性原则是指评价企业生产过程全要素生产率应该全面系统，不能只从单一角度反映生产过程全要素生产率，而应将体现生产过程全要素生产率的因素进行综合考虑，比如生产过程全要素生产率考评至少应从生产质量、生产效率和生产消耗三个基本角度出发。因此，要全面、系统、多角度、综合地考察企业生产过程全要素生产率，不能单一片面。

（二）相关性原则

生产过程全要素生产率指标的构建要遵循企业的自身发展情况，与其经营目标和发展方向保持一致，选择的指标要和企业息息相关，有较强的针对性。比如，设立指标时可以充分结合行业市场特性及生产特征，这样选到的指标更具有代表性，立足企业自身，分析的结果更符合实际且具备更强的现实意义和参考价值。

（三）重要性原则

相关性原则强调了在全面综合选择指标的基础上要考虑到指标的相关程度，相关程度高的指标才具备现实意义。而重要性原则更多的是基于理论基础，指标既要相关也要重要，这样才能抓住核心问题，否则，选取了不重要的指标，评价结果依然没有任何意义。因此，指标选取应尽量在重要、核心的基础上做到相关、全面。

（四）可比性原则

可比性原则是指在评价指标时，需要统一指标数值的单位、数学口径和方法，并且对相反性质的指标通过正向化处理转换成相对统一的指标，这样的指标数据才具有可比性，否则可能会得出相反的研究结论。

（五）适应性原则

适应性原则是指设置指标时不能统一套用模板格式，需要根据不同的行业、不同的企业来设置不同的指标，针对行业特征、企业自身战略发展和目标等构建适合自身情况的评价体系，这样才有意义。

（六）可操作性原则

前面的原则更多的是偏向基础理论，而可操作性原则是指设立指标时还要考虑到指标的取得性和可操作性，获取指标的过程应尽量简单、低成本，如果取不到数据或者无法计算，那么设置的指标也只是空谈。

二、初始指标选择

指标的选取和设计是测评的重要环节，科学、合理地选择指标将为后续研究打下坚实的基础。本研究在指标的挑选上遵循重要性、有效性、可取性以及可比性等原则，并参考中国烟草总公司、国家发改委等部门修订的《企业绩效评价体系准则》以及由国务院国资委考核评价局于2016年发布的全行业《企业绩效评价标准值》，在学习、借鉴、总结前人研究成果的基础上，充分考虑卷烟行业的成长历程和发展路径，从生产质量、生产效率与生产消耗三个维度出发，选取了101个指标要素，设计了本研究的生产过程全要素评价体系，详见附录3（可通过扫描本书封底的二维码获取）。

三、指标的因子分析法筛选

因子分析法的核心是对若干综合指标进行因子分析并提取公共因子，再以每个因子的方差贡献率作为权数与该因子的得分乘数之和构造得分函数。因子分析法可使用矩阵表示如下：

$$X = AF + B$$

将其展开，即得

$$\begin{cases} x_1 = \alpha_{11}f_1 + \alpha_{12}f_2 + \alpha_{13}f_3 + \cdots + \alpha_{1k}f_k + \beta_1 \\ x_2 = \alpha_{21}f_1 + \alpha_{22}f_2 + \alpha_{23}f_3 + \cdots + \alpha_{2k}f_k + \beta_2 \\ x_3 = \alpha_{31}f_1 + \alpha_{32}f_2 + \alpha_{33}f_3 + \cdots + \alpha_{3k}f_k + \beta_3 \\ \quad \vdots \\ x_p = \alpha_{p1}f_1 + \alpha_{p2}f_2 + \alpha_{p3}f_3 + \cdots + \alpha_{pk}f_k + \beta_p \end{cases}$$

其中，$k \leqslant p$。在模型中，向量 $X = (x_1, x_2, x_3, \cdots, x_p)$ 是可观测随机向量，即原始观测变量。$F = (f_1, f_2, f_3, \cdots, f_k)$ 是 $X = (x_1, x_2, x_3, \cdots, x_p)$ 的公共因子，即各个原始观测变量的表达式中共同出现的因子，是相互独立的不可观测的理论变量。公共因子的具体含义必须结合实际研究问题来界定。$A(\alpha_{ij})$ 是公共因子 $F = (f_1, f_2, f_3, \cdots, f_k)$ 的系数，称为因子载荷矩阵，α_{ij}（$i = 1, 2, \cdots, p$；$j = 1, 2, \cdots, k$）称为因子载荷，是第 i 个原有变量在第 j 个因子上的负荷，或可将 α_{ij} 看作第 i 个变量在第 j 个公共因子上的权重。α_{ij} 是 x_i 与 f_j 的协方差，也是 x_i 与 f_j 的相关系数，表示 x_i 对 f_j 的依赖程度或相关程度。α_{ij} 的绝对值越大，表明公共因子 f_j 对于 x_i 的载荷量越大。$\beta = (\beta_1, \beta_2, \beta_3, \cdots, \beta_p)$ 是 $X = (x_1, x_2, x_3, \cdots, x_p)$ 的特殊因子，是不能被前 k 个公共因子包含的部分，这种因子也是不可观测的。各特殊因子之间以及特殊因子与所有公共因子之间都是相互独立的。

本研究以龙岩烟草工业有限责任公司（以下简称龙岩烟厂）数据为例，分析生产效率维度设备指标，进行因子分析。表 4-2 是基于初始测评体系的龙岩烟厂效率维度设备指标（2019—2020 年数据）。

表 4-2 基于初始测评体系的龙岩烟厂效率维度设备指标（2019—2020 年数据）

统计样本	卷包设备有效作业率	制丝设备综合效率	制丝设备故障停机率	烘丝机故障停机率	卷包设备综合效率	卷接设备运行效率	包装（硬盒）运行效率	包装（软盒）运行效率
201901	96.39	47.27	0.05	0.1	73.63	97.8	95.82	93.29
201902	96.12	51.39	0.1	0	72.74	97.37	95.59	92.82
201903	96.18	48.83	0.18	0.18	71.76	97.44	95.49	92.95
201904	96.14	45.86	0.09	0	73.11	97.42	95.28	93.37
201905	95.86	45.68	0.14	0.07	70.8	97.04	95.41	92.72
201906	96.11	45.15	0.17	0.17	69.93	97.02	95.63	93.93
201907	96.04	47.45	0.1	0.03	72.39	97.1	95.62	93.01

续表

统计样本	卷包设备有效作业率	制丝设备综合效率	制丝设备故障停机率	烘丝机故障停机率	卷包设备综合效率	卷接设备运行效率	包装（硬盒）运行效率	包装（软盒）运行效率
201908	96.3	48.31	0.18	0.06	73.19	97.28	95.9	92.9
201909	96.24	45.71	0.18	0.16	73.01	97.24	95.9	93.23
201910	96.15	48.64	0.19	0.09	73.11	97.24	95.98	92.51
201911	96.15	48.18	0.24	0.02	73.83	97.24	95.76	93.24
201912	96.13	43.91	0.11	0.11	71.69	97.32	95.78	93.24
202001	96.26	45.43	0.14	0.31	70.72	97.59	95.79	93.38
202002	96.54	47.51	0.19	0.08	73.9	97.68	96.26	93.52
202003	96.11	47.49	0.18	0.16	71.05	97.52	95.33	93.03
202004	96.16	48.39	0.19	0.1	71.16	97.52	95.31	93.35
202005	96.17	47.49	0.18	0.15	73.15	97.36	95.68	92.91
202006	96.29	48.82	0.05	0.05	73.88	97.47	95.81	93.39
202007	96.27	48.41	0.13	0.11	73.93	97.37	96.11	93.02
202008	96.13	47.71	0.13	0.04	74.01	97.23	95.94	93.09
202009	95.74	47.5	0.12	0.07	73.25	96.91	95.29	92.76
202010	95.87	48.67	0.1	0.03	73.68	96.95	95.6	93.07
202011	96.04	46.93	0.06	0.01	74.15	97.14	95.76	93.07

表4-3呈现了KMO和Bartlett的检验结果，从该表可知，基于初始测评体系的龙岩烟厂效率维度设备指标KMO为0.703，说明测评体系效度较高，比较适合进行因子分析。

表4-3 KMO和Bartlett的检验

KMO值		0.703
Bartlett球形度检验	近似卡方	91.241
	df	28
	P值	0

表4-4为对应的方差解释率表格。

表 4-4 方差解释率表格

因子编号	特征根			旋转前方差解释率			旋转后方差解释率		
	特征根	方差解释率（%）	累积（%）	特征根	方差解释率（%）	累积（%）	特征根	方差解释率（%）	累积（%）
1	2.552	31.9	31.9	2.552	31.9	31.9	2.468	30.846	30.846
2	2.231	27.891	59.791	2.231	27.891	59.791	1.856	23.203	54.049
3	1.196	14.95	74.741	1.196	14.95	74.741	1.655	20.692	74.741
4	0.885	11.067	85.808	—	—	—	—	—	—
5	0.597	7.468	93.276	—	—	—	—	—	—
6	0.311	3.892	97.167	—	—	—	—	—	—
7	0.193	2.417	99.584	—	—	—	—	—	—
8	0.033	0.416	100	—	—	—	—	—	—

进一步进行因子分析，其结果如表 4-5 所示，该结果描述总共提取的因子有 3 个，说明龙岩烟厂效率维度设备的上述 8 个指标可以由 3 个指标替代，这 3 个指标的旋转后的方差解释率和累积总共方差解释率达到 74.7%。

表 4-5 因子分析法后的指标体系

二级指标	三级指标	单位	指标解释或计算公式	评价周期	数据来源
机	设备有效作业率	%	$\sum$ 卷烟机组实际产量 / ($\sum$ 卷烟机组开机时间 × 额定设计能力)	季	设备管理部
	设备综合效率	%	实际产量 / $\sum$ (制度工时 × 设备额定速度)	月	生产管理部
	设备故障停机率	%	$\sum$ 各工段故障停机时间 / $\sum$ 各工段开机时间	季	设备管理部

经过因子分析后，最终确定生产过程全要素生产测评体系共四十多个指标，如图 4-1 所示。

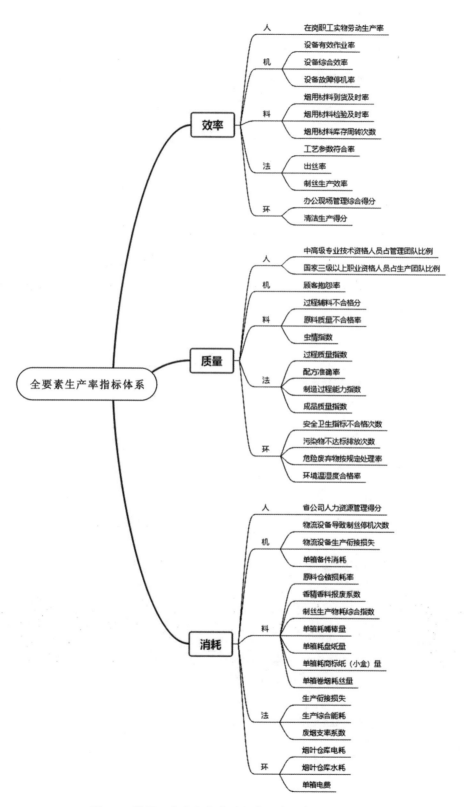

图 4-1 卷烟工业企业生产过程全要素生产率指标体系

四、指标的专家评审确定

进一步地,利用专家评审这种定性筛选的方法,对定量筛选得到的指标进行评价,同时结合卷烟企业的行业对标指标,最终专家评审出行业一致认可的卷烟工业企业生产过程全要素生产率投入和产出指标体系,分别如图 4-2 和 4-3 所示。

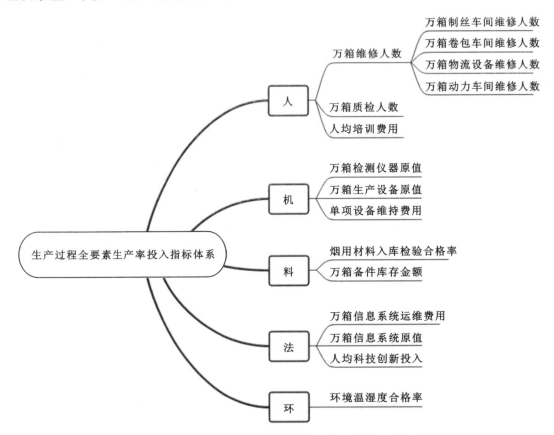

图 4-2　卷烟工业企业生产过程全要素投入类测评体系

4.2.4　卷烟工业企业生产过程全要素生产率指标数据预处理

本研究选择同一指标下的数据均值来填充该指标下的缺失值。

在全要素生产率测评过程中,要素指标繁杂。如前所述,这些指标有正向指标、逆向指标和适度指标。在进行全要素生产率测评时,首先必须将指标同趋势化,一般是将逆向指标和适度指标转化为正向指标,称为指标的正向化。

倒扣逆变换的处理步骤即对逆向指标正向化的公式为

$$y_{ij} = \max_{1 \leq i \leq n} \{x_{ij}\} - x_{ij} \text{ 或 } y_{ij} = -x_{ij}$$

对适度指标正向化的公式为

$$y_{ij} = \max_{1 \leq i \leq n} |x_{ij} - k| - |x_{ij} - k| \text{ 或 } y_{ij} = -|x_{ij} - k|$$

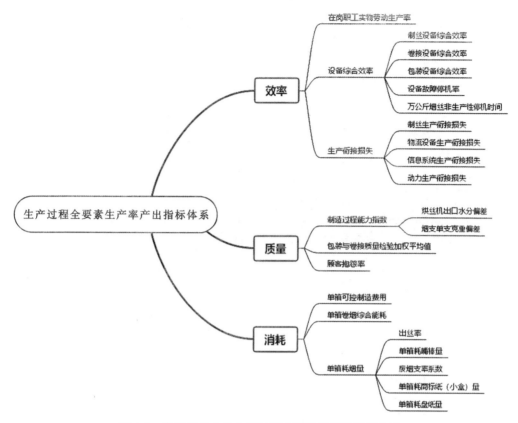

图 4-3　卷烟工业企业生产过程全要素产出类测评体系

这种向量规范化是线性的,即使对于某个指标下的属性值全部相等的情况也是适用的,如该指标下共有 k 个值,每个值的大小都是 x,那么当 $x \neq 0$ 时,采用该方法处理后的属性值为: $\dfrac{kx}{\sqrt{k}x} = \sqrt{k}$。当 $x=0$ 时,根据极限的思想: $\lim\limits_{x \to 0} \dfrac{kx}{\sqrt{k}x} = \sqrt{k}$ 同样成立,由此可以得到该情况下处理后的无量纲指标值。

4.2.5　基于熵值法的卷烟工业企业生产过程全要素生产率指标权重确定

基于熵值法确定卷烟工业企业生产过程全要素生产率指标权重,其步骤如下。

(1) 构建多指标、多对象矩阵。设指标体系中有 m 个对象(m_1,m_2,…,m_m),n 个指标(n_1,n_2,…,n_n),令第 i($i=1,2,3,…,m$)个评价对象的第 j($j=1$,2,…,n)个指标取值为 X_{ij},即

$$(X_{ij})_{m \times n} = \begin{bmatrix} X_{11} & \cdots & X_{1n} \\ \vdots & & \vdots \\ X_{m1} & \cdots & X_{mn} \end{bmatrix}$$

(2) 在企业生产过程全要素生产率分析过程里,诸如生产率等财务指标属于积极正向指标,指标数值越高表明企业的生产水平越好;诸如费用增长率等指标属于消极负向指标,指标数值越低表明企业的生产控制水平越好。在不同的行业,这些指标的优质区间不

同,要根据具体行业来分析指标的优劣。我们可以发现,不同性质的指标有着特殊的方向和意义,为了使生产过程全要素生产率分析时的数据具有可比性,需要统一标准和方向,以便更好地评价企业生产过程全要素生产率。因此,我们需要对负向化指标数据进行正向化和标准化处理,再做下一步的分析。具体来说,就是

$$X'_{ij} = \frac{1}{X_{ij}}$$

(3) 由于原始数据中包含等于零的数据,要对该数据进行正向处理,才能使得分析结果在一个统一的标准之内。否则,分析计算后的结果会产生误差甚至是截然相反的结果,具体公式如下:

$$U_{ij} = \frac{X_{ij} - \min(X_{1j}, X_{2j}, \cdots, X_{nj})}{\max(X_{1j}, X_{2j}, \cdots, X_{nj}) - \min(X_{1j}, X_{2j}, \cdots, X_{nj})} + 1$$

(4) 计算第 i 年第 j 项指标的指标值占该指标的比重 P_{ij}:

$$P_{ij} = \frac{U_{ij}}{\sum_{i=1}^{n} U_{ij}}, \ (i=1, 2, \cdots, n; j=1, 2, \cdots, m)$$

(5) 计算第 j 项指标的熵值 e_j:

$$e_j = -k \sum_{i=1}^{m} p_{ij} \ln P_{ij}, \ (k>0, k=\frac{1}{\ln n}, 1 \geqslant e_j \geqslant 0)$$

(6) 计算第 j 项指标的差异系数 d_j:

$$d_j = 1 - e_j, \ (1 \geqslant d_j \geqslant 0)$$

(7) 求各项指标的权重 W_j:

$$W_j = \frac{d_j}{\sum_{j=1}^{m} d_j}, \ (j=1, 2, \cdots, m)$$

4.2.6 基于 Light GBM 的卷烟工业企业生产过程全要素投入产出关系确定

Light GBM (轻度梯度提升机,Light Gradient Boosting Machine) 是微软旗下分布式机器学习工具 (Distributed Machine Learning Toolkit) 的一个项目,是一款以决策树算法为弱学习器的分布式梯度提升框架。最初的设计是为了满足工业界缩短模型计算时间的需求,减少数据对内存的使用,在不牺牲速度、不损失准确度的前提下,尽可能地用上更多的数据和特征。所以,Light GBM 模型的设计初衷就是提供一个低内存占用、高准确度、快速高效并且支持多维度并行的能够进行大规模数据处理的数据工具。而这些特性也非常契合当下卷烟工业企业生产过程全要素投入产出的数据特性。

其具体思路是假设:

$$X = \{(x_i, y_i)\}_{i=1}^{N}$$

Light GBM 目标是为 $f(x)$ 找到一个近似的函数 $\tilde{f}(x)$,使得损失函数 $L(y, f(x))$ 的期望最小。

$$\tilde{f}(x) = \arg\min_f E_{YX} L(y, f(x))$$

Light GBM 集成了 T 个回归树 $T_t(x)$ ($t=1, \cdots, T$) 用于近似获取最后的模型，模型如下：

$$f_T(x) = \sum_{t=1}^{T} L(y_i, f_{t-1}(x_i) + T_i(x_i))$$

其中，回归树可以使用 $w_{q(x)}(q \in \{1, 2, \cdots, J\})$ 表示，J 表示叶子的数量，q 表示树的决策规则，w 是一个向量，表示叶子节点的样本权重。因此，Light GBM 将在步骤 t 以加法形式进行训练，其损失函数如下：

$$T_t = \sum_{i=1}^{n} L(y_i, f_{t-1}(x_i) + T_i(x_i))$$

在 Light GBM 中，目标函数可以用牛顿法快速逼近。传统的 GBDT 算法在大训练样本和高维度特征的数据环境下，其性能以及准确性面临极大的挑战。Light GBM 算法使用基于梯度的单边采样（Gradient-based One-side Sampling，GOSS）、互斥的特征捆绑（Exclusive Feature Bundling，EFB）、直方图算法和按叶子生长（Leaf-wise）的算法极大提高了算法的性能。

例如，对于卷烟工业企业而言，将所有投入指标作为自变量，制丝设备综合效率当作因变量进行 Light GBM 回归，最终得到如下回归结果：

制丝设备综合效率＝万箱制丝车间维修人数＋0.96×万箱物流设备维修人数＋0.27×万箱动力车间维修人数＋0.067×万箱卷包车间维修人数＋0×万箱质检人数＋0.058×人均培训费用＋0.24×万箱检测仪器原值＋0.31×万箱生产设备原值＋0.18×单箱设备维持费用＋0.13×烟用材料入库检验合格率＋0.51×万箱备件库存金额＋0.44×万箱信息系统运维费用＋0×人均科技创新投入＋0.156×环境温湿度合格率

4.2.7 卷烟工业企业生产过程全要素生产率测评

图 4-4 展示了卷烟工业企业投入产出指标体系。

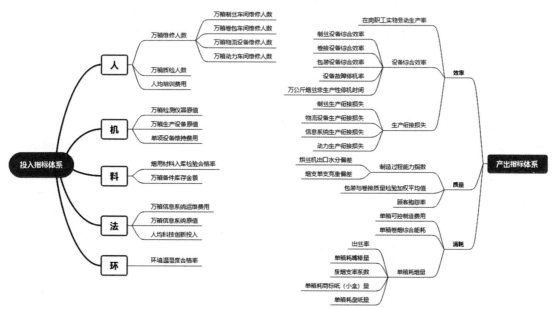

图 4-4 卷烟工业企业投入产出指标体系

根据 Light GBM 和投入产出权重体系可以计算卷烟工业企业生产率，具体步骤如下：

（1）根据 Light GBM 所得关系计算该测评体系下对应指标的 Light GBM 产出值；

（2）根据实际生产运营收集实际投入对应的实际产出值；

（3）计算生产过程全要素生产率，公式如下：

$$生产过程全要素生产率 = \frac{实际产出值}{\text{Light GBM 产出值}} \times 100\%$$

第三节　卷烟工厂生产过程全要素生产率测评技术实践——以龙岩卷烟厂为例

4.3.1　龙岩烟厂生产过程全要素测评指标检验

通过因子检验得知，测评体系能够比较好地评价龙岩烟厂的生产过程全要素测评。表 4-6 呈现了龙岩烟厂生产过程全要素测评指标 KMO 和 Bartlett 的检验。

表 4-6　龙岩烟厂生产过程全要素测评指标 KMO 和 Bartlett 的检验

KMO 值		0.712
Bartlett 球形度检验	近似卡方	354.697
	df	1 275
	P 值	0

4.3.2　指标数据获取与处理

选取龙岩烟厂数据进行预处理，利用熵值法对其生产过程全要素进行测评。其正向化数据处理结果和无量纲化数据处理结果见附录 4（可通过扫描本书封底的二维码获取）。

4.3.3　龙岩烟厂全要素生产率测评结果输出

图 4-5 显示了影响龙岩烟厂生产过程全要素生产率的投入指标体系。

从图 4-5 可以看出，影响龙岩烟厂生产过程全要素生产率的投入要素主要包括人、机、料、法、环五个要素。人，指龙岩烟厂生产过程中所投入的人员；机，指龙岩烟厂生产过程中所用的设备；料，指烟厂生产过程中使用的原材料；法，指龙岩烟厂生产过程中所使用的方法；环，指生产过程所处的环境。其中对于龙岩烟厂而言，"法"的影响权重最大，占到 54.98%，这说明生产方法是影响龙岩烟厂全要素生产率的主要要素。进一步地，在"法"要素的二阶指标中，万箱信息系统运维费用是对"法"要素影响最大的二阶要素。其次是"人"要素，权重占到 22.68%，"机"要素占 15.87%，"料"要素占 5.31%，"环"要素占比最小，只有 1.16%。

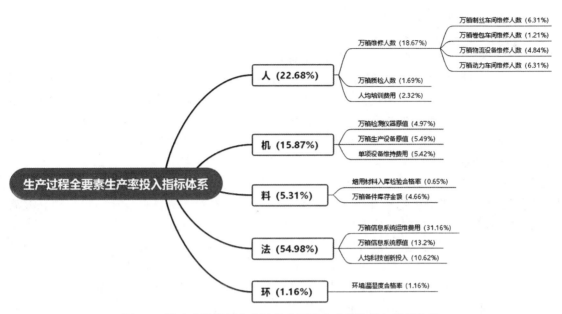

图 4-5　影响龙岩烟厂生产过程全要素生产率的投入指标体系

另外，从所有二阶指标中可以看出，影响龙岩烟厂生产过程全要素生产率的投入指标主要包括万箱信息系统运维费用（31.16％）、万箱维修人数（18.67％）、万箱信息系统原值（13.2％）。

图 4-6 显示了影响龙岩烟厂生产过程全要素生产率的产出指标体系。

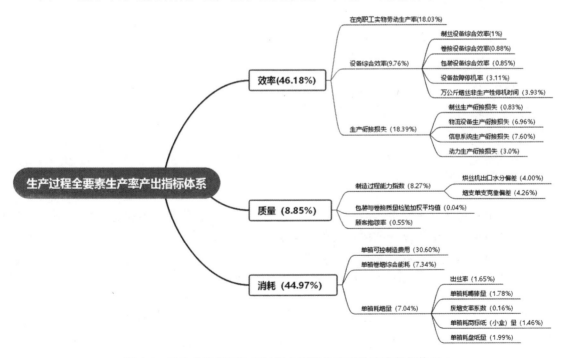

图 4-6　影响龙岩烟厂生产过程全要素生产率的产出指标体系

如图 4-6 所示，可以将生产过程全要素生产率的产出转化为"效率""质量""消耗"三个维度。进一步地，根据专家确定的最终指标体系，分析发现，"效率"是龙岩烟厂生产过程全要素生产率转化的最重要指标，占比为 46.18%；其次为"消耗"，占比 44.97%；质量的占比最小，仅有 8.85%。这种结果较符合烟草工业企业的生产特点，烟草工业企业的生产工艺较为成熟，固定品牌、批次下的香烟质量变化波动较小。进一步地，在"效率"维度，在岗职工劳动率和生产衔接损失主要影响"效率"，这也比较符合投入指标体系中"法"和"人"是影响生产投入的主要因素的分析结果。在"消耗"维度，单箱可控制造费用是影响"消耗"的主要因素，单箱可控费用是指卷烟工业企业在报告期卷烟生产过程中单箱卷烟所承担的可控费用，可控费用总额＝可控制造费用＋可控管理费用。可控制造费用包括办公费、水电费、劳动保护费、机物料消耗、租赁费、差旅费、试验检验费、低值易耗品摊销、车间搬运费、动力及其他原料、其他。可控管理费用包括业务招待费、涉外费、租赁费、燃料费、办公费、会议费、水电费、差旅费、低值易耗品摊销、修理费、诉讼费、绿化费、中介费、存货盘盈盘亏、保险费、劳动保护费、警卫消防费、仓储费、企业文化建设费、运杂费、劳务费、协会会费、车杂费、物业管理费、信息系统维护费、其他。因此，单箱可控费用在"消耗"维度占比最大符合逻辑。

另外，从所有二阶指标中看，影响龙岩烟厂生产过程全要素生产率的产出指标主要包括单箱可控费用（30.6%）、生产衔接损失（18.39%）、在岗职工劳动生产率（18.03%）和设备综合效率（9.76%）。

4.3.4 龙岩烟厂全要素投入产出关系确定

图 4-7 是以龙岩烟厂为例的 Light GBM 的影响关系热力图，其中颜色越浅表示横坐标（投入因素）对相应纵坐标（产出指标）的影响越小，反之越大。以人均科技创新投入为例，人均科技创新投入对在岗职工劳动率、制丝设备综合效率、卷接设备综合效率、包装设备运行效率等绝大多数指标的影响系数都为 0；又以顾客抱怨率为例，所有投入要素中，万箱质检人数对顾客抱怨率的影响最大。

结合龙岩烟厂生产过程全要素生产率产出指标体系，可以发现，影响龙岩烟厂生产过程全要素生产率的产出指标主要包括单箱可控费用（30.60%）、生产衔接损失（18.39%）、在岗职工劳动生产率（18.03%）和设备综合效率（9.76%）。因此，应重点关注这四个产出指标。

对于单箱可控费用而言，最影响单箱可控费用的投入指标包括万箱备件库存金额、万箱生产设备原值、单箱设备维持费用，这说明单箱可控制造费用在单箱可控费用中的占比最多，同时万箱质检人数、人均培训费用和人均科技创新投入对单箱可控费用的影响为 0，原因可能在于人员的投入无法直接反映在单箱可控费用的变化上。

对于生产衔接损失而言，首先，从制丝生产衔接损失来看，万象备件库存金额、万箱生产设备原值对其影响最大，而人均培训费用和人均科技创新投入对其影响最小，这说明对于制丝的生产衔接损失而言，备件与生产设备会对制丝生产衔接起到关键作用，同样地，人员投入可能无法直接作用在制丝生产衔接上。其次，对于物流设备生产衔接损失而言，同样是万箱信息系统原值和万箱备件库存金额对其影响最大，除了人均科技创新投入以外，环境温湿度合格率对其的影响也为 0。因此，为了提高物流设备的生产衔接损失，

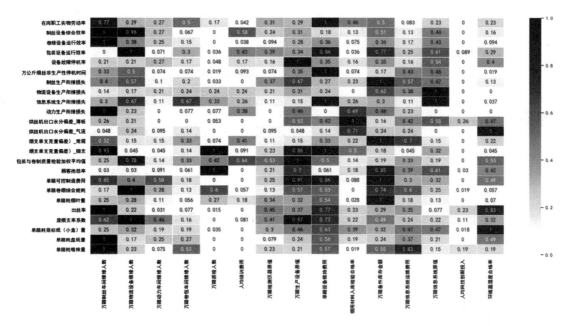

图 4-7 龙岩烟厂为例的 Light GBM 的影响关系热力图

龙岩卷烟厂可以从库存金额和信息系统原值的角度进行控制。对于信息系统生产衔接损失而言，除了万箱信息系统原值外，单箱设备维持费用、万箱物流设备维修人数、万箱卷包车间维修人数对其的影响也比较大，这可能是因为对于信息系统而言，信息系统在龙岩烟厂的生产系统中并不是孤立存在的，需要与其他物流设备、生产等相协调，因此会受到这些方面的影响。最后，万箱制丝车间维修人数是对动力生产衔接损失影响最大的投入要素，而万箱动力车间维修人数、万箱检测仪器原值、单箱设备维持费用、万箱信息系统原值、人均科技创新投入和环境温湿度合格率对动力生产衔接损失的影响为 0。

对于在岗职工劳动率而言，单箱设备维持费用和万箱制丝车间维修人数对其的影响最大，人均科技创新投入对其的影响为 0。分析其原因，龙岩卷烟厂的科技创新绝大部分外包给第三方公司完成，而这部分外包的投入并不在采集的数据中有所体现，因此会出现人均科技创新投入对在岗职工劳动率影响较小的情况。

对于设备综合效率而言，具体可以从制丝设备综合效率、卷接设备综合效率和包装设备综合效率三个方面进行分析。首先，制丝设备综合效率主要受万箱制丝车间维修人数、万箱物流设备维修人数影响，而万箱质检人数和人均科技创新投入对其的影响最小。这说明，从设备运行效率的角度来看，对应生产人员投入对其起到直接影响，与质检无关。其次，对于卷接设备综合效率而言，起到主要影响的投入要素包括万箱制丝车间维修人数、万箱信息系统原值，而万箱质检人数和人均科技创新投入对其的影响最小。最后，对于包装设备综合效率而言，万箱物流设备维修人和单箱设备维持费用对其影响最大，值得思考的是，万箱制丝车间维修人数对包装设备综合效率的影响最小。

4.3.5 龙岩烟厂全要素投入产出生产率分析

图 4-8 为反映龙岩烟厂全要素投入产出的 Light GBM 关系图。

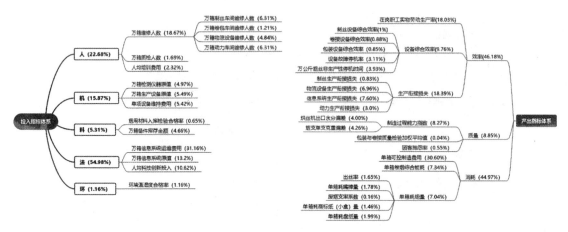

图 4-8 Light GBM 关系图

以 2020 年 3 月数据为例，分析全要素产出指标——单箱卷烟综合能耗的生产率情况，具体步骤如下：

（1）根据 Light GBM 所得关系计算出实际投入对应的 Light GBM 产出值：理论单箱卷烟综合能耗＝0.3157；

（2）根据实际生产运营收集实际投入对应的实际产出值：实际单箱卷烟综合能耗＝0.2987；

（3）根据公式计算生产过程全要素生产率：单箱卷烟综合能耗指标下的全要素生产率＝94.62％。

从 Light GBM 关系图可以看出，影响单箱卷烟综合能耗较大的投入要素包括万箱物流设备维修人数、万箱备件库存金额等。为了提高单箱卷烟综合能耗投入产出转化率，应该着重考虑这些投入要素的影响。例如提升物流设备维修水平，运用先进物流信息技术，打造卷烟工厂物流信息平台，通过该信息平台，进行信息资源共享，促进物流活动的正确性和及时性；降低备件库存金额，应加强设备的现场管理，注意设备劣化趋势，利用先进监控技术对设备的关键件进行管理，坚持动态维修，使故障消灭于萌芽状态；加强修旧利费工作，对能修复使用的备件应修复，对可利用的报废备件应积极利用。

第四节　本章小结

本研究在 TFP 一般规范的基础上，针对其在实际运用时存在的不足，结合卷烟工业企业的特点，对卷烟工业企业实施 TFP 测评的基本流程、指标体系、指标权重、测评综合体系、测评体系的实践和分析统计，进行细化、改良和补充。

第一，在测评指标选择的科学性上，本研究在指标的挑选上遵循了重要性、有效性、可取性以及可比性等原则，并参考烟厂总公司、国家发改委等机构相关文件，参考相关文献建立生产过程全要素测评初始体系，进一步利用 EFA 检验初始体系的有效性，并对初始体系进行调整，最终确定生产过程全要素生产测评体系共 51 个指标。进一步地，利用专家评审这种定性筛选的方法，对定量筛选得到的指标进行评价，同时结合卷烟企业的行业对标指标，最终专家评审出行业一致认可的卷烟工业企业生产过程全要素投入生产率指标体系（15个指标）和产出体系（21个指标）。

第二，在测评方法的选择上，本项目科学地分析了全要素生产率测评实施流程、全要素生产率测评指标体系、全要素生产率测评指标权重、全要素生产率测评体系、卷烟工业企业全要素生产率测评实践五个部分，分别指导卷烟工业企业全要素生产率测评的实施流程、指标体系、指标权重、测评综合体系、测评体系的实践和分析统计，卷烟工业企业可依据本标准科研成果，实施企业全要素生产率的测评和分析。数理计算过程比较直观明了，能较为直观地反映指标间的相互比较信息。

第三，在案例中，以2020年3月数据为例，分析全要素产出指标——单箱卷烟综合能耗的生产率情况，发现单箱卷烟综合能耗指标下的全要素生产率为94.62%。进一步地，根据Light GBM关系图可以看出，影响单箱卷烟综合能耗较大的投入要素包括万箱物流设备维修人数、万箱备件库存金额等。为了提高单箱卷烟综合能耗投入产出转化率，应该着重考虑这些投入要素的影响。

第五章 高级计划排程（APS）

第一节 APS 概述

5.1.1 APS 的概念

高级计划排程（Advanced Planning and Scheduling，APS）是以约束理论（Theory of Constraints，TOC）为核心的一整套软件系统，它支持面向企业供应链计划和生产计划排程业务需求的系统建模，并通过内置优化引擎对生产执行计划与物料供应计划等进行合理规划与综合优化。APS 通常可分为供应链级 APS 和工厂级 APS。供应链级 APS 主要涉及网络配置计划、需求计划、库存计划、多工厂计划、供应计划等的优化，而工厂级 APS 更侧重于计划与排产、制造序列调度、产能管理、交期承诺、物料准时配送等业务。目前市场上绝大多数 APS 产品偏重工厂级的计划管理。

APS 对所有资源具有同步的、实时的、具有约束能力的模拟能力，不论是物料、机器设备、人员、供应、客户需求、运输等影响计划因素，还是长期的或短期具有优化、对比、可执行性的计划。其将要采用基于内存的计算结构，这种计算处理可以持续地进行计算。这就彻底改变了批处理的计算模式，可以并发考虑所有供应链约束。当每一次改变出现时，APS 就会同时检查能力约束、原料约束、需求约束、运输约束、资金约束，这就保证了供应链计划在任何时候都有效。APS 也将采用基因算法技术，它是一种搜索技术，其目标是寻找最好的解决方案。这种搜索技术是一种优化组合，它以模仿生物进化过程为基础。基因算法的基本思想是，进化就是选择了最优种类。基因算法将应用在 APS 上，以获得"最优"的解决方案。现有 APS 系统将网络结构的 APS（主要是基于多层代理技术与制造内部的 APS）基于模拟仿真结合起来，使得网络导向结构的 APS 解决制造同步化问题，模拟仿真 APS 的优化顺序器解决工厂的顺序冲突问题。这样，APS 计划的编制与顺序的安排就可以提供给制造商解决全球的优先权和工厂本地的优化顺序问题，来满足制造业对客户响应越来越强烈的需求。

APS 应该包括以下内容：① 基于订单任务（Job-based）订单优先级计划；② 基于事件（Event-based）资源利用率最大化计划；③ 基于资源（Resource-based）瓶颈约束计

划；④ 基于物料约束的可行的计划；⑤ 基于历史、现在、未来的需求计划；⑥ 基于供应资源优化的分销配置计划；⑦ 基于运输资源优化运输计划。

一般 APS 软件都由五个主要的模块组成：需求计划、生产计划和排程、分销计划、运输计划、企业供应链分析。近年来，许多企业开始把注意力放在自己的核心竞争能力上，对一些非强项业务则尽可能外包给别的公司。结果，销售给顾客的产品或服务的特征和质量在很大程度上取决于供应链上的所有相关企业。这便带来了新的挑战：如何实现供应链的集成？如何更有效地协调和控制企业间的物流、信息流和资金流？对于这些问题，需要有一种全新的管理理念和方法——供应链管理。SCM 方法的研究和实施为企业带来了很大的经济效益，今天，许多企业都选择了供应链和物流管理作为获取新的竞争优势所必须采取的战略步骤。在过去十年中，信息技术（如强大的数据库管理系统）、通信手段（如通过 Internet 的电子数据交换）以及复杂数学模型的各种求解方法（如数学规划）的发展为计划和控制供应链流程拓宽了新的视野。顾客订单、需求预测或市场趋势可以被分解成必要的活动，立刻送到供应链各组织当中，并通过 APS 生成准确的生产计划和程序来保证按时完成订单。APS 与传统的企业资源计划（ERP）不同，它试图在直接考虑潜在瓶颈的同时，找到跨越整个供应链的可行最优或近似最优计划。

5.1.2　APS 的起源与发展

基于约束的高级计划和排程技术是真正供应链优化的重要引擎，它给错综复杂的供应链丛林中的企业以敏捷的身躯，来快速适应和应对激烈竞争且变化多端的市场。实际上有多种需求导致 APS 的产生，可列举如下。

（1）业务系统是基于事物处理的，APS 更多的是在业务层以上的分析，这些系统的结构限制了计划和排程的能力，如 MRP、CRP 等。直到现在，对许多使用业务系统的人们来说，APS 还都是新的内容。

（2）APS 的内部开发已经完成，技术已走向成熟，出现很多的供应商和产品。

（3）许多咨询公司还没有涉足此领域，直到较好的产品和供应商出现。

（4）人们对 APS 的定义来源于较广的工业领域，APS 在不同的时间、不同的运用点渗透到不同的工业领域。当公司有能力管理自己的数据与业务时，实时优化就显得更加重要。流程行业最先使用 APS 技术，离散行业较后才使用。

（5）许多使用相似方案的供应商已经很积极地声明自己是 APS 供应商。

APS 系统起源于制造业对于优化的生产计划与生产管理工具的需求。随着生产系统复杂程度的增加，传统人工计划方式难以满足计划的实时性和灵活性要求，导致计划管控困难，计划制定与执行效率低下。APS 一经提出，就得到制造企业的积极响应，相关技术、产品和市场应用均获得快速发展。

20 世纪 50 年代，APS 的思想就已经出现，人们开始通过数学规划模型和甘特图来解决计划问题。之后的十年内，APS 的发展和计算机进步紧密相连，许多大公司开始租赁或购买大型计算机研究部分计划问题，如基于产品需求与能力约束来实现关键物料和能力的平衡等。

20世纪60年代中期，IBM开发了基于BOM分解的MRP（物料需求计划）系统，70年代将生产能力需求计划、车间作业计划和采购作业计划也纳入了MRP，形成了一个封闭的系统，并在轮胎、造纸等制造企业进行初步应用与实施。

20世纪80年代，美国管理学家Oliver W. Wight在MRP的基础上提出了制造资源计划（MRPII），引入了西方标准成本制度的思想与方法，更有效地规划、控制企业的生产经营目标。同一时期，优化理论及相关技术迅猛发展，计划排程系统与最优化生产技术（Optimized Production Technology, OPT）、MRPII等理论相结合，得到进一步发展。之后专家系统开始兴起，许多公司把人工智能技术运用到计划排程系统中。20世纪80年代后期，图形用户界面也开始陆续出现，并成为计划排程工具的一部分。

20世纪90年代，供应链管理软件系统（SCMS）开始出现，进一步促进了计划排程系统的发展。Gartner Group提出ERP的概念，计划排程功能引起ERP厂商的注意，并正式催生出高级计划排程系统（APS）。APS供应商（如I2，Fastman等）开始进入电子装配、金属品制造等离散制造行业，并逐渐推广到更为广阔的工业领域。

至21世纪，APS系统不断吸收先进的IT技术和生产计划控制理念，各类功能日益完善。APS系统在工序级生产计划制定方面的强大功能已受到越来越多企业的关注，它弥补了ERP在处理有限资源生产能力方面的缺陷，但APS在基础数据管理以及中长期计划制定方面不如ERP。因此，一般很少有企业会单独使用APS系统，常常是运用以ERP作为基础的企业管理系统，将APS和ERP集成使用，由ERP为APS提供与企业生产制造相关的所有信息，而APS负责制定各类计划。

APS持续追求生产计划的优化与能力的平衡。然而在实际生产情况中，由于约束复杂、运算规模大，问题是否可搜寻到最优解、优化能力如何等都成了疑问。近些年来，APS相关研究主要集中在车间生产计划制定与调度层面。该类问题常称为排序问题或资源分配问题，简单来说就是针对某一计划或调度层面的问题，在尽可能满足所有约束条件（交货期、工艺路径、主/副资源等）的前提下，下达生产指令，选择资源，安排加工时间及加工先后顺序，实现最优化的产品制造时间或成本。常用的解决方法有规则算法、系统仿真方法、智能算法、神经网络优化、智能算法融合AI动态调整算法等。机器学习与深度学习方法能较快适应高层的决策分析与现场传感层的识别，较适合进行运作层与现场调度优化。

在APS实施过程中常常有以下痛点。

（1）基础数据维护复杂。众多类型的基础数据（产品BOM、工艺路径、资源、人员、优先级、替代路径、工厂日历、采购周期等）需要在系统中定义和维护，且企业内部信息化基础数据、流程、计划体系薄弱，而APS需要有ERP、MES、PLM等系统提供数据支持。

（2）个性化设计多。通用化APS产品很难解决各行业问题。如考虑行业越多，系统参数便会越复杂，使用难度加大，系统友好性变差，最终导致实施效果反而不好。因此，行业/企业间的差异使得APS在实施时必须进行个性化定制。

随着企业信息化水平的逐步提高，以及数字化、智能化转型的强力推进，APS正在逐步实现广泛应用，APS的发展呈现出以下趋势。

（1）系统的平台化。如果APS系统不能快速进行个性化配置与设计，则很难解决客户的实际问题。通过 APS 的平台化，实现高效定制化修改，未来 APS 云平台更能实现客户根据需要手动调整修改，以降低企业计划排产的投资。

（2）与大数据技术的融合。在定制化、小批量生产模式下，数据自动化、精细化地采集（MES/DCS）及生产过程的多变导致工厂数据积累量剧增，这对于 APS 的响应速度提出了巨大挑战。APS 与数据处理和挖掘技术的融合成为未来发展的重要方向。

（3）分布式计算与自主智能决策。APS 系统正朝着分布式计算（智能代理技术等）和自主认知计算（人工智能、机器学习等）的方向发展，成为构建工厂级 CPS 系统的重要部分。

5.1.3　APS 的功能

供应链引擎 APS 产品的功能特征的演变经历了以下四个阶段：第一阶段，主要体现为人机交互可视化排产，简单的有限资源计算；第二阶段，主要体现为基于各种资源约束的优化计算；第三阶段，主要体现为基于多重资源约束的优化和建模；第四阶段，主要体现为多重资源约束，物料的动态约束，需求计划，分销网络配置计划，运输计划，全局 CTP、ATP。

  一、APS 产品功能特征的演变阶段

（一）第一阶段

在这一阶段，APS 产品的功能特征主要体现为人机交互可视化排产和简单的有限资源计算，包括如下几个方面：

（1）向前、向后和双向的订单的加载计算；

（2）可以定义简单加载规则如按完成日期排序和设定优先级；

（3）工序间的人机交互拖拉、编辑、批量分割；

（4）根据资源和时间对单独工序加锁/解锁；

（5）可以按工序的最早开始日期或订单的最早完成日期计算；

（6）可以进行人机交互的替换，增加工序，交互处理故障，计划维修；

（7）可以处理单一的加工工序、平行工序，可以对工序的单一资源进行约束；

（8）根据物料、时间、批量的生产率来对生产计划进行编排；

（9）可以对有限资源和无限资源或单个班次或假日来计划排程；

（10）可以在工作中心里自动选择资源，用户也可以定义资源；

（11）可以显示图形、文本、报表，可以运用订单跟踪、甘特图、等待表。

（二）第二阶段

在这一阶段，APS 产品的功能特征主要体现为基于各种资源约束的优化计算，包括如下几个方面：

（1）用户可以定制，配置数据、菜单、报表；

（2）可以按工序和计划增加约束使用率；

（3）具有换装时间矩阵的排序，可以选择最小化换装时间；

（4）具有计算批量和计算运输批量、自动重复和自动停止订单的功能；

(5) 具有 CTP（能力可用量）的查询；
(6) 可以自动连接其他软件。

（三）第三阶段

在这一阶段，APS 产品的功能特征主要体现为基于多重资源约束的优化和建模，包括如下几个方面：
(1) 具有每个工序的多重约束；
(2) 基于当前工序的子工序的约束；
(3) 可以使用优先资源选择规则；
(4) 最大工序跨度和间隔，也可以延迟到下一个工序；
(5) 可以计算在每个加工过程的顺序和平行批量；
(6) 可以对装配线建模和子装配线建模。

（四）第四阶段

在这一阶段，APS 产品的功能特征主要体现为多重资源约束，物料的动态约束，需求计划，分销网络配置计划，运输计划，全局 CTP、ATP，包括如下几个方面：
(1) 从 MRP 处自动物料分配（静态物料约束控制），能够处理复杂的、多级别的 BOM 运算；
(2) 具有同各种 ERP 系统间集成，保证物料信息数据的更新；
(3) 可以从不同的订单自动连接工序，可以从不同的订单排序，平行地负荷工序；
(4) 具有标准的派工规则：优先顺序、关键率，能够合理分派生产任务单、降低生产等待时间、提高瓶颈资源的利用率；
(5) 可以处理订单、生产或资源的特别规则；
(6) 可以让用户自定义建立规则；
(7) 可以处理动态物料约束控制；
(8) 可以处理供应链需求计划优化；
(9) 可以进行供应链分销配置计划优化；
(10) 可以进行供应链运输计划优化；
(11) 可以对整个供应链进行 CTP 和 ATP 的查询，支持多工厂级别的现货和承诺交货数量运算（ATP），以及计划可承诺交货数量运算（CTP）；
(12) 通常包含了行业运用的业务实际，从而保证和加快高级计划系统的实施；
(13) 优化供应链需求计划、分销配置计划、运输计划；
(14) 提供强大的模拟功能，支持多种生产场景的模拟分析。

二、和 APS 产品功能相关的几个概念

（一）高级计划

高级计划（Advanced Planning）是在考虑物料和能力的前提下，为满足客户需求所做的生产计划，并在插单等意外情况发生时经过调整计划仍能安排计划生产以满足生产目

标。高级计划针对时间较长的计划订单，考虑订单的优先级和客户交货期等因素，并考虑工作中心能够处理物料和满足需求的能力，贯穿全部多层物料清单的整个订单。目标是根据订单类型、交货日期建立可用的计划，满足既定的生产目标。当生产顺序设定不合理时，在瓶颈处理之前，使用准备时间的平均值，定义缓冲时间，从而给出一个可排程的计划。

（二）物料计划

物料计划是针对生产物料的管控，属于高级计划范畴，核心是优化采购计划和库存。物料计划是根据 BOM 和工艺路径，对需求订单涉及的零件，从成品级逐级搜寻其上游消耗件以及相对应的供需数量关系，直至原材料层面，这样得到 BOM 展开所涉及的所有零件。零件的净需求量代表生产需求零件时必须消耗（制造或采购）的零件，此时库存无法满足消耗件数量或者库存无法使用。若为制造件，则按需求时间生成相对应的制造订单。若为采购件，根据消耗数量，消耗件的供应商、提前期，相应零件的需求时间得到采购订单。

（三）高级排程

高级排程（Advanced Scheduling）是用于车间订单工序的排程，旨在为车间生产制定一个详细的短期生产计划，是对资源分配的一种安排和执行方式。高级排程指明计划范围内的每一个订单在所需资源上的加工工序、加工开始时间和结束时间。高级排程是基于事件的有限能力排程，综合考虑了当前的资源负荷、能力和物料水平，支持不同的优化方法求解，基于规则资源和工序选择甚至是定制化算法求解优化。

5.1.4 APS 优化算法

一般的排程问题都是对于具体生产环境中复杂的、动态的、多目标的排程问题的一种抽象和简化，因而一个排程算法可以根据其如何表述这些复杂性进行分类。由于实际中的生产环境是千差万别的，那么，一个排程算法就应该根据其是否能适合对应的生产环境的重要特征进行评估。对排程问题进行研究的方法，最初是集中在整数规划、仿真和简单的规则上，这些方法不是排程结果不理想，就是难以解决复杂的问题。随着各种新的相关学科与优化技术的建立与发展，在排程领域也出现了许多新的优化方法，使得排程问题的研究方法向多元化方向发展。从理论上来说，没有一个确定的算法来解决所有车间排产问题，针对不同的应用场景、不同的问题类型和不同的优化目标，需要选择合适的算法并进行调整和改进。

综合现有的 APS 算法分类，可以给出一个较为全面的算法分类，主要分为运筹学算法、启发式算法、元启发式算法和其他方法四个大类，如图 5-1 所示。其他方法中包含仿真调度方法和人工智能方法，相较于前面的算法来说，这些方法属于新兴方法，近些年发展得很快，仿真调度方法随着物联网、大数据、人工智能的发展，已经从传统的静态仿真升级成为动态仿真、数据驱动的仿真、云仿真。而人工智能的方法也逐步地应用于制造业，研究人员不断探索人工智能、大数据技术在制造业中的潜在价值，以实现更为智能、高效、自动化的制造环境。

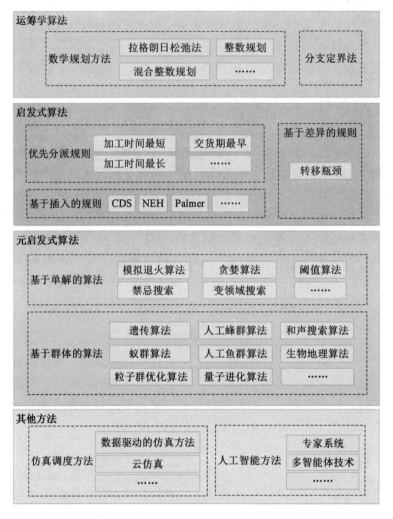

图 5-1 APS 常用算法分类

一、运筹学方法

运筹学方法将生产排程问题简化为数学规划模型，采用基于枚举思想的分支定界法或动态规划算法解决排程最优化或近优化问题，属于精确方法。对于不同的分支定界法来说，其不同点主要在于分析规则、定界机制和上界的产生这三方面存在的差异。这类方法虽然从理论上能求得最优解，但由于其计算较为复杂，因而不能获得真正的实用。目前，Lenstra 声明，对一个标准的 10 作业 10 设备问题求最优解，需要在 Prime 2655 计算机上运行 1 小时，并产生 22 000 个结点。对于复杂的问题，这种纯数学方法有模型抽取困难、运算量大、算法难以实现的弱点，对于生产环境中的动态排程实现复杂，解决不了动态及快速响应市场的问题。

二、基于规则的方法

对生产加工任务进行排程的最传统的方法是使用排程规则（Dispatching Rules）。目前，已经有许多排程规则被应用，因其排程规则简单、易于实现、计算复杂度低等原因，能够用于动态实时排程系统中，许多年来一直受到学者们的广泛研究，并不断涌现出新的排程规则。许多学者在这方面已进行了探索，做了大量工作，如研究与制定较优的单元零件加工排程算法，在减少等待时间、提高生产率等诸多约束条件下达到了一种较为科学有效的排程效果。Panwalkar 和 IskaDder 总结了 113 条规则，并将它们按形式分为三类：简单规则、复合规则、启发式规则；M. MontazeIi 等列举了常见的 20 条规则，并针对一个实际的 FMS，分析了这些规则对系统性能（如作业的平均等待时间、设备的平均利用率、作业总加工时间等）的影响。有学者将多种规则组合起来实现排程，讨论了决策规则解决 FMS 车间排程问题的方法与规则库的具体实现，分析了各种规则与性能指标的关系，对如何合理地选用规则提出了建议。为了提高规则排程的质量，也有人通过分析拖期时间与两个作业排程决策间的关系，提出了一种比较复杂的规则，并在以拖期时间最小的目标导向下，与 LST、LPT、LDD、LWR、LSWR、LSOR 等规则做了实验比较。随着计算机运算速度的飞速提高，人们希望寻找新的近似排程方法，它以合理的额外计算时间为代价，换得比单纯启发式规则所得到的排程更好的排程。在这方面比较有代表性的有移动瓶颈方法（Bottle Neck Procedure），用来解决以最小化 Makespan 为目标的 Job Shop 排程问题，它通过不断地对移动的瓶颈设备进行单机排程，来获取更好的次优解。

总的说来，启发式规则直观、简单、易于实现。但是近十年的研究表明并不存在一个全局最优的排程规则，它们的有效性依赖于对特殊性能需求的标准及生产条件。它是局部优化方法，难以得到全局优化结果，并且不能对得到的结果进行次优性的定量评估。顾客需求的个性化及要求企业响应市场的敏捷性，往往在生产加工过程中加入了更多的不确定性及复杂性约束，寻找排程最优算法本身是一个 NP 完全问题，这些使得基于规则的排程思想已不能适合敏捷化制造的要求。

三、系统仿真的方法

基于仿真的方法不单纯追求系统的数学模型，侧重对系统中运行的逻辑关系的描述，能够对生产排程方案进行比较评价，分析系统的动态性能，并选择系统的动态结构参数。由于制造系统的复杂性，很难用一个精确的解析模型来进行描述和分析。而通过运行仿真模型来收集数据，则能对实际系统进行性能、状态等方面的分析，从而能对系统采用合适的控制排程方法。仿真方法最早被用来作为测试排程启发式规则及分派规则的工具。后来，人们发现，通过将简单的优先权规则进行组合，或用一个简单的优先权规则将一些启发式规则进行组合，这样的排程优于单独的优先权规则。于是，仿真方法逐渐发展为一种人机交互的柔性仿真工具，并用来进行车间排程。这样，就能通过仿真而动态地展现 Job Shop 车间的状态，分析在不同的排程方法下的系统性能，并运用知识和经验去选择合适的排程方法（规则），从而改善排程性能。

基于纯仿真法虽然可以包含解析模型无法描述的因素，并且可以给使用者提供一个排程性能测试的机会，但其不可避免地存在以下问题：

（1）鉴于其实验性，因此，很难对生产排程的理论做出贡献；

（2）应用仿真进行生产排程的费用很高，不仅在于产生排程的计算时间上，而且在于设计、建立、运行仿真模型上的高费用；

（3）仿真的准确性受编程人员的判断和技巧的限制，甚至很高精度的仿真模型也无法保证通过实验总能找到最优或次优的排程。

四、基于 DEDS 的解析模型方法

由于制造系统是一类典型的离散事件系统，因此，可以用研究离散事件系统的解析模型和方法去探讨车间排程问题，诸如排队论、极大/极小代数模型、Petri 网等。排程中的排队论方法是一种随机优化方法，它将每个设备看成一个服务台，将每个作业作为一个客户。作业的各种复杂的可变特性及复杂的路径，可通过将其加工时间及到达时间假设为一个随机分布来进行描述。有学者针对 FMS 中一类特殊的 DEDS，利用了极大代数方法对其进行建模，并进行了系统的稳定性分析。

总的说来，排队网络模型由于从随机统计的角度来描述 FMS，难以表述系统中存在的某些特性（如有限的缓存空间等）；同时，产生的输出是基于系统稳态操作的平均量，因此，很难得到比较具体的细节。Petri 网作为一种图形建模工具可以形象地表示和分析 FMS 中加工过程的并发和分布特征以及多项作业共享资源时的冲突现象，具有很强的建模能力，对于描述系统的不确定性和随机性也具有一定的优越性。在制造自动化领域，利用 Petri 网及其扩展形式的模型进行死锁分析、排程决策和性能评价等已有大量理论研究文献。赋时 Petri 网在以往 Petri 网的基础上引入了时间元素，使其能够用于 FMS 中加工的组合优化、生产进程的实时排程和性能估计等。Tien-Hsiang Sun 等人用赋时 Petri 网为 FMS 建模，它包括两个主要的子模型：静态的传送模型和变化的加工流模型。通过嵌入一个基于 A^* 搜索算法，最后得到一个满意的作业加工排程。在此基础上，他们还进行了一个实例研究。部分学者用赋时 Petri 网为 FMS 建模，通过优化变迁的发生序列来产生搜索可标识集，从而得到较优的排程结果；甚或用赋时扩展着色 Petri 网模拟 FMS 的动态运行。

五、基于排序的方法

基于排序的方法是先有可行性加工顺序，然后才确定每个操作的开工时间，并对这个顺序进行优化。它虽然属于近似算法，但有可能达到最优的排程方案。它主要包括邻近搜索法，这种方法在生产排程领域得到了相当广泛的应用，在探索解空间时，仅对选定的成本函数值的变化做出响应，因而通用性强。这类方法包括局部探索（Local Search）、模拟退火法（Simulated Annealing）、列表寻优法（Table Search）、遗传算法（Genetic Algorithms）。邻近搜索虽然可能得到最优的排程方案，但也存在各自的不足，很多学者采取混合算法来弥补单一方法的不足。

六、启发式图搜索法

对于表述为整数规划的排程问题，最初采用分支定界法来解决，而后其他的启发式图搜索法也被应用于解决排程问题。Balas 将排程排序问题用一个 disjunctive 图来表示，首先构造一个可行解，采用基于隐枚举的搜索方法不断提高解的次优性；可以采用束搜索法（Beam Search）来识别瓶颈机器，进行排程；为了解决搜索空间太大的问题，通过对分支

定界法和束搜索法进行系统的分析，有人提出了一种过滤束搜索法（Filter Beam Search），用来解决单台机器提前/延期问题和加权延期的 Flow Shop 问题；针对基于树搜索的优先 A^* 算法需要大量内存的问题，有人提出了一个图搜索法，并对两种方法做了比较；有人为解决 Job Shop 排程问题对 A^* 算法做了两点改进：在搜索过程中只展开有限节点；采用加权的评价函数。对于图搜索算法，如何提高搜索效率并减少内存使用以解决规模较大的问题，还需要进一步探索。

七、模拟退火法

模拟退火算法（SA）将组合优化问题与统计力学中的热平衡问题类比，另辟了求解组合优化问题的新途径。它通过模拟退火过程，可找到全局（或近似）最优解。其基本思想为：把每种组合状态 Si 看成某一物质系统的微观状态，而将其对应的目标函数 C(Si) 看成该物质系统在状态 Si 下的内能；用控制参数 T 类比温度，让 T 从一个足够高的值慢慢下降，对每个 T，用 Metropolis 抽样法在计算机上模拟该体系在此 T 下的热平衡态，即对当前状态 Si 做随机扰动以产生一个新状态 s'。C(s') 模拟退火法的几个重要部分为生成函数（Generation Function）、容忍函数（Acceptance Function）、Markov 链长、降温过程和结束准则。模拟退火法的改进算法有加温退火法、有记忆的模拟退火法等。有学者为 Flow Shop 问题求解构造了一类模拟退火法，并通过六种不同的随机抽样方式分析了算法渐近收敛于全局最优解，分别解决了具有最小 Makespan 指标且具有无限中间存储（UIS）、有限中间存储（FIS）和无中间存储（NIS）的 Flow Shop 排序问题。有人提出了一种改进的模拟退火法，用来解决具有最小 Makespan 指标的 Flow Shop 排序问题，并与禁忌搜索法等进行了比较，还可以运用模拟退火法解决机器分组、求解有资源约束的排程等问题。另外，模拟退火法也可与其他方法相结合进行求解，先用贪心法（Greedy 法）搜索，将得到的作业序列作为初始解，再用模拟退火法求解单机排程问题，其结果表明，这种方法比单纯用模拟退火法和贪心法要好。使用将模拟退火法与启发式算法相结合的方法，求解具有交货期约束的 Job Shop 排程问题，也能取得较好结果。由于模拟退火法能以一定的概率接受差的能量值，因而有可能跳出局部极小，但它的收敛速度较慢，很难用于实时动态排程环境。

八、禁忌搜索法

对于复杂的组合优化问题，禁忌搜索也是一种通过领域搜索以获取最优解的方法，Glover 曾在其文章中叙述了它的基本原理。禁忌搜索是一种迭代方法，它开始于一个初始可行解 S，然后移动到领域 N(S) 中最好的解 s'，即 s' 对于目标函数 F(S) 在领域 N(S) 中是最优的。然后，从新的开始点重复此法。为了避免死循环，禁忌搜索把最近进行的 T 移动（T 可固定也可变化）放在一个称作 tabu list 的表中（也称短期记忆）。在目前的迭代中，这些移动是被禁止的，在一定数目的迭代之后它们又被释放出来。这样的 tabu list 是一个循环表，它被循环地修改，其长度 T 称作 Tabu size。最后，还须定义一个停止准则来终止整个算法。由于 tabu list 的限制，其在搜索中有可能跳出局部极小。有学者提出了解决 Flow Shop 排程问题的禁忌搜索算法，为了更有效地搜索解空间，引入了插入和移动相结合的机制提高了搜索效率。还有人针对求解公共交货期下带有等待时间惩罚的提前/拖期单机排程问题，采用了并行禁忌搜索法以加快搜索速度。

九、神经网络优化

Hopfield 神经网络模型的提出为求解各种有约束优化问题开辟了一条新途径，用 Hopfield 网络解决 TSP 问题就是其在组合优化问题中的最成功的应用之一。它的主要思路是：通过一个 Lyaplmov 能量函数构造网络的极值，当网络迭代收敛时，能量函数达到极小，使与能量函数对应的目标函数得到优化。有学者为了解决大规模问题，提出了一种改进的 Hopfield 网络的整数线性规划神经网络方法来解决 Job Shop 排程问题。

十、遗传算法

美国密歇根大学的 J. H. Holland 于 20 世纪末提出了一种新的并行优化搜索方法——遗传算法（Genetic Algorithm），它是一种基于进化论优胜劣汰、自然选择、适者生存和物种遗传思想的随机优化搜索算法，通过群体的进化来进行全局性优化搜索。它以其很强的并行性和很高的计算效率，正日益受到人们的关注。它对组合优化问题求解的主要过程是：给定一组初始解作为一个群体，通过选择、交换和变异等遗传操作符来搜索问题的最优解。美国学者提出了一种基于遗传算法的启发式方法，用于解决以最小化 Makespan 为指标的 Flow Shop 排程问题。也有不少学者用遗传算法解决 Job Shop 排程问题。还有学者将遗传算法与图搜索法相结合，利用遗传算法进行知识的推理、启发，再用过滤束搜索法进行优化搜索，以得到高质量的 FMS 静态排程。有人还提出了一种并行遗传算法，试图解决常规遗传算法在解决 FMS 排程问题时产生的计算速度较慢及过早收敛等问题。

总的来说，遗传算法的最大优点是通过群体间的相互作用，保持已经搜索到的信息，这是基于单次搜索过程的优化方法所无法比拟的。但是，遗传算法也存在着计算速度较慢的问题。

十一、基于智能的排程方法

近年来，受实际需要的推动，基于知识的智能排程系统和方法的研究取得了很大的进展。人工智能在 20 世纪 60 年代就将计划问题作为其应用领域之一，但直到 20 世纪 80 年代，以卡内基梅隆大学的 M. Fox 为代表的学者们开展基于约束传播的 ISIS（Intelligent Scheduling and Information System）研究为标志，人工智能才真正开始应用于排程问题。基于知识的排程方法是用专家系统自动产生排程或辅助人去排程，它是将传统的排程方法与基于知识的排程评价相结合的方法。在 20 世纪 80 年代后期，几位学者先后开展了基于排程系统不同的状态采用不同的排程规则策略的动态排程方法的研究。他们所做研究的共同特点是：在支持某些活动发生的资源条件具备时（称为决策点），根据系统当时所处的属性状态，决定采取何种规则（策略），确定或选择活动发生的顺序和时间，即状态指导的智能排程方法。

Doublgeri 以一个柔性 PCB 安装系统为实例，提出基于知识的排程方法 KBS。它采用分级方法并利用仿真技术，根据全局知识划分作业，再根据局部知识将作业分配到设备，通过满足一系列约束以及用户提出的总体和局部目标来产生实际排程。有学者探讨了一种基于知识推理的专家系统模型以实现作业排序问题的求解，并给出了采用三种不同知识表示方式和分段推理的排序知识处理方法。还有人用黑板模型来组织和维护动态数据库，在规划层用数学规划求解，在排程控制层用基于知识的排程方法。有一种动态 Job Shop 排程的工具软件 OCS，提供了 Job Shop 排程管理中的集成决策支持系统，它既能用专家知识自动产生和评价排程，也能提供图形界面使用户能够进行手工排程。另外还有基于 ERAI 网的启发式决策支持系统、基于 Petri 网的决策支持系统、用专家系统实现的排程模型以及利用启发式知识进行的资源优化。

总的来说，基于智能的排程方法主要包括智能排程专家系统、基于智能搜索的方法及基于多代理技术（Multi-Agent System 简称 MAS）的合作求解的方法等。其中，智能排程专家系统是人工智能应用的体现，专家系统中知识获取和推理速度这两个瓶颈，使得神经网络逐渐被采用，但还存在训练速度慢、探索能力弱等缺点。基于多代理技术的合作求解方法是较新的智能排程方法，它提供了一种动态灵活、快速响应市场的生产排程机制。它以分布式人工智能（Distributed Artificial Intelligence，简称 DAI）中的多代理机制作为新的生产组织与运行模式，通过代理（Agent）之间的合作以及 MAS 系统协调来完成生产任务的排程，并达到预先规定的生产目标及生产状态。在这种研究方法中，在 Agent 内部也可采用基于规则及智能推理相结合的混合方法，来构造基于 MAS 的生产排程系统。

APS 有四代算法，分别是基于约束理论的有限产能算法、基于规则的算法、神经网络等智能算法和智能算法＋人工智能动态调整算法（MAS，Multi-Agent System）。

APS 的最新第四代算法是智能算法融合人工智能动态调整算法，以智能算法进行静态排程，以多 Agent 代理协商进行分布计算动态调整。如图 5-2 所示，APS 第四代算法采用集中智能和分散智能协同的分布式自主计划体系，每台设备/工作中心都有一个多智能体，设备与设备之间可以进行对话。通过语义信息集成，实现软件直接驱动硬件。传感器网络属于集中智能，比如云计算等，而分散智能是边缘计算，可以达到毫秒级，供给机器响应。

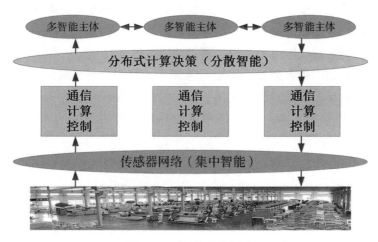

图 5-2　APS 第四代算法

不同的 APS 软件选用不同的优化算法搭建自己的高级计划与排程系统，需要根据不同行业特点解决不同场景问题的实际情况来决定采用哪种优化算法。

第二节 APS 的基本原理

5.2.1 APS 概况

APS 作为 ERP 和 MES 的补充，弥补无限产能计划的不足，通过计划优化，协调生产与物流过程，优化瓶颈利用率，确保交货日期，从而帮助企业实现生产效率最大化。本节主要介绍 APS 的基础原理和技术特征，并探讨了约束理论在排产中的应用。

从理论上讲，APS 排产计划是为了寻求调度问题的最优解，基于给定需满足的目标和多个约束，在给定的调度策略和排程规则的基础上，建立兼顾资源能力、工艺特性、加工顺序、物料库存等约束的模型，并对模型进行求解，调整排程参数，比较不同的调度策略的结果。通过规则策略或有关算法引擎，APS 求解排程和再排程问题，获得优化的排程方案。

APS 系统应用的技术通过基于内存的计算结构，采用 C/S 或 B/S 等设计架构、开放的信息平台、关系数据库等先进技术进行持续计算，彻底改变了批处理的计算模式。

APS 排产过程综合考虑订单的优先级和客户交货期等因素，并兼顾资源能力、工艺特性、加工顺序、物料库存等其他各方面约束，以最优化生产效率、最大限度满足客户需求、最少化生产成本等为计划的优化目标，通过相应的优化策略配置或算法定制，进行计划排程结果的优化计算，从而获得满意的可执行的计划与排程方案。

APS 起源于经典的调度理论，寻找最优解从理论上来说就是 NP 难问题，实际的生产排产问题往往比理论模型还要复杂。进行 APS 排产计划的制定，通常是先对调度模型抽象简化，进行模型构建的映射，将调度系统中的基础静态数据整理为模型的基础框架，并且将订单、库存等动态数据与模型对接，丰富针对特定生产系统、特定订单的模型。在给定的调度策略和排程规则的基础上对模型进行求解，给定需满足的目标和多个约束，调整排程参数，比较不同的调度策略的结果。通过规则策略或有关算法引擎，APS 求解排程和再排程问题，获得优化的排程方案，为生产管理人员提供决策支持。基于高效的 APS 算法可以构建高性能的排产引擎，进而支持一键式的自动化排程，以及人机交互的半自动化排程，从而大大缩短排程时间，提高排程准确性，节省大量人力资源，提高企业生产效率。

为获得满足要求的生产计划，首先必须明确计划排程的目标和约束。排程的目标通常包括如下几点。

(1) 满足客户的交货期。只有满足了客户交货期要求，才能实现销售收入。

(2) 提高设备利用率。设备利用率越高，生产成本越低，设备投资回收也就越快。

(3) 控制合理的库存。多余库存占用企业资金，但库存也不是越少越好，如果没有库存，可能无法及时满足客户增加的需求，因为客户的需求往往具有波动性。

5.2.2 APS 决策状况描述

生产计划排程的目的是为车间生成一个详细的短期生产计划。排产计划（Production Schedule）指明了计划范围内的每一个订单在所需资源上的加工开始时间和结束时间，即指出了在给定资源上订单的加工工序。排产计划可以通过直观的甘特图（Gantt chart）形式给出。

排产计划的计划间隔可以从一天到几周，取决于具体的工业生产部门。合理的计划长度取决于几个因素：一方面，它至少应当涵盖与一个订单在生产单元中最大的流动时间（Flow time）相对应的时间间隔；另一方面，计划间隔受到已知顾客订单或可靠需求预测的可用性限制。很显然，只有当排产计划适度稳定时，在一个资源上进行订单排程才是有用的。也就是说，它们不应受不期望事件经常变化的影响（如订单数量改变或中断）。

对某些生产类型（如 Job shop），生产计划排程需要对（潜在）瓶颈资源上的任务订单进行排序和计划；而对另一些生产类型（如成组技术），生产计划排程要能自动地、按时段检查资源组的能力，看其是否能够在下一个时间段内完成成组加工的一组订单。然后，可以手工排序这组订单在下一个时间段内的加工次序。

排产计划任务能够而且也应当分散来做，这样可以利用每个地点人们的专业知识和车间当前状况的知识（例如人员的可用性）。

生产计划排程受到上层主生产计划的约束，主生产计划设立了在分散的决策单位中执行生产计划排程的框架。从主计划中可获得的相应指导包括：使用超时或加班的数量；在不同时间点上来自供应链上游设施物料项的可用性；涉及来自供应商输入物料的采购协议。此外，由于主生产计划在供应链上有更宽的视点和更长的计划区间，从中我们还可以得到：

(1) 计划结束时需要建立的各物料项的季节性库存量；
(2) 交付给供应链下游设施的订单截止日期（下游设施可以是紧接着的下一级生产单位、分销商或最终顾客）。

5.2.3 排产计划生成

由车间模型生成排产计划的一般程序可简单地描述为下面七个步骤。

一、建模

车间模型必须详细地捕捉生产流程的特征和相应的物流，以便以最小的成本生成可行的计划。一个系统的产出率只受潜在瓶颈资源的限制，因此，我们只需对车间现有全部资源的一部分，即那些可能成为瓶颈的资源，建立一个清晰的模型。

我们可以把建模的范围限制在（潜在）瓶颈上执行的运作，因为只有这些资源限制了车间的产出。由于生产计划排程并不打算控制车间（这个任务留给了 ERP 系统），一些车间的细节（如监视订单当前状况的控制点）可以被忽略。在模型的两个连续活动之间，在非瓶颈资源上执行的所有流程步骤都只被表达为固定的提前期差度（Fixed Lead Time Offset）。这种处理方法与众所周知的"高级计划给出提前期只是作为计划的结果而不是一个事先给定的常数"这一叙述并没有矛盾。在这里，提前期差度仅包括前述非瓶颈资源上的加工和运输时间，因为等待时间不会存在。

还要指定一个优化目标。这些目标指导寻找一个好的、期望能接近最优的计划方案。在生产计划排程模块中选择优化目标时，我们看到主要有下面一些面向时间的目标：

（1）Makespan（完成所有订单任务所需要的时间）：使 makespan 最小是多机床任务排序问题中常见的优化目标；

（2）Lateness（订单任务完成时间和它的到期时间之差）：使所有订单的 lateness 总和最小，或使单个订单中最大的 lateness 最小，是常见的排程目标；

（3）Flow time（一个订单任务在生产系统中花费的时间）：使所有订单的 flow time 总和最小也是一个优化目标；

（4）Setup time（每个订单任务的生产准备时间）：使所有订单的 setup time 总和最小也可以作为一个优化目标。

另外，还有三个与成本相关的目标，分别是：使可变生产成本总和最小；使生产准备成本总和最小；使惩罚成本总和最小。

尽管在排产这个计划层对成本的自由度影响很有限，但我们可以看到，对于不同加工路径的选择（例如，是安排标准订单或是紧急订单），也还是要以货币的术语来评估。

如果需要对"软约束"建模（例如，为备货生产订单履行计划的交货时间），我们可以把惩罚成本包含在目标函数中。惩罚成本也称为缺货成本，它是当需求出现时没有足够的现货来满足需求所招致的成本。

如果决策人员想要同时追求上面几个优化目标，使每个目标都达到最优，这样"理想"的解答通常是不存在的。那么，只好寻求一个妥协方案。一种方法是建立上面单个目标的加权和，这个组合目标函数可以像单目标函数一样对待，因此，可以应用同样的求解方法。

二、提取需要的数据

生产计划排程使用的数据来自 ERP 系统、主生产计划和需求计划。生产计划排程仅利用这些模块中可用数据的一个子集，因此，在建立一个给定生产单元的模型时，必须指明它实际需要哪些数据。

模型可以通过关联的数据来定义，这些数据可分为结构数据（Structural Data）和状况相关数据（Situation Dependent Data）。

结构数据包括生产地点、工件、物料单、工艺路径及相关的操作指令、（生产）资源、供应商清单、准备时间矩阵和时间表（工厂日历）。

对车间分布在不同地方的一个大型供应链，把所有数据归集到一个专门地点或许会有好处。这样的话，一个零件就可以通过它的生产地点来识别，尽管它在顾客眼中是一样的。物料清单通常是基于单层描述（存放在一个物料文件中），即每一个零件号只连接到它下一层物料的那些零件号。一个给定零件的完整物料清单很容易在计算机上通过连接这些单层表达来构造。每个工件的资源消耗可以从工艺路径和操作说明中得到。每个订单的工件数以及每个工件的资源消耗是计算单个订单顺序和排程所必需的。因此，可以用生产流程模型（Production Process Model，PPM）来清晰地表达物料加工路径和生产操作。

状况相关数据随车间当前的状况而变,它包括初始库存(含在制品库存)、资源的准备状态和给定时间间隔内要加工的一组订单。由用户指定的运作规则数据包括批量规则、优先规则和加工路径选择。

尽管建立批量规则最好是根据实际生产情况,例如资源的利用和相关成本的情况,但 APS 通常要求事先输入一些简单规则。这些规则可以是固定批量、最小批量或给定订单间隔时间的批量。APS 软件包或是提供一组规则可供选取,或是以高级编程语言的形式来编写它。在某个资源上决定订单优先次序的规则以类似的方式处理。

如果执行一个生产订单存在可选路径,那么人们会期望 APS 在生成排产计划的过程中选择最佳路径。但经验表明,用户得自己选择一个适当的路径。有时可选路径是作为一个优先列表输入,只有当一个宁愿的路径导致不可行计划,求解器才会去试第二个最佳路径,然后试第三个最佳路径,等等。

三、生成一组假定(生产状况)

除了从 ERP 系统、主生产计划和需求计划这些数据源中接收的数据之外,车间或生产单位的决策者或许对车间当前或未来的状况会有更进一步的知识或期望,这些信息在其他地方(如软件模块中)是不能得到的。再者,对车间的可用能力或许也可以有多种选择(如柔性的倒班安排等)。因此,决策人员必须有能力修改数据和建立某种生产状况。

四、生成一个初始排产计划

在有了模型和数据之后,就可以针对给定的生产状况,利用线性规划、启发式算法和基因算法等各种复杂的优化方法来生成排产计划。这项工作可以一步完成,也可以通过两级计划层次(先综合的生产计划,后详细的排产计划)完成。

表达一个模型的解即详细的排产计划,有几种选择。它可以简单地表达为一个任务清单,上面列出了每个任务在分配给它的资源上的起始和完成时间。要把排产计划传送到其他模块中,这是最恰当的表达方式。

决策人员通常更喜欢将排产计划以甘特图表达,用甘特图可以在一定的时间间隔上平行地显示所有资源。人们既可以专注于一个指定顾客订单和它在相应生产阶段的排程,也可以把注意力集中在单个资源及其在时间上的排程。

如果决策人员允许交互地改变排产计划,例如把一个运作交互地移到另一个资源,那么以平行方式显示所有资源的甘特图是最好的表达。

五、排产计划分析和交互修改

如果通过两级计划层次完成,即先生成综合资源的上层生产计划,那么,在生成一个详细的排产计划之前,人们或许首先要对这个生产计划进行分析。特别地,如果生产计划不可行,决策人员可以交互地指定一些计划途径来平衡生产能力(如增加班时或指定不同的加工路径)。这或许要比修改在单个资源上的加工工序(下层排产计划)更加容易。

APS 采用了例外管理(Management Byexception)的技术,如果出现问题和不可行性

(如超过订单交货期或资源过载),APS 就会发出警告(Alerts)。这些警告首先被"过滤",然后,正确的警告被传递到供应链中正确的组织单位。

此外,针对一种生产状况产生的排产方案还可以通过结合决策者的经验和知识交互地改进。当然,为了提供真正的决策支持,必要的修改次数应当受到限制。

六、生产状况核准

当决策人员确定已经评估了所有可选方案时,他/她将选择那个体现最佳生产状况的排产计划去执行。

七、执行和更新排产计划

决策人员选定的排产计划将被传递给 MRP 模块(分解计划)、ERP 系统(执行计划)和运输计划模块(在顾客订单完成时安排装运车辆)。MRP 模块把在瓶颈资源上计划的所有活动分解成在非瓶颈资源上生产的那些物料或由供应商交付的物料;此外,对某些加工订单所必需的物料也将被预订。

排产计划将持续执行到某个事件信号发生时才进行更新,即直到修改一个排产计划看来是可取的时候。这个事件可以是一个新订单的到来,机器故障或冻结的计划部分已执行完毕。改变车间生产模型的情况不太经常。如果结构保持不变和只是数量上受到影响(例如一个机床组中的机床数或某些已知产品的新变种),那么,通过下载 ERP 系统中的数据,APS 能自动更新模型。但当变化很大时(例如具有某些新特征的新生产阶段的引入),那么,由专家对模型进行手动调整则是可取的。

生产计划排程假定所有数据是确定已知的,即决策状况是确定的。尽管这是一个理想的假设,但对一些时间段还是可以进行调整。为了处理不确定性(例如非计划的生产率变化或未预料的资源停工),软件工具允许监控人们假定发生在车间的变化,并生成一个更新了的期望的订单完成时间。这些变化是否大到需要重新优化排程将基于决策者的判断。在一个计划实际交付车间实施之前,可以通过提供大量的可选状况的生成和测试能力来帮助决策者的判断。这种方法也称为仿真,目前的 APS 软件工具都提供仿真手段。

根据已知或假定的生产数据进行基础排产,得到排产计划,在生产计划实施后,根据实时数据更新计划。有可能需要根据更加准确的数据,进行重新滚动排产,优化计划决策。也有可能需要在生产计划范围内,将新订单插在已排序好的订单序列中。通过在已完成的排产计划中寻找生产间隙进行排序,或许仅需做微小的调整即可完成排产计划的插单。插单的计划如果是可行的,那么可以导出插单后的新的计划生产排序。

(一)滚动计划

滚动计划是针对按照一定规则和原则制定的生产计划,根据计划的执行情况,以及其他生产过程中的环境情况,调整计划,持续向前推动,并根据同样的原则逐步向前推动计划的执行。滚动计划不仅是一种定期修改计划的方法,也是一种动态编制计划的方法。不像静态分析,等一项计划全部执行之后再重新编制下一时期的计划,而是在每次编制或调整计划时,均将计划按时间顺序向前推进一个计划期,即向前滚动一次,按照制定的计划执行，对订单的顺利完成十分重要。而且由于各种原因，在计划执行过程中经常出现偏离计划的情况，因此要跟踪计划的执行过程，以发现存在的问题。另外，跟踪计划还可以监督执行中物料消耗情况，跟踪计划的结果通常还可以作为物料计划的依据。

APS 通过集成 MES 系统反馈报工，实时掌握实际生产完成情况，滚动计划制定是综合考虑生产实际情况下进行计划更新。当实际生产过程中存在计划延迟情况，通过系统反馈获取延迟程度，用于综合考虑计划调整。

（二）计划插单

为了加强对车间生产资源的控制与合理调配，企业需要一份可以指导生产的生产计划，并且需要应对紧急插单、计划更改等情况，保证生产计划的时效性。现实中，经常碰到订单已经下发，中途频繁改单、插单，如果没有 APS 系统，则计划员进行插单、计划调整非常困难。利用 APS 系统来缩短制造提前期、提高工厂对于交货期变化的相应能力是迅速应对紧急插单的捷径。在紧急插单处理时，直接修改订单优先级信息，以及分派规则等，然后根据新的订单信息重新进行排产，系统快速自动生成调整过的进展状况以及追加的新计划。

生成一个新的订单排程是费时的，并且通常会导致一些紧张（Nervousness）。这些紧张是因为与先前的实际计划相比，改变了订单开始的时间和生产的数量。紧张可能导致车间的额外工作，例如某些输入物料或许要更早交付，而这又要与供应商一起检查。为了减少紧张，通常可以把在一个资源上接下来的几个订单固定，即它们的加工顺序是固定的，而不作为重新优化的一部分。开始时间落在一个给定时间段（称为冻结范围）的所有订单都将被固定。

5.2.4 APS 的基本技术

APS 系统通过基于内存的计算结构，采用 C/S 或 B/S 等设计架构、开放的信息平台、关系数据库等先进技术进行持续计算，彻底改变了批处理的计算模式。在建模阶段，APS 系统充分考虑实际生产系统中各种资源约束（库存、物料供应、人工工时、市场需求、机器设备、人员流动、物流等）和产能限制因素，利用信息化规划技术，综合优化设计、生产、分销、采购等具体的业务流程，制定出细化至工序级的高效、可执行的生产计划，从而指导实际生产活动。

一、APS 系统的技术特征

APS 系统融合了各种先进的信息技术与现代管理思想，主要有以下三项技术特征。

（1）APS 系统对复杂制造系统模型表达具有灵活性。APS 系统是约束管理的理论、技术与方法在企业及车间级计划层面的企业生产计划与控制体系的具体应用。APS 系统跨越工厂、车间及生产制造单元等不同层次，贯穿供应管理、订单计划管理和现场运作管理等不同的阶段，可支持多约束、多目标的系统运作控制。针对具体生产环境中问题的复杂性、动态、多目标特点，选择适合的抽象、简化方式构建模型并选择合适的算法进行求解。

(2) 采取常驻内存的技术进行运算。APS 系统可以通过这个技术将相关数据下载到内存中，仅需占用极少的内存即可实现多任务同时运行，可以有效减少运算时间，提高效率。

(3) 先进的计算引擎，支持各种优化算法。APS 的主要算法包含线性规划方法、基于规则的算法、启发式算法、进化算法等。结合问题特征与规模将复杂业务问题进行合理的简化抽象，极大地拓展算法适应性，易于满足用户多变的业务需求。除内置的排产算法外，同时开放排产接口也支持自定义算法扩展。

二、APS 系统常见的约束

APS 是基于约束的计划排程，常见的约束大致有以下几种。当然，也不排除在实际生产状况中有更多、更复杂的约束条件。

(1) 资源约束：在生产系统中的单一资源、共享资源、并发资源、主要资源和次要资源，资源组约束，等等。

(2) 加工顺序约束：一般指生产的工艺流程、工序执行的管理。

(3) 物料约束：在 BOM 管控下，约束工序和物料的可用量，甚至涉及库存和采购计划的制定。

(4) 产能约束：对生产系统现有的条件和能力的评定，关联是否满足订单的交期。

(5) 物料齐套性约束：通常是根据订单、工单的需求数量和交期对工单的物料进行分派，形成 APS 欠料表和齐套工单表。物料按照齐套工单表备齐才可投入生产。

三、APS 系统的排产模式

有限能力排程是指在考虑工厂资源负荷能力、人员技能、物料、运输能力等因素的前提下进行排程。无限能力排程是指在排程时考虑工厂的设备静态产能，但是不考虑多个订单的资源冲突。正向排产与逆向排产都是基于有限能力的排产，如图 5-3 所示，排程模式中分派方向不同。

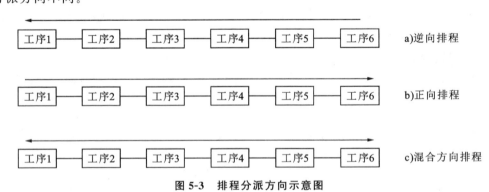

图 5-3 排程分派方向示意图

APS 有以下几种排产模式。

(1) 有限能力逆向排程——JIT 生产：从订单的末工序工作最晚结束时间（满足订单交货期的最晚完成时间）开始，从后向前依次排订单的所有工作和物料需求。在满足订单交货期的前提下尽量将订单向后排程，防止提前采购和提前生产，以减少库存积压并最大限度地降低订单变更所带来的影响。

（2）有限能力正向排程：从订单的首工序工作开始，从前向后依次排订单的所有工作，使得订单尽量向前排，以最大限度地利用资源。

（3）混合方向排程：同时采用正向排程和逆向排程，充分发挥两者优势。对于瓶颈工序而言，之前的工序采用逆向排程，之后的工序采用正向排程。

四、APS 系统的算法

寻找车间排程的最优解从理论上来说是 NP-hard 问题，复杂约束条件使得问题的求解更为困难，比如设备的可选性、制造环境的动态与不确定性、约束条件的矛盾等。现实的求解策略基本上都是先简化问题，然后寻找最优解或次优解。APS 算法是 APS 系统的关键技术之一，通过 APS 算法，APS 系统可解决排程和再排程问题并提供决策支持。目前，APS 算法主要包括启发式算法（Heuristics Algorithm）和元启发式算法（Meta-heuristics Algorithm）。

（一）启发式算法

启发式算法以问题为导向程序，根据问题的特殊结构或者性质来改进启发式规则，可理解为基于启发式的规则，在有限的时间内去寻找问题的最优解，但是不一定能保证所求得的解的可行性与最优性。主要包括以下几类。

（1）优先分派规则。在生产时根据设定的一些优先次序安排工件的加工顺序，常用的规则有：先到先服务规则（First Come First Served，FCFS）；最短加工时间优先规则（Shortest Processing Time，SPT）；最早工期优先规则（Earliest Due Date，DD）；最长加工时间优先规则（Longest Processing Time，LPT）；剩余总加工时间最长优先规则（Most Work Remaining，MWR）；剩余工序数最多优先规则（Most Operations Remaining，MOR）。

（2）基于差异的规则。转换瓶颈规则（Shifting Bottleneck Procedure，SBP）是目前求解车间调度问题非常有效的一种启发式规则。基于插入的算法是求解调度问题效果非常好的启发式算法，其中主要包括 NEH（Nawaz-Enscore-Ham）算法、CDS（Campbell-Dudek-Smith）算法、Johnson 算法。

（二）元启发式算法

相对于启发式算法，元启发式算法是问题独立的，是针对大范围的优化问题提供通用的流程。元启发式算法可以分为基于单个解的元启发式算法，例如模拟退火算法、禁忌搜索算法、贪婪算法和变领域搜索等；基于群体的元启发式算法，比如遗传算法、分散搜索算法、粒子群算法和蚁群算法等。元启发式算法可以使用某些操作跳出局部最优。

第三节 生产计划调度的核心——约束规则

现在，约束计划的开发已经吸引了各领域专家的高度关注，因为它有潜力解决现实中非常难的问题。约束计划不仅基于很强的理论基础，而且有着广泛的商业利益，特别是在对变异的建模优化与满意问题方面。无论我们是用先进的基因算法,还是用人机交互式的仿真方法,都需要对制造业的复杂约束、多目标优化、大规模的搜索和车间生产的不确定性等问题进一步展开研究,以适应实际问题的需要。

在人类努力的大多数领域里,约束在不断地增加。它们在物理世界形成互相依赖。约束是在一些未知或变化里的简单的逻辑关系,在给定的领域里,对每一个约束取值。约束就限制了变化所带来的可能的值,它反映部分信息。约束也可以是不协调的,它可以在不同领域里互相约束。实际上,我们都用约束来指导推理和决策,是每天常见行动的重要部分。例如,我可以从 5 点到 6 点在那里。这就是典型的约束,我们用它来计划我们的时间。自然,我们不能仅仅解决一个约束,因为约束很少是独立的。所以,我们不得不接受的现实是这些问题比较复杂。

约束计划是基于约束规则的计算机系统的程序,约束计划的概念是详述问题的约束来解决问题。结果是找到让所有的约束满意的方案。计划调度实施的关键是基于约束规则,基于约束自动地调配资源、优化计划,来达到你所需要的计划目标。对离散的制造行业解决复杂的加工过程如多工序、多资源等(Job shop 调度),对重复式或流程式的制造行业解决顺序问题如优化排序等(Flow shop 调度)。

你的主要目标是一个满足所有任务规定的完成日期吗?还是提高设备利用率,减少非生产时间(准备时间和设备维护时间)?确定基本计划的目标是选择合适规则的先决条件。一旦确定你的目标,你就可以选择规则来完成目标。

5.3.1 基于订单(Job-based)的排程方法

工作中心 WC-A 有两个资源,工作中心 WC-B 有一个资源。订单 MO-1 属于最高优先级,订单 MO-2 属于次优先级。基于订单的优先级决定下一个订单的加工,可以自动识别订单的优先级和手工定义优先级,在计算机根据规则的优先级自动地排出生产计划后,还可以手工介入,修改优先级进行重排,以满足复杂的现实需要。

约束规则包括如下几个方面。

(1) 瓶颈:基于次要任务选择规则的排列,向前和向后方法来计划所有未分配的任务订单。重点是瓶颈资源的工序。双向模式只计划需要指明瓶颈资源的任务,能用任何可得到的规则计划剩余任务。

(2) 完成日期:基于最早完成日期。

(3) 先到先服务:按照先到订单,先安排生产。

(4) 升序订单属性值:按规定的订单升序的值排列。订单的属性可以是数值、字母。

(5) 优先级:按照最小数值优先。如果你用此规则,优先级字段必须在订单上定义。

(6) 加工时间:按照订单最小的加工时间优先。

(7) 下达日期:按照最早开始日期优先。

(8) 相反优先级:按照最大数值优先。如果你用此规则,优先级字段必须在订单上定义。

(9) 闲散时间:按照最小闲散时间优先。

5.3.2 基于事件（Event-based）的排程方法

基于事件的排程方法是基于高利用率的方法。实现其计划的关键是二步导向的规则使用。有两个基本的规则：工序选择规则（Operation Selection Rule，OSR）；资源选择规则（Resource Selection Rule，RSR）。

针对不同产品和资源，必须选择不同的规则，在决定是使用工序选择规则或资源选择规则时，主要考虑的是：什么是一个好的计划标准？一旦确定你的目标，你就可以选择工序和资源的选择规则来完成目标。一般来说，先选择工序选择规则，然后选择合适的资源选择规则。在一些情况下，有关的资源选择规则被工序选择规则所决定。

一、工序选择规则

如果至少一个资源是空闲的，二个或多个工序能用于这个资源，则采用 OSR。此规则决定哪一个工序被加载。这就是决定计划结果质量好坏的关键因素。

（一）独立的工序选择规则

独立的工序选择规则可详细介绍如下。
(1) 最早完成日期：选择最早完成的工序（也许是订单完成日期）。
(2) 最高优先级第一：选择最高优先级（最低值）的工序。
(3) 最低优先级第一：选择最低优先级（最高值）的工序。
(4) 最高订单属性字段：选择最高（最大）订单属性字段的工序。
(5) 最低订单属性字段：选择最低（最小）订单属性字段的工序。
(6) 动态最高订单属性字段：选择动态最高（最大）订单属性字段的工序。
(7) 动态最低订单属性字段：选择动态最低（最小）订单属性字段的工序。
(8) 计划档案订单：选择订单里出现先到先服务的工序。
(9) 关键率：选择最小关键率的工序。关键率＝剩余计划工作时间÷（完成日期－当前时间）。
(10) 实际关键率：选择最小实际关键率的工序。实际关键率＝剩余实际工作时间÷（完成日期－当前时间）。
(11) 最少剩余工序（静态）：选择最少剩余工序时间的工序。
(12) 最长等待时间：选择最长等待时间的工序。
(13) 最短等待时间：选择最短等待时间的工序。
(14) 最大过程时间：选择最大过程时间的工序。
(15) 最小过程时间：选择最小过程时间的工序。
(16) 最小工序闲散时间：选择最小闲散时间的工序。订单任务的闲散时间＝任务剩余完成时间－剩余工作时间；工序闲散时间＝任务闲散时间÷完成任务的剩余工序数。
(17) 最小订单闲散时间：选择最小订单任务的闲散时间的工序。
(18) 最小工作剩余：选择所有需要完成订单的最小剩余过程时间的工序。

（二）标准的工序选择规则

标准的工序选择规则有二十多个标准规则。不同的规则对应不同的目标。这些规则可以进一步分成静态规则与动态规则。

1. 静态规则

静态规则旨在为所有在排队中的订单、所有等待的工序提供简单的索引机制。这些规则在每一次预先模拟时间时不需要再次评估，用于工序选择规则的参数是固定的。例如，如果规则是最早完成日期规则，完成日期在顺序排程中从未改变，则在排队中的第一个工序被分配到等待资源。因为规则总是选择第一个等待工序，此规则执行得非常快。

2. 动态规则

动态规则即使用每一次调用的规则检查每一个在排队的工序。因此，我们是基于当前的订单任务和系统状态来决定我们的选择。这个机制充分考虑了任何改变出现的时间和事件的结果。例如，在最小工序空闲规则下，工序的空闲值随时在改变。因为动态选择规则需要在每一次事先模拟以后检查在排队中的每一个工序，它比静态规则要慢一些。

为有助于分析规则，我们将规则分成四个主要类别，来对应四个不同的计划目标：预先确定任务的参数；最小化任务缓慢；最小化任务流程时间；最大化设备利用率。我们将讨论每一个核心目标和相应的工序及资源规则以支持这些目标。规则的分类目的是帮助你为达到你的核心目标而缩小你对规则的选择。对某一类的规则选择是基于你的计划问题。每一个类别的规则都混合一些静态和动态的规则。

（三）预先确定订单任务的参数

预先确定订单任务的参数是基于预先定义订单任务的优先级来选择下一个工序或用户规定的属性字段（如成本）。一般来说，每一个规则特性的最高、最低的值被调用。这类规则包括最高优先级和最低优先级规则，最高订单特性字段和最低订单特性字段规则，动态最高订单特性字段和动态最低订单特性字段规则，计划档案订单规则，最长等待时间和最短等待时间规则，最大过程时间规则。

最高优先级和最低优先级规则是分别用最高或最低优先级选择工序的静态规则。

最高订单特性字段和最低订单特性字段规则是和优先级规则相似的静态规则，除了基于用户定义属性的选择。例如，最高订单特性字段规则用一个属性字段定义，如由成本的最高值来选择任务。因为这是一个静态规则，它假设当订单任务正在等待处理时成本是不变的。

动态最高订单特性字段和动态最低订单特性字段规则是动态的。虽然这些规则执行较慢，它们也适应当订单任务正在等待时属性字段可以改变的情况。

计划档案订单规则是一静态规则，是基于已进入数据库的订单来选择订单。这个规则和先到先服务规则相似。

最长等待时间和最短等待时间规则是一动态规则，它是基于订单任务被等待计划的时间来选择工序。

最大过程时间规则是用最大过程时间来选择工序。预先确定任务的参数规则一般用于订单任务的特性的情况（如优先级或成本），不考虑任务完成日期或设备利用率。因为这些规则忽略完成日期，它们典型地更适应面向库存生产（MTS）环境，而不是面向订单生产（MTO）环境。

（四）最小化任务延缓

在面向订单生产环境下，计划目标用于保证每一个订单任务按期完成。最小化任务延缓的规则是建立最小化延缓任务的计划。这类规则包括最早完成日期、最小订单闲散时间、最小运行闲散时间、关键率和实际关键率。这些规则中最简单的是最早完成日期，这是一个静态规则，尽管这个规则执行得非常快。所有这一类规则是基于空闲时间计算的动态规则。空闲时间是完成日期和最早完成时间的差异。

最小订单闲散时间规则选择一个父项任务的工序，父项任务有最小的闲散时间。如它没被选择，这个订单任务大多可能是延迟的。

最小运行闲散时间规则是基于每一个工序的平均闲散时间（订单任务计算的闲散时间÷剩余工序数量）而不是任务的剩余闲散时间。这个基于闲散时间的规则形成的基本想法是每一个剩余工序都有一道固有的风险，根据它延迟的可能性，每一个工序的最小闲散时间的订单任务是最关键的。因此，如果我们在同样的闲散时间中选择订单任务，我们会选择最大剩余工序数量的订单任务。因此，根据每个工序最小闲散时间的规则来选择处理风险最大的订单任务。

基于闲散时间规则最后的差异是关键率。这个规则选择父项任务有最大关键率的工序。关键率＝剩余工作时间÷（剩余工作时间＋闲散时间）。注意，只要闲散时间是正数，分母大于它，关键率就小于1。因此，任务还没有延迟。如果关键率大于1，闲散时间是负数，任务就不能按期完成。关键率规则与最小工序闲散时间规则相似。相同的是，它们都是用闲散时间来计算的。不同的是，它的剩余工作已完成。它基本的前提是剩余闲散时间本身在决定最关键订单任务时并不重要，即相关的剩余工作已完成。如我们有许多剩余工作，那么，我们需要较大的闲散时间来保证我们的订单任务不被延迟。

在一些环境下，关键问题是提高计划设备的效率来最小化订单任务的平均时间，这就是最小化任务过程时间。在最小化任务过程时间规则里，忽略任务完成日期而集中于减少订单任务的时间。这类规则包括最小化流程时间、最少剩余工序、最小工作剩余。这类规则是基于过程时间最短的概念，旨在减少所有订单任务的平均任务过程时间。

（五）最大设备能力

在一些面向库存生产（MTS）的环境中，关键的问题是设备效率，即最大化整个设备的生产能力。在最大化设备能力规则里，忽略任务的完成日期而集中于设备的能力效率来产生计划。这类规则包括最小准备时间、系列顺序升（Up）、系列顺序降（Down）、系列顺序周期和用系列的最少准备。另外，每一规则都与时间相连。所有这类规则都集中于减少转变成本、最大化设备能力。这个转变成本能在顺序相关的准备时间中设置。我们正努力消除设备的任何没有必要的非生产时间。

如果我们为整个工序排序，在连续的工序之间，要考虑顺序相关的准备时间及转变成本。此时，我们就能用系列规则。

二、资源选择规则

RSR 是选择工序加载到资源组内的那一资源，可详细介绍如下。
(1) 最早结束时间：选择将要最先完成工序的资源。
(2) 最早开始时间：选择将要最先开始工序的资源。
(3) 最迟结束时间：选择将要最迟完成工序的资源。
(4) 与前工序一样：选择被用于前一工序的资源。
(5) 非瓶颈最早开始时间：选择将要最早开始工序的非瓶颈资源。

虽然工序选择规则在决定生产计划方面起着重要作用，资源选择规则在加工处理中也能起重要作用。尤其在最小准备时间和系列工序选择规则上，资源选择规则是由工序选择规则自动决定的（如选择最小准备时间工序规则，最小准备时间资源选择规则被自动选择）。然而，在选择所有的剩余工序选择规则时，你必须在资源选择规则中选择其一。

最早结束时间是缺省的资源选择规则。它选择将完成的第一个工序。基本策略是尽快完成工序。因此，此规则与工序选择规则的最小化过程时间相似。

最早开始时间规则选择将开始第一个工序的资源。这些规则集中减少资源闲散时间。

最迟结束时间规则选择将选择最后完成工序的资源。如果资源不包括在有效资源组，缺省最早结束时间规则。

非瓶颈的最早结束时间规则将首先完成工序的非瓶颈资源。非瓶颈最早开始时间规则将首先开始工序的非瓶颈资源。

三、相关选择规则

如果选择一个工序选择规则，就自动地选择相应的资源选择规则，可详细介绍如下。
(1) 系列顺序循环：选择同样或下一个最高（最低）系列值的工序。若没有最高值的工序，顺序将相反，选择最低的工序。
(2) 系列降顺序：选择同样或下一个最低系列值的工序。
(3) 系列升顺序：选择同样或下一个最高系列值的工序。
(4) 最小准备系列：选择最小准备时间及最近系列值的工序。
(5) 最小准备时间：选择最小准备或换装时间的工序。
(6) 定时区的系列顺序循环：选择同样或下一个最高（最低）系列值工序，且只考虑在特定的时区里的订单完成日期里的工序。若没有最高值的工序，顺序将相反，选择最低的工序。
(7) 定时区的系列降顺序：选择同样或下一个最低系列值工序，且只考虑在特定的时区里的订单完成日期里的工序。
(8) 定时区的系列升顺序：选择同样或下一个最高系列值工序，且只考虑在特定的时区里的订单完成日期里的工序。
(9) 定时区的最小准备系列：选择最小准备时间及最近的系列值的工序，且只考虑在特定的时区里的订单完成日期里的工序。

（10）定时区的最小准备时间：选择最小准备或换装时间的工序，且只考虑在特定的时区里的订单完成日期里的工序。

5.3.3　基于物料约束（Material Constrain）的排程方法

当生产计划想要计划一个需要某物料的工序时，它将仅仅计划库存水平以满足当时或以后的工序。如果在计划时不能满足条件，物料约束计划将首先查看是否有未分配的订单，产生库存需求。如果它找到这样的订单，它将首先计划订单，然后计划工序的库存需要。如订单产生库存需求以外的未有的库存，物料约束计划将像以前一样通过寻找订单来计划。这个过程将重复许多次。如果有不够，就需要库存补充。具体过程如下。

（1）静态物料约束规则（SMC）。先对每一个物料从ERP系统导入建立可用量清单，最早开始的订单和被分配的物料随着物料业务订单日期的延迟或变化，系统会自动调整或显示订单的变化。

（2）动态物料约束规则（DMC）。当计划建立时，动态分配物料，允许重新分配物料到另外的一个订单，它可以处理物料的有效期、变化的产出率和减少在制品等实际问题。

（3）从库存取出约束（Take from Stock Kit）。定义在工序需要的子项。在我们做计划时，考虑子项物料从库存的可用量的约束来排计划。

（4）放入库存约束（Put to Stock Kit）。定义从工序的父项产出结果。在我们做计划时，考虑产出的约束，必须考虑库位所能容纳的约束。

生产计划根据产品结构的相关性来分配物料的约束，查询约束的工作，可以根据物料编码报告物料约束，也可以根据订单号报告物料约束。工具约束即工具子项反映关键工具作为资源，也可以作为约束物料。你可以定义工具产生约束，如工具维修、故障。

总之，制造业对客户需求的响应越来越强烈。现在生产计划调度系统正开始将基于约束规则的基因搜寻和模拟仿真模式结合起来，解决制造同步化问题和工厂的顺序冲突问题。

现在，约束计划已经成功应用到许多不同的问题领域。它和分析DNA结构一样多样化。实践证明，它能较好适应、解决现实的问题。因为，许多应用领域自然地需要约束。分派问题也许是第一个工业应用约束解决工具。用甘特图来描述计划可能是最成功的应用领域，如有限约束排程。

在现实中，约束计划可以被广泛地运用，但是当前的工具也有可能没有涉及的领域或局限和缺点。无论是在理论还是在实践上，约束的定义促使问题可追踪是非常重要的，约束计划的有效性仍然是不可预测的。何时、如何使用约束，直觉通常是决策的重要部分。有时，盲目地快速搜寻如按时间顺序后排比约束进化（基因算法）更有效，尤其是在许多约束模型里的成本优化问题。有时，它对改善起初的方案是非常困难的，且一个小的改善就会花去很多时间。

约束计划也在不断地进化，它们能动态地增加约束。在大部分情况下，约束系统产生的计划是可执行的。除了机器故障、延迟的计划，在最坏的情况下，接受新订单需要快速地重排计划或优化当前的方案来解决未预料的事件。同时，通常在较紧计划优化的方案和可以解决较少差异的、稳定的、次优化的方案之间交替选择。

第四节　基于约束理论的高级生产计划

5.4.1　基于约束理论的生产计划的时间计算

一、计算加工时间

加工时间是加工一个完整的批量所用的时间。加工时间的开始点就是开始节点，结束点就是结束节点。当计算加工时间时，每一批在制品和现有库存是分别计算的。如果一个订单（销售或预测）的需要数量可以用在制品数量和库存来满足，在制品数量和库存数量大于订单需求的数量，将没有加工时间。WIP 是已经完成它的工序的库存，在变化的工作中心没有考虑准备时间。加工时间分别对批量进行计算，这个批量是在车间里加工的数量。

加工时间的计算公式如下：

整批的工序最大运行时间＝在所有其他工序的每件/每批运行时间＋所有工作中心的排队时间合计＋所有工序的闲散时间合计

最大运行时间＝取整［（任务量/批量）÷工作中心的单元数］×每批的运行时间

强制排队时间和闲散时间是固定的时间增加，它可以计算在加工时间的长度里。强制排队时间是对工作中心的特别时间，而闲散时间是对零件或工艺工序的特别时间。实际上，它们被用于特别的处理过程。如在热处理工序以后，需要时间冷却——对油漆的"晾干"时间。在其他应用里，它们能被用于已知的延迟或无正式文件处理过程，如预计有意义的等待或在特别的工作中心的排队时间。物料处理时间，也就是将物料从一个地方移动到另外一个地方所需的时间。这些时间要素是固定的。我们应该有区别地使用。在应用 TOC 计划中，计算时间用动态的方法，依赖可用时间的计算，把强制排队时间以及闲散时间增加到加工周期时间里，来处理可能例外的机会或由加快"渗透"时间的过程。

二、计算缓冲时间

如果没有鼓的订单，那么就只有靠发运缓冲来保护变化了。

一个积极的缓冲是"排队缓冲＋整个 Murphy（墨菲经验值）"缓冲。排队缓冲是可以动态渗透，积极缓冲常用于订单（销售、预测）的完成日期合理化。缺省的积极缓冲是"排队＋Murphy（墨菲）"。

鼓缓冲等于 1/3 的正常应用缓冲，大部分上游鼓将接受正常的缓冲，下游鼓将接受 1/3 的缓冲。首工作中心（可以直接下达原材料的工作中心）被定义为鼓，将没有鼓缓冲。装配缓冲不用于"积极缓冲"的计算。

使用缓冲需要考虑的是：是否有一个鼓和在每一个链里有加工时间存在。对发运缓冲规定的值被应用到所有独立需求的偏置加工时间。由"排队＋墨菲值"的积极缓冲来满足发运。当工作中心被选择作为一"鼓"（瓶颈）时，在有限计划里，TOC 计划应用鼓缓冲值来偏置满足不同的鼓的加工时间。在这一点的"积极缓冲"是可以计算的，如计算鼓缓冲和计算装配缓冲。

三、计算计划时间点

我们理解了加工时间和时间缓冲，现在就可以理解时间点的计算了。TOC 的生产计划对工序节点的鼓产生精确的开始和结束时间。

独立的客户和预测订单也有精确的时间，这些时间可以被考虑为确认的计划日期。对其他节点或非鼓链的工作中心，只能计算开始日期和缓冲渗透（不计算完成日期）。当缓冲渗透是 0 或减少时，开始日期本质是 DBD（不要在日期之前）。在任务时间应该开始时，应该分析任务的剩余缓冲。如果剩余缓冲＞计划缓冲，那么任务不应该开始。在鼓上的任务开始可以依赖于上游任务被完成。这是基本的"加工时间＋缓冲"。在 TOC 计划时如果被标出红色警告，说明排定的订单（销售或预测）已经延迟。

主要的计划时间点包括如下几项。

(1) EST：最早开始时间（earliest start time），是任务可以最早开始的时间。

(2) LDB：最迟完成时间（latest due by）。这是最迟的任务，应该在它开始算尽缓冲之前完成。

(3) LST：最迟开始时间（latest start time）在协调计划进程中用来显示最迟的任务，它能提前于渗透到下游缓冲开始，此任务最终将要满足。

(4) DDB：在之前不要做（don't do before），在服从过程里使用。

(5) ET：ET 加快（开始）时间（expedite start time），紧紧追踪 DDB。

在 TOC 计划里，推掉订单是让我们的订单可以接受预计完成日期的概念。由于实际的物料或制造零件装配不能及时完成，当我们推掉订单时，我们不能推掉鼓上的任务或改变将要到达的采购订单 PO 的日期，但我们可以推掉排定的客户订单或预测，它受到延迟的任务或延迟的采购 PO 影响。TOC 计划的概念是执行订单的合理性。基于今天制造环境的现实，TOC 的计划可以提供给我们分析这些情况和选择的工具。但是，也可以阻止退掉客户订单。

5.4.2 基于 TOC 的生产计划步骤

一、计划的展开

基于 TOC 的生产计划也是通过 BOM 展开并且把独立需求转换为非独立需求。在每一次展开的工作中心的负荷时间是基于订单（销售订单和预测）的当前完成日期和 WIP（时间和地点）。当协调计划下一个鼓的运行时，如果用顺序来定义此任务，就决定需要在鼓上执行计划的任务，定义的鼓的计划先执行展开计算。

执行服从其间非约束上的链就决定 DDB 和缓冲渗透（缓冲剩余），在展开几次之前，系统确认考虑最近的计划决定。库存物料也可以在每次运行展开时，进行动态的分配。展开计算包括以下几个过程：路径的选择和净计算；在鼓节点产生供应。

实际上，TOC 的计划的展开过程是反复的。独立需求的最终产品（销售订单和预测）

被标识为 0 层。展开是从独立需求的 0 层开始，按订单的完成日期（当前完成日期）一次一个升序排列。如果要处理同样日期的订单，在升序的订单里进行标识设置。每一个零件节点和路径的选择逻辑决定那一个路径可以得到最快的供应。如果原材料节点的原材料可以达到或 WIP/库存足够满足需求的一只链，展开就停止在这个节点上。那么，展开就重新开始，沿着独立需求的另外的一只链进行。一旦第一个鼓节点遇到特别的链，它就会标识为第一层。展开就会重新沿着另外的链从 0 层（独立需求）进行，第一个鼓节点遇到的也可以作为第一层。第一层的所有任务被选择为独立需求，沿着它们的 LDB 日期展开。一旦所有的一层的任务被选择，这些任务在它们的 LDB 日期顺序里进一步向下展开，下一个鼓节点遇到的是第二层，这个过程重复直到所有的鼓节点已经由足够的原材料库存或完成的在制品来满足需求。因此，层的数量是由在特别网络链里鼓的数量来决定的。

当一个特别任务需要生产，需要在下列指标中选择其一：现有量；主要路径 PR；计划 MO；生产订单 MO；在途的采购订单 PO（外购或外加工的零件）。现有数量总是首先消耗的。在每一个零件节点上，TOC 计划首先计算加快时间 ET。对生产订单 MO 和采购订单 PO 供应来说，当它们将要在节点上可用时，TOC 计划也要进行计算。对未完成的生产订单 MO，当它将要可以得到时，计算是从在制品 WIP 位于的节点处开始对下游的时间计算，TOC 计划将增加加工时间。对于采购单 PO 来说，在到货日期可以到达时，就可以计算制造计划。TOC 计划必须在三个明显选项之间选择。如一个采购订单 PO 路径不能得到或在 ET 加快时间之前不能得到时，那么就可以动态选择三个最早的时间路径。如可以得到 MO 路径，可以得到 PO 路径。如果工作中心在主要 PR 路径里需要已经计划的鼓，就选主要 PR 路径，对每一个需求都通过这个逻辑循环计算。

二、物料需求的计算

物料的可用性的功能只有在鼓的能力计划之前得到。因此，在 TOC 计划系统里，当检查没有鼓时，计划缓冲只有发运缓冲。需求日期是基于订单（销售和预测）的完成日期和一般的发运缓冲（LDB）计算的。必须设置物料优先级和物料延迟的容限。

可以找到的较少的采购物料才是真正约束生产过程的。这些约束力是不可以加快满足生产需求日期的物料。在加快的模式下，物料总是能有时间。这个时间就叫最小提前期，任何少于这个时间是不可能的。于是，如果提前需要这个最小提前期，应该开始约束生产。最小提前期可以被原料计划所修改，也可以把物料评估为例外。

物料约束被分成四种不同的方法，每一个方法用来分析当前物料和采购订单的状态。

（一）清除过期的采购订单 PO

清除过期的采购订单 PO 就是用于到货期提前于今天的采购订单 PO。或规定一个结束日期，在考虑交货期或交货数量时，改变每一个采购订单更合理。可以只显示单一规定零件号的采购订单 PO 和到货日期或规定日期之前的日期的采购订单 PO。其逻辑是：如果完成日期＜今天，那么完成日期将等于今天，可以对清除过期 PO 进行改变、修改、增加、删除、拆分。

（二）原材料计划

原材料计划是物料的集中显示。它显示所有的需求，是在最小提前期之前或在需求到货日期之前的，并落入短期的采购物料。初始图显示一个红色的条，长度等于这些需求需要提前到的采购订单 PO 完成日期或最小提前期的天数。这是最短的。这就是延迟。逻辑是用 LDB 时间点，向后计划每一个独立需求来计算原材料需求。原材料需求日期按照下列公式确定。

$$原材料需求日期＝订单完成日期－发运缓冲－加工时间$$

（三）零件短缺的订单

零件短缺的订单是显示所有短缺物料的订单，而不考虑订单的需求有多长远。订单提供所有有关独立需求的订单信息，包括目标日期，且显示计算的延迟的天数。新订单基于典型提前期处理，但是只有最小提前期在计划过程中可以约束订单的执行。也就是说，定单（销售和预测）的完成日期只被最小提前期所约束。有的物料需求的评估结果是基于物料需求日期，它大于在最小提前期之前的天数或采购订单 PO 完成日期。如果小于最小提前期，就分别为订单和它们相应的延迟天数提供所有采购零件短缺清单。延迟为 0 的订单，是由"今天＋最小提前期"来决定是否有更糟的物料短缺需求情况。

（四）能力负荷计划的算法

能力负荷对所有的订单具有预计完成（当前完成）的时间，在以下之内显示净负荷，基于工作中心的单位数量和工作日历。负荷的时间是在任务工序的 LDB 日期。独立的订单每次展开一次，完成日期按升序排列的订单，使用尽早逻辑。用路径选择逻辑执行在制品和库存分配，数量需求被转换为负荷，在节点上计算每一批运行时间的数量，设置到每一个独立的节点上的任务。

在计划展开之后，通过每一节点的需求来维护单一的独立需求源。在正常或初始化的情况下，显示能力负荷图，并不显示鼓，显示需求和所有工作中心的时间。例外的是，在鼓排序计划时（发现延迟），重新显示能力负荷图，重新基于反映被分配负荷的已经计划的鼓。如果没有鼓计划，路径选择逻辑将决不会用尽未完成的生产订单 MO，而是开发利用一个计划的生产订单 MO。

5.4.3 基于 TOC 的生产排程步骤

在选择鼓以后，就可以运行计划"产生鼓任务"的算法。它和展开逻辑能力负荷一样。但是，也有一个主要的不同：没有鼓的链是完全停下来的。因此，在没有鼓的链上的物料约束的影响可以被完全忽略。因此，在鼓上没有产生任务的独立需求可以被忽略。这个算法的结果是：在它们的 LDB 的所有鼓上产生任务。选择的鼓可以产生"噪音"。

一、计划协调（开发）

在"噪音"里显示要铲平的任务，并运行向后和向前的计划排程。

（一）向后排程

在 LST（Latest Start Time）递减排列的订单里选择任务和有没有完成时间违反 LDB（Latest Due By）的任务，排程尽可能迟。任务尽可能地近于 LDB 日期而不违反能力约束，能力将被检查。任务将不会被分拆和处理，允许它尽可能近于它的 LDB。这样，计划排程的一些任务也可能排到了过去的时间，这就是有违反的现象，结果是过期的积压的订单或在鼓上争夺能力。在 LST 时间里，任务的顺序是不能违反的。注意任务的长度包括运行时间和主要准备时间。如果在一样的产品系列里，任务碰巧互相相邻，就可以节约准备时间。在向后排程之后，可以在计划协调上出现一个差距数量和过期的任务。

（二）向前计划

用计划开始时间从小到大索引所有任务。选择第一个任务，动态计算它的最早开始时间 EST。Max（EST，在向后计划后开始计划），注意 EST 总是要≥今天日期，选择第二个任务在清单里和重复此过程。或许会有差距，需要进行协调。在任务的 EST 之前出现差距。在差距之后，仅有绿色任务。

二、在协调计划之中合理化订单的完成日期

TOC 计划在排程处理中用三个不同方法推出订单：在定义"物料约束"为选择的物料；在鼓的排程中；在非鼓链的协调计划之前。

（一）在当前情况下的完成日期的改变

这个日期驱动排程的平衡。在协调计划的最后，这个日期要符合预计完成日期。一旦鼓完全被利用，订单（销售/预测）需要的完成日期将被合理化。在协调过程中，对订单的非鼓的链不包含鼓任务。因此，被推掉（Push Out）是肯定的，因为在这一点处理的是鼓链，也就是瓶颈的生产线。

（二）鼓推掉

TOC 在鼓上为每一个任务计算 LDB 和 ET。如果任务在 LDB 或之前被完成，就没有缓冲渗透。如果任务在 ET 之后开始，订单就会被预计延迟。LDB 和 ET 两者都是向后传播。LDB 用常规缓冲计算，那里的 ET 用积极缓冲计算。

（三） TOC 计划试图在鼓上 LDB 之前计划任务

然而，由于能力或 EST（Earliest Start Time）约束，鼓任务也许被计划在它的 LDB 之后完成。如果这个任务在 ET 之前被计划开始，订单就不会被推掉。只有在 ET 之后，任务才被计划（任务计划开始时间＞ET），此订单由延迟数被推掉（任务计划开始时间＜ET）。注意，一个单一的订单能在鼓上分为多层次的任务，甚至如果其中一个任务在 ET 之后计划，定单将也会推掉（红色）。由于 ET 计算，订单的推掉是基于鼓的计划。

三、协调下一个鼓（同步和顺序）

一旦鼓被计划，它的计划就被固定，不能改变。在计划第一个鼓之后，第二个鼓也必须被计划。定义第二个鼓有两个方法：

(1) 同步：所有的鼓都必须在开始时定义；

(2) 顺序：在前一个鼓已经计划后，从能力负荷图选择下一个鼓。

两者的不同点在于，在顺序选择里，能力负荷图必须再次产生，且完成库存的计算和展开分配。而同步只是做一次修正展开，不需要库存的再分配。注意，当下游鼓在上游鼓之前计划时，顺序定义不能运行，这是因为事实是上游鼓被锁在已经确认计划鼓的日期和今天之间。于是就没有空间来平衡负荷或产生合理的计划。

（一）同步

当"产生鼓任务"的算法运行时，所有任务和它们的 LDB 日期被初始化。于是库存在处理过程中被分配。当选择下一个鼓时，"重新计算 LDB 日期"算法运行。这个算法是在当前完成和基于以前的鼓到下一个鼓的任务的 LDB 日期传递变化，要注意的是，初始化库存在第一次展开就被分配了，为所有的同步鼓进行维护。一旦 LDB 日期再次被计算，在鼓上就进行向前计划、向后计划等算法。同步计划的优势是所有鼓的能力都被考虑，在每一个单一的鼓/协调计划阶段，多重交互的鼓可以被计划，否则（用顺序）就做不到了。它的缺点是鼓供给另外的鼓（交互鼓）时，它们能被由"还没有计划"的鼓被没有必要地约束住。这是因为还没有计划的鼓被加载，没有任何已经做出的利用（决定），于是预计的 EST 或 LDB 也许比必需的还要更迫切。

（二）顺序

在计划一个鼓以后，回到能力负荷图，另外被选择的，就是被协调（计划）的工作中心，可以被合适地重复许多次。当另外的鼓被顺序定义，整个展开再次运行，"产生鼓任务"算法对这个鼓进行重复计算。对于库存被动态的重分配来说，一旦产生了任务，对协调的算法是一样的。当对一新的被选择的鼓执行协调展开计划时，如果产生一个"交互冲突"，显示一个警告信息通知你，说明这个工作中心由于这个交互鼓冲突可能不被计划。

顺序选择的优点是基于决策：当计划一个或多个先前的鼓时，在工作中心上的一些原来预计的明显的负荷，也许不再存在了。这也许是因为公共的需求已经推掉，释放了一些负荷，于是，它不需要用像同步方法一样计划许多预计的鼓。另外的优点是在每一次新鼓被选择时，库存就被重新分配。例如，如果一种原材料是许多制造件的共用件，但是处于短缺状态，重新分配物料可能会产生更好或更早的 EST。缺点就是以上提到的"交互冲突"。

四、拉入早期订单

当所有定义的鼓被计划，订单可以选择"拉入"，订单可以在早于它们的当前完成日期完成，这是因为在 LDB，鼓没有能力并且协调计划已经把任务铲掉一个更早时间，可以节约使用一个准备时间的决定,这一步提供可以选择一个或所有拉入候选的选项,直到没有执行拉入早一点的订单。在鼓执行任何一组任务时(例如准备时间节约),它将被生产订单下达反映给上游,生产订单也从一个鼓下达给下游时,是由订单(销售和预测)的当前完成日期所驱动。现在,所有链上供给的订单都被考虑。已经被早期忽视的非鼓链在这一点也被考虑。对所有其他非鼓链,TOC 计划反映 DDB 日期。在这个阶段,一个被"拉入",在非鼓推掉时将不会被推掉,因为在非鼓链拉入可以反映 DDB 日期。鼓计划可以选择在 LDB 之前,订单被及早考虑。

五、服从

在鼓已经计划和利用时,其余计划必须服从鼓的排程,鼓排程已经被固定。在服从过程期间,以下活动会出现:对非鼓链的完成日期也被合理化;非鼓 DDB 日期和产生计划订单下达;也可以计算为每一个非鼓节点剩余缓冲。在鼓上整个计算展开包括:重新排定;为采购计划展开;重复整个展开。

六、对非鼓链合理日期

大部分订单(销售和预测)在鼓上有它们的合理完成日期。例如,由于鼓的能力缺乏,完成日期被推掉。然而,有两个例外的规则,非鼓链是比鼓链有意义的。大部分的事实是,万一加工时间是有意义的,由于外加工超过强制排队时间或闲散时间,并不是所有的订单都可以有一个任务在鼓上处理的。这可能是由于来源于鼓下游 WIP 或产品没有通过一个鼓的路径。在这个过程中,只有非鼓的链被考虑。在这个链上的物料约束现在被考虑合理的日期,在鼓链上的任何物料约束在排程的协调进程中都被考虑。缺省的行为是物料约束,一个采购订单 PO 在到货日期内可以得到,到货的提前期不被考虑从而推掉。通过计算所有非鼓链订单的 EST,如果通过计算,最大化的 EST 大于当前完成日期,就有不同的订单被推掉。要注意对推掉使用积极的缓冲,装配缓冲没有被包括在积极的计算之内,也要注意要防止对新的或旧的订单的 EST 计算的差异。

七、最终计算供应

最终计算供应和整个展开相似,除了重新排定的逻辑以外,用于鼓的排程。非鼓链又一次被忽略。在整个展开过程中,库存被重新分配,重新排定鼓的排程,用当前完成日期,在鼓上展开产生任务。在鼓上的排程被视为供应和上层产生作为需求的任务。在为供应和需求的 LDB 日期的计划顺序中,供应按需求被排定。注意,因为这个初始化在协调的排程中对成品排定,在这一步,还是可以改变。重新排定也能引起为单一订单的鼓任务分拆。

TOC 计划对订单建议了一个保守日期。物料在完成日期顺序中被分配,最早的订单得到 WIP,但是这个订单也可以在排程进程中被推掉。且 WIP 现在成为一个较早的但是不同的需求,而此需求也可以被推掉,因为首先已经没有 WIP。如果软件对此可以拉入日期,这是因为它现在已经被排定给 WIP,它产生的"蝴碟"影响整个订单。他们的大部分任务会被重新计算和在反复循环里结束,而不是进入一个复杂的优化问题(任何方法将不能满足所有参数)和对于最小化的蝴蝶影响,TOC 计划排程确定不可以拉入哪些订单和哪些有剩余完成日期,就好像他们被提前重新排定的那样。

对整个非鼓节点会出现一个完整的展开。一个鼓的上游的任务被鼓的排程计划所驱动。否则,任务被当前完成日期所驱动。对于非鼓,产生 DDB 日期。对每一个非鼓节点在服从的过程中,两个值被计算,分别是对于非鼓活动(DDB 日期)的开始日期和对于基于范围的开始日期、最终物料完成日期的剩余缓冲。在采购零件层用父项零件的 DDB 日期产生毛需求(采购信息),如对任务的剩余缓冲的计算里使用确认计划日期、开始日期、约束物料可用日期。

TOC 约束理论是由歌德瓦特博士创立的,它是同步制造的哲学,按照市场需求,用一种系统的方法,达到快速的、平稳的生产物流,用三个简单的全局评价方法——产销量、库存、经营费用,使得在市场需求和生产约束下的生产达到企业的目标。它的核心思想是存在瓶颈工序或工作中心,最佳计划是基于瓶颈工序的计划。基于 TOC 的计划均可以考虑资源、物料、订单和管理策略的约束。TOC 的建模能力可以有限,也可无限。可以通过有限能力建模,基于所有约束,同步化物流。任何资源均可以定义为瓶颈资源或关键资源及次瓶颈资源。对瓶颈资源采取双向计划,对非关键资源采用倒排计划。缓冲时间可以设置在任何复杂资源之间。DBR(Drum-Buffer-Rope)逻辑是对关键工序同步化所有资源和物料。它较适用较复杂的、多层的 BOM 的离散制造环境。

第五节　APS 与相关系统的结合

5.5.1　APS 与 ERP/MES 的关系

ERP、MES、APS 等管理软件的使用大大降低了企业的管理成本,提高了管理效率。这些软件产生的初衷与定位是不同的,ERP 主要目的是实现企业所有资源的管理,便于管理者在宏观层面上对各方面资源进行计划与控制,ERP 中与生产相关的模块主要有主生产计划(Master Production Schedule,MPS)、物料需求计划(Manufacturing Resources Planning,MRP)、生产订单管理、车间现场管理(Shop Floor Control,SFC)等,ERP 通常难以实现生产现场实时数据采集功能,因此企业需要在业务计划层和过程控制层添加一个制造执行层,MES 系统就此诞生。MES 将过程控制层中采集的生产现场实时数据传递给业务计划层,将业务计划层制定的生产计划实时传输到生产现场,通过对生产状况进行实时监测、控制、统计、分析,了解并记录整个生产过程所有细节。

MES 是位于上层管理计划系统和底层工业控制系统之间的、面向车间层的管理信息系统,它为管理人员、操作人员提供计划的执行、跟踪及各种资源(人、材料、设备、客户需求等)的当前状态信息。烟草行业已实施了多个 MES 系统,通过 MES 系统,企业对生产过程的实时控制能力获得了极大的提高。但是,由于 MES 系统缺少排产引擎,其排程功能只是将原来的人工操作移植入系统中,导致 MES 作业排产的实时性及准确性还达不到精益生产、敏捷制造的要求。当生产过程中发生设备故障、紧急插单、物料短缺或者人员配备不齐时,还是无法对原有的生产计划及时进行调整,这影响到企业的生产甚至订单交货。因此,MES 有必要集成 APS,利用其高级计划及优化功能来解决生产过程中的自动作业排程及实时调度问题。

MES 层是处于 ERP 层与 APS 层之间的中间层,是实现管理层与现场操作层之间信息沟通的桥梁。为此 MES 需要实现与上层 ERP 以及底层控制系统的无缝集成,发挥信息化整体协同的效果;另外,作为 MES 的排产引擎,APS 需要无缝融入 MES 框架内。系统集成需要实现数据、信息及业务流程等三个层次的集成。

计划排程是企业提高生产运行效益的关键环节,虽然 MES 和 ERP 都具有计划功能,但有一定的缺陷。ERP 基于无限产能给出粗略计划,难以考虑生产成本、产品交货期、工艺路线等约束条件下的更为复杂的排产问题。MES 偏重于执行监控,生产排产功能非常有限,当生产线上实时数据变化时,只能依靠人工经验对计划来进行调整,无法实现快速动态排程。APS 弥补了 ERP 和 MES 的计划功能不足,但 APS 系统无法独立运行,需借助 ERP 与 MES 系统所提供的静态与动态数据,才能实现计划编制与排程。

因此,APS 无法完全取代 ERP、MES 系统,而 ERP 与 MES 又不能很好满足生产实际中的排程需要。只有将 APS、ERP 和 MES 三者协调集成,充分发挥各自的优势,才能达到 1＋1＋1＞3 的协同效应。

图 5-4 是 APS、ERP 与 MES 系统的集成框架。可以看到,三类系统通过数据接口相通。ERP 系统主要负责企业财务管理、采购管理、销售管理等上层管控与规划。MES 系统则对制造执行过程负责,属于车间级的工作管理系统,具体是对作业、质量、实绩、库存等生产要素管理。APS 系统具体负责企业计划与调度方案的求解与优化,例如能力计划、订单计划、批量计划调度方案等的生成与优化。

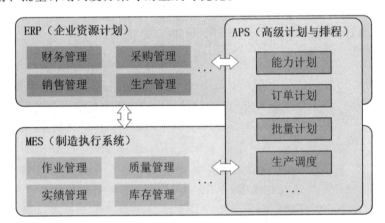

图 5-4　APS、ERP 与 MES 系统集成框架

5.5.2　APS 与数字化工厂

如图 5-5 所示,数字化工厂的实现需要 ERP、PLM、WMS、PCS、MES 和 APS 六大系统和内外部两大协同门户融合,其核心是通过 APS 的工单管理、过程数据采集、设备管理、系统集成等功能,获取车间全要素,形成智能制造创新平台。

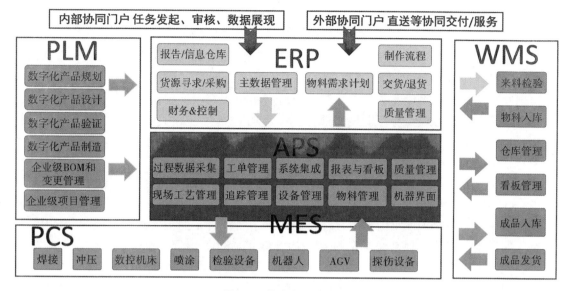

图 5-5　数字化工厂架构

数字化工厂以产品全生命周期的相关数据为基础，在计算机虚拟环境中，对整个生产过程进行仿真、评估和优化，可以实现实时的三维车间可视化、全局生产管控、生产响应可视化和人机交互、虚实交互。数字化工厂是现代数字制造技术与计算机仿真技术相结合的产物，主要作为沟通产品设计和产品制造之间的桥梁。数字化工厂也不等于全自动化，其价值并不是完全用自动化设备取代人，而是用来帮助人，以提高效率。当前中国制造企业更多地是考虑如何控制成本、提高效率，在人工成本不增加的同时增加产能。

建立以 APS 为核心的数字化工厂，可以提高经营过程的能见度，主要体现在如下几个方面。

（1）实现物料和物料流动状态的能见度。利用 SRM（供应商关系管理系统），工厂可以把相关物料需求实时同步发布至供应商处。同时，供应商也可以把自身的库存、发货、送货的状态转换为发运状态，使得工厂可以同步、实时清楚送料状态，以提高齐套状态的透明度。

（2）实现库存状态的能见度。利用 WMS（仓库管理系统）的库存实时、动态信息，可以为 S&OP、MRP、工单发料等提供即时信息，确保独立需求、相关需求的准确。

（3）实现工序工单的优化投放能见度。利用 ERP 的生产工单和销售订单、MES 的设备状态和工序报工，APS 可以在满足客户交期的前置条件下，根据约束理论，实现瓶颈资源效率最大化、有效产出最佳化和生产成本的最小化，从而实现客户满意度、资源效率最大化的目标。

（4）实现经营过程和经营结果（资金、库存、有效产出、准时交付率等）能见度。利用数据平台，根据 ERP、MES、APS 的相关数据，工厂可以开发与工厂业务相一致的商业智能系统，将经营和管理过程透明化、可视化。数字化工厂的建设，唯有通过工序工单的优化投放，才可以发挥出数字化工厂信息系统的最佳效率。所以，APS 是数字化工厂中真正起到辅助决策作用的核心软件。

5.5.3 APS 与全要素测评体系

工业 4.0 的核心是实现以 CPS（Cyber-Physical System，即信息物理系统）为基础的智能化生产，即融入人工智能（AI），实现机器人与工厂的自动化。CPS 就是把物理设备连接到互联网上，让物理设备具有计算、通信、精确控制、远程协调和自我管理的功能，实现虚拟网络世界和现实物理世界的融合。在实现 CPS 之前，应用 APS，一方面可以提高实际生产与进行计划的信息技术系统的价值，另一方面也提高了生产管理人员和所使用的信息系统的共同生产力。

如图 5-6 所示，通过纵向集成、端到端的集成和横向集成，由工业大数据驱动，形成 CPPS（信息物理生产系统），体现了 APS 与物联网、互联网、CPS 等系统的关系。CPPS 实现了信息世界与物理现实世界的融合，创造出了一个真正的虚实结合的世界。CPPS 通过物联网技术实现了物理系统和信息系统的互联，通过传感器、RFID 等对物体的感知，经过物联网转化为计算机可以读取的数字，以各种数字传输的手段汇集到云平台，转化为可以利用的数据，实现数字感知，经过算法等人工智能处理，再通过网络通信向生产设备传达如何采取正确操作。

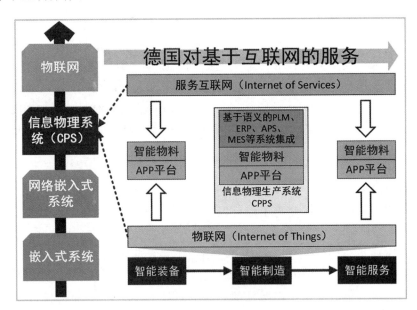

图 5-6 信息物理生产系统架构

物联网实时地采集 APS 系统中人员、订单完成情况、设备故障等数据，对安全日点检情况、质量问题情况、成本、日班产任务完成率和人员指标情况跟踪（SQDCP）这五大关键指标进行分析诊断，并在中央管控中心的看板展示车间的关键绩效与存在的问题。而 APS 可以通过定义规则、约束和目标，自动合理地安排班次，自动调度人员、设备满负荷，对车间的返工、缺料、设备故障、员工病事假等意外状况进行处理，最后达到优化成本、交期、任务完成率等目的。

制造业面对多品种、小批量的生产模式，数据的精细化、自动及时方便采集、多变性导致数据剧烈增大，再加上十几年信息化的历史数据，对于需要快速响应的 APS 来说，是一个巨大的挑战。因此，APS 系统必须应用工业大数据技术。在工业 4.0 框架下，APS 与 MES、PCS 嵌入式融合，通过行业经验知识，建立合适的计划与排产模型，根据所需的实时数据进行动态智能决策，是工业大数据的关键应用。因此，APS 系统也正朝着分布式计算（智能代理技术等）和自主认知计算（人工智能、机器学习等）发展，形成工厂级的 CPS 系统，其特点是分布式计算、自主智能决策。

第六章
卷烟工厂生产计划调度系统框架设计与实施指南

第一节 卷烟工厂生产计划调度管理情况分析

6.1.1 生产流程与工艺特点描述

如图 6-1 所示,成品卷烟包括包装材料和烟支。烟支主要分为烟丝和滤棒两部分,烟丝由叶丝、膨胀烟丝和梗丝组成,另配以香料,滤棒由醋酸纤维、成型纸通过成型机制成,滤棒成型后需要两个小时的固化时间。辅料包括:供卷接机组用的辅料,如成型纸、水松纸、盘纸;供包装机组用的辅料,如盒包用的框架纸、舌片纸、内衬纸、玻璃纸;供条包用的条盒商标纸、条盒透明纸、拉带;供装封箱用的纸箱和封箱胶带。1 箱成品卷烟有 5 件,1 件包含 50 条,每条 10 包,每包 20 支卷烟,每件万支。

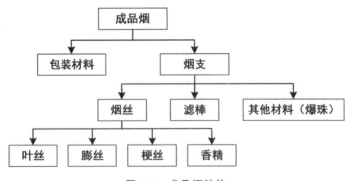

图 6-1 成品烟结构

近年来烟草行业在按订单组织生产的要求下,卷烟企业的生产订单呈现出多规格、小批量的特点。卷烟生产主要包括制丝、储丝、卷包、封装箱等工序,是一种混合制造模式,具有多阶段和多产品特点。制丝工艺是流程型制造,储丝、卷接包、封装箱是离散型制造,两种不同类型的生产过程通过储丝柜衔接,如图 6-2 所示。

卷烟工厂从供应商处采购物料,质检合格的物料入库,不合格则无法使用。采购的片烟需要在烟叶仓库醇化 2 年以上才能使用,待生产的片烟通过备料的形式从平库移库至片

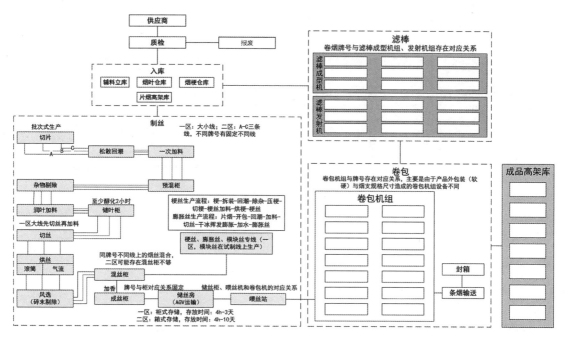

图 6-2 卷烟生产工艺流程

烟高架库。生产时，烟叶首先从片烟高架库出来进入制丝车间，在制丝车间里经过一系列的连续物理和化学变化，生成半成品即各种不同牌号的烟丝，这些烟丝被送到烟丝立库。从嘴棒立库出来的嘴棒、从烟丝立库出来的烟丝以及从辅料立库出来的各种卷接包辅料被自动化物料运输系统运送到卷包车间，经过卷接、包装和装封箱得到最终成品烟，最后这些烟箱被送到成品立库。

一、制丝生产流程

制丝生产线负责完成烟丝制作任务，并将成品烟丝通过风力送丝传送到卷包车间，进行卷接操作，最终形成成品烟。卷烟厂制丝生产线有叶丝线、梗丝线、薄片丝线和梗颗粒线。除叶丝线外，另外的生产线为叶丝线提供烟丝中间产品，如梗丝、薄片丝、梗颗粒等。这些中间产品按一定比例掺配到叶丝中，经过加香加料后便成为成品烟丝。

如图6-3所示，梗丝线分为洗梗处理段、润梗处理段、梗丝加料段、梗丝膨胀段四个工艺段，叶丝线分为叶片真空回潮段、叶片筛分加料段、叶丝切丝段、叶丝干燥段、掺配加香段、贮丝房进料段、贮丝房出料段等工艺段。成品烟丝按不同的品牌分放在不同的贮丝柜中，由于批次管理的需要，各批次在各贮柜中要求不能混批存储，并且根据工艺的要求，需满足一定的存储时间要求，以完成醇化过程。制丝车间通过喂丝机将成品丝柜同卷接机组相连，通过风送装置将烟丝传输到卷包车间的卷接机上进行烟支的卷制。

制丝生产的管理是按批次进行的，即一个批次的原料经过这七个加工或处理阶段，最终得到这一批次烟丝。为了和其他批次的烟丝区别开，每个批次的烟丝都有唯一的批次号，这样就可以追踪到烟丝的质量问题，一旦发生问题，把问题限制在很小的范围内。由于各个牌号烟丝的不同，在各个工艺段的处理时间也会不同，由烟草企业技术中心统一制定规则。

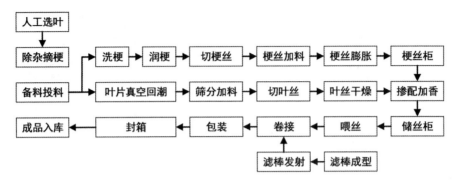

图 6-3 制丝生产工艺流程

二、卷包生产流程

如图 6-4 所示,卷包生产时每种牌号的卷烟有固定对应的卷包机组,经过卷接、包装和装封箱三个工序,这三个工序相互分离,在工序之间都会设有缓冲区,即每个工序加工完成的半成品都可以在缓冲区中存放一段时间后再进行下一个工序的生产。卷包的详细机台生产计划下达到卷包车间后,卷包工人根据生产管理部的生产调度单进行换牌操作,同时确认喂丝机和嘴棒发射机工作正常,确认正常后卷烟机再启动,由卷接机生产出来的烟支先装入烟盘里,然后由自动化输送系统送到包装机将烟支包装成小盒和条烟。有条烟输送到装封箱机后,装封箱机将进行封箱工作。最后,成品烟箱被输送到成品库的码垛机处,码垛形成的成品烟箱托盘进入成品立库。在卷烟生产过程中,由车间当班质检员和质检站的抽检员进行过程质量检测。

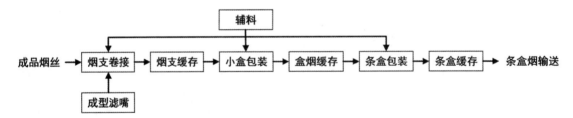

图 6-4 卷包生产工艺流程

卷烟的生产过程决定了其具有非线性、随机性、不确定性等多种特性,具体来说,包括以下几个方面:

(1) 产品结构简单,主要由烟丝、辅料及包装材料构成;

(2) 品种变化不大,没有副产品生成,生产工艺稳定,大批量连续生产,产品按工艺流程进行配置,生产过程具有较高的节奏性和连续性;

(3) 由于是大批量连续生产,烟草企业一般都采用自动化程度较高的生产设备进行生产。

烟草的加工过程与一般的机械产品不同。在烟草的生产过程中,由于其特殊工艺的需求,生产过程存在着许多规则与约束条件,这些规则与约束有的必须遵循,有的尽量满足,在进行生产调度时,必须予以考虑。一般卷烟生产流程中具有以下对应约束关系:

(1) 工艺约束:一个贮丝柜必须完全清空后,才可以放入下一批烟丝;

（2）设备约束：贮丝柜、喂丝机、卷接机组之间存在着一定的对应关系；

（3）烟丝存贮能力约束：所有牌名的烟丝库存总量不能超过整个箱式贮丝库的存储能力；

（4）并行生产线均衡生产约束：对于并行生产线，比如同一个卷包机组的卷接机，应使其加工时间保持同步，以减少能源消耗。

6.1.2　企业基础信息系统建设现状评估

烟草工业系统信息化建设经过近十年的发展，特别是近几年的快速推进，整体上到了一个较高的水平。信息网络基础建设初具规模，安全措施不断完善。以工业公司为中心、覆盖全省烟草工业系统的信息通信网络全面建成，实现了与国家局及全省烟草商业系统的互联互通。以各卷烟厂为主体的办公自动化系统（OA）、卷烟数字化产品设计（PDM）、管理信息系统、现代集成制造系统（CIMS）、客户关系管理系统（CRM）等已在企业管理和生产经营活动中发挥越来越重要的作用。系统信息资源逐步积累，企业系统逐步集成。卷烟企业内部应用系统集中了一定的数据信息，各系统之间部分实现集成，数据实现局部共享。生产自动化程度不断提高，物流自动化、设备自动化、生产自动化水平居于国内领先地位。全系统信息化工作组织机构更加健全，信息化队伍不断壮大。

经过多年的建设和更新升级，目前信息系统覆盖了卷烟生产经营管理的各个主要环节。根据管理体制改革及企业职能转变的要求，目前在用主要信息系统包括综合信息门户系统、SAP-ERP系统、制丝管控系统、物流自动化系统、卷接包数采系统、能源动力管控系统和生产经营决策管理系统。

随着行业变革的不断推进以及企业技改工程的逐步建设，一方面，卷烟企业逐步建设了一些自动化和信息化系统；另一方面，在生产管理方面做了大量、详细、周到的工作，取得了很好的效果。尽管取得了不少成绩，但在生产调度的协同性和敏捷性方面还存在着一些问题，主要表现在如下几个方面。

（1）生产调度工作更多依靠手工和经验进行操作。目前工厂生产部大部分工作还停留在手工处理阶段，管理手段相对落后，生产计划排程和过程管理大多依靠各个调度员各自的经验积累，没有固化相对优秀的调度经验来指导工厂的实际生产调度。

（2）生产调度时效相对滞后。各类信息不能及时有效地传送到生产部，调度员对生产过程的掌握也不全面，无法及时、快速地掌握全部生产信息，无法做到生产全过程的管控，进而导致生产管理的在线控制和快速反应能力较弱，无法有效地对各生产车间的生产进度、生产品种规格和生产流程进行管理和监控。

（3）工厂整体协同运作有待加强。针对企业品牌多、生产计划调整频繁的实际情况，现有的生产运作模式不能满足企业协同生产的需要，要求企业不断强化设备及技术的生产准备、生产调度、辅料配送等各个环节的衔接配合，提高整体运行效率。

6.1.3　生产计划排程模式

目前，卷烟企业内部涉及生产管理和计划组织的部门主要是企业管理处和生产制造处。企业管理处主要负责根据中烟公司月度生产调度令编制周生产计划并下发给生产制造处,生产制造处负责根据周生产计划制定日生产计划,根据实际生产情况及时进行调度并开展生产统计、生产情况综合分析、生产现场管理(生产监控)、生产过程管理以及产品在线工艺质量分析。

企业的生产过程是以企业管理处、生产制造处为核心来组织的,各部门之间的信息交换复杂,需要一个统一的信息交换平台作为支撑。生产指挥调度人员需要及时了解生产现场信息,如批次生产进度信息、实时生产质量信息、成品入库信息、生产环境信息等;生产现场的操作人员也需要及时了解生产进度和作业指令信息,特别是已经完成的批次工作任务和剩余的工作任务。

一、市场需求预测与接收计划方式

如图 6-5 所示,中国烟草总公司制定行业的生产经营总体计划,通过计划手段管理卷烟企业。卷烟企业根据中烟总公司下达的计划进行卷烟生产,卷烟成品通过分销企业流通到市场。烟草行业生产产量是受中国烟草总公司计划制约的,国家局通过部署的"一号工程",给企业分配码段。在产量约束下,具体生产哪些牌号,不同牌号所占的比重,卷烟企业具有充分的自主权,这些内容和企业在市场上的销售情况密切相关。

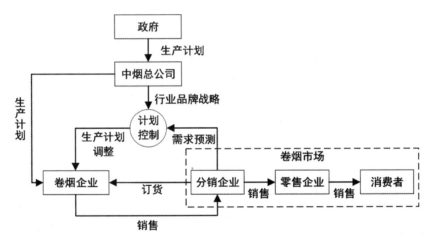

图 6-5 烟草行业生产计划控制示意图

烟草行业首先需要严格控制卷烟生产计划总量,再由中烟总公司将年度生产计划分配给各个卷烟生产企业。与此同时,应该充分掌握市场对卷烟的需求情况及其变化,及时调节不同品牌卷烟的生产量和价格,持续优化以不断满足市场对卷烟的产量和产品结构的需求。

卷烟工厂需要针对不同地区,完成对烟草市场短期、中期和长期的需求预测,涵盖行业内全部的卷烟品牌;根据市场需求预测的结果,在中烟总公司下达的年月度生产计划的基础上,对工厂的月度生产计划进行调整,形成新的计划分配方案;最后将更新后的生产计划下达到生产计划部门,并及时更新、反馈计划执行结果。

企业由生产计划确定每月生产各牌号的数量,再根据交货期排出每周的生产计划。由于现在烟草企业实行集团化运作,因此需要平衡各生产点间的产能,排出各生产点的周计划,此部分一般由公司层信息化系统 ERP 完成,在 MES 的详细排产模块中接收该计划。

二、计划排产与生产调度流程

卷烟工厂依据中烟公司下达的生产计划、本厂的设备能力和成品库存信息制定生产计划,按照生产计划、生产设备能力、工艺质量标准、技术标准制定批次生产计划并执行。生产任务下达后制丝工序进行生产准备,进入叶片生产、梗丝生产、膨胀丝生产,完成整个烟丝生产过程。卷包工序包括包装生产、装箱、条包输送,最后到成品入库。工艺质量管理、现场管理贯穿整个生产过程。

生产计划与调度是生产制造执行系统中最主要的业务流程之一,是卷烟厂生产指挥中心的主要职能,卷烟工厂计划排产与调度流程如图 6-6 所示。

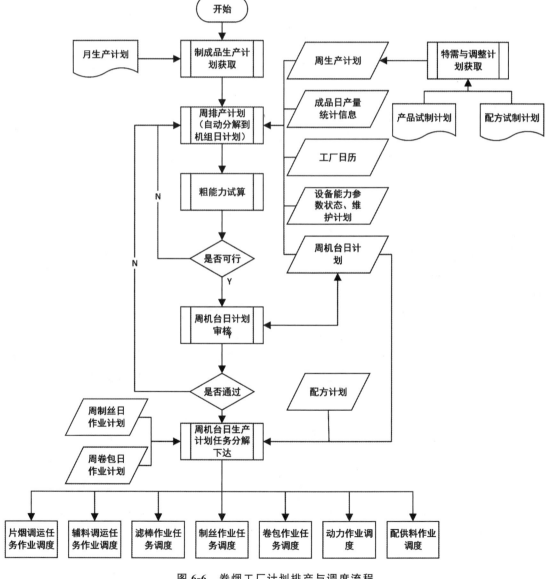

图 6-6 卷烟工厂计划排产与调度流程

中烟总公司将月度计划下达到卷烟工厂，企业生产计划调度部门接收来自上层管理信息系统（MES/ERP）或人工输入的月生产计划、产品试制计划、特需生产计划，并对其进行确认。结合历史数据，生产习惯与需求预测等，生产计划部根据设备生产能力将正式的订单任务分解形成周计划，采购计划等，在此基础上进行周、日计划排程，以保证卷包车间按计划的产品结构进行生产，并以尽可能减少品种的转换次数为主要原则，确定卷包车间所要生产的品种、数量和生产时间。生产计划部结合产能综合管理、库存信息管理等系统，对日进度计划进行粗能力试算，评判每日产能需求是否均能被满足，如果每日需求产能出现不均甚至超过实际生产能力的情况，对日进度计划进行重排直至产能均衡且满足实际生产能力。

卷烟工厂根据周生产计划进行相应的原料和辅料准备，通知到仓储部门进行备料操作。完成备料操作后，再制定日生产计划，并把指令下达到车间，经过车间调度人员确认后，将生产指令下达到生产设备，完成整个卷烟生产。

日进度计划等同于卷包日产出计划，生产车间会将该日进度计划分解下发到各个生产车间，车间之间进行协调，形成最终的车间日（班次）进度计划。根据产品配方计算生产所需要烟叶的品种、数量，以卷包计划为依据，基于储丝柜剩余烟丝信息，制定制丝车间生产计划，以保证烟丝及时供给，保证烟丝存储时间不少于工艺要求。生产调度部门将生产计划分解为各生产部门所需的日调度作业任务，下达给车间执行。车间根据牌号配方将日制丝计划进行分解，形成对应的分组批次计划和各工艺段的执行计划，并对相同分组批次计划进行合并，进行投料组织生产。

三、原、辅料备货与采购流程

根据批次排产最终的制丝生产日计划和 BOM 多级分解来得到片烟、糖香料、膨丝、梗丝和薄丝每种物料的需求量，对比查询高架库的库存量，计算出物料的库存补充请求从而进行预约备货，详细的备料计划流程如图 6-7 所示。

根据年季月生产计划、市场销售情况、烟叶库存情况、香精香料库存情况，制定年标准配方、月标准配方、日烟叶用量计划。根据卷烟的物料清单，由生产计划推算出各种物料的需求数量，作为预约备料的基础。物料清单在烟草企业中包括包装材料和配方两部分。卷烟烟支由烟丝、卷烟纸、滤嘴等组成，而烟丝由原烟、膨丝和香精等组成，逐层分解到低层烟草企业最终的采购物料。

6.1.4 生产车间作业调度方式

烟草企业生产属于连续生产，对生产过程能力平衡和物料准时性要求很高。车间生产过程主要包括配叶、制丝、滤棒和卷包等过程，设备主要有配叶柜、制丝机、储丝柜、喂丝机和卷包机等。各台设备从生产开始到结束分别对应不同阶段，生产过程前后紧密连接，对各个设备的生产调度提出较高要求。为了快捷灵活地进行生产调度，烟草企业生产设备布置可参考下文要求进行。

图 6-8 为卷烟工厂生产设备关系图，具体对应关系描述如下：

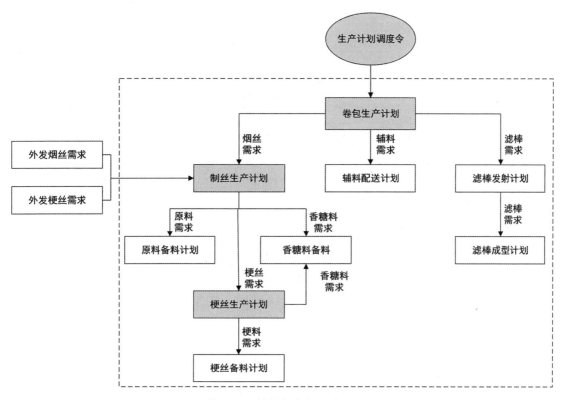

图 6-7　原辅料备货与采购流程

图 6-8　卷烟工厂生产设备关系图

（1）多个配叶柜自由为多个制丝生产线提供配叶；
（2）多条制丝线生产的烟丝可自由放入多个储丝柜；
（3）多个储丝柜对应单个喂丝机；
（4）单个喂丝机对应多个卷包机；
（5）一个规格香烟限定对应多个卷包机和储丝柜，一个规格香烟包括多个牌号。

整个烟草企业调度计划制定过程主线如图 6-9 所示，可以看出其中的主线是卷包调度计划、制丝调度计划和配叶调度计划的制定，车间生产将围绕这些计划进行安排。

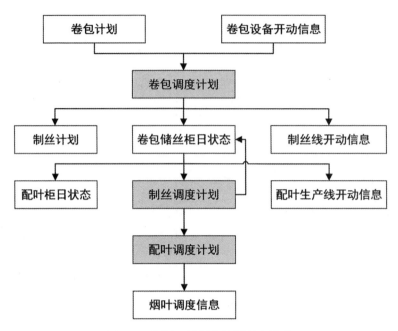

图 6-9 卷烟工厂调度计划制定流程

下面分别详细研究卷包、制丝、配叶和滤棒的调度计划制定过程。

生产任务完成需要制丝、卷包和物料准备三个环节都运转顺利,制丝调度计划在卷包调度计划的基础上制定,而配叶调度计划的基础是制丝调度计划,各个生产过程需要的物料准备也是参照各调度计划进行。一般烟草企业卷包所需烟丝提前一天生产,制丝计划参照后一天的卷包计划,制丝调度计划根据静态制丝计划和制丝车间设备状态制定。配叶调度计划根据制丝调度计划倒推得到,二者紧密联系,一个发生改变,另外一个则需做相应调整。

一、卷包生产调度方式

卷包调度计划是卷包车间日生产执行计划,是卷包日生产任务具体分配到车间各个卷包机组形成的班组工作计划。因为在制定周计划时已经考虑卷包车间每天各规格生产能力,在调度计划制定时不用考虑能力不足的情况。卷包机组生产属于流水线生产,要求调度计划中投入、产出时间的单位细化到分钟。因此,为了保证卷包调度计划的准确性,调度计划的制定要考虑多种因素,主要包括以下两个方面:

(1) 机台的工作能力:参考各班次的起止时间(到分钟)作为机台能力加工的规定时间,按工作日历和机台非工作时间(如轮值保修),精确计算每班可提供能力的数值;

(2) 卷包任务需要机台能力:主要计算各个卷包批次所属规格、各批占用卷包生产能力。

卷包生产为企业最终生产阶段,交货期一般不会在生产当天,因此在此按周计划制定卷包调度计划时已经考虑各个批次的优先顺序,不再做排序。卷包调度计划制定过程就是把各卷包批次占用机台能力按各规格的开动机台生产能力进行分配。具体步骤如下:① 取一个规格;② 计算该规格对应各个批次所占用卷包机台的生产能力;③ 计算这一规格对应各机台该天实际生产能力；④ 确定各批次生产顺序；⑤ 各批次安排到各可用机台；⑥ 取下一个规格。

 二、制丝生产调度方式

制丝调度计划就是解决如何把制丝计划量安排到各个储丝柜和制丝生产线上。制丝调度计划根据日制丝计划确定日制丝批次所对应的规格和储丝柜，并根据储丝柜状态和制丝线状态确定一个制丝批次具体生产的开始和结束时间，以及进入哪一个储丝柜，其制定流程如图 6-10 所示。

制丝批次创建以卷包车间的机组作业计划为基础，按照 BOM 结构从后往前拉动，逐级推算成丝、叶丝、叶片的物料消耗数量和速度，并要把各个高架库和柜子中的物料存量进行重新分配。

（1）从成品牌号计算出成丝的消耗数量，考虑库存，得出每种成丝的计划生产数量，根据混丝柜容量限制和每单元批次数量，计算出成丝的生产批次；

（2）计算出每种类别叶丝的消耗数量和速度，考虑库存，得出每种类别叶丝的计划生产数量，根据每单元批次数量，计算出叶丝的生产批次；

（3）计算出每种叶片的消耗数量和速度，考虑配叶柜叶片数量，得出每种叶片的计划生产数量，再根据预配柜、配叶柜容量限制等计算出叶片的生产批次。

叶丝和叶片批次一一对应，成丝和类别叶丝的生产批次为多对多，保证了生产组织更灵活，但对批次跟踪和质量追溯提出了更高的要求。制丝生产批次排序先后对后续卷包计划影响不大，可以默认为卷包生产次序，批次先后主要根据各规格储丝柜数量确定。当各批次生产需求空余储丝柜数量都可以满足时，按默认次序；当不能全部满足时，按照空余储丝柜相对多少先后排序。空余储丝柜数量相对需求数量多的先生产，否则后生产。

 三、滤棒生产调度方式

滤棒成型车间通过 MES 系统访问物流自动化系统，查询滤棒立库的库存信息、辅料立库滤棒辅料库存信息。根据卷包车间未来几天的生产计划以及卷包车间当前的开机情况，制定滤棒生产订单（可跨天，订单内容主要包含牌号、规格、数量、开始时间、结束时间等），然后下达到车间。根据机台的生产能力及牌号约束，将计划分解到机台，生成机台工单（机台、牌号、规格、数量、开始时间、结束时间等），进行生产。

四、生产要素调度方式

制丝线的烟片等原材料都存储在原料存储仓库中，当配方库的计算机管理系统接到生产排程工单之后，根据排产顺序，分别调用相应牌号产品的原料配方，对原料进行配盘。制丝线完成生产准备之后，发出供料申请信号，AGV 小车将原料从配方库运送到生产线的相应工序处等待加工。加工结束之后，若有些原料在一个批次中无法使用整包物料，则将剩余原料送回配方库暂存。

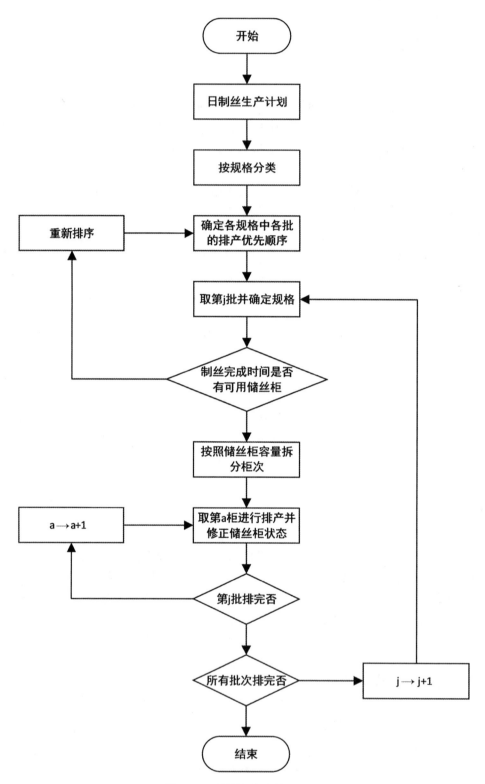

图 6-10 制丝调度计划流程图

对于梗叶和薄片，一般采用小车在生产线开工前 2 个小时，将一个班次所需要的梗包和薄片包以托盘为单元统一配送至生产线。若料台出现缺料，则系统提示，再去取料进行配送。若取料配送不及时，会出现生产停滞现象。通常为避免生产线停工，原料会在需求数量的基础上额外多配送一些。若当天生产任务结束之后有剩余物料，则进行退库操作，人工将剩余物料再运回存储地。

当天准备当天的生产辅料，生产开工前 2 小时，将所需要的辅料以托盘为单元统一配送至料台，辅料从高架库中取出，每种辅料放置在一个托盘上，循环投递，若该工位已有该物料，则进入下一个工位；若该工位没有该物料，则小车将物料放入料台。若辅料不足，呼叫终端可根据辅料使用情况发出需求信息，管理系统会下指令调出生产工位所需辅料，然后再由 AGV 小车送到正确的生产工位。因为辅料未拆盘，所以每次都会出现大量辅料剩余，剩余的物料回收采用人工方式。

6.1.5 生产计划排程的难点与痛点

一、生产计划排程的难点

在烟草的生产过程中，由于其特殊工艺的需求，生产过程存在着许多约束条件，这些约束条件对工厂的生产计划排产造成了一定的困难：

（1）工艺路径的约束对生产的限制较多，比如产品牌号与卷包机组的对应关系，储丝柜、喂丝机和卷包机的对应关系等，生产过程中的等柜、不同的生产线产量不均衡等都跟工艺路径的约束有一定的关系，但工艺路径约束是固定要求，排程时必须予以考虑；

（2）卷烟工厂的生产调度属于多牌号、多批次的问题，生产不同牌号的产品需要大量的切换时间，因此合理安排批次顺序对工厂的效率至关重要。

二、生产计划排程的痛点

通过对卷烟工厂进行调研，可以总结出工厂目前生产计划排程的痛点：

（1）在制定计划、计算每日烟丝需求时，一般会追求"安全库存"，会造成在制品多或者长时间等待的问题；

（2）工厂没有较好地运用 APS 软件进行生产排程，导致排程效果较差；

（3）存在计划员凭借经验手工完成生产计划和调度的情况，由于计划过程中存在着大量的人工协调和资源平衡，有限的人力难以保证协调和平衡的准确性，生产的停顿和供料的中断大大影响了企业的生产；

（4）目前生产中出现的问题，仍需要生产车间管理人员通过邮件、面谈等方式向有关生产车间负责人汇报商议，然后进行调度决策，会导致调度的滞后性和不准确性；

（5）生产现场的管理透明化程度较低，工人无法及时了解调度信息、产品质量信息以及生产进度信息。

6.1.6 生产计划排程的关键问题分析

针对卷烟工厂目前存在的问题和痛点，本研究进行深入调研与分析，总结出以下生产计划排程的关键问题。

一、制丝排产环节

制丝排产环节的难点是制丝产线与牌号的对应关系越来越固定，排产柔性差。并且卷包的设备损坏或异常工况对制丝的影响非常大，会影响出柜速度与进柜时间。现行方法是牺牲效率以满足卷包不断丝的要求。结合卷包天产量确定每天1、2区日生产计划安排，计算辅料需求量（都有提前量），编制生产计划，根据日计划安排，推出对应香液、料液计划。缺陷是受卷包加工影响较大，无法确认目前制丝的加工批量是否为最佳经济批量。

二、卷包排产环节

卷包排产环节的产能平衡难点在于牌号与卷包机组存在一对多关系，排产前需对牌号与卷包机组进行指定以实现卷包机组产能均衡。现行方法依据经验以月为周期指派分配，缺陷是月交付计划变动次数较多，初期方案可能失效。

卷包产线动态调度的难点在于辅料存在上机适应，机器的效率随辅料品质波动，而且卷包机约束多，生产过程临时异常多，物料信息传递不及时。现行方法是催辅料，依据经验动态调整，电话确认物料信息。这种方法存在一定的缺陷，会影响储丝柜的出丝时间，从而影响制丝阶段的烟丝存放。

三、卷包—制丝环节衔接与联动

制丝—卷包环节的衔接难点是储丝柜容量规划不合理。卷包计划变动可能导致物料积压，库容不够。现行方法会导致制丝线停产等柜，影响制丝计划正常进行，导致烟丝过期，需要重新投产。

卷包—制丝计划制定过程关联性差，难点在于卷包日计划最好结合制丝计划与储丝柜出丝效率综合制定。现行方法是系统自动通过卷包主计划生成日计划，会影响储丝柜的出丝效率，导致储丝柜库容不够。

因此，在整个的卷烟生产流程中，储丝柜是一个非常重要的环节，对实现制丝—卷包的流畅生产十分关键。在今后的计划排程中，制定卷包生产计划不仅要考虑卷烟牌号与喂丝机、卷包机组的对应关系，还应将储丝柜与卷烟牌号、喂丝机的固定关系考虑在内，以使后续根据卷包主作业计划逆推出制丝日计划时参考。制丝日作业计划应充分考虑卷包的烟丝需求量以及其对应的储丝柜编号，防止制丝生产时等柜或者断丝，使生产断流。

四、辅料齐套

辅料对生产计划制定的影响很大，特别是小牌号的卷烟。现行方法通常是将辅料做一备一，基本实现双月滚动（采购周期约为25天）。

面对紧急需求（一般紧急需求不可预测），难点在于辅料难以临时配齐。部分辅料供应商等同于按需生产，交货期难以提前。现行方法是紧急联系供应商、催辅料，安排紧急需求优先生产，缺陷是可能会打乱原定卷包生产计划，难以按时完成紧急需求任务。

卷包生产主要的问题出现在辅料供应上，机器的运行效率对辅料的依赖度与品质特性影响很大。辅料来料品质可能会存在一些波动，通常根据实际生产状况，对设备参数进行调整与适应。这种调整适应耗时大，与工人的熟练程度也存在关系，难以找规律。

卷烟工厂可以开展烟用材料上机适用性提升专题研究，建立烟用材料上机适用性提升联合研发模式，按照"两提高、两降低"（提高产品质量、提高设备有效作业率、降低物料消耗、降低劳动强度）设计要求，成立联合课题组。按照快速响应、保障供应、先易后难的原则，形成双方共同使用的烟用材料生产加工规范、质量控制标准。以上机适用性研究为突破口，针对上机使用中存在的问题开展系统性研究、专项攻关、专题研究，建立切实可行的烟用材料加工管控体系，不断提升上机适用性。

五、生产计划排程方式

目前大部分卷烟工厂仍然采用"人工＋Excel"的方式进行排产，或者只将 APS 用于卷包主计划、烟丝阶段性计划等，未全面地使用 APS 软件。应当扩大卷烟工厂对 APS 软件的使用范围，用于卷烟工厂生产计划排程的各个阶段，实现对工厂生产过程的全面控制。

卷烟工厂在使用 APS 时排程效果较差，导致存在部分生产任务未按排产结果执行，需调整任务数量与执行顺序。应根据烟草企业的生产特点，修改完善 APS 的调度逻辑，开发烟草行业高级计划排程算法，在给定的设备资源、生产任务订单、工艺要求、生产成本等约束条件下，快速对卷烟生产计划进行优化。

六、生产过程透明化

目前卷烟工厂仍然存在由车间现场工人通过邮件等方式获取数据信息和汇报车间问题的状况，导致调度的滞后性和不准确性。应当提高 APS 软件对生产过程中的基础数据的采集能力，将生产过程中采集的基础数据与 APS 实时传输，实现企业生产组织全过程监控，使生产各工艺流程数字化、可视化，提高信息的及时性和准确性。

在生产执行过程中，实现生产任务数据、质量数据、设备运行数据在线分析，并能进行在线预警和调控，提高 APS 在紧急插单、取消订单、物料短缺、设备故障等意外状况发生时的重新排程能力。

第二节 生产计划调度系统规划建设的总体目标与思路

烟草行业依循国家烟草专卖局智能工厂试点的工作部署，需要全面研究探索卷烟生产车间智能化计划排产决策系统的建设规划，切实加快 APS 等先进制造管理与决策支持手段的应用实施与推广，帮助实现用最快的响应、最优的成本完成订单交付，实现柔性生产智能化制造决策；以及基于产品价值链优化生产运行模式，实现卷烟制造全过程高效协同，积极打造快速响应、高效协同的全要素生产过程计划排产决策管理样板工厂。

相对来说，卷烟工厂的自动化程度较高，信息化水平普遍较好，并且随着物联网、大数据等新技术的广泛应用，企业对生产过程的实时感知和控制能力获得了进一步的提升。

但生产管理人员在获得关于生产过程、设备状态、质量状况、能源供应、人员出勤等海量数据后，依然面临如何能够快速准确地下达生产指令使得生产效益最大化的问题。这是一个多目标、多约束、多层次的综合优化决策问题，即使获取更多的要素数据，其处理的难度不但没有降低，反而更加复杂。目前在卷烟生产管理过程中，涉及的优化调度排程问题包括卷包、制丝和其他如滤棒、膨胀丝等辅助生产单元的排产调度，需要综合考虑成品烟的库存容量和交付响应能力的权衡、辅料及时满足生产和库存积压的权衡、上下游车间以及供应商配送协同等约束和要素，这样的决策难题目前主要还是依靠生产管理人员个人的经验和离线的手工计算解决，这种方式效率低下，阻碍了卷烟工厂甚至整个卷烟供应链的生产运作效能和效益的进一步提升。

鉴于此，卷烟工厂急需一套能够针对生产运作过程的优化管理、辅助决策的系统工具——高级计划排产系统（APS），实施 APS 能够通过对供应链、工厂、生产车间作业与工序等不同层级系统行为的规划与调度，解决"在多种约束条件下，交期产能精确预测，工序生产物料供应最优详细计划"等问题，被誉为供应链的优化引擎，是企业实施 JIT 精益制造系统的最有效工具。通过引进 APS 系统，借助智能生产计划与调度算法的技术优势，精准指导生产，深挖产线潜力，能够提升企业生产运营水平和盈利能力，助力卷烟企业向智能制造发展迈出关键一步。

6.2.1　生产管理效率提升

通过实施 APS 系统，大幅度提升卷烟工厂生产管理效率，可以推动实现以下效果。

第一，卷烟工厂 APS 系统的实施应该具备有高度智能的生产计划调度功能，能够针对多任务复杂条件及诸多约束的生产流程，快速制定最佳的调度排程方案并满足客户需求。

第二，能够通过 APS 系统的实施，显著地降低生产消耗，从总体上减少机器的开工时间，减少辅料浪费，对紧急订单及生产突发事件做到更迅速的反应，最终实现卷烟工厂降本增效的目标。

第三，基于执行系统反馈的生产数据，通过 APS 能够实时自动计算最佳排程方案，实现生产计划管理决策实时自动化。在牌号种类繁杂、参与设备多、涉及工艺复杂的应用情景中，能够极大地减轻计划人员的工作量，加快生产调度的反应速度。

第四，针对人机交互排程操作采用简便直观的甘特图形界面，车间计划人员可直接在图形界面上，通过拖拽等图形操作完成部分计划排程调整；通过计划排产结果的直观分享、定向推送、多版本对比等方式，显著提高沟通效率。

6.2.2　实时决策

卷烟生产的实时决策过程在卷烟生产要素管理的历史数据及其他关联数据的驱动下，根据生产任务对生产要素进行管理及配置，得到满足任务需求及约束条件并与其他相关环节关联的初始资源配置方案，再获取车间的人员、设备、物料等生产要素的实时数据，对要素的状态进行分析、评估及预测，并据此对初始资源配置方案进行修正与优化，将方案以管控指令的形式下达至车间。卷烟车间在管控指令的作用下，将各生产要素调整到适合的状态,并在此过程中不断地将实时数据进行评估及预测,当实时数据与方案有冲突时,再次对方案进行修正,并下达相应的管控指令。如此反复迭代,直至对生产要素的管理达到最优。

在卷烟生产实时决策过程中,当发现初始资源配置方案和实际运行情况出现偏差时,为了准确地将各生产要素调整至合适的状态,可以采用分层递阶的优化方式,从上至下地考虑排产过程中各个流程和各个层次的目标函数和约束条件,较高层次的任务分配模型优化结果作为下一层各生产点的约束。同时,较低层次各生产点的实际生产情况实时反馈给上一层,用以调整上层计划,以此更好地预测和指导生产,响应市场需求。详细优化流程如下。

一、需求分配模型

根据集团销售计划部门制定的月总生产计划,将其分解为周滚动计划,考虑各生产点生产能力、生产运输成本、工艺约束,进行成本的优化。对总生产计划进行分解,利用生产点需求分配模型自动将周计划分解为各生产点的任务列表——各牌号的卷烟计划箱数。

二、各生产点的生产排程模型

根据上一层模型分配到每个生产点的需求计划,考虑各点的设备资源、工艺约束,对卷接环节进行排产,优化每日生产进度计划,即每天各加丝机上生产某种品牌香烟的箱数,再通过加丝机与间接机组的配置关系,把加丝机任务按机组能力进行分解,得到每个机组的派工单。

三、制丝环节优化模型

根据卷接环节优化结果和储丝柜调度计划,在满足卷包环节衔接需求的约束下,根据卷烟加丝机计划,对多条制丝线进行批次任务分配、排序优化,给出丝线各工序段的排产工单。在考虑资源约束时,可以选择各个环节的瓶颈资源作为约束条件,这样就能使整个建模过程得到合理的简化。在构建和求解模型中,可对总体流程的多点任务分配和生产点详细排产环节分别建立排产数学模型。

通过将生产任务按照阶级递归分解,可以详细地将实时车间误差精准定位到排产模型的某一阶段,进而在该阶段进行改善和优化,将各生产要素调整到适合的状态。

6.2.3 计划决策协同优化

APS 系统是生产过程控制的核心系统,可以综合考虑产供销体系中所有信息并集成计算,结合多系统的数据进行处理,给出合理有效的计划结果。图 6-11 展示了 APS 系统在整体的智能化工厂规划中的定位,其对于卷烟工厂多阶段生产控制协调及从工厂车间到供应链生产网络级的同步生产至关重要,是数字化工厂车间智能制造顺利推行不可或缺的步骤。

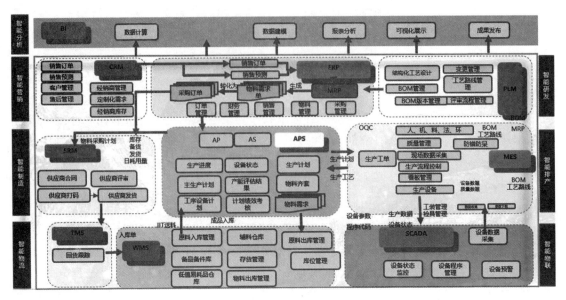

图 6-11　智能化工厂规划中的 APS 系统定位

通过 APS 系统的实施，结合多系统的业务数据建立模型，通过合理的算法规则计算出合理有效的计划结果，同时将人工排产处理的局限性与信息孤岛等问题一一消除。通过生产计划协同管理智能化平台，省级中烟公司及卷烟厂不同管理部门可以获取对应的业务执行数据反馈，便于自顶向下的延伸管理，提升整体的管理水平。

针对卷烟的制丝、卷包、原辅料运输、环境监控等各个环节，以收集的生产过程数据为对象，以产出为目的，根据全要素测评体系中选出的关键的产出和投入指标来将数据管理和实时决策协同起来。基于过程数据采集、统计、分析规范的前提下，依据全要素测评的标准体系，结合卷烟生产的各个工序特性，以数据为输入，建立指标、投入指标与产出指标之间、产出指标与标准之间的数学分析模型，通过模型中预设的额判定条件，以图表结合的方式直观体现生产过程运行状态，将过程异常破洞因素精确识别到工序、批次、投入指标等过程基础单元，以实现对问题的整改，从而实现过程数据管理与实施决策的协同计划。

生产计划协同管理智能化平台建立可以达成以下效果：

（1）产供销整体业务流程串联，消除信息传递不及时、数据传递错误的情况；

（2）通过权限功能划分，不同的权职部门可以依据需求处理对应模块的业务数据；

（3）集团自顶向下整个管理流程数字化，可以清晰明了地掌握生产计划的实时进度，便于企业领导层的决策；

（4）通过生产计划协同管理智能化系统的实施可以实现需求计划、工厂产能与采购、仓储及运输配送等物流运作的集团化运营，实现多工厂生产与物流网络全方位、多阶段的系统平衡，将生产过程中隐藏的问题与缺陷暴露出来并提供对应的管理改善建议；

（5）集团化的管理在生产计划协同智能化实现以后可以大量节省不必要的人工，对于模式化的数据系统可以自动生成对应的预警提醒，不同的节点可以提供对应的业务执行反馈；

（6）在数字化的基础上可以有目的性地针对企业管理模式进行优化改善，系统可以为优化目标定制对应的方案，提升企业整体效益。

第三节 卷烟工厂生产计划调度框架模式设计

6.3.1 APS通用框架与核心技术

图 6-12 为 APS 的通用功能框架与计划制定流程，通过车间基础流程建模，可以描述生产流程特征和相应的物流。排产建模所需要的数据来自 ERP 的主生产计划和需求计划，也有一些数据是针对车间当前及未来的假定。将静态数据和动态数据进行抽象，构建标准业务模型，然后转化为算法模型，调用算法选择器，在算法库中选择合适的算法进行求解，通过配置算法可获得排程结果，最后转化为可视化分析报表。其中输入数据包括静态数据和动态数据，排程结果包括作业计划、工作指令、投料计划、入库计划。

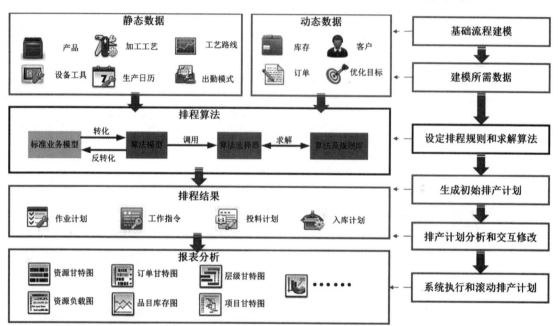

图 6-12　APS 通用功能框架与计划制定流程

约束理论（Theory of Constraints，TOC）的技术与方法可以用于企业及车间级计划层面的企业生产计划与控制体系。企业的本质目的是获取利润，TOC 理论就是从企业中最薄弱的瓶颈环节出发，强调在瓶颈上获取最大利润。该理论认为，约束是制约企业活动过程顺利开展的各种限制因素，也就是所谓的瓶颈，这样的约束或者瓶颈存在于任何系统中。在生产制造系统中，瓶颈通常指的就是生产节拍最慢的环节，或是整个系统里需要精细地控制其调度序列的环节，这是决定整个生产制造系统产出的关键因素。TOC 理论专注于关键制约环节的发现与改善，从系统最薄弱的环节下手，目的在于提高系统整体产出。

今天的 TOC 理论大量应用于许多 APS 产品中具体的生产计划排产，对关键工序同步化所有资源和物料，生成基于瓶颈工序的计划，达到快速的、平稳的生产物流。在不确定环境下，尤其是当前国内制造业多品种、小批量的生产模式下，基于 TOC 理论的 APS 计划往往要优于常见的 MRPII 计划和 JIT 计划。

DBR 系统是 TOC 的核心，DBR 由鼓（Drum）、缓冲（Buffer）及绳（Rope）三个部分组成。

DBR 系统实施计划与控制的主要逻辑如下。

一、识别瓶颈，找出瓶颈资源

识别瓶颈的常用方法有如下几种。

（1）深入企业了解有关情况，同企业生产管理人员、车间具体工艺人员进行沟通，根据他们的经验来找出生产系统中的瓶颈。

（2）了解三种不同生产流程的类型（V 型、A 型、T 型）：V 型表示由一种原材料生产出多种不同类型的产品，在制品库存积压最多的地方通常为瓶颈资源；A 型是由多种材料生成一种最终产品，通常需要检查延迟物料单，经常延迟的物料的加工工序被认为系统的瓶颈资源；T 型是由多种原材料加工成多种最终产品，可以将延迟订单和非延迟订单的生产工艺程序进行比较，来找出生产系统中的瓶颈资源。

（3）基于负荷产能比的瓶颈识别方法：负荷＝工序实际的作业时间；产能＝工序的可用时间；负荷产能比值最高的即为瓶颈工序。

二、设置缓冲以对瓶颈进行有效保护

瓶颈资源决定了系统的有效产出，因此必须设立缓冲对瓶颈给予保护。DBR 是以时间缓冲的观念来达到保护瓶颈的目的，由于现场会出现各种意外状况和统计波动，太精确的计算意义并不大。因此，对于缓冲时间长度的计算，包含了加工与准备时间、系统的不稳定宽放时间，而工厂实际的宽放时间属经验估计值，为便于生产现场使用，可将总宽放时间与加工时间形成一种比例值，计算公式如下：

$$BU_i = (1+R)\sum_{j=1}^{m} PT_{ij}$$

BU_i 为订单 i 的时间缓冲；PT_{ij} 为订单 i 在工序 j 的加工与准备时间；m 为瓶颈前的工序数量；R 根据经验来设定。

通常认为，缓冲时间长度的大小可能是瓶颈资源平均前置时间的三倍，采用三倍是基于经验与可信赖的提前期所服从分布，假设其提前期服从正态分布的话，则可将其平均流程时间加上三倍标准而得到其缓冲时间。

三、按照排序规则排定瓶颈资源的生产计划

生产力等于有效产出除以投入。DBR 模型提升系统的生产力，即在投入不变的情况下增加有效产出，通过对瓶颈的精细排产，使订单能如期完成，获得更好的组织绩效，以获得最大的产出报酬。

在编制瓶颈资源的详细生产计划时，经常需要在同一时间段内加工多种产品，因此需要解决相互冲突的加工任务在瓶颈资源上的排序问题。在 APS 系统中需要根据企业

实际情况和所追求的目标来选择最合适的排序方法，以排定各个订单在瓶颈工序上的作业顺序。一般而言，优先级的确定需重点考虑各产品在瓶颈资源处的加工时间和交货期。

（一）只有一个机台

在只有一个机台的情况下，排产规则如下：
（1）采用倒排的方式，交期晚的先排，避免订单交期延误；
（2）若交期相同，则加工时间长的先排，以减少 WIP；
（3）若交期相同且加工时间相同，不赚钱的先排；
（4）先拉后推，保证首个订单的开工时间不会早于当前时间。

（二）有两个以上机台

在上述的排产规则下，增加对机台的选择规则：
（1）能让订单排在理想时段的机台先排；
（2）若在订单的理想时段机台均被占用，则订单必须提早且选择提早时间最少的机台。

（三）考虑调整切换的问题

通常在瓶颈资源上，订单的换线情况比较频繁。考虑对交期及存货的影响，确认不会延期后，适度的合批是可以接受的，这样可减少瓶颈的换线时间，节省出更多的产能。在图 6-13 中，产品 A 由于不同批次的交期被产品 B、C、D、E 隔开，为了节省瓶颈的切换时间，考虑将产品 A 的两个批次合并生产。但由于合批会造成某些订单在瓶颈的排产延后，如产品 B、C、D、E，为了减少合批对这些订单交期的影响，必须在瓶颈先保留提早生产的制品。例如，产品 A 的第二批，等被延后订单完成离开瓶颈后再离开。

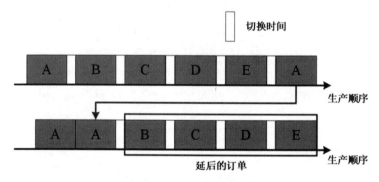

图 6-13 换线合批

四、以瓶颈为中心，向前拉动瓶颈前工序生产节奏，向后推动瓶颈后工序生产节奏

根据 TOC 理论，在保证了瓶颈资源的生产排序确定后，需对后续的工序使用正向排产，前面的工序使用逆向排产，以确保非瓶颈工序可以快速且准时完成。

在得到瓶颈资源的作业计划后,将订单的瓶颈资源的作业开始时间减去订单的瓶颈缓冲时间,即得到订单的投料时间。此步骤主要是使非瓶颈资源全力配合瓶颈资源的作业计划,使用时间缓冲来控制投料节奏,即通过绳子机制来控制瓶颈工序之前的工序的物料投放,使在制品库存减少到合适的程度,在需要的时间提供合理数量的物料。在 APS 系统中,用户可根据实际情况,通过对现场的管理、人员的调度来保障计划的执行,又通过实际反馈的数据来更新企业的基础生产数据和对缓冲的设定。

五、根据生产过程中的实际情况实时调整缓冲量的大小

缓冲管理至关重要,是 DBR 的神经中枢,主要体现在如下两个方面:第一,要对系统的操作进行控制,对订单的执行状况进行追踪,在问题发生前提出警告,对显示将会影响交期者采取适当的措施;第二,对系统进行反馈,对缓冲长度的适切性进行诊断,并据以调整配置参数,优化系统。

(一)追踪订单执行状态

在对订单进行预警式进度管理时,获取订单在瓶颈前的缓冲状态,即可掌握订单的进度。如图 6-14 所示,可将缓冲划分成区域 1、区域 2、区域 3 三个部分。在瓶颈前,我们希望看到产品堆积的位置,称之为缓冲原点,瓶颈排产的开始时间为缓冲结束时间。如果该订单在投放后过了缓冲时间 2/3 的时候没有出现在缓冲原点,穿透区域 1 的时间称为缓冲空洞,必须找到该订单所在的位置及造成订单延迟的原因。为了找出问题的所在,在区域 2 检查该订单是否出现在缓冲原点,这称之为缓冲检查时间。

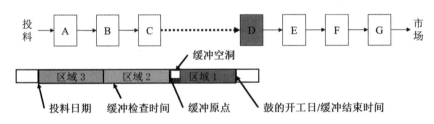

图 6-14　追踪订单执行状态

在 DBR 生产计划解决方案里,使用缓冲状态来追踪现在订单的状态,以便知晓哪个订单需要进行特殊关照。缓冲状态等于已耗用时间除以缓冲全长。如果订单状态超过了 66%,说明该订单需要协助。

(二)系统反馈调整

当缓冲状态大于 66% 时,可依据下面的准则,决定问题解决的先后次序:
(1) 依据离瓶颈开始加工所剩的时间,越小对系统影响越大;
(2) 依据缓冲空洞的大小,越大对系统影响越大;
(3) 完成该批到达瓶颈所需的时间,越长对系统影响越大。

同时,在生产系统每次运行了一段时间后,统计造成缓冲空洞或发生位置(工序)的出现频次,重点攻克此处的问题。当缓冲空洞出现的频率增加时,需对系统的参数进行调整:

(1) 增加缓冲长度，给瓶颈提供更多的保护；

(2) 增加备份产能，以增加非瓶颈同时作业的资源数，缩短非瓶颈的制造周期。

一般情况下，缓冲空洞出现的频率在 10% 是合理的。APS 系统提供 what-if 方式的快速重排产的功能，由用户自定义动态缓冲大小并根据排产结果反复调整从而找到最佳值。用户最初可设置一个经验值，让系统制定计划，如果缓冲空洞出现的频率小于 10%，可考虑适当减小缓冲；如果瓶颈资源比较频繁地出现"饥饿"状态，则应适当增大缓冲。

基于 TOC 理论的 APS 系统对复杂制造系统模型表达具有灵活性，能够跨越工厂、车间及生产制造单元等不同层次，贯穿供应管理、订单计划管理和现场运作管理等不同的阶段，可支持多约束、多目标的系统运作控制。因此，APS 系统能够针对具体生产环境中问题的复杂性、动态、多目标的特点，选择适合的抽象、简化方式构建模型并选择合适的算法进行求解。

6.3.2 针对连续—离散生产模式的计划排产参考模型

连续—离散类型的生产是制造系统中比较典型也相对复杂的一种混合生产模式，典型的如液体包装类生产线、药丸包装生产线、卷烟包装生产线等。由于连续与离散动态特性的共存与相互作用，混合系统的模型被要求能够正确、统一地描述两种动态性及其相互关系。对混合系统进行建模和描述最有效的方法之一就是将连续系统的模型描述与离散系统的模型描述有机地结合起来，充分利用现有模型的特长。因此，连续动态和离散动态耦合明显的复杂混合系统建模技术十分重要。

近几十年来，仿真计划被广泛应用于研究制造系统的行为与性能。它不仅将制造系统中复杂的逻辑、工艺、调度、控制关系转换为比较直接的模型描述，而且能够充分考虑系统内外随机因素影响，有助于选择预测制造系统性能，制定生产调度策略。将 APS 系统的计划流程与仿真优化技术进行集成，能够建立集物流、计划、调度于一体的混合生产系统流程框架。

针对连续—离散生产类型的计划流程框架见图 6-15，主要分为有限产能规划和日计划调度两个阶段。有限产能规划可以视为计划部分，将月度计划下达到制造系统，结合历史数据、生产习惯与需求预测等，生产计划部将正式的订单任务分解形成周计划、采购计划等。生产计划部结合产能综合管理、库存信息管理等系统进行有限产能规划，形成周期性的日进度计划，对日进度计划进行粗能力试算，评判每日产能需求是否均能被满足。如果每日需求产能出现不均甚至超过实际生产能力的情况，则对日进度计划进行重排直至产能均衡且满足实际生产能力。

日进度计划等同于成品日产出计划，生产车间会将该日进度计划分解下发到各个生产车间，车间之间进行协调形成最终的车间日（班次）进度计划，根据有限产能需求计划生成原辅料备料计划；通过逆向推导产出需求，获得每个车间详细、可执行的调度方案并生成生产作业指令书发布。

基于前述日进度计划的连续—离散生产系统调度优化框架如图 6-16 所示。为了尽量减少原辅料物料浪费与堆积，本优化框架重点考虑了有限能力约束下的调度优化算法，该算法为能力过滤算法（Capacity Filtering）与仿真优化方法的结合。CF 算法最早

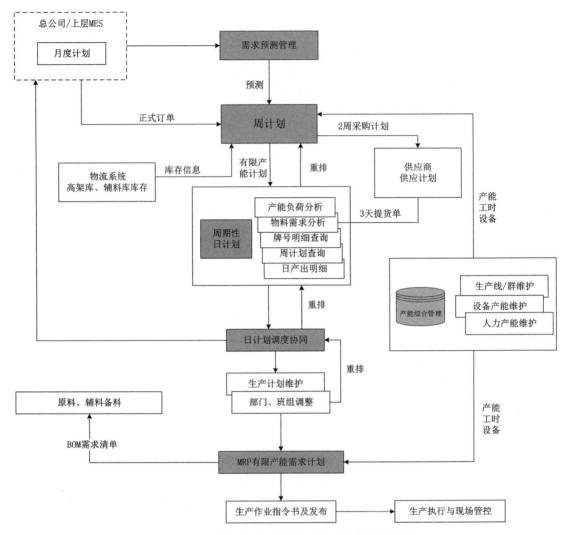

图 6-15　制造系统生产计划与调度制定通用流程

使用于 TFT-LCD 这类具有柔性流水生产作业特征的行业中,并被证实取得了较好的效果。结合 CF 算法强大的有限能力控制与仿真模型动态模拟能力,本调度优化框架几乎适用于所有具有连续—离散生产特征的生产系统调度。

通过粗能力分析得到的成品日进度计划没有充分考虑包括 WIP 等的有限容量计划。图 6-16 中的框架进一步以成品日计划作为输入,结合 WIP 及生产环节实际生产能力从最后一道工序逐级向前递推(使用通过时间估算产品流动时间),获得成品及各个阶段辅料的投料计划。以上过程称为容量反向过滤。建立混合生产流程的仿真模型,通过获得的投料计划作为仿真优化模型的输入,设置相关调度启发式规则,可以获得仿真模型生成的产出结果及相关指标,例如产出总量、设备利用率、按时完工率等。判断产出指标是否满足 Out plan 及其他生产要求,如果不满足,则修改仿真策略或优化仿真参数,重新运行仿真模型,如果实在不能满足产出要求,则修改相应的 Out plan。当满足 Out plan 后,形成订单发布计划、最佳调度策略等为整体生产提供指导。

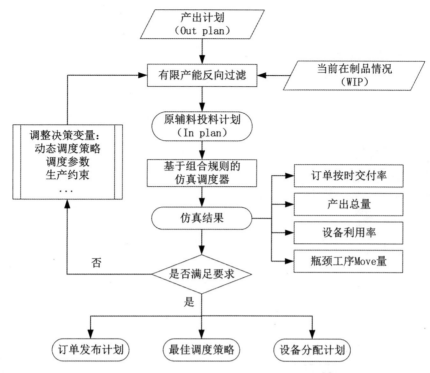

图 6-16　有限产能下的调度优化框架

调度优化框架中的仿真模型在运行时可直观地展示设备状态等信息,是在虚拟环境中对排产规则及算法进行预验的重要工具。调度优化框架中,仿真的目标是实现整个连续—离散混合生产流程的顺利运行。仿真模型建立好后,统计各台机器的相关数据,判断仿真模型是否能很好地反映生产实际情况。主要需要统计的数据包括机器的生产效率、处理时间、空闲时间,各台机器生产的产品数量和整个仿真的运行时间。

根据生产系统的布局、设备的主要技术参数以及物流流程,可以建立仿真模型。通过仿真提供的直观平台来观察车间的实际运行效果,为进一步的决策与优化提供依据。建立仿真模型的一般步骤如下:第一,根据生产系统实际生产环境,针对生产设备、生产过程、生产线等,建立结构层次清晰的仿真模型;第二,根据生产线中各对象之间的逻辑关系,构建仿真模型的逻辑流程;第三,根据每个对象所要描述的物理系统的特征,设定模型中对应的参数;第四,编译运行仿真模型,进行实时仿真。可以手动录入生产计划,也可采用 Excel 表或数据库导入的方式进行设置。

通过设置仿真运行的次数和时间,可在一次仿真中执行多次试验,达到对调度规则与算法的排程效果进行验证的目的。对排程计划进行仿真验证,可以提前了解并检查生产计划在车间生产中的执行情况,以更好地做出调整对策,从而确保生产计划在车间中高效地完成。这既是对生产计划可执行性的验证,也是对所设计的 APS 排程方案及算法模型可行性、可靠性的验证。

6.3.3　APS 系统架构参考

如图 6-17 所示,APS 系统与运营管控及全要素测评体系等核心技术进行集成,可使卷烟生产过程更加透明化、实时化。APS 系统主要负责物料计划、粗能力计划及详细排程等任务；市场与供应链管理模块主要负责需求预测、订单管理等工作；运营管控及全要素测评体系连接车间物联网进行数据采集与性能计算，对 SQDCP 关键指标进行诊断、优化与展示，通过"生产计划——全要素指标分析——生产约束完善与生产计划优化"这一闭环过程实现基于全要素的生产优化。

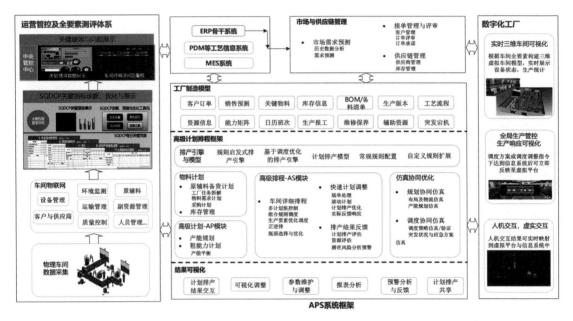

图 6-17　APS 系统功能架构

6.3.4　关键技术实施

APS 系统的框架结构及系统设计所使用的关键技术如图 6-18 所示。APS 系统是一个成熟完善的系统，系统使用跨平台、面向对象的 Java 语言开发，适用于多种操作系统及多种数据库平台。结构上的合理性为 APS 提供了高效稳定的运行环境。

APS 运用的关键技术如下：

（1）UI 采用 Bootstrap 减少前端页面的工作量，页面呈现方式专业；

（2）算法实现层基于 C/C++定制的 aps 算法排程引擎；

（3）应用逻辑层 SpringCloud、SpringBoot、RestFul 表现层分离模式，MVC 的实现框架成熟、耦合度低，可快速开发；

（4）业务逻辑层 Spring Framework 5.0 IOC、AOP 实现框架；

（5）数据访问层 mybatis3.4.6Alibaba Druid 1.1 MyBatis 是运行效率高、轻量的持久层框架，它支持定制化 SQL、存储过程以及高级映射；

（6）Cache 缓存机制 Redis，高性能的 key-value 缓存数据库；

（7）身份认证 Apache Shiro 的 Java 安全框架，执行身份验证、授权、密码和会话管理；

图 6-18　APS 系统架构

（8）业务调度机制 Aps_job 4.0 基于 quartz schedule2.3 定制适合排程算法和数据集成功能的任务调度；

（9）远程访问机制 Apache CXF 能很好地支持 HTTP、SOAP、CORBA、Restful 等通信协议；

（10）数据集成 Kettle ETL，可以在 Windows、Linux、Unix 上运行，数据抽取高效稳定；

（11）消息机制 ActiveMQ JMS（Java Message Service）规范的一种消息中间件的实现，提供标准的、面向消息的、能够跨越多语言和多系统的应用集成消息通信中间件。

APS 的关机技术实施要点主要包含基于有限产能的工序级计划方法，集成的一体化闭环计划体系和可延续、可滚动执行的计划系统等。

一、基于有限产能的工序级计划方法

如图 6-19 所示，APS 综合考虑企业资源、物料、班组、日历、库存等各种生产约束条件，通过有限产能方式制定精细化的工序级计划，满足生产业务要求。APS 系统在加工车间实施后，系统在考虑机台、人员、物料等约束的情况下，生成精细化的工序级计划，精细到具体的机台和人员，便于指导车间的生产准备工作。

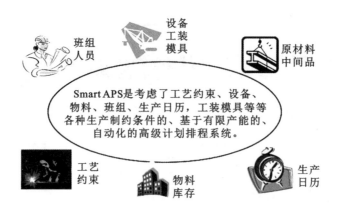

图 6-19　APS 系统概念

二、集成的一体化闭环计划体系

根据卷烟工厂加工车间计划现状可知，目前很大一部分车间通过人工的方式从 ERP 获取订单、工艺、库存等相关资料，计划员按照需求在线下进行排产，通过会议沟通进行工序间的计划均衡，工作量大而效率低，且人工无法科学理性分析产能负荷，进行生产均衡。目前大部分加工车间的 ERP 系统和 MES 系统均已实施，然而，在 ERP 和 MES 系统之间缺乏排产软件平台，这对两个系统最大程度地发挥作用均有不利影响。

通过 APS 与 ERP、MES 无缝集成，从而实现"无限产能计划→有限产能计划→滚动计划"的闭环计划体系，满足企业的计划目标与策略，从而帮助企业缩短制造提前期，削减库存，保证交货期的遵守，有效地实现客户的利益增长。APS 从 ERP 获取基础数据、MRP 运算结果及工单，通过排程计算后生成基于有限产能的详细作业计划、投料计划等，并下发到 MES 执行跟踪，同时 MES 将生产实绩与设备状况反馈回 APS 系统执行滚动计划，ERP、APS、MES 系统集成如图 6-20 所示。

三、可延续、可滚动执行的计划系统

APS 通过集成 MES 系统反馈报工，实时掌握实际欠产和生产完成情况，制定滚动计划时综合考虑生产实际情况进行计划更新。如图 6-21 所示，实际生产过程中存在计划延迟情况，通过系统反馈获取延迟程度，用于综合考虑计划调整。

APS 系统通过订单状态控制，输出生产计划状态，如图 6-22 所示，"未计划"表示获取订单还未制定计划；"计划完毕"表示计划制定完毕；"指示"表示 PMC 确定生产计划下发 MES 做生产准备；"已确认"表示车间确认工作任务；"开工"表示订单生产开始；"暂停"表示生产异常等订单暂停，"结束"表示生产结束。

基于以上的与 MES 系统交互完成，订单排产结果可在订单甘特图中显示辅助 PMC 查看与分析排产结果，资源甘特图辅助 PMC 分析资源利用情况，辅助调整排产规则，有效利用资源。通过实绩报工的反馈滚动，确保计划根据实际的生产情况实时地调整以保障计划的可行性。

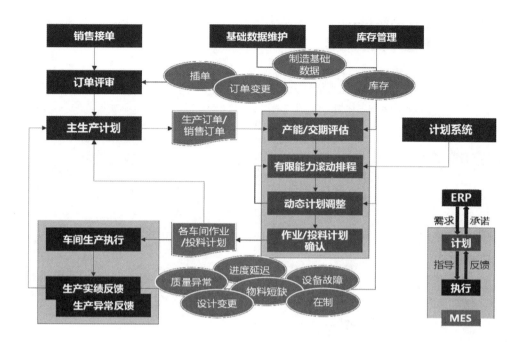

图 6-20 集成的一体化闭环计划体系图

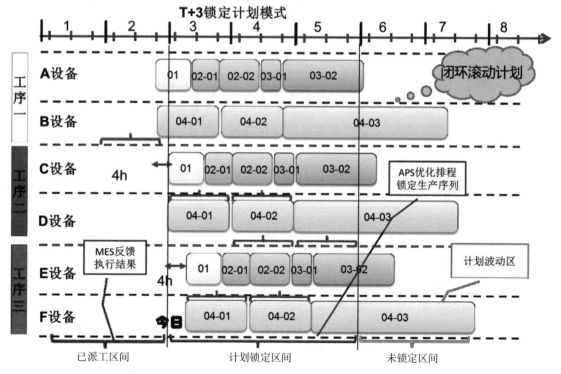

图 6-21 可延续、可滚动执行的计划系统图

通过任务状态机标识生产工作任务的各个阶段，不同的状态会对计划的调整产生不同的影响。

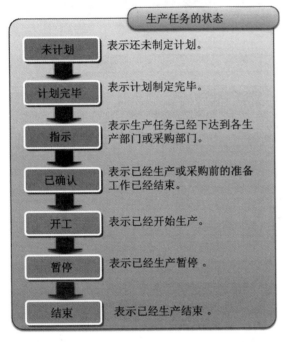

图 6-22　工作任务状态机

 四、基于约束规则的优化排程算法

APS 可以定义复杂而灵活的产品工艺模型、资源模型等数据，结合多达近 200 种不同的排产控制参数及规则设置，可制定与现场实际相符合的计划结果，并能快速调整重排、对比结果、优化参数，实现基于约束规则的优化排程。图 6-23 为启发式排程算法的主要流程与相关约束规则参数。

 五、通用化的计划管理平台

如图 6-24 所示，APS 平台采用 MBOM 进行通用化建模，结合传统的 BOM 与工艺路线特点，满足各种复杂工序的计划业务要求，适用于离散/流程行业，适合推广应用。

通过 APS 系统的实施，向上连接 ERP 系统，向下连接 MES 系统，APS 担负着"生产指挥"的核心作用，通过该系统的实施，卷烟工厂加工车间在制造过程中，将建立一个"计划——生产指挥——反馈"的闭环、高效的生产管理平台，可以打通上层 ERP 系统和下层 MES 系统之间的隔阂，改善以往在 ERP 和 MES 系统之间因为排产软件平台的缺乏而导致的系统间信息不通畅的问题，从而使得两个系统在生产运营中发挥更大的作用，实现计划管控平台化的目标。

第六章　卷烟工厂生产计划调度系统框架设计与实施指南

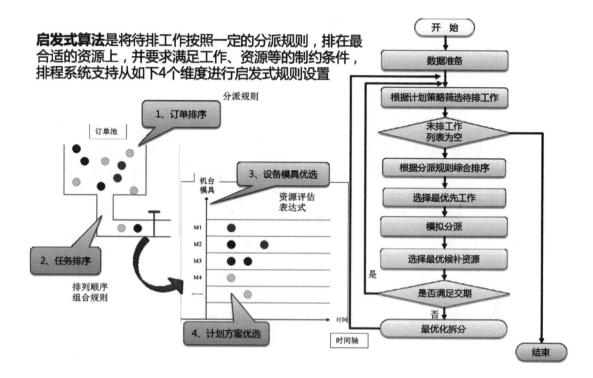

图 6-23　基于约束规则的启发式排程算法

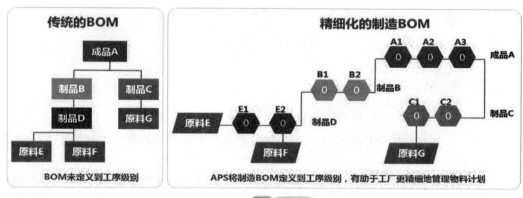

图 6-24　MBOM 通用建模技术

六、透明可视化的计划展示与交互

APS 提供 6 种维度的可视化甘特图，如图 6-25 所示，可用于结果可视化的展示、异常分析及手动优化调整。同时系统也支持工作任务表、工作顺序表等多种报表显示，能直接导出，或者通过接口与其他系统集成，直接发布到 MES 系统中。

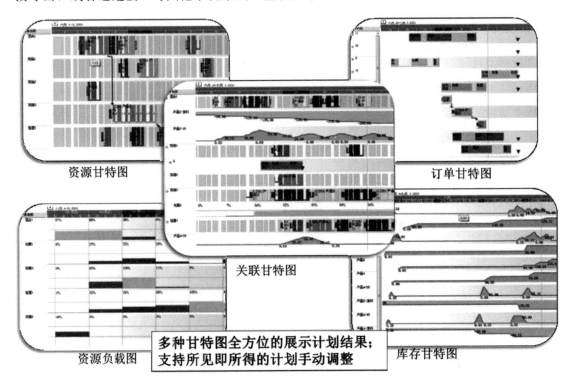

图 6-25　可视化甘特图

6.3.5　APS 系统集成

图 6-26 展示了 APS 数据系统集成。

参考企业相关的信息化建成项目，和相关的业务需求进行数据串联，产品的系统集成使用的相关技术如下。

（1）数据集成建模工具，是基于 SWT 技术开发的可视化流程设计器，提供可视化数据模型定义与调试、可视化模型性能监控、元数据管理以及数据处理模型部署等功能。

（2）数据集成模型治理，是提供的系统管理监控与任务调度工具，系统管理员可以通过该工具对数据处理模型及数据处理引擎进行配置和管理。在实施过程中可以对开发过程实现规范化、调度管理统一化、监控可视化等。同时也可以与第三方引擎实现互补，增强其统一调度、全局监控等功能。

（3）数据集成组件库，包括了一组与数据集成相关的服务构建，通过这些丰富组件，开发人员可以在集成开发环境下基于可视化的组件图元快速配置出高效的数据处理模型。

图 6-26 APS 系统集成

（4）数据集成引擎，基于 java 构建，是数据集成的核心，负责解析数据集成模型定义、处理 Governor 请求、处理引擎自身的模型调度等。数据集成引擎可以满足大规模数据的并发处理，完成企业级的数据交换场景。

第四节 卷烟工厂生产计划调度系统实施参考指南

6.4.1 实施要点

通过结合烟草行业内、外的调研分析报告，分别从生产作业模型、排程算法、排程策略应用路径和动态寻优策略路径四个方面进行卷烟工厂 APS 顶层设计和实施指南制定，这一思路得到了卷烟行业的认可。因此，本实施指南的建设目标主要包括基础目标和终极目标两方面。

一、基础目标

本实施指南的基础目标主要有：

（1）建立标准的卷烟生产作业模型，规范化卷烟生产计划与调度的执行流程；

（2）在现有生产信息系统的基础上，集成 APS 系统与仿真优化工具，利用 APS 系统集成仿真优化框架为生产计划与调度提供优化方案、指导生产，使用有限产能分析技术保证产出计划与物料计划的合理性；

（3）根据不同生产厂商的实际生产特点，总结卷烟生产过程中的约束与常用排程策略，通过仿真优化的方式选择最优排程策略，针对实际生产的动态性，利用仿真模型进行模拟与动态优化调整。

二、终极目标

本实施指南的终极目标主要包括如下几个方面。

（1）在 APS 系统建设的基础之上集成市场与供应链管理模块，结合历史数据、预测数据与管控习惯，能够实现利用大数据分析技术或合理的分析与预测手段对市场需求进行合理预测；能够通过选择合适的订单评审技术进行接单管理与评审，并给予可信的订单承诺；支持供应商与供应链管理。

（2）支持 APS 系统与运营管控及全要素测评体系的集成，支持对 APS 系统中的生产数据与分析结果进行采集，进行 SQDCP 关键指标诊断、优化与显示，并总结出关键绩效与待改进问题。

（3）建立数字化车间，支持实时三维车间可视化，虚实交互，实现虚拟平台上的全局生产管控与生产相应可视化。

卷烟工厂 APS 实施的技术要点主要有六个方面，包括需求层级、系统要素、问题建模、算法应用、实施方式和评价改进。如图 6-27 所示，这六个方面涵盖了 APS 系统从问题定义、分析到求解执行以及反馈改进的完整闭环过程。

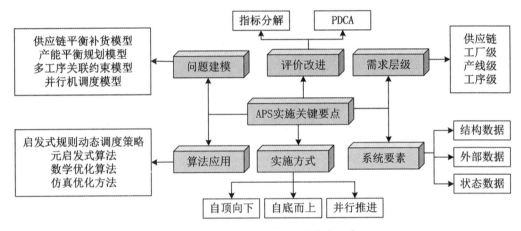

图 6-27 卷烟工厂 APS 实施技术要点

（一）需求层级

需求层级是指围绕计划调度问题在生产管理系统不同层级会有不同的关注点，从而导致各个层级的需求有一定的差异，但由于在诸多评价指标上具有相同的目标，且生产计划从上往下分解过程中存在广泛关联，因此这些不同需求层级对 APS 系统的功能要求既存在差异，同时又存在共通点。

一般制造企业的计划调度管理体系可以分为供应链级、工厂级、车间级和工序级，例如，针对卷烟工厂计划调度的关键工序是卷包、制丝和滤棒，尤其是卷包和制丝环节的排产直接决定了车间的真实产出能力，而车间的产出能力决定了卷烟工厂的整体产出能力。

不同工序的工艺差异及其在卷烟生产系统中的位置，影响了其对计划调度的要求，例如瓶颈工序和非瓶颈工序的排产要求就存在一定的区别，其考核标准也需要进行相应的调整适应。对于工厂级以上的计划调度来说，APS 系统关注的系统要素更加广泛，但同时也会忽略底层的一些细节要素，一般称之为高级计划（AP）。其系统功能与车间工序级的高级排产（AS）之间存在分工协作，且在数据层面交互紧密：AP 的计划结果是 AS 排产的输入，在 AP 运算过程中也需要调用 AS 的试排产结果。

因此，APS实施的第一个关键点在于对系统层级和边界的确定，企业首先要明确是哪个层级的计划排产需求，或者一个抽象的总体需求能够分解成哪些层级的需求，并在不同层级进行对应实施要素、实施目标、问题模型和算法选择的决策。

（二）系统要素

卷烟生产过程全要素主要指卷烟加工产品实现过程的原料调度过程、烟用添加剂调度过程、制丝资源调度过程、成品烟丝调度过程、滤棒成型调度过程、烟用材料调度过程、卷包资源调度过程等涉及的人员、设备、物料（片烟、烟用添加剂、烟用材料、加工过程物料、成品）、工艺技术标准、动力能源等。

对于APS系统来说，在选定系统实施层级之后，首先需要根据生产模式来确定排产所需的生产系统过程要素数据。如表6-1所示，这些数据可以分为结构数据、状态数据和外部输入数据三个类别，其数据来源根据企业信息化水平可以有多种形式。

表 6-1 数据类型及来源形式

计划层级	要素类型	要素名称	数据来源	导入方式
工序级	结构数据	设备工艺约束、工作日历	ERP/PLM等	接口/数据库/手动导入
	外部数据	车间周计划、插单任务、物料库存等	ERP/AP/手工计划结果/WMS等	接口/数据库/手动导入
	状态数据	设备状态、任务进度	MES/报工系统	接口/数据库
车间级	结构数据	BOM、资源设备参数、工艺流程、工作日历等	ERP/PLM等	接口/数据库/手动导入
	外部数据	主计划、车间月计划、插单任务、物料库存等	ERP/AP/手工计划结果/WMS等	接口/数据库/手动导入
	状态数据	设备状态、在制品库存、任务进度	MES/报工系统	接口/数据库
工厂级	结构数据	BOM、车间产能、工艺流程、采购周期、工作日历等	ERP/PLM等	接口/数据库/手动导入
	外部数据	销售订单、主计划、插单任务、需求预测等	ERP/手工计划结果/WMS等	接口/数据库/手动导入
	状态数据	成品库存、在制品库存、车间负荷状态等	MES/WMS/报工系统	接口/数据库/手动导入
供应链级	结构数据	工厂产能、采购周期、制造流程等	ERP/PLM/SCM等	接口/数据库/手动导入
	外部数据	需求预测、销售订单等	ERP/BI等	接口/数据库/手动导入

续表

计划层级	要素类型	要素名称	数据来源	导入方式
供应链级	状态数据	原料库存、成品库存、在制品库存、税利水平等	MES/财务系统等	手动导入/数据库

目前卷烟工厂在信息化水平方面存在一定差异，对于信息化水平比较高的卷烟工厂来说，其车间和工序级别甚至工厂级的 APS 系统实施条件已经具备，只是相应的要素信息存在于多个信息系统中，在现有的计划排产过程中尚未有效、全面、综合地进行考虑；对于部分信息化水平不高的卷烟企业，则可以根据实施难度，从简单的工序级开始进行实施，并根据 APS 全面实施所需的要素数据，逐步补齐信息化系统短板，建立数字化生产运营管控的全要素感知体系。

（三）问题建模

在卷烟工厂的车间生产系统中，存在几个主要生产调度过程，包括原料调度过程、成品烟丝调度过程、烟用材料调度过程、制丝资源调度过程、滤棒成型调度过程、卷包资源调度过程等，其中卷包、制丝两个环节是决定整个车间计划排产的关键工序，其计划排产需求是当前各个卷烟工厂广泛存在的痛点需求。

对于更上一层的工厂级和供应链级计划管理来说，则存在需求预测、销售接单评审、成品库存计划、工厂主计划、试制计划、采购计划等，其中产供销计划协同管理是其关键痛点。因此，对于不同层级的计划排产需求，其问题性质存在较大差异，对于问题的抽象方式和建模需要具有相应的针对性。卷烟生产行业具有较为规范、标准和通用化的生产工艺与产品特征，可以参考建立针对工序级、车间级、工厂级和供应链级计划排产问题的同一套模型。

1. 工序级和车间级系统建模

对于卷烟工厂来说，生产车间的关键工序是卷包和制丝两个环节，且这两者存在密切的工序关联，因此这两个层级的系统可以综合考虑建立相应的问题模型。

1）卷包工序建模要点

根据卷烟生产包装工序的加工特点，相同包装形式的多个牌号可以不调整设备而共线生产，而不同包装形式的牌号无法共线生产。因此，在总生产计划层设计时就需要引入产品族的概念。产品族是加工约束相似的一组产品集合，在生产中优先按产品族进行调度，以降低生产切换成本和简化问题规模。基于此，如图 6-28 所示，卷烟生产可归纳为标准硬盒、标准软盒和异形包装 3 个产品族。

因此，可以针对卷包系统的调度问题抽象出一种非等同并行机的调度模型。针对该工序的排产调度，需要分析产品种类及其批量大小、设备工艺约束、车间计划任务交期、设备状态、当前任务进度，然后根据并行机调度的相关规则或算法进行求解，满足任务交期、设备利用率等目标要求。

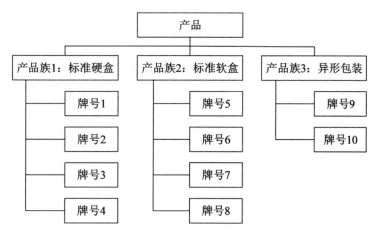

图 6-28　卷烟生产中不同产品族示意图

2）制丝工序建模要点

制丝工序单独进行排产时，其问题类型和卷包级别类似，在有多条制丝生产线的时候，也可以将其抽象成并行机调度模型。若只有一条产线，则变成了更加简单的单机调度模型，同时也需要考虑烟叶原料种类、卷包计划需求、设备工艺约束、产品切换时间、设备状态、成品烟丝库存水平等要素。

3）制丝——卷包关联工序建模要点

制丝和卷包单独排产难度不大，但综合起来考虑，即以车间整体进行计划排产时，需要合理设置成品烟丝的库存水位，由卷包排产结果拉动制丝投料批量，这种综合模型属于一种规划性质的模型，不适合在排产系统中进行体现，需要建立一个多工序关联约束的仿真规划模型模拟卷烟生产流程，并设计不同的库存水位参数，集成各个环节的排产调度结果，在车间整体绩效目标的要求下，分析优化合理的规则和参数。

2. 工厂级和供应链级系统建模

各省中烟集团的一般管理销售计划、生产主计划、原料采购计划，通常需要考虑供应链多工厂计划协同问题，资源调度单位一般是车间或工厂整体，这种场景可以考虑建立平衡补货供应链计划模型，以供应链整体产出能力均衡为导向，协调各个环节的计划。

平衡补货供应链计划模型是一种推拉结合的计划控制模型，即通过供应链上的关键生产资源，一般是核心生产车间，来拉动供应链其他环节的生产；但在其他环节指定执行计划时会综合考虑自身情况，进行必要的库存备货，从而形成推拉结合。整体而言，供应链各个环节产能基本匹配，通过中间库存调节产能差异。

在核心生产车间本身，则要考虑基于预测和订单数据以及车间内部各种约束进行详细预排产，这种计划的结果会影响其上游中间库存的设置和上游车间的生产计划，其特点可以概括为拉动计划的不确定越大，上游的库存需要增加，或者提高及时响应能力，但库存加大可能会导致物料浪费，及时响应成本较高，如何合理协调则需要进行综合分析。

因此，供应链级 APS 实施的关键，首先是对外部输入数据的精确掌控，包括销售订单、需求预测；其次是对关键产出环节的排产结果掌握；最后是对其他系统要素数据的掌握，包括采购周期、库存状态等。

（四）算法应用

生产计划排程既有相对简单的启发式规则算法，例如，最短交货期算法、最短工序算法等；也有复杂的算法，例如，神经网络、模拟退火法、遗传算法、禁忌搜索法等。各个算法针对具体的领域问题求解的效果也存在着较大差异，因此，合理地选择算法也是 APS 实施的关键要素之一。对于卷烟工厂来说，不同层级的排产模型不同，所选用的算法也应该有所差别，具体应根据业务问题的特征进行选取。卷烟工厂的 APS 系统可能用到的算法有以下几类。

1. 数学解析优化方法（数学建模与规划）

针对单个工序或较高层级的抽象简化模型，使用数学解析方法如线性规划、整数规划等方法进行精确求解，比较容易实现，效果也比较好。但这种方法不宜在场景复杂、要素繁多的情况下应用。

2. 基于规则的动态策略

针对动态决策场景，如果问题较为复杂，难以建立数学模型，则可以采用基于规则的动态策略，如交期最早优先、加工时长最短优先等策略，能够较快获得调度方案，结合现场经验，获得较优的排产效果。

3. 元启发式计算智能方法

常见的元启发式计算智能方法有模拟退火算法（SA）、遗传算法（GA）、禁忌搜索（TS）、列表搜索算法（ST）、进化规划（EP）、进化策略（ES）、蚁群算法（ACA）、人工神经网络（ANN）等。针对复杂的组合优化问题，当采用一般的经典解析算法无法求解或求解时间过长时，可以合理选择采用此类方法。

4. 仿真优化方法

大规模复杂系统难以建立数学模型进行分析和优化，可以通过建立仿真模型如离散事件模型或基于 agent 模型等，通过试验迭代的方式进行参数寻优。在卷烟行业中，该方法适用于供应链层级 APS 系统的方案优化。

（五）实施方式

根据卷烟工厂的信息化水平现状和公司发展战略需求，一般来说可以考虑自顶向下、自底向上或并行推进三种实施方式。

1. 自顶向下

自顶向下的方式由省级中烟集团进行策划，先从供应链层面进行计划体系的规划，将计划指令逐步细化到车间日计划，不同层级的计划数据完全打通。基于商业公司提供的销售订单和对未来需求的预测，结合税利测算等财务目标要求，进行生产主计划的制定；并根据车间层级的预排计划、供应商到货计划、在制品库存状态、成品库存状态等反馈结果进行主计划自动滚动，保证集团层面的生产管理绩效指标的达成。各分厂计划排产系统的数据对集团计划系统开放，排产策略和目标以集团层面的评价体系分解结果为依据，会在一定程度上影响分厂车间生产效能的表现，同时对要素数据的获取能力有很高的要求，需要打通供应链各个环节不同信息系统的壁垒。

2. 自底向上

自底向上的计划排产系统实施是较为常规的方式，先从关键工序、关键车间开始，完成手工排产到系统排产的转换，逐步熟悉相关技术方法，再逐步推广到其他车间，这样可以以较小的风险完成 APS 在卷烟工厂的落地应用。

当分厂具备 APS 系统应用的基础后，再将生产计划协同往上层计划和供应商采购计划进行延伸，形成一种拉式计划控制体系，这对于实现精益供应链生产模式具有较好的效果。但由于烟草销售市场的独特性，工厂和集团计划之间更多的是推拉结合式的计划方式，集团层的计划决策对底层计划的结果存在制约，需要反复协调权衡。

3. 并行推动

目前，大部分烟草集团和卷烟工厂的现状都是各自进行计划和排产，计划排产流程一般都是中烟集团下达月度计划后，卷烟工厂考虑工厂日历、设备维护等厂内实际产能因素，与中烟反馈协调。生产部每月滚动月计划，依据经验、实际生产进度和上层下达的计划目标，通过资源匹配进行卷包机组的产能平衡。排产生成日计划/调度计划（考虑辅料、牌号、库存和优先级），形成卷包机组的生产工单，拉式形成制丝生产工单。

因此，集团和工厂也可以对不同层级的计划进行解耦，各自按照现有的方式，通过数据获取能力的提升，完善相应的计划排产系统，通过中间数据库的方式进行计划协同。这种实施方式相对容易，尽管在早期，如果集团和工厂级 APS 系统的设计规划不统一或建设步伐不一致，可能会增加未来 APS 系统的使用成本，不同层级的计划目标不一致容易导致沟通成本的增加；但若顶层统一规划和分步有序实施贯彻恰当，尤其是如果适当关注、重视和妥善处理好集团与工厂有关计划模型与调度逻辑的集成交互及统筹协调，则可更加灵活实施安排和快速推进落地。

（六）评价改进

APS 不仅仅是一个 IT 工具的开发和应用，更涉及相关管理理念的贯彻与落实。APS 系统是基于精益管理理论和方法建立的工具，其能准确地生成生产计划、资源分配方案和产能预测结果；除了建立高质量的规划模型，对被规划对象的管理水平基础要求甚高。一个高质量的规划模型，能准确反映企业供应链的各种约束与优化要求；但在使用这个模型进行规划运算时，提供给它的数据是否准确反映企业的真实情况，数据表达的各种业务状态是否全面，影响着规划的效果。尽管建立了精准的规划模型，但作为规划依据的输入数据的准确性如果不佳，或若这些输入数据并未能真实全面反映企业的业务状况，则系统的输出不可能正确，项目也无法产生应有的价值。

因此，APS 系统的有效实施，系统功能强大是一方面，使用者的配合和应用对象的条件基础是否具备也十分关键。一般来说，实施 APS 系统需要一段磨合过程，在这个过程中逐步完善各方面的管理水平，可以从数据基础和约束规则、排产目标及系统方案三个方面进行系统实施的评价改进。

1. 数据和约束改进

数据包括工艺、工单、机台信息、产能等，要全面就位，才能通过 APS 对工单的资源、时序和依赖关系进行优化，从而产生可行且优化的生产计划。从与 APS 项目相关的业务流程、业务实体与业务约束中提炼出主要的规划对象，可以形成规划模型中的约束条件，作为 APS 引擎的输入。这些约束将会作为规约一个可行生产计划或资源分配方案的主要参考体系。这些数据和约束的完善需要一个过程，且根据时间的推移可能会发生变动，需要持续地提升对数据和约束的获取准确性，并通过 APS 的模拟排产来反推不同数据和约束条件下的系统指标表现情况，从而对相关业务提供改进方向。

2. 排产目标改进

某一个或数个问题，形成了一个 APS 项目的优化目标体系。但在实际的企业生产环境中，人们往往并未深刻和全面地理解这些目标。因此在 APS 实施初期，可以先将目标精简一些，在熟悉了系统的应用之后，再逐步增加新的目标，从而降低系统的推行阻碍。

3. 系统方案要求

生产计划或其他规划行为，都是基于指定约束条件下，对未来事物的一种预判。但从获得这种预判结果到实际按计划执行，必然存在时间差。在这个差异的时间段内，实际的情况可能已发生变化，从而让原来已生成的计划与实际情况相比有所脱节，从而影响计划的可行性。另一种情况是，计划所产生的约束条件与实际情况并非完全一致。这种不一致会导致生成的计划从发布到实际执行时，与实际环境的制约条件存在冲突，从而令计划无法按预定的条件执行。计划的制定存在同样的问题。一个计划如果在作业资源分派与时间计划安排上精确度过高，而不留任何余地，则当现实执行环境出现些许微少的变化时，都可能会导致计划不可行。而计划制定得过于宽松，则失去了计划的规范指导意义，在 APS 生成的优化计划中，更失去了 APS 的价值。因此需要合理把控和认识 APS 方案的松紧度，逐步找准合理的方案状态。

6.4.2 实施路径

APS 项目是一个以计划为核心的业务驱动型项目，需要管理高层以及业务部门的充分投入；项目实施将对原有业务模式和流程带来一定的变革和优化，需要决策层强有力的领导和支持，并进行快速决策；业务部门作为流程的拥有者、执行者和系统的使用者，必须选派精通业务的人员参与项目，明确业务需求，共同提出基于系统的优化方案。如果投入不足，将可能导致业务流程论证不充分、难以执行。图 6-29 展示了计划流程变革图。

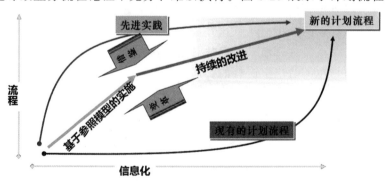

图 6-29　计划流程变革图

依据国内外 APS 项目的成功实施经验，参照全球标准的项目实践，企业可以采用分阶段、多过程、全面管理的方式进行项目管理；项目顾问团队不局限于提供 APS 软件包的技术实现，要从变革管理、项目管理、业务效益实现、业务流程设计、项目风险管理、知识转移等角度全方位开展 APS 实施，体现"三分技术，七分管理"的价值。

一、APS 项目规划与论证

在 APS 项目启动之前，首先要进行项目规划，经过以下四个步骤充分考虑论证。

（一）实施主体所处层级分析

不同层级的 APS 实施投入和实施方案有很大差异，启动 APS 项目的主体必须首先确定其所处层级，以及实施的 APS 系统边界。APS 的实施一般是"一把手"工程，需要对应层级的最高管理者推进，才能有效推进。

（二）实施的目标界定

在确定系统层级后，需要确定 APS 的实施目标，可以根据实施难度分阶段达成目标，避免目标过高导致项目难度急剧提升，影响项目的落地和项目团队的士气。

（三）实施的数据条件准备

根据前面列举的系统要素，收集 APS 系统所需数据、约束、规则，建立数据模板，对于尚不具备的数据，要考虑完善基础信息系统。

（四）业务领域问题的理解

APS 计算的效果依赖于对业务问题的理解和所建立的模型，且不同的 APS 工具在建模能力方面存在差异，因此通过领域问题的理解，能够确定模型的构建方式和难度，从而基本确定软件选型和实施团队能力要求。

二、APS 的实施运行

在确定 APS 实施系统的范围和目标并建立项目实施团队之后，一般需要经过以下八个步骤完成 APS 的实施运行。

（1）项目启动：企业决定启动 APS 项目时，要有明确的项目边界和目标，要指定关键的负责人和可靠的实施顾问，在项目各个阶段和环节要有相应的责任人，要对相关人员进行 APS 基础知识和理念方面的充分培训，才能在技术和管理上保证项目的有效推进。

（2）需求分析：基于科学的项目管理方法，对现有的生产管理流程进行充分的调研分析，必要时需要规划和变革与 APS 理念相匹配的合理的业务流程和管理机制，要与相关人员进行充分沟通。

（3）方案设计：基于项目目标、生产系统的模型特征、现有的数据基础等条件，考虑不同类型用户的操作习惯和未来系统可能的扩展需求，进行 APS 系统方案的设计。

(4) 数据收集：根据方案设计的要求整理要素数据，在数据完备性、准确性不充分的情况下，还要加强相关方面的工作，如人工经验定量化、规则化。在此步骤，还要根据工厂已有的信息系统确定数据集成的方案。

(5) 方案优化：根据卷烟生产的问题和数据特征，设计优化模型，并定制算法进行求解，实现排产方案的优化提升。

(6) 模拟运行：根据历史数据进行排产方案的验证，并在模拟环境中运行排产结果，评价方案运行效果，提出改进建议，相关的建议可能会对方案设计和数据需求产生新的调整影响。

(7) 上线测试：APS 实施顾问负责提供测试计划，工厂方面按要求负责准备测试的流程、测试数据。在顾问团队的协同下，审阅所有测试资料，以使测试准确进行；工厂方面的相关人员将在实施顾问的指导下准备测试资料、执行测试以及测试分析，并提交项目测试报告。

(8) 运维改进：APS 系统实施运行的过程也是精益生产管理能力提升的过程，需要在运行一段时间后，对应用效果进行评价，并提出新的改进需求，同时延伸下一阶段的 APS 实施规划或推广。

6.4.3　系统基本功能概述

APS 既是一种先进的生产管理模式，也是一种先进的软件系统，它是一种基于供应链管理和约束理论的先进计划与排程工具，运用了大量的数学模型、优化及模拟技术，其功能优势在于实时基于约束的重计划与报警功能。在计划与排程的过程中，APS 将企业内外的资源与能力约束都囊括在考虑范围之内，用复杂的智能化运算法则，做常驻内存的计算。

如图 6-30 所示，APS 覆盖了企业长期、中期、短期三个计划层次。其中长期计划包括供应链战略、供应链计划；中期计划包括市场需求预测、生产计划、分销计划等；短期计划包括对客户的可承诺能力、车间作业排产、设备开动计划、运输计划等。

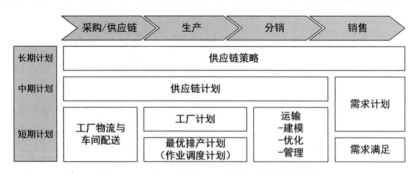

图 6-30　SCM 级的 APS 功能系统模块架构

采用了智能优化技术的 APS 系统，可模拟各种管理优先效应，实现计划和控制的优化，形成从端到端的整个供应链的优化；满足资源约束，协同供应链与生产过程中各种资源；在不同的供应链与生产瓶颈阶段给出最优的生产计划与排程；实现快速计划排程并对需求变化做出快速反应。

在长期计划中,可运用供应链策略实现从采购到生产,再到分销、销售的全过程优化。在中期计划中,可以最大限度地在整个供应链的运输和库存中使用优化的生产和分销。中期计划优化和模拟的结果成为供应链计划,保证了物料和能力的可用性和同步流动。对于短期计划,APS 系统可以建立需求计划、库存计划和运输计划等,并帮助优化日生产排程。车间内短期的生产计划制定,如安排一台机器上的多种产品的生产次序等,APS 常用约束规划 CP 来解决。CP 将存在的每一个资源约束表示为一个变量,然后用约束变量之间的逻辑关系找到满足所有约束的解决方案。APS 根据大量精确数据的输入,对工作流程进行模拟,并提供实时监控功能。

APS 可将模拟的排程结果以甘特图的形式输出到可视化的计划板上,根据既定规则进行拖放式调整,以求达到最优化。APS 系统融合了先进的管理思想、各种优化算法以及强大计算机能力,不仅在控制成本、降低库存、缩短计划周期、改善客户满意度方面为企业带来了巨大的收益,也使整个企业内外供应链的流程更加透明,并有利于发现系统的制约因素以使供应链上的企业做出进一步的改进。

在工厂车间级,APS 系统最基本的目标是实现基于有限产能的计划优化,帮助企业快速制定符合各种生产约束条件的、满足计划目标与策略的、优化的详细生产作业计划,缩短制造提前期,削减库存,满足交货期,有效保证客户利益。如图 6-31 所示,工厂车间级 APS 可实现生产系统建模、物料齐套、上层计划与执行计划、模拟排程、what-if 分析、紧急插单和计划可视化七大类功能。

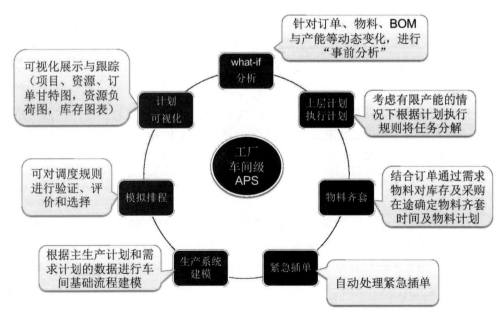

图 6-31 工厂车间级 APS 功能应用场景

一、生产系统建模

生产系统建模根据来自 ERP 的主生产计划和需求计划的数据进行车间基础流程建模,描述生产流程特征。将这些静态数据和动态数据进行抽象,可构建标准业务模型。

（一）静态数据

1. 产品信息

产品信息即品目，也称为物料，包括与产品生产有关的所有物品。物料是工厂生产产品的第一道门槛。品目的控制涉及物料计划、物料调度和物料控制等内容，物料控制的目标在于既要保证物料按计划供应生产，保障生产的顺利实施；又要严格控制生产过程中物料的耗用，合理降低成本。

2. 资源建模

生产资源中需要管理维护的是所有工序所涉及的设备和人员等资源。主资源是指加工过程中的主要使用资源，通常是指机器设备等。副资源是相对于主资源的附属资源，是生产过程中起辅助作用但必不可少的资源，比如模具、夹具、刀具、人员等资源。在排程时，副资源往往与主资源同时使用。且一个工作只能占用一个主资源，但可以同时占用多个不同类型的副资源。虚拟资源是实际不存在的假想资源，用以显示（尤其是在资源甘特图显示）排程失败的工作。外协资源不属于公司内部资源，不考虑产能。库存资源是实际不存在的假想资源，用于分派库存订单的工作，并使得在资源甘特图上显示库存订单与制造订单或销售订单之间的关联关系。采购资源是实际不存在的假想资源，用于分派采购订单的工作，并使得在资源甘特操作图上显示采购订单与制造订单或销售订单之间的关联关系。销售资源是实际不存在的假想资源，用于分派销售订单的工作，并使得在资源甘特图上显示销售订单与制造订单、采购订单、库存订单之间的关联关系。委外资源是指外协加工的工作所分派的资源，即委外单位。其中，虚拟资源、外协资源、委外资源、库存资源采用无限产能模式进行排程。

3. 工艺建模

生产作业人员或加工设备为了完成订单而做的动作，是加工物料、装配产品的最基本的加工作业方式，与工作中心、供应商等位置信息直接关联的数据，可以组成工艺路线。加工工艺是一些与品目无关的标准生产方法。工艺前后都可设置缓冲时间，通过对缓冲时间进行合适的设定，可灵活地对应计划外的故障，做出恰当的生产计划。

4. 工艺路线

工艺路线也称加工路线，描述物料加工、零部件装配的操作顺序，工艺路线是一种关联工作中心、提前期和物料消耗定额等基础数据的重要数据。在 APS 中，工艺路线用以串联多个工艺，使工艺间具有先后顺序，主要用作生成品目的制造 BOM。

5. 工序模板

工序模板也叫工作模板，是制造品目所需要完成的一些相对独立的加工过程，是与具体品目相关联的，即品目和工艺组合生成工序。同一品目的各工序之间具有确定的先后关系，工序包含输入指令、使用指令（制造指令）、输出指令。

6. 日历建模

日历建模用于设置每个资源每天的工作时间段，通过班次的选择设置每天的时间段。

每一天系统为设备选择多个优先级最高的日历（前提是日历的出勤模式不存在交叉情况），日历中的出勤模式即为设备的可工作时间。

7. 出勤模式

出勤模式用于设置一天中的工作时间段，需要与日历配合使用。通过出勤模式功能对不同的班次进行设置，时间段从小到大排列，同一个出勤模式中的时间段不能有交集。当出勤模式的模式设置为空时，表示休息。其他时间设置均表示有效工作时间。

（二）动态数据

1. 库存信息

库存与物料计划紧密相关，物料计划的计算既可以满足精确计算物料的需求，又可以降低库存物料的最佳库存点。

2. 客户信息

客户数据维护是对订单客户进行维护，对客户进行分级维护，排程时客户优先级可作为订单排序约束，对重要客户订单优先考虑生产。

3. 订单信息

订单是所有数据中最基础的数据之一。系统中有制造订单、采购订单、销售订单、库存盘点、库存增减、需求订单这几种订单，根据制造订单进行排程。库存盘点及库存增减为库存的数据。当没有库存，或者库存不够，或需要外协采购物料满足生产时，会生成采购订单，在此模块进行管理。

（三）制造 BOM 建模

物料清单（Bill of Material，BOM）是用来描述产品结构的技术文件，在 MRPII 和 ERP 系统中，BOM 是指由各级原辅料所组成的关系树。BOM 可以是以自顶向下分解的形式或是以自底向上跟踪的形式提供信息，更是一种数据之间的组织关系。BOM 有很多形式，其中制造 BOM 用于表示产品的加工工艺信息，主要包括加工该产品的每道工序及工序间的先后顺序关系、工序所消耗的品目（输入）、工序所产出的品目（输出）、工序所能使用的资源及工时信息（制造）等加工信息。

如图 6-32 所示，APS 中的制造 BOM（MBOM）与 ERP 中的物料 BOM 有所区别，制造 BOM 不仅仅包含物料关系，同时也包含了工序等加工信息。相对于物料 BOM，制造 BOM 是根据已经生成的 BOM 和 PBOM，对生产作业步骤进行详细设计的结果，主要是在生产作业顺序和物料关系的基础上，在层级关系基础面上描述工时定额、材料定额及工装信息，以及物料在生产车间之间的合理流动和所用过程。

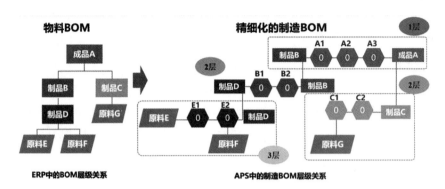

图 6-32 ERP 和 APS 的 BOM 区别

二、物料齐套

物料齐套分析是结合要排产的订单，通过需求物料将库存及采购在途确定物料齐套时间作为订单排程约束，对缺料信息输出备料计划表。物料齐套属于高级计划范畴，核心是优化采购计划和库存。在实际生产系统中，物料计划主要包括采购计划、提货计划和物料需求计划。

采购计划根据周计划、BOM 和工艺路径，可按照不同的工艺流程需求，在计划开始时以订单整体或者工序为不同对象进行物料需求计算。在整体产品的生产制造过程中，物料净需求量代表生产需求物料时必须消耗（制造或采购）的原辅料数量，APS 系统计算出的物料配送计划及物料供应时间，可以在订单初始加工时就对于订单整体的物料需求提出来，以保证在整体的生产制造过程中不会发生缺料待产的现象，部分有时效的物料可以按工序的生产计划时间节点进行定向配送，以保证计划执行的时效性。

APS 系统依据订单的需求数量及订单的产品 BOM 计算出订单的原辅料和中间品需求量。当库存无法满足消耗件数量或者库存无法使用时，若为内部加工产品，则按需求时间生成相对应的制造订单；若为采购件，则根据消耗数量以及消耗件的供应商、提前期、相应物料的需求时间生成采购建议。根据采购建议可制定详细的提货计划，以一定的周期进行提货。

各车间根据当日生产目标做车间内的 MRP 有限产能计划。具体过程为：针对各车间日生产目标、工艺路径和 BOM，对需求订单/任务涉及的原料/辅料，逐级搜寻其上游消耗物料以及相对应的供需数量关系，得到各个车间的物料需求计划。

三、上层计划与执行计划

上层计划也称为高级计划（AP，Advance Planning），AP 主要包括产能规划/项目计划、粗能力计划（产能平衡）等。AP 可在考虑有限产能的情况下根据计划执行规则将任务分解到天/班次，为生产调度计划提供更详细的生产目标（产能平衡过程）。

执行计划就是高级排产（AS，Advance Scheduling），AS 主导物料齐套计划、订单展开、分派关联（排程静态规则预处理、排程波次生成、排程波次执行）等。AS 用于执行详细车间排程，根据生产动态特性或计划插单进行滚动计划或快速计划调整，将排产结果反馈到计划层，从而进行计划排产评估与潜在风险分析。

四、What-if 分析

APS 支持模拟多个场景，试列举如下：
(1) 改变订单的数量或交期；
(2) 增加新订单或删除不需要的订单；
(3) 增加新采购订单或删除已存在的采购订单；
(4) 改变数量或存在的采购订单的到货日期；
(5) 转换需求从一个地点到另外一个地点，转换供应从一个地点到另外一个地点；
(6) 对关键资源增加或减少能力；
(7) 一个新的客户订单，基于当前物料和能力计划最早可能交货日期；
(8) 用执行一个或多个模拟场景的工厂计划来进行财务分析等。

APS 系统提供了强大的 what-if 分析功能，能够支持规划者快速地结合生产信息，针对订单、途程、物料、存货、BOM 与产能等动态变化，进行及时"事前分析"，科学地做出平衡企业利益与顾客权益的最佳决策。

五、模拟排程

基于仿真的方法不单纯追求系统的数学模型，侧重对 APS 系统中运行的逻辑关系的描述，能够对生产调度方案进行评估，分析 APS 系统的动态性能，并选择 APS 系统的动态结构参数。由于制造系统的复杂性，很难用一个精确的解析模型来进行描述和分析。而通过运行仿真模型来收集数据，则能对实际系统进行性能、状态等方面的分析，从而能对系统采用合适的控制调度方法。仿真方法逐渐发展为一种人机交互的柔性仿真工具，可以动态地展现车间的状态，分析在不同的调度方法下的系统性能，并运用知识和经验去选择合适的调度方法，从而改善调度性能。

仿真协同 APS 进行优化主要分为如下两个方面：
(1) 规划协同仿真，对车间布局、厂内外物流进行仿真以及产能规划仿真；
(2) 调度协同仿真，调度策略的仿真验证以及突发状况与应急预案仿真。

在物料库存、设备产能、员工技能和工装模具四大约束下，APS 考虑按时交单率、设备利用率和生产成本等目标，对生产任务进行计划排产。仿真模块可以对 APS 制定的计划操作任务进行模拟，根据仿真的结果进行分析评估，然后更改策略再次仿真。反复多次地进行模拟仿真和策略更改，直至得到最合适的方案下达到车间进行生产。另外，模拟仿真通过使用内存驻留技术，可以模拟多个"假设"的场景，比如假设交期、缺料、设备故障、人员病事假等情况，使得 APS 可以更好地处理各种意外状况。

模拟排程的基本原理是建立计划与排产模型，在调度决策规则的引导下，在模型上试探性地经历整个加工过程，记录该过程中系统的状态变化，统计、处理并产生调度方案和性能数据，如图 6-33 所示。因此模拟排程方法实际上是一种实验性和试探性的方法，不会出现无解的情况。

模拟排程可对调度规则进行验证、评价和选择。制造系统的调度问题具有 NP-hard 特性，为了减少计算量，基于优化方法的调度通常要对实际系统进行较多的简化，这就需要对模型的正确性和调度的合理性进行检验。

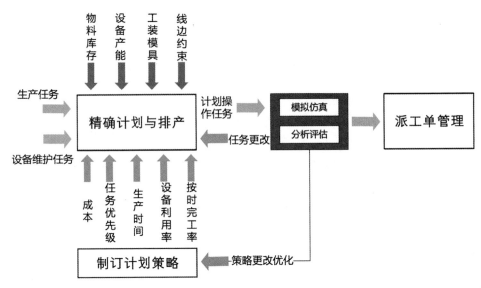

图 6-33　模拟排程优化示意图

利用模拟仿真这类分析预测工具，对比事前模拟与事后计划结果，可以辅助计划人员做出合理的决策。同时通过不断收集计划实施反馈结果，调整供应链各环节的产销布局和运销分配，以提高资源配置的效率，提升供应链的综合绩效。

模拟排程的流程如下：

（1）通过接口从数据库中获取所需的物料信息，包括加工路线、工艺顺序及工序时间等；

（2）在控制层中获取有关的车间状态信息；

（3）将上述物料信息和车间状态信息发送给模拟器；

（4）运行模拟程序，根据给定的调度准则从分派规则库中选择适当的分派规则来解决问题，并根据模拟结果选择最佳的规则或规则组合；

（5）将上述最佳的调度方案（规则或规则组合）发送给调度方案生成器以生成最终的调度结果；

（6）将调度结果通过调度接口发送到控制层。

上述步骤是车间的正常生产过程，当系统发生扰动（如设备故障、急件加入等）时，调度机必须具有再调度的能力。再调度的工作流程如下：

（1）控制层获得当前的状态标记信息；

（2）上述标记信息发送给模拟器，并作为模拟器的初始状态；

（3）重新运行模拟程序，并将再调度结果发送给控制层的分派器。

六、紧急插单

为了加强对车间生产资源的控制与合理调配，APS 需要应对紧急插单、计划更改等情况，保证生产计划的时效性。现实中，经常碰到订单已经下发而中途频繁改单、插单的情况，如果没有 APS 系统，则计划员进行插单、计划调整非常困难。利用 APS 系统来缩短制造提前期、提高工厂对于交货期变化的适应能力是迅速应对紧急插单的捷径。

在生产计划范围内,可以将新订单插在已排好序的订单序列中。在已完成的排产计划中寻找生产间隙进行排序,或许仅需做微小的调整即可完成排产计划的插单。插单的排产计划如果是可行的,那么可以导出插单后的新的排产计划及计划生产排序。如果不可行,则可以修改订单优先级信息以及分派规则等,利用优先级来确定计划的紧急程度,优先级越高表示任务越紧急。紧急单占用设备之后,原有的优先级别低的计划会自动往后推延并重排,然后根据新的订单信息重新进行排程,系统快速自动生成调整过的进展状况以及追加的新计划。

 七、计划可视化及报表分析

订单甘特图展示订单的具体工序的时间安排,以订单为纵坐标、时间为横坐标,中间部分的数据以显示订单的工作安排为主。工作安排通过色块的形式在图上进行展现,据图的展现颜色根据订单管理中的设置显示。相应工作安排以工序来划分,同时在色块上标识出该工序的名称。订单甘特图只是提供用户订单排产展示功能。

资源甘特图功能是以资源为纵坐标,具体的时间为横坐标,相应的工作安排为数据,展示资源的安排。同时,资源甘特图为用户提供了交互功能。鼠标左键按住时间标尺,左右拖动可放大、缩小甘特图。

通过资源负载图可查看资源负荷情况,资源负载图主要体现为表示资源负荷的附带表格图表。每个资源的负荷大小用图表和数值进行显示,计算区间可用右键进行选择。需要注意如下事项:

(1) 延期订单报表显示超期(完工余裕时间小于零)的订单队列;
(2) 延期工作报表显示超期(完工余裕时间小于零)的工作队列;
(3) 根据排产后的工作输入指令生成的工序物料汇总表;
(4) 根据排产后的工作输出指令生成的工序产出汇总表。

6.4.4 卷烟工厂信息化水平与 APS 实施路径对应表

 一、卷烟工厂信息化水平概况

目前,几乎所有的企业都已经实施了 MES、ERP 系统,仅有小部分的企业实施 APS 系统。但大多数企业生产管理系统的集成度一般,只有少部分企业的集成度较高,有实时数据交换平台,采用统一的数据交换协议。

大约一半的企业分别采用按需求预测组织生产和按订单生产的生产组织方式,有极小部分的企业采用二者结合的方式组织生产。约 80% 的企业会进行需求预测并在制定主生产计划时予以考虑,来源多为上层公司层面或销售计划,周期一般为 1 个月。极个别企业采用一周作为计划周期,其余企业的生产排产周期为 1 个月。除极个别企业,几乎所有的企业都由不同的部门和人员负责生产计划和物料计划。另外,少数企业存在委外加工或外拨、外调的情况,需要在制定计划时进行考虑。一半的企业仍然采用传统的手工方式制定车间排产计划,小部分企业采用了手工排产与 MES 模块相结合的方式,其余的企业使用 MES 自带的排产模块。物料需求计划考虑物料损耗,多依据主生产计划进行编制,执行周期多为 1~2 个月或 2 个月以上。其用料计算方式与车间排产计划相似，绝大多数企业仍采用手工 Excel 的方式进行计算，极少数企业使用 SAP 系统或 MRP 系统进行计算。大多数企业由采购部制定物料的采购提前期，并与公司层面沟通，根据物料工艺复杂程度、供货周期等情况进行调整。采用按生产工单批次领用/投放、按天领用/投放、严格按生产领用申请单投放等物料投放方式的企业，数量相当。大多数企业原材料的消耗并未采取倒扣的方式，严格按生产单进行投料。

由于手工排产效率低下、排产计划与车间执行的差异太大、未达到效益目标等原因，绝大多数企业对当前的排产效果不太满意，只有少数企业满意目前的状况。由于企业当前排产效果普遍不好，实施了 APS 的企业对其实施效果也不太满意（由于信息获取能力较弱、算法不够智能、预警和评价功能有待完善等原因），所有的企业都认为可以尝试实施 APS，甚至部分企业认为非常需要。但企业人员对 APS 的了解程度较低，不熟悉 APS 的应用方法，因此在 APS 实施时有必要对企业人员进行培训。

大多数情况下，公司通过数采程序自动采集制丝生产数据和卷包产量数据，同时车间每日提交生产日报来跟踪生产进度情况；少数情况下，生产计划员会去车间现场了解情况。除个别企业由车间灵活掌握每周进度计划外，绝大多数的企业都会根据每日完成情况，调整下一步的计划。

根据课题组内各个卷烟厂信息化程度的不同，可以将它们分为三类，如下所示。

（1）信息化程度低，烟厂没有 MES 等系统，或者烟厂虽然配备了 MES 等基础信息系统，但是仅提供基本的车间生产数据汇总、传递、展现。这级卷烟工厂的生产计划仍主要由"Excel＋计划人员"手动进行。

（2）信息程度中等，卷烟厂已经拥有了比较完善的信息应用系统，包括 MES、ERP 等基础信息系统。卷烟厂基本使用基础信息系统进行卷包主计划、烟丝阶段性作业计划等进行单独的生产排程，但是排程效果一般，且需要大量的人工调整。

（3）信息化程度较高，烟厂的信息系统非常完善且系统集成度较高。信息系统能够实时获取生产状态，迅速感知底层要素和生产数据。卷烟工厂的生产计划排程由简单的信息系统负责，单个环节排程效果较好，但依然缺乏整体的考虑，面对频繁的变化应对有困难。

二、工厂信息化水平与 APS 实施路径对应表

通过调研，我们了解到卷烟工厂的生产现状。依据目前的需求及现状，APS 整体的实施过程可以分为三个阶段来实现，如表 6-2 所示。

表 6-2　APS 实施过程

阶段	信息化程度	难度	实施方式	实施路径	实施后效果
初级阶段	较低	低	自底向上	1. 卷烟工厂基础信息集成或手工导入，数据模型初步建立 2. 卷烟工厂 APS 算法规则制定，排产场景简单分析 3. 计划结果局部展示，计划结果小范围推送	1. 生产计划的效率显著提高 2. 计划准确度提高 3. 计划可视化及数据透明度增强

续表

阶段	信息化程度	难度	实施方式	实施路径	实施后效果
中级阶段	中等	中	自底向上	1. 卷烟工厂APS整体优化目标制定 2. 卷烟工厂特殊业务场景及需求分析 3. 卷烟工厂APS优化算法定制及开发验证 4. 优化结果测试验证	1. 满足客户满意度提高、设备利用率提高、换牌次数减少等优化目标 2. 综合优化各类排产指标 3. 多种算法求解最优生产计划 4. 模拟排程,针对各种动态变化进行"事前分析",快速应对异常状况
高级阶段	较高	高	自顶向下或自底向上	1. 省级中烟公司到卷烟工厂整体业务建模 2. APS与其他信息系统完整集成实现 3. APS多层计划调度优化算法实现 4. 整体业务流程仿真测试验证	1. 实现从采购到生产,再到分销、销售的全过程优化 2. 实现APS系统与MES、ERP、全要素测评体系等的集成,使生产计划过程更加透明化、实时化 3. 实现快速计划排程并对需求变化做出快速反应

6.4.5 各阶段APS实施参考

 一、初级阶段

通过以上的概述,初级阶段APS系统实施步骤如表6-3所示。

表6-3 APS初级阶段实施步骤

项目阶段	项目目标	实现方式
业务需求调研	业务需求确认	通过现场调研,了解现有计划流程制定过程及实际业务需求,包括生产、计划、工艺、仓库等与计划制定相关的部门 了解现有信息系统使用程度,计划作业流程中需求的数据管理模式
方案蓝图确认	系统方案蓝图确认	依据业务需求确认APS系统使用后的业务流程,确认APS系统需要处理的业务模块,明确信息化系统数据集成方案,明确计划排产逻辑

续表

项目阶段	项目目标	实现方式
功能开发	相关排程算法及业务需求开发	依据方案蓝图开发特殊业务处理模块内容，并进行功能测试，验证依据方案蓝图开发的排程算法，并进行实际数据测试验证
模型测试	确认功能应用及计算结果准确性	通过多系统集成及对应的业务流程场景模拟，建立对应的产品模型，并通过测试库的模拟数据验证 APS 计划结果的合理性
试运行	模拟试运行	验证后的 APS 模型从测试库切换为正式库，结合人工计算结果与系统计算结果同步验证。确认实际运行过程中的业务流程运行流畅及计算结果可靠
正式切换	正式切换使用	正式上线切换使用

 二、中级阶段

中级阶段的实现目标是将分工厂已经实现的业务模型及计划结果进一步进行优化，可以制定对应的绩效评估考核目标，如生产效率提升、设备利用率提升。APS 系统完成对应的计算结果优化，吸纳业务改善建议，具体的实现步骤如表 6-4 所示。

表 6-4　APS 中级阶段实施步骤

项目阶段	项目目标	实现方式
项目优化目标制定	制定中级阶段目标	针对现有功能，管理层给出优化方向，APS 实施团队结合产品使用情况给出优化建议，双方达成中级阶段优化实现目标
方案蓝图确认	系统方案蓝图确认	依据实现确认 APS 系统使用后的业务流程明确优化排产逻辑
功能开发	相关排程算法及业务需求开发	依据方案内容进行相关功能开发，并进行功能测试，验证客户收集的相关现场数据
模型测试	确认功能应用及计算结果准确性	通过同期环比数据收集、对比、确认 APS 实现效果
试运行	模拟试运行	整体业务模式切换试运行
正式切换	正式切换使用	正式上线切换使用

 三、高级阶段

在高级阶段，APS 系统综合考虑集团与分厂之间的串联关系，以集团为发起点，优化业务模式，确认后续变更方向及对应的排产逻辑变更，实现集团信息化系统集成，由集团制定对应分厂工作计划。具体实施步骤如表 6-5 所示。

表 6-5　APS 高级阶段实施步骤

项目阶段	项目目标	实现方式
项目需求确认	明确业务需求	通过调研了解集团到工厂的现有业务流程，APS 实施团队结合产品使用情况给出优化建议，结合集团到工厂的实现方式，确认整体业务流程实现方式
方案蓝图确认	系统方案蓝图确认	通过集团到工厂的多层沟通，明确系统优化后的整体业务流程，明确对应的业务，实现数据集成方案蓝图
功能开发	相关排程算法及业务需求开发	依据方案内容进行相关功能开发，并进行功能测试验证，依据方案内容完成对应接口开发，集成方案相关数据
模型测试	确认功能应用及计算结果准确性	通过多系统集成及对应的业务流程场景模拟，建立对应的产品模型，并通过测试库的模拟数据验证 APS 计划结果的合理性
试运行	模拟试运行	验证后的 APS 模型从测试库切换为正式库，结合人工计算结果与系统计算结果同步验证。确认实际运行过程中的业务流程运行流畅及计算结果可靠
正式切换	正式切换使用	正式上线切换使用

6.4.6　效果评价与改进方法

APS 整体的实施效果见表 6-6。

表 6-6　APS 实施效果

角色	功能	APS 实施效果体现	评估标准
管理员	数据分析	掌握计划区间内的产能负荷情况（需求预估与实际产能差异）	生产相关数据跟踪体现相关需求数据
计划员	计划排产生产信息跟踪	1. 自动/半自动排程，计划效率更高 2. 计划更合理，符合工艺、产能、物料等约束条件 3. 排程经验固化到系统中，提供计划信息化水平 4. APS 与 MES 系统集成联动，滚动排程，考虑实际完成情况等因素，制定可延续性计划	排产时间优化 业务完善程度评估 计划结果合理性评估
跟单员	交期答复	1. 通过模拟排程进行交期答复，更加快速、准确 2. APS 与 MES、ERP 计划一体化	交期答复时间评估

续表

角色	功能	APS实施效果体现	评估标准
生管/机长	生产准备及产能跟踪	1. 制定更加精细化的工序级计划，便于按照开工点进行生产准备 2. 计划与实际更加准确，便于透明化管控	物料需求结果验证，物料配送计划准确度评估
物控/采购	物料需求分析	根据工序开工计划推导更加精准的物料需求计划、物料采购需求等	采购建议准确性评估，物料需求时间准确度评估

评价贯穿APS系统建设的全过程，尤其在设计、实施阶段更为重要，以确保系统能按期望运行。APS系统评价通常涉及设计中对系统运行及收益的要求与系统实际运行情况及收益的比较，系统运行后会重新估价设计中的成本、控制等复杂因素，将评价发现的问题反馈给建设的各阶段以便不断改进完善。

一般可以从三个角度来考虑评价指标体系：建设、运行维护角度；用户角度；对外部影响角度。可以从上述三个角度搜集整理卷烟企业在车间生产管理方面的指标，并组成指标体系。可以采用多因素加权平均法、层次分析法（AHP）或数据包络（DEA）等评价方法对系统实施效果进行评价。

当APS实施的层级较高、投入较大时，如从集团层面、工厂整体层面实施APS系统时，可以从经济效果评价，包括直接经济效果，如年收益增长额（P）、投资效果系数（E）和投资总额（K），以及间接经济效果等方面评价系统实施的成效，从而决定后续阶段的APS实施规划。

至于APS系统的实施效果，可采用PDCA循环发现问题，并持续不断地改进。如表6-7所示，PDCA循环将管理活动分为四个阶段，即Plan（计划）、Do（执行）、Check（检查）和Action（处理）。在管理活动中，要求把各项工作按照做出计划、计划实施、检查实施效果的步骤开展，然后将成功的纳入标准，不成功的留待下一循环去解决。

表6-7 PDCA循环步骤

阶段	步骤	具体内容
P（计划阶段）	找出问题	分析现状，找出存在的问题，包括计划、人员、物料等方面存在的问题，尽可能用数据说明，并确定需要改进的主要问题
P（计划阶段）	分析原因	分析并罗列产生问题的各种影响因素
P（计划阶段）	确定主因	找出产生问题的主要因素
P（计划阶段）	制定措施	针对主要影响因素制定措施，提出改进计划，并预计其效果
D（执行阶段）	执行计划	按既定的计划进行实施
C（检查阶段）	检查效果	根据计划检查、验证执行结果，判断是否达到预期的效果

续表

阶段	步骤	具体内容
A（处理阶段）	纳入标准	总结检查结果，把成功的经验和失败的教训都纳入有关标准，巩固已经取得的成绩
	遗留问题	根据检查的结果提出当前循环尚未解决的问题，分析因改进造成的新问题，转到下一次 PDCA 循环

一个 PDCA 循环的四个阶段、八个步骤完成，则一个循环结束，实施效果将会提高一步，遗留问题则又开始下一个循环，循环不止，实施效果会不断提高。四个阶段中，处理阶段是非常关键的一环，如果不把成功的经验形成规章并指导下一个循环，整个效果改进活动就会中断。

第五节 卷烟工厂生产计划调度模型与算法参考

表 6-8 对比分析了几种模型的优势、劣势以及应用场景，卷烟工厂可综合考虑生产工艺约束与计划调度等各方面因素进行选择。

表 6-8 参考模型性能对比分析

模型类型	优势	劣势	应用场景
DBR 系统	1. 识别瓶颈资源，最大化瓶颈能力 2. 由于约束环节控制了生产的启动，生产控制变得非常简便	瓶颈漂移为生产管理增加了难度，一旦辨识出现滞后或偏差等问题，将极大地影响后续的工作	定位瓶颈，缓冲管理
基于启发式算法的模型	1. 可以找到较好的解决方案 2. 运算速度较快	1. 算法个性化程度较高，大规模问题开发难度大 2. 可处理的变量数量和复杂程度限制较高 3. 方案的稳定性随着问题的不同而有较大差异	在较小的问题规模下产生一个较好的方案
数学规划	1. 可以适应企业多目标优化 2. 目标可以有优先级 3. 具有成熟的技术 4. 适合大规模问题 5. 可以找到最优值或者较好的次优值	1. 动态重排的频率不能太多 2. 对于详细的调度计划较为困难	多目标多约束；大规模问题

6.5.1 基于启发式算法的卷烟生产排程模型

一、卷包生产排程模型

考虑月总量约束、产能约束和交期约束,以最快生产速度完成生产,即将生产调度令的最短生产周期作为卷烟厂卷包车间的目标,只需要确定每台卷接机 j 所需要生产的牌号 i 及其数量。由于分配给卷接机台上所有牌号的生产顺序对最短生产周期影响特别小,因此模型先考虑牌号及其数量的分配,再确定卷接机不同牌号的生产顺序和生产时间段。

(一) 目标函数

总完成时间最短,即生产天数最少:

$$f_1 = \min(\max_{j \in \{1, 2, \cdots, J\}, K \in Q_j} F_{jk})$$

总换牌次数最少,即各卷接机生产换牌次数的总和最少:

$$f_2 = \min \sum_{j=1}^{J} (Q_j - 1)$$

综合考虑这两个目标,则目标函数为:

$$\min a * \min(\max_{j \in \{1, 2, \cdots, J\}, K \in Q_j} F_{jk}) + b * \min \sum_{j=1}^{J} (Q_j - 1)$$

Q_j:卷接机 j 上生产的牌号种类的数量;
F_{jk}:卷接机 j 上生产的第 k 个牌号的结束生产时间;
a, b:权重,$a, b \geqslant 0$ 且 $a + b = 1$。

(二) 约束条件

月总量约束:每个牌号在各台卷接机上生产的数量之和等于该牌号的月计划生产量,即

$$\sum_{j=1}^{J} P_{ij} = D_i, \forall i = 1, 2, \cdots, I$$

P_{ij}:牌号 i 在卷接机 j 上的生产量;
D_i:各牌号月计划生产量,$D = \{D_1, D_2, \cdots, D_I\}$。
卷接机设备约束:每台卷接机生产第一个牌号的开始时间为非负数,即

$$S_{j1} \geqslant 0, \forall j = 1, 2, \cdots, J$$

$S_{j, k+1}$:卷接机 j 上生产第 k 个牌号的开始时间;
每台卷接机生产各牌号的结束时间不早于开始时间加上该牌号在卷接机上以最快生产速度完成生产所花的时间:

$$F_{jk} \geqslant S_{jk} + \frac{P_{aj}}{E_{aj}}, \forall j = 1, 2, \cdots, J; \forall k = 1, 2, \cdots, Q_j; a = B_{jk}$$

B_{jk}:卷接机 j 上生产的第 k 个牌号;

E_{ij}：牌号 i 在卷接机 j 上的生产效率。

每台卷接机除生产第一个牌号外，下一个牌号生产时间要不早于上一个牌号生产结束时间加上换牌时间：

$$S_{j,k+1} \geqslant F_{jk} + C_{B_{jk}}^{B_{j,k+1}}, \quad \forall j=1,2,\cdots,J; \quad \forall k=1,2,\cdots,Q_j-1$$

$C_{B_{jk}}^{B_{j,k+1}}$：卷接机 j 上由生产的第 k 个牌号切换成第 $k+1$ 个牌号的换牌时间。

同开同停约束，即由同一台喂丝机 w 喂丝的多台卷接机在生产同一牌号时，同时开始同时结束，数学表达式如下：

$$\begin{cases} S_{ur} = S_{vs}, \ \forall w=1,\cdots,W; \ \forall \varphi, \phi=1,\cdots,A_w; \ \varphi = \phi u = R_{w\varphi} v = R_{w\phi} \\ F_{ur} = F_{vs}, \ \forall r=1,\cdots,Q_u; \ s=1,\cdots,Q_v; \ B_{ur} = B_{vs} \end{cases}$$

A_w：每台喂丝机所喂的卷接机数量；
R_{wm}：由喂丝机 w 喂丝的第 m 台卷接机。

由于每台喂丝机只能给固定的几台卷接机喂丝，喂丝机与卷接机的对应约束关系如下：

$$z_{wj} = \begin{cases} 1, \ \forall \text{ 喂丝机 } w \text{ 可给卷接机 } j \text{ 喂丝} \\ 0, \ \forall \text{ 喂丝机 } w \text{ 不可给卷接机 } j \text{ 喂丝} \end{cases} \quad \forall w=1,\cdots,W; \ \forall j=1,\cdots,J$$

二、制丝生产排程模型

制丝车间生产排程的首要目标是保证卷包车间按计划连续生产，根据卷包车间机台工单、成品烟丝库存情况，确定制丝批次作业日需求计划。制丝日作业计划采用"推动"的方式进行排产，确定各牌号每天的投料批次和投料顺序。

从卷包日计划中成品烟丝牌号计算出烟丝的日需求计划，考虑库存，得出每种成丝的计划生产数量。根据每单元批次数量，计算出烟丝的日生产批次，生成制丝车间各牌号的日批量计划。通过日批量投产计划，制定梗丝线上、膨胀丝线上的需求计划，来指导实际的生产，可将梗丝线等视为生产准备环节进行考虑。

由于制丝生产批次排序先后对后续卷包计划影响不大，可以默认为卷包生产次序。有烟丝牌号可以在不同的制丝线体上单独生产，主要用于调节不同线体的生产平衡，因此将该类型的牌号放在最后进行排程。

排产约束条件如下：
（1）保证卷包车间不断丝；
（2）满足牌号——线体、牌号——储丝柜、储丝柜——喂丝机等对应关系约束；
（3）储丝柜同一时刻只能存放一种牌号的烟丝；
（4）成品烟丝在储丝柜的存放时间满足醇化要求且在有效期限内。

6.5.2 基于整数规划与组合搜索算法的卷烟计划排产

卷包生产的计划来源于月度生产计划，工厂将其重新排产形成月度卷包进度计划，组织生产。卷包生产由多套卷包机组完成，卷包生产属于典型的并行机模式，大部分机组产能是相同的，是同速并行机，也有少部分高速机属于异速并行机。卷包生产组织也不是任意的，同时开动的卷包机组受喂丝设备（风口）供应烟丝的限制。

工厂卷包进度计划是月度计划，计划期内具有机器多、牌号多、时间长（基本是满负荷生产）等特点，其样本空间（机器×牌号×工作日）巨大。即使存在一些工艺约束，如产品与机器的对应关系等，其排产的结果组合 X_{ijk}（表示订单 i 在第 k 日在机器 j 生产）也将是一个非常巨大的数字。

由于卷包排产样本空间巨大，所有基于搜索的方法都很困难，而数字化的静态约束使得运筹学方法的使用成为可能，因此整数规划算法作为卷包排产的主要算法是合理有效的。

根据卷包生产环境及特点，确定计划编制过程为：

（1）卷包生产组划分，根据产品规格对产能需求以及规格机台安排的约定，划分卷包生产组；

（2）对卷包生产组进行计划排产；

（3）在卷包生产组内将计划分配到机台。

其中，第二步是关键步骤，采用整数规划算法进行排产，主要约束和目标如下所示。

产量约束：

$$\sum_j \sum_k X_{ijk} = X_i$$

交货约束：

$$t_{ij0} = 0 \text{ 或者 } t_{ijk} = S_i + \sum_{k=0}^{k-1} \sum_j (X_{ijk}/U_i) + k*(1.0/1.2)$$

$$e_{ijk} = t_{ijk} + X_{ijk}/U_i$$

$$S_i \leqslant e_{ijk} \leqslant d_i$$

规格约束：

如果 $M_{ij} = 0$，则 $X_{ijk} = 0$，另外，$0 \leqslant X_{ijk} \leqslant x_i$

目标函数：

$$\min\left(\sum_i \left(\left(\sum_j \sum_k (X_{ijk} \geqslant 1)\right) - 1\right) * G_1\right)$$

t_{ijk}：开始生产时间；

e_{ijk}：生产结束时间；

S_i：订单 i 的最早开始生产日期；

d_i：订单 i 的交货期；

X_i：月计划确定的订单 i 的计划生产量；

X_{ijk}：第 k 天订单 i 在 j 机组的生产量。

制丝生产任务来自卷包生产需求，其不是简单的卷包需求数量，而是根据配方形成批数，按照批次生产。从制丝线整体来看，制丝生产具有以下特点：

（1）每条制丝线都具有完整的制丝加工性能，单独组成一条完整的工艺路径；

（2）作业（批次）只能在两条制丝线其中之一完成，且不能中间转移到非加工的另一条制丝线，因此，每条制丝线都可以看作单独机器，两条制丝线就是两台并行的机器，适用于并行机模型；而两条制丝线的性能又不相同，进一步可以作为异速并行机。

制丝排产的特点主要有：

（1）有动态约束，如进柜约束，与卷包消耗以及是否有前序计划占用储柜有关，要动态计算；

（2）任务数不多，单条生产线每天按批的任务数都小于 20 个。

因为存在动态约束，为二次函数，制丝排产不能简单选用运筹学方法或使用商用算法软件。鉴于计划数较小，最终选择使用组合搜索算法实现。

根据制丝生产环境及特点，确定计划编制过程，实现将计划任务按生产线分配，再逐条生产线使用瓶颈转换算法，逐段运用搜索算法编制段计划。具体过程如下。

一、制丝排产按生产线分配

两条生产线生产任务明确，两条线生产任务很少产生交集，生产线任务按照其产品归属进行分配，并稍微注重任务平衡（生产时间）即可，分配算法不复杂。

二、生产线排产

制丝线具有典型的流水车间特征，机器（工段）顺序排放、加工具有相同的顺序。制丝线多个生产段属于多机调度问题，根据相关研究，不存在确定性的调度算法。

按照制丝线的特点，经过理论研究与排产试验，我们最终选定转换瓶颈算法作为制丝线整体算法，将整条生产线计划转换为单段计划。转换瓶颈算法是将多机问题转换成一系列的解决单机排序（调度）问题，通过单机调度从而获得整体调度的方法。

转换瓶颈算法具体如下：令 M 为所有机器集合，M_0 是排好序的机器集合，在 M/M_0 机器中选定一台瓶颈机 m，并对它作优化的排产，加入 M_0，$M_0 = M_0 \cup \{m\}$；然后按次序对 M_0 中的每个关键机器 k 的序列再进行优化，而保持其他序列固定。重复上述过程，直到所有机器都完成排产，即 $M_0 = M$。

三、单段工序排产

使用转换瓶颈算法逐段进行计划排产时，每段采用搜索算法进行计划排产。不同段排产的算法不一定相同，原因是计划的规模和批次数不同，计划搜索的节点不同。

节点数少，可以使用全搜索算法或者是优化的全搜索算法（如分支定界法），得到最优解；节点多，只能采用局部搜索算法，得到局部最优解。根据试验，14 批是一个分界线，14 批及以下适用全搜索算法，14 批以上只能采用局部搜索算法，如遗传算法或者模拟退火算法等。

6.5.3 基于改进的自适应粒子群算法的卷包排程模型

一、卷包排程模型的建立

卷烟厂在接到客户的订单后，将根据客户的订单安排生产，假设客户对香烟品牌均以千克换算，建模时可考虑将客户品牌订单的排产分成上、下两个层次：品牌分配层、生产排序层。品牌分配层是将汇总后的客户的不同品牌订单量分配到不同的卷接包机组上面，生产排序层则负责确定卷接包机组不同品牌的生产顺序和加工时间点。根据不同的目的确定优化目标，确定约束条件，即可构建数学模型。

将订单的保管和延期成本最小化作为优化的目标,则此时卷接包生产排程需要考虑品牌分配、各机组的生产排序以及机组上不同品牌间的切换时间。

(一)目标函数

目标函数可表述如下:

$$f = ee_{j_{ik}} \times X_{ij_{ik}} \times \max(0, JH_{j_{ik}} - ends_{ik}) + ff_{j_{ik}} \times X_{ij_{ik}} \times \max(0, ends_{ik} - JH_{j_{ik}})$$

$ee_{j_{ik}}$:品牌 j_{ik}(卷包机组 i 上生产的第 k 个品牌)单位时间、单位质量的库存费用;

$ff_{j_{ik}}$:品牌 j_{ik} 单位时间、单位质量的延期费用;

$JH_{j_{ik}}$:品牌 j_{ik} 的交货期;

$X_{ij_{ik}}$:品牌 j_{ik} 在卷包机组 i 上的生产量,$i=1,\cdots,jz$;$j=1,\cdots,dd$;

$ends_{ik}$:卷包机组 i 第 k 个品牌的实际加工完成时间。

(二)品牌订单的可选机组约束

品牌订单的可选机组约束可表述为:

$$G_{ij} = \begin{cases} 0, & \text{品牌 } j \text{ 不可由卷包机组 } i \text{ 加工} \\ 1, & \text{品牌 } j \text{ 可由卷包机组 } i \text{ 加工} \end{cases}$$

(三)资源约束

假设加工过程中无原料加工损失,则各个机组加工某品牌香烟加工量的总和等于所有订单中这个品牌的加工量。

$$\sum_{i=1}^{jz} X_{ij} = wn_j, \quad j=1,\cdots,dd$$

$wn = \{wn_1, \cdots, wn_{dd}\}$:订单中各个品牌的数量。

(四)设备占用约束

第一,每台卷接包机组第一个品牌的加工时刻均为非负数;第二,各个卷接包机组下个品牌的加工只有在上个品牌加工完成后才能进行,卷接包机组加工一个品牌的结束时刻等于加工该品牌的开始时刻和加工该品牌的时间和。

$$stars_{ik} \begin{cases} \geqslant 0 & k=1 \\ \geqslant ends_{i,k-1} + QHS_{(j_{ik})(j_{i,k-1})} & 0 < k < MN_i \end{cases}$$

$$ends_{ik} = stars_{ik} + TT_{ik}$$

$stars_{ik}$:卷包机组 i 第 k 个品牌的实际开始加工时间;

QHS_{mn}:品牌 m 向品牌 n 的切换时间;

MN_i:卷包机组 i 生产的品牌种类数目;

TT_{ik}:卷包机组 i 加工第 k 个品牌所需时间。

二、改进的自适应粒子群优化算法

算法的步骤如下:

(1) 在规定的位置和速度范围内确定随机初始化粒子群位置 X 和速度 V；

(2) 计算每个粒子的适应度值，找出所有粒子的历史最优位置 P_{bi} 和前 N 个粒子历史最优位置 P_{g1}，…，P_{gN}；

(3) ① 更新惯性权重：

$$w(t)=(w_{\max}-w_{\min})(\text{step}_{\max}-t)/\text{step}_{\max}+w_{\min}\times z_2$$

$$z_2=4\times z_1\times(1-z_1)$$

t 为当前迭代的次数；$\text{step}_{\max}$ 为迭代的最大次数；z_1 是（0，1）内的随机数。

② 更新粒子的速度：

$$v_{ij}(t+1)=w(t)v_{ij}(t)+r_{1j}(t)\left\{c_1[p_{bij}-x_{ij}(t)]+c_2\sum_{k=1}^{N}w_k[p_{gkj}-x_{ij}(t)]\right\}$$

r_1、r_2 为（0，1）区间的随机函数值；p_{gk} 为将所有粒子的历史最优值进行排序后的第 k 个历史最优位置向量；w_k 是 p_{gk} 对应的权重，计算方式如下：

$$w_k=w_1-(w_1-w_N)\times(k-1)/N$$

为了使粒子更快地收敛到全局最优粒子位置，将越靠近全局最优粒子位置的粒子赋予越大权重。

$$w_1+w_{1\min}+(w_{1\max}-w_{1\min})\times t/\text{step}_{\max}$$

$w_{1\min}$、$w_{1\max}$ 为 w_1 的开始与结束迭代取值，w_1 开始取较小值，以提高粒子群的全局搜索能力，随着迭代的进行，值不断增大，以提高后期粒子群的全局搜索精度。

③ 更新粒子的位置：

$$x_{ij}(t+1)=x_{ij}(t)+v_{ij}(t+1)$$

(4) 如果粒子位置 $X_i>X_{\max}$ 或 $X_i<X_{\min}$，令 $X_i=X_{\max}$ 或 $X_i=X_{\min}$；如果粒子速度 $V_i>V_{\max}$ 或 $V_i<V_{\min}$，令 $V_i=-V_i$。

(5) 如果全局最优值连续 20 次未出现更新，则对 nn 个粒子进行遗传杂交操作，nn 为 $n\times pp$ 取整，再进行第（4）步的速度位置判断。

(6) 随机对 q 个粒子进行梯度方向更新，q 为 $n\times p_2$ 取整，在负梯度方向通过黄金分割法计算最优步长，粒子在负梯度方向以最优步长进行更新。p_2 计算方式如下：

$$p_2=p_{2\min}+(p_{2\max}-p_{2\min})\times t/\text{step}_{\max}$$

$p_{2\min}$，$p_{2\max}$ 为 p_2 开始与结束迭代时的取值。

(7) 若达到最大迭代次数，则结束迭代，否则转到第（2）步继续进行迭代。

6.5.4 基于遗传算法的卷包排程模型

一、卷包详细排程模型建立

根据卷烟生产流程，生产点详细排产模式可以描述为：有 m 台喂丝机，要加工 n 个批次的卷烟。每个批次可以在某些喂丝机上生产，用一道工序加工完成；每个牌号卷烟在不同喂丝机上的加工时间是确定的，且各不相同。详细排产目标是把 n 个批次的卷烟安排到特定时间段、特定机组资源组合上，使最大完工时间最短。令 $t(k,i,j)$ 为第 k 个牌号第 i 批

卷烟在机器 j 上的加工时间，假设牌号 k 的批次 i 在机器 j 上加工，则 $x(k,i,j)=1$，否则 $x(k,i,j)=0$，则可定义广义加工时间为 $x(k,i,j)t(k,i,j)$。同时考虑同一台喂丝机上加工不同牌号之间的换牌时间和首批准备时间，则机器 j 的 Makespan 指标取决于该机器加工批次的数量、加工时间和换牌次数。为减少换牌次数，同牌号批次在喂丝机上连续生产。机器 j 上的完工时间为：

$$T_j = \sum_{k=1}^{p}\sum_{i=1}^{n} x(k,i,j)t(k,i,j) + \left(\sum_{k=1}^{p} y(k,j) - 1\right) t(k-1,i,j) + t_s$$

$t(k-1,i,j)$：牌号 k 在机器 j 的换牌时间；

p：卷烟牌号数量；

t_s：机器 j 首次生产准备时间；

$y(k,j)=1$：牌号 k 在机器 j 上加工；

整个加工过程的最大完工时间和相应的调度指标分别为：

$$c_{\max} = \max_{j=1}^{m} T_j$$

$$\min \max_{j=1}^{m} T_j$$

二、遗传算法求解

针对生产点详细卷烟排产，进行如下转换设置：

（1）获取优化后的生产点卷烟生产箱数计划，按卷烟牌号进行批次拆分，得到不同牌号卷烟的对应批次任务；

（2）根据卷包机组生产能力及配置关系，计算出喂丝机的整体能力；

（3）对卷烟牌号的生产机型限制、牌号优先级进行设定。

该并行机器调度问题的 GA 算法主要策略如下。

（一）编码

问题的解显然取决于 $x(k,i,j)$ 的取值，由于矩阵编码涉及的基因太多，存在大量的冗余信息，不便于遗传操作的设计，因此采用自然数编码来解决这个问题，即由 n 个取值为 $[1,m]$ 之间整数的基因 k_j 构成染色体 $[k_1, k_2, \cdots, k_n]$，记为 X，每个基因代表该批次加工的喂丝机号。

（二）适应度函数计算

计算染色体调度方案的 Makespan 性能。一般来说，适应度函数越高的个体适应性越强，采用极小化目标函数，则将最大流程时间的倒数作为适应度函数。

（三）遗传算子操作

采用轮盘赌进行选择，对于当前种群，首先计算出每个个体的适应度函数值，然后根据所得的适应度函数值，计算相应的累积概率、选择概率。由于适应度函数高的个体选择概率较大，则满足"优胜劣汰"的规律。

采用简单的基因互换的方法,即随机确定两个位置,对两父代的这两个位置之间的基因进行交叉互换即可。如父代个体为:

$$A_1 = [1, 3, \underline{1, 2, 2}, 1, 3]$$
$$A_2 = [2, 3, \underline{2, 1, 3}, 1, 1]$$

交叉位置为 3 和 6,则交叉后的个体为:

$$B_1 = [1, 3, \underline{2, 1, 3}, 1, 3]$$
$$B_2 = [2, 3, \underline{1, 2, 2}, 1, 1]$$

变异采用逆序操作的方法,即将个体中两个不同基因位置间的基因串逆序。如父代个体为:$A = [1, \underline{3, 1, 2}, 2, 1, 3]$。

产生的随机位置为 2 和 4,则变异后的个体为:$B = [1, \underline{2, 2, 1, 3}, 1, 3]$。

在使用 GA 算法时,为了在保持种群多样性的同时,保证算法的收敛性,在进化后期,采用自适应算法,使交叉与变异随适应度自动改变(规则约束:卷烟生产存在着许多规则要求和工艺限制,在排产时必须予以考虑)。

结语

本书以生产过程要素调度精益高效为追求,基于卷烟产品生产过程,确定全要素管控定义、边界和范围,研究要素感知与信息共享规范,设计了卷烟生产过程全要素管控模式,梳理了全要素管控的基本概念、内涵、关键技术等,并提出了全要素管控实施指南,为企业建立全要素管控规划了实施路径;研究了数字化生产作业模型的构建,将传统生产要素与知识、技术、数据等新生产要素进行融合,设计了卷烟企业的APS框架,通过对卷烟行业的深入调研,针对不同管理水平的卷烟企业设计了APS实施指南;为保证全要素管控与APS的有效实施,进一步提出生产率测评标准。总之,本书通过探索卷烟加工过程资源调度、过程管控、评价改进的方法及路径,提出了一种快速响应、高效协同的新生产管控模式,旨在驱动生产组织从传统模式向生产过程全要素管控模式转变,为行业树立一个样板,提供值得推广的经验。

本书编者通过对四家卷烟企业进行访谈,另外完成了两次全行业的问卷调查,全面梳理了卷烟生产过程的业务特征、管理水平、问题痛点等;通过搜集、整理和分析国内外相关领域的论文、专著、技术方案、发展规划等资料,形成了行业调查报告、APS框架设计、APS实施指南、全要素管控模式设计、全要素管控实施指南、生产测评标准等成果。

本书编者通过对卷烟企业APS系统框架的设计,结合多系统的业务数据建立模型,建立了卷烟生产过程的计划调度控制总体模型及其六个关键工作环节的参考数学模型,包括生产能力过滤模型与算法、多阶段反向有限能力规划模型与算法、基于遗传算法的卷包排程模型、基于启发式算法的卷包生产排程模型、基于整数规划与组合搜索算法的卷烟计划排产模型、基于改进的自适应粒子群算法的卷包排程模型等;提出了卷烟企业APS系统的七个重要功能点,包括生产系统建模、物料齐套、上层计划与执行计划、优化算法扩展接口、what-if分析、仿真评估、计划可视化报表等,同时将人工排产处理的局限性与信息孤岛等问题一一消除。本书还提出了通过建设生产计划协同管理智能化平台,帮助省级中烟公司及卷烟厂不同管理部门获取对应的业务执行数据反馈,便于自顶向下的延伸管理,提升整体的管理水平。

针对卷烟企业信息化水平的差异及其在 APS 实施过程中面临的不同难度，本书提出了企业信息化水平三级分级方式及不同水平下的 APS 实施路径方案，建立了行业计划体系与 APS 实施的六大关键要点，分别从需求层级、系统要素、问题建模、算法应用、实施方式、评价改进角度进行详细阐述；提出了 APS 实施建设的六个标准，包括基于有限产能的工序级计划方法，集成的一体化闭环计划体系，可延续、可滚动执行的计划系统，基于约束规则的优化排程算法，通用化的计划管理平台，透明可视化的计划展示与交互等，提供了 APS 实施团队建设与风险管控的参考建议，为卷烟企业实施 APS 系统提供了有效的参考依据。

本书设计了全要素协同生产管理框架模型，定义了卷烟生产过程的全要素基本概念、内涵，面向生产管理透明化，提出了全要素协同生产管理框架模型的约束理论和数据驱动的管理决策两大理论基础和技术原理，从过程数据管理、实时决策、协同计划三个方面构建协同生产管理框架，并结合新技术设计了生产过程中的人机交互方式，提出了预警与反馈机制，最终构建以数字孪生车间仿真为核心的评价改进一体化的闭环管理机制，完善了全要素协同生产管理框架。

在生产率测评标准 TFP 一般规范的基础上，针对其在实际运用时存在的不足，本书结合卷烟工业企业的特点，对卷烟工业企业实施 TFP 测评的基本流程、指标体系、指标权重、测评综合体系、测评体系的实践和分析统计，进行细化、改良和补充。在科学选择测评指标的基础上，遵循重要性、有效性、可取性以及可比性等原则，并参考烟厂总公司、发改委等机构相关文件和相关文献，本书建立生产过程全要素测评初始体系，最终确定生产过程全要素生产测评体系共 51 个指标。进一步地，利用专家评审定性筛选的方法，确定行业一致认可的卷烟工业企业生产过程全要素投入生产率指标体系（15 个指标）和产出体系（21 个指标）。在测评方法的选择上，本书科学地分析了全要素生产率测评实施流程、全要素生产率测评指标体系、全要素生产率测评指标权重、全要素生产率测评体系、卷烟工业企业全要素生产率测评实践五个部分，分别指导卷烟工业企业全要素生产率测评的实施流程、指标体系、指标权重、测评综合体系、测评体系的实践和分析统计，卷烟工业企业可据此实施企业全要素生产率的测评和分析，该成果数理计算过程直观明了，能直观地反映指标间的相互比较信息。最终，本书以 2020 年 3 月的企业生产数据为例，分析全要素对产出指标——单箱卷烟综合能耗的生产率情况的影响，发现单箱卷烟综合能耗指标下的全要素生产率为 94.62%，进一步地，根据 Light GBM 关系图可以看出，对单箱卷烟综合能耗影响较大的投入要素包括万箱物流设备维修人数、万箱备件库存金额等。该成果的发现，有望为提高单箱卷烟综合能耗投入产出转化率提供重要理论依据。

本书全面探索了卷烟工厂高质量发展路径，为行业提供了一个快速响应、高效协同的全要素生产管理样板工厂模型，形成了全要素生产率评价指标标准，为行业不同基础、不同规模卷烟工厂构建高效的生产管理模式，提升生产计划科学性和生产过程协同性，提供了有效参考。

本书通过对 APS 实施方法论、生产率测评和全要素管控指南的梳理，探寻出一套数字化转型背景下卷烟工厂生产管理水平提升的理论方法和技术路径，获得以下结论：

（1）卷烟工厂 APS 系统的实施应该具备有高度智能的生产计划调度功能，能够针对多面临任务复杂条件及诸多约束的生产流程，快速制定最佳的调度排程方案并满足客户需求；

（2）能够通过 APS 系统的实施，显著地降低生产消耗，从总体上减少机器的开工时间，减少辅料浪费，对紧急订单及生产突发事件做到更迅速的反应，最终实现卷烟工厂降本增效的目标；

（3）基于执行系统反馈的生产数据，通过 APS 能够实时自动计算最佳排程方案，实现生产计划管理决策实时自动化，尤其是在牌号种类繁杂、参与设备多、涉及工艺复杂的应用情景中，能够极大地减轻计划人员的工作量，加快生产调度的反应速度；

（4）针对人机交互操作采用简便直观的图形界面，车间计划人员可直接在图形界面上，通过拖拽等图形操作完成部分计划排程调整，通过计划排产结果的直观分享、定向推送、多版本对比等方式，显著提高沟通效率。

依托 APS 系统的实施，结合多系统的业务数据建立模型，可以通过合理的算法规则计算出合理有效的计划结果，同时将人工排产处理的局限性与信息孤岛等问题一一消除。通过生产协同管控平台的构建，可以达成以下效果：

（1）产供销整体业务流程串联，消除信息传递不及时、数据传递错误的情况；

（2）通过权限功能划分，不同的职权部门可以依据需求处理对应模块的业务数据；

（3）集团自顶向下整个管理流程数字化，可以清晰明了地掌握生产计划的实时进度，便于企业领导层的决策；

（4）通过生产计划协同管理智能化系统的实施，可以实现需求计划、工厂产能与采购、仓储及运输配送等物流运作的集团化运营，实现多工厂生产与物流网络全方位、多阶段的系统平衡，将生产过程中隐藏的问题与缺陷暴露出并提供对应的管理改善建议；

（5）集团化的管理在生产计划协同智能化实现以后可以大量节省不必要的人工，对于模式化的数据系统可以自动生成对应的预警提醒，不同的节点可以提供对应的业务执行反馈；

（6）在数字化的基础上可以有目的性地针对企业管理模式进行优化改善，系统可以为优化目标定制对应的方案，提升企业整体效益。

最后，本书通过生产绩效与管控要素关联关系分析、生产率测评维度及方法梳理，基于卷烟工厂生产运营模式设计评价模型、评价分析结果，基于评价结果，建立了改进模式、改进方法、改进反馈及改进效果跟踪等评价改进一体化的闭环管理机制，有助于提升生产过程评价的科学性、及时性和系统性。

参 考 文 献

[1] 包群，许和连，赖明勇．出口贸易如何促进经济增长？——基于全要素生产率的实证研究 [J]．上海经济研究，2003（03）：3-10．

[2] 蔡颖．APS供应链优化引擎 [M]．广州：广东经济出版社，2004．

[3] 蔡颖．APS走向实践 [M]．广州：广东经济出版社，2007．

[4] 蔡跃洲，郭梅军．我国上市商业银行全要素生产率的实证分析 [J]．经济研究，2009，44（09）：52-65．

[5] 陈恩，谷德良．制造执行系统（MES）在卷烟制丝生产管理中的应用 [J]．当代经济，2010（02）：24-25．

[6] 程控，革扬．MRPII/ERP原理与应用 [M]．北京：清华大学出版社，2012．

[7] 邓洲，于畅．"十四五"时期制造业结构调整方向与重点 [J]．中国井冈山干部学院学报，2021，14（01）：40-46．

[8] 狄昂照．综合要素生产率的计算方法 [J]．数学的实践与认识，1987（01）：35-41．

[9] 丁方允．一般生产函数的科技要素生产率的性质及计算方法 [J]．数学的实践与认识，1989（02）：94-95．

[10] 董敏杰，李钢，梁泳梅．中国工业环境全要素生产率的来源分解——基于要素投入与污染治理的分析 [J]．数量经济技术经济研究，2012，29（02）：3-20．

[11] 董悦，王志勤，田慧蓉，等．工业互联网安全技术发展研究 [J]．中国工程科学，2021，23（02）：65-73．

[12] 杜传忠，金文翰．美国工业互联网发展经验及其对中国的借鉴 [J]．太平洋学报，2020，28（07）：80-93．

[13] 方福前，张艳丽．中国农业全要素生产率的变化及其影响因素分析——基于1991—2008年Malmquist指数方法 [J]．经济理论与经济管理，2010（09）：5-12．

[14] 傅莉萍．物流工程实务 [M]．北京：清华大学出版社，2016．

[15] 龚关，胡关亮．中国制造业资源配置效率与全要素生产率 [J]．经济研究，2013，48（04）：4-15＋29．

[16] 宫俊涛，孙林岩，李刚．中国制造业省际全要素生产率变动分析——基于非参数Malmquist指数方法 [J]．数量经济技术经济研究，2008（04）：97-109＋130．

[17] 郭庆旺，赵志耘，贾俊雪．中国省份经济的全要素生产率分析［J］．世界经济，2005（05）：46-53+80．

[18] 韩力群．人工神经网络理论、设计及应用［M］．北京：化学工业出版社，2007．

[19] 韩志宏．桥壳产品混合生产模式生产计划与调度方法研究及应用［D］．武汉：华中科技大学，2016．

[20] 侯卫．约束理论及在传统企业中应用研究［D］．大连：大连理工大学，2002．

[21] 胡兵，乔晶．对外贸易、全要素生产率与中国经济增长——基于LA-VAR模型的实证分析［J］．财经问题研究，2006（05）：12-20．

[22] 胡祖光．全要素生产率：理论与实证研究［J］．管理现代化，1986（02）：18-19+3．

[23] 黄先海，石东楠．对外贸易对我国全要素生产率影响的测度与分析［J］．世界经济研究，2005（01）：22-26．

[24] 姜竹，马天，王轶．高质量发展背景下中国全要素生产率作用因素研究［J］．贵州财经大学学报，2019（01）：37-46．

[25] 金剑，金钊，祁跃东．卷烟生产计划排产模型建立与优化［J］．计算机工程与应用，2013，49（18）：253-259．

[26] 柯孔林，冯宗宪．中国银行业全要素生产率测度：基于Malmquist-Luenberger指数研究［J］．数量经济技术经济研究，2008（04）：110-120．

[27] 匡远凤，彭代彦．中国环境生产效率与环境全要素生产率分析［J］．经济研究，2012，47（07）：62-74．

[28] 李宾，曾志雄．中国全要素生产率变动的再测算：1978—2007年［J］．数量经济技术经济研究，2009，26（03）：3-15．

[29] 李丹，周延辉，周明，等．基于遗传算法的卷烟换牌排产与优化设计［J］．烟草科技，2019，52（05）：94-99．

[30] 李飞，王巍．制造执行系统在烟草行业的应用研究［J］．科技广场，2014（01）：72-76．

[31] 李谷成．人力资本与中国区域农业全要素生产率增长——基于DEA视角的实证分析［J］．财经研究，2009，35（08）：115-128．

[32] 李郡，纪盛强．统计过程控制技术在烟草制丝生产线质量管理中的应用［J］．工业控制计算机，2011，24（11）：66-67．

[33] 李明智，王娅莉．我国高技术产业全要素生产率及其影响因素的定量分析［J］．科技管理研究，2005（06）：34-38．

[34] 李颖．日本构建智能制造生态系统的战略举措［J］．中国工业和信息化，2018（12）：56-60．

[35] 李永红，王晟．互联网驱动智能制造的机理与路径研究——对中国制造2025的思考［J］．科技进步与对策，2017，34（16）：56-61．

[36] 林晗．基于约束理论的电子产品企业APS应用实施研究［D］．武汉：华中科技大学，2015．

[37] 刘彩虹. 机械制造系统碳排放动态特性及其碳效率评估优化方法研究 [J]. 科技展望, 2015, 25 (04): 68.

[38] 刘建国. 现代制造服务业发展模式与实施策略 [J]. 商业经济, 2012 (05): 56-57+100.

[39] 刘建国, 李国平, 张军涛, 等. 中国经济效率和全要素生产率的空间分异及其影响 [J]. 地理学报, 2012, 67 (08): 1069-1084.

[40] 刘宁. 烟丝生产流程的建模仿真与优化 [D]. 武汉: 华中科技大学, 2007.

[41] 刘舜佳. 国际贸易、FDI和中国全要素生产率下降——基于1952—2006年面板数据的DEA和协整检验 [J]. 数量经济技术经济研究, 2008, 25 (11): 28-39+55.

[42] 鲁晓东, 连玉君. 中国工业企业全要素生产率估计: 1999—2007 [J]. 经济学 (季刊), 2012, 11 (02): 541-558.

[43] 马法尧, 王相平. 生产运作管理 [M]. 重庆: 重庆大学出版社, 2015.

[44] 马骏. 各地区工业全要素生产率的比较研究 [J]. 求索, 1989 (02): 17-21.

[45] 马锐. 人工神经网络原理 [M]. 北京: 机械工业出版社, 2010.

[46] 彭代彦, 吴翔. 中国农业技术效率与全要素生产率研究——基于农村劳动力结构变化的视角 [J]. 经济学家, 2013 (09): 68-76.

[47] 彭国华. 我国地区全要素生产率与人力资本构成 [J]. 中国工业经济, 2007 (02): 52-59.

[48] 彭运芳. 多品种混流制造车间运作控制方法研究与应用 [D]. 武汉: 华中科技大学, 2009.

[49] 戚晓曜. 基于约束理论的管理方法及其应用 [J]. 工业工程, 2005 (01): 19-23.

[50] 綦锋, 何淑刚. 优化制丝设备流程, 提高烟丝柔性加工能力 [J]. 科技致富向导, 2008 (22): 52-53.

[51] 钱学锋, 王胜, 黄云湖, 等. 进口种类与中国制造业全要素生产率 [J]. 世界经济, 2011, 34 (05): 3-25.

[52] 沈能. 中国制造业全要素生产率地区空间差异的实证研究 [J]. 中国软科学, 2006 (06): 101-110.

[53] 沈悦, 郭品. 互联网金融、技术溢出与商业银行全要素生产率 [J]. 金融研究, 2015 (03): 160-175.

[54] 沈云波. 基于改进粒子群——禁忌搜索的卷接包生产排程优化 [D]. 长沙: 湖南大学, 2014.

[55] 石枕. 怎样理解和计算"全要素生产率"的增长——评一个具体技术经济问题的计量分析 [J]. 数量经济技术经济研究, 1988 (12): 68-71.

[56] 王锋. 面向烟草行业的生产管理系统研究与开发 [D]. 杭州: 浙江大学, 2003.

[57] 王军, 刘鹏翔, 刘羚迪, 等. 基于卷烟生产计划优化的HPP框架及总生产计划模型 [J]. 烟草科技, 2017, 50 (08): 91-96.

[58] 王梅, 徐天然, 刘洪清. 三牌号加工模式下烟丝的自动风送优化设计 [J]. 中国科技纵横, 2013 (21): 2.

[59] 王茹. 德国工业 4.0 的优势、挑战与启示 [J]. 经济研究参考, 2016 (51): 3-6+39.

[60] 王文祥, 王章锐, 何炳权, 等. 关于卷烟生产企业能源管理的建议 [J]. 资源节约与环保, 2016 (01): 1-2+14.

[61] 王媛媛. 日本智能制造发展战略分析 [J]. 亚太经济, 2019 (02): 94-100.

[62] 魏下海. 贸易开放、人力资本与中国全要素生产率——基于分位数回归方法的经验研究 [J]. 数量经济技术经济研究, 2009, 26 (07): 61-72.

[63] 吴玉鸣, 李建霞. 基于地理加权回归模型的省域工业全要素生产率分析 [J]. 经济地理, 2006 (05): 748-752.

[64] 项保华. 全部要素生产率的理论含义和计算 [J]. 管理工程学报, 1987 (01): 60-63.

[65] 徐永虎. 烟草柔性制丝线排产算法的研究与应用 [J]. 安徽农业科学, 2017, 45 (07): 81-82+152.

[66] 延建林, 孔德婧. 解析"工业互联网"与"工业 4.0"及其对中国制造业发展的启示 [J]. 中国工程科学, 2015, 17 (07): 141-144.

[67] 杨丽梅, 姚影. 烟草公司智能化物流系统管理与发展 [J]. 现代企业, 2019 (08): 14-15.

[68] 杨汝岱. 中国制造业企业全要素生产率研究 [J]. 经济研究, 2015, 50 (02): 61-74.

[69] 杨帅. 工业 4.0 与工业互联网: 比较、启示与应对策略 [J]. 当代财经, 2015 (08): 99-107.

[70] 杨玉珍. 基于元启发式算法的带生产约束作业车间调度问题若干研究 [D]. 上海: 华东理工大学, 2014.

[71] 易纲, 樊纲, 李岩. 关于中国经济增长与全要素生产率的理论思考 [J]. 经济研究, 2003 (08): 13-20+90.

[72] 原毅军, 刘浩, 白楠. 中国生产性服务业全要素生产率测度——基于非参数 Malmquist 指数方法的研究 [J]. 中国软科学, 2009 (01): 159-167.

[73] 岳磊. TOC/DBR 框架下的混流制造系统计划调度方法研究与应用 [D]. 武汉: 华中科技大学, 2017.

[74] 岳书敬, 刘朝明. 人力资本与区域全要素生产率分析 [J]. 经济研究, 2006 (04): 90-96+127.

[75] 张超勇. 基于自然启发式算法的作业车间调度问题理论与应用研究 [D]. 武汉: 华中科技大学, 2006.

[76] 张合伟, 段国林. 基于微笑曲线理论视角下的工业 4.0 [J]. 制造技术与机床, 2016 (09): 21-23.

[77] 张萍, 解倩男, 丁晨曦. 打造绿色卷烟零售终端 [J]. 全国商情 (理论研究), 2013 (20): 23-25.

[78] 张腾飞. 基于 APS 的生产排程系统的设计与实现 [D]. 沈阳: 中国科学院研究生院 (沈阳计算技术研究所), 2016.

[79] 张玮，李飞，王巍. 面向烟草行业的生产设备管理系统设计 [J]. 电脑知识与技术，2015，11（10）：23-25.

[80] 张阳. 信息化技术在烟厂生产计划排产中的应用 [J]. 科技风，2012（04）：51.

[81] 张翼，王林军，陆正卿，等. 卷烟厂制丝生产仿真与APS应用 [J]. 成组技术与生产现代化，2019，36（02）：29-34.

[82] 张宇. FDI与中国全要素生产率的变动——基于DEA与协整分析的实证检验 [J]. 世界经济研究，2007（05）：14-19+81+86.

[83] 章祥荪，贵斌威. 中国全要素生产率分析：Malmquist指数法评述与应用 [J]. 数量经济技术经济研究，2008（06）：111-122.

[84] 赵庶旭，党建武，张振海，等. 神经网络——理论、技术、方法及应用 [M]. 北京：中国铁道出版社，2013.

[85] 赵伟，马瑞永，何元庆. 全要素生产率变动的分解——基于Malmquist生产力指数的实证分析 [J]. 统计研究，2005（07）：37-42.

[86] 赵智平，陈明哲. 精益TOC实务指南 [M]. 深圳：海天出版社. 2009.

[87] 郑绍濂，胡祖光. 经济系统的经济效益度量的综合指标——全要素生产率的研究和探讨 [J]. 系统工程理论与实践，1986（01）：33-39.

[88] 郑晓丽. 生产执行系统在烟草工业应用研究 [J]. 中国电子商务，2012（13）：108.

[89] "中国工程院绿色制造发展战略研究"课题组. 推进绿色制造，建设生态文明——中国绿色制造战略研究 [J]. 中国工程科学，2017，19（03）：53-60.

[90] 周济. 智能制造——"中国制造2025"的主攻方向 [J]. 中国机械工程，2015，26（17）：2273-2284.

[91] 周磊. 强化卷烟过程控制，提升生产管理水平的探索 [J]. 轻工科技，2015，31（02）：141-142.

[92] 周江建. 构建基于APS的智能化烟草MES系统 [J]. 电子设计工程，2015，23（07）：77-81.

[93] 周文军. 三维一体生产调度方法及其在卷烟制丝过程中的应用 [D]. 长沙：湖南大学，2009.

[94] 朱丽，张漫辉. 烟用材料绿色供应链建设和发展研究 [J]. 物流技术，2019，38（01）：36-39.

[95] 朱喜，史清华，盖庆恩. 要素配置扭曲与农业全要素生产率 [J]. 经济研究，2011，46（05）：86-98.

[96] 朱钟棣，李小平. 中国工业行业资本形成、全要素生产率变动及其趋异化：基于分行业面板数据的研究 [J]. 世界经济，2005（09）：51-62.

[97] 庄春友. 完善制造执行系统，提高烟草企业生产管理水平 [J]. 环球市场信息导报，2015（42）：2.

[98] 左冰，保继刚. 1992—2005年中国旅游业全要素生产率及省际差异 [J]. 地理学报，2008（04）：417-427.

[99] Pang-Ning Tan, Michael Steinbach, Vipin Kumar. 数据挖掘导论（完整版）[M]. 范明, 范宏建, 等, 译. 北京: 人民邮电出版社, 2013.

[100] Anderson J. R. The Architecture of Cognition [M]. Cambridge: Harvard University Press, 1983.

[101] Bobrow D. G., Winograd T. An Overview of KRL [J]. A Knowledge Representation Language. Cognitive Science, 1977, 1 (1): 3-45.

[102] Brachman R. J., Schmolze J. G. An Overview of the KL [J]. One Knowledge Representation System. Cognitive Science, 1985, 9 (2): 171-216.

[103] Brooks, R. A. Intelligence without Representation [J]. Artificial Intelligence Journal, 1991 (47): 139-159.

[104] Brooks, R. A. New Approaches to Robotics [J]. Science, 1991 (9): 1227-1232.

[105] Brownston L., Farrell R., Kant E., et al. Programming Expert Systems in OPS5: An Introduction to Rule-based Programming [M]. New Jersey: Addison-Wesley, 1985.

[106] D. Silver, J. Schrittwieser, K. Simonyan, et al. Mastering the Game of Go without Human Knowledge [J]. Nature, 2017, 10 (550): 354-359.

[107] Genesereth M. R., Katchpel S. P. Software Agents [J]. Communication of the ACM, 1994, 37 (7): 48-53.

[108] Goldratt E. M., Cox J. The goal: A Process of Ongoing Improvement [M]. London: Routledge, 2016.

[109] He C., Guan Z., Gong Y., et al. Automated Flexible Transfer Line Design Problem: Sequential and Reconfigurable Stages with Parallel Machining Cells [J]. Journal of Manufacturing Systems, 2019, 52: 157-171.

[110] Katrin Nikolaus. Building the Nuts and Bolts of Self-Organizing Factories [J]. Pictures of the Future, 2013: 19-23.

[111] Kowalski R. Logic for Problem Solving [M]. North-Holland: Elsevier, 1979.

[112] Laird J. E., Newell A., Rosenbloom, P. S. SOAR: An Architecture for General Intelligence [J]. Artificial Intelligence, 1987, 33 (1): 1-64.

[113] Lenat D. B., Guha R. V. Building Large Knowledge-based Systems: Representation and Inference in the CYC Project [M]. New Jersey: Addison-Wesley, 1990.

[114] LeCun Y., Bengio, Y. Convolutional Networks for Images, Speech, and Time Series [J]. The Handbook of Brain Theory and Neural Networks, 1995, 3361 (10).

[115] Marvin Minsky. Steps toward Artificial Intelligence [J]. Proceedings of the IRE, 1961, 49 (01): 8-30.

[116] McCarthy J. Programs with Common Sense [M]. Massachusetts: MIT Press, 1968.

[117] Minsky M. A Framework for Representing Knowledge [M]. New York: McGraw-Hill, 1975.

[118] Nils J. Nilsson. The Quest for Artificial Intelligence: A History of Ideas and Achievements [M]. Cambridge/New York: Cambridge University Press, 2010.

[119] Quillian M. R. Semantic Memory [M]. Massachusetts: MIT Press, 1968.

[120] Saif U., Guan Z., Zhang L, et al. Multi-objective Artificial Bee Colony Algorithm for Order Oriented Simultaneous Sequencing and Balancing of Multi-mixed Model Assembly Line [J]. Journal of Intelligent Manufacturing, 2019, 30 (3): 1195-1220.

[121] Shortliffe E. H., Axline. S. G., Buchanan B. G., et al. An Artificial Intelligence Program to Advise Physicians Regarding Antimicrobial Therapy [J]. Computers and Biomedical Research, 1973 (12): 544-560.

[122] Shu Liu, Lu Qi, Haifang Qin, et al. Path Aggregation Network for Instance Segmentation. 2018 IEEE/CVF Conference on Computer Vision and Pattern Recognition [J]. Salt Lake City, 2018 (06): 8759-8767.

[123] Sowa J. F. Conceptual Structures: Information Processing in Mind and Machine [M]. New Jersey: Addison-Wesley, 1984.

[124] Spencer M. S., Cox J. Optimum Production Technology (OPT) and the Theory of Constraints (TOC): Analysis and Genealogy [J]. The International Journal of Production Research, 1995, 33 (6): 1495-1504.

[125] Swamidass P. M. Theory of Constraints [M]. Berlin: Springer, 2000.

[126] Turing A. M. Computing Machinery and Intelligence [J]. Mind, 1905 (59): 433-460.

[127] Wang B., Guan Z., Ullah S., et al. Simultaneous Order Scheduling and Mixed-model Sequencing in Assemble-to-order Production Environment: a Multi-objective Hybrid Artificial Bee Colony Algorithm [J]. Journal of Intelligent Manufacturing, 2017, 28 (2): 419-436.

[128] Wang H., Guan Z., Zhang C., et al. The Printed-Circuit-Board Electroplating Parallel-Tank Scheduling with Hoist and Group Constraints Using a Hybrid Guided Tabu Search Algorithm [J]. IEEE Access, 2019, 7: 61363-61377.

[129] Waterman D., Hayes-Roth F. Pattern-Directed Inference Systems [M]. New York: Academic Press, 1978.

[130] Yue L., Guan Z., Zhang L., et al. Multi-objective Lotsizing and Scheduling with Material Constraints in Flexible Parallel Lines Using a Pareto Based Guided Artificial Bee Colony Algorithm [J]. Computers & Industrial Engineering, 2019, 128: 659-680.

与本书配套的二维码资源使用说明

本书部分课程及与纸质教材配套数字资源以二维码链接的形式呈现。利用手机微信扫码成功后提示微信登录，授权后进入注册页面，填写注册信息。按照提示输入手机号码，点击获取手机验证码，稍等片刻收到4位数的验证码短信，在提示位置输入验证码成功，再设置密码，选择相应专业，点击"立即注册"，注册成功（若手机已经注册，则在"注册"页面底部选择"已有账号立即注册"，进入"账号绑定"页面，直接输入手机号和密码登录），即可查看二维码数字资源。手机第一次登录查看资源成功以后，再次使用二维码资源时，只需在微信端扫码即可登录进入查看（如申请二维码资源遇到问题，可联系宋焱：15827068411）。